酒店财务管理

JIUDIAN CAIWU GUANLI

（第二版）

主　编◎张际萍　文飞人　杨　洋

西南财经大学出版社
中国·成都

图书在版编目(CIP)数据

酒店财务管理/张际萍,文飞人,杨洋主编.--2 版.--成都:西南财经大学出版社,2025.7.--ISBN 978-7-5504-6746-0

Ⅰ.F719.2

中国国家版本馆 CIP 数据核字第 20254SY729 号

酒店财务管理(第二版)

JIUDIAN CAIWU GUANLI

主　编　张际萍　文飞人　杨　洋

策划编辑:李邓超　段佩佩

责任编辑:段佩佩

责任校对:赵姝婷

封面设计:墨创文化

责任印制:朱曼丽

出版发行	西南财经大学出版社(四川省成都市光华村街 55 号)
网　　址	http://cbs.swufe.edu.cn
电子邮件	bookcj@swufe.edu.cn
邮政编码	610074
电　　话	028-87353785
照　　排	四川胜翔数码印务设计有限公司
印　　刷	郫县犀浦印刷厂
成品尺寸	185 mm×260 mm
印　　张	18.875
字　　数	443 千字
版　　次	2025 年 7 月第 2 版
印　　次	2025 年 7 月第 1 次印刷
印　　数	1—2000 册
书　　号	ISBN 978-7-5504-6746-0
定　　价	55.00 元

前言

自《酒店财务管理》（第一版）面世以来，其“实践导向、理实融合”的教学理念受到酒店管理、旅游管理及财务管理等专业师生的广泛好评，为培养具有国际视野和综合能力的酒店财务管理人才提供了优质的教学资源。在我国酒店业高质量发展和文旅产业转型升级的背景下，为更好地满足行业对高素质财务管理人才的需求，成都银杏酒店管理学院再次组织专家团队对本教材进行了系统性修订，正式推出《酒店财务管理》（第二版）。

本次修订工作深入贯彻落实党的教育方针，秉持“以学生为中心，强化实践能力”的原则，对教材内容进行了精心打磨与拓展。《酒店财务管理》（第二版）新增了各章思维导图和各章小测两大模块，优化和更新了教学内容，旨在进一步提升学生的学习效率和学习效果。其中，新增的思维导图被设置在每一章的开篇，其以直观、清晰的方式呈现了该章的核心知识点与内容逻辑关系，帮助学生快速构建知识体系，把握学习重点，实现高效学习的目标；新增的各章小测被设置在每一章的末尾，学生只需扫描文中的二维码，即可轻松进入在线测试页面，完成针对该章内容的测试题，这种即时反馈的学习模式，有助于学生及时发现问题并弥补知识漏洞、巩固学习成果，更好地掌握酒店财务管理领域的最新发展情况。同时，本教材继续深化 OBE（outcome-based education）人才培养理念，结合银杏标准酒店的实践特色，通过案例式、项目式教学方法，将理论与实践紧密结合，旨在培养学生的职业能力和综合素质。

特别感谢参与本教材编写、修订工作的教师：刘明明、刘凤佳、许悦然、杨舒然、倪璇、尹咏、徐乐、张晓萌、郑奎宝等，提供支持与帮助的成都藏投实业有限公司成都机场假日酒店、金蝶精一信息服务有限公司、四川高金实业集团股份有限公司等。原编者王磊老师因工作调动不再参与本次修订，本教材编写组对其前期贡献致以诚挚谢意。

本教材将持续完善，欢迎广大师生和读者通过出版社官方渠道反馈使用建议。让我们携手共进，共同提升酒店财务管理人才培养质量！

编者

2025 年 7 月

目录

第一章

酒店财务管理综述

■学习目标

通过本章学习，明确酒店资金、财务活动及财务管理的概念，明确酒店财务管理的职能、原则及目标，明确酒店财务管理的环境及组织机构设置。

■基本要求

掌握财务管理基本内容以及资金的循环运动，了解财务管理的基本内容；了解酒店财务管理的基本职能及特点；理解酒店财务管理的目标；认识酒店财务管理的理财环境；了解酒店财务管理的组织机构设置。

思维导图

第一节　酒店财务管理的基本内容

一、酒店业的特征

酒店业是一个综合性服务行业，又被称为住宿接待业（hospitality），即为公众提供住宿、餐饮、娱乐等多项设施和相应服务性劳动的企业的总称。酒店业是资本密集型和劳动密集型行业，在经营中表现出以下特征：

（一）服务与销售的同一性

酒店所提供的产品与制造业、金融业、商贸流通业不同，是服务和销售合一的特殊产品。从客人入住酒店开始，生产与销售即开始，从入住登记、迎宾入房，到客人就餐、休闲娱乐、购物、健身等直到客人离店结账、送机送站服务。整个过程中，酒店的客房产品、餐饮产品、康乐产品等基本上没有储存。由于酒店经营的这一特点，要求酒店管理者不仅要关注酒店收入、成本的高低，同时要注意生产服务时的质量、标准与效益。

（二）高比例的固定成本

投资建造酒店尤其是档次高、规模大的酒店，其房屋、建筑物及相关设施设备，需要巨大的资本投入。一般来说，酒店的固定资产约占企业全部资产的80%以上。其中客房固定资产的投资比例较大，餐饮部门等其他部门固定资产的投资比例相对较小。这些固定资产的投入表现为经营期间的固定成本，并对利润产生极大的影响。

（三）销量的不确定性

酒店的销售量受政治形势、经济形势、季节更替的影响。在市场繁荣时期或旺季，客房出租率为满房，甚至出现超卖（overbooking）现象，平均房价可达淡季的几倍。市场萧条时期或淡季，客房出租率甚至低于20%。由于饭店客房产品具有不可储存性，需要酒店平衡各方资源，不断开拓市场，优化产品组合，提高经济效益和投资回报率。

（四）营运资金周转快，需要量较大

酒店作为综合性服务行业，客流多样、交易频繁，需要一定的营运资金保证客人消费与结算的进行。酒店费用支出如人力资源费用、能耗费用、物耗费用、餐饮原材料消耗费用等与宾客消费同时发生的这类支出，是必需的支出，这些支出需要有足够多的收入予以弥补，以保证下一阶段酒店营运所需资金。所以酒店要加速资金周转，必须建立严格的收入审计制度，杜绝漏账、错账、呆账、坏账的发生，保证营业收入及时、准确地得以实现；同时要建立严密的物品采购、入库、领料、发料、生产、销售制度，合理用料、合理生产，减少浪费和损失，保证酒店利润的实现。

二、酒店财务管理的概念与内容

（一）酒店财务活动存在的客观必然性

企业财务活动存在的客观必然性是由市场经济的特性所决定的。市场经济条件下，企业的生产经营过程表现为商品的生产和交换过程，由于商品具有使用价值和价值的双重属性，企业的再生产过程一方面表现为使用价值的生产和交换过程，另一方面也表现为价值的形成和实现过程。商品的价值是借助于货币进行计量的，以货币表现的商品的价值和价值运动过程称为资金或资金运动，企业的资金及其运动过程称为企业的财务。企业财务以价值的形式综合反映企业的生产经营过程。企业财务管理是对企业生产经营过程中的价值所进行的规划与控制，其目的是通过财务决策等手段，实现企业经济价值的增长。

酒店业是一种特殊的行业，它所生产的产品除了一部分是有形产品以外，更主要的是无形产品——服务，这就引出服务这种特殊的商品是否具有两重性的问题。只有服务这种特殊的“商品”具有两重性，才可以利用价值形式对其生产经营过程进行综合管理。为此，有必要研究服务的使用价值和价值。

马克思认为，服务无非是某种使用价值在发挥效用，而不管这种使用价值是商品

还是劳动。这里所讲的使用价值就包括了服务的使用价值。创造服务使用价值的具体劳动，具有多变的操作方式，因而，服务的使用价值也表现为使人在精神上和物质上得到不同形式和不同程度的满足。在酒店中，旅游者品尝了具有地方风味的美味佳肴，享受到了酒店员工热情周到的服务，消除了疲劳，心情舒畅，精神愉快，留下了对酒店的美好印象，这就是酒店服务的使用价值。

从价值角度来看，服务性劳动既然是人类一般劳动的变现，而服务又是劳动的产物，那么服务就和商品一样具有价值。

当然，服务与商品不同，它不是一种“凝固”了的物体，而是一种“无形产品”。但应该明白，商品之所以成为商品，并不是因为它们都有一个可见可及的形态，而在于它是用来交换的并对人们有用的劳动产品。价值之所以成为价值，也不在于它凝固成什么形态，而在于它是一般人类劳动的耗费。

由此可见，酒店商品同样是使用价值和价值的统一体，其再生产过程同样也具有两重性，它既是使用价值的生产和交换过程，又是价值的形成和实现过程。在这个过程中，劳动者将生产中消耗掉的生产资料的价值转移到产品上，并且创造出新的价值，通过销售来实现酒店商品的价值。因此，在酒店的生产经营活动中也同样存在着资金运动，其存在的客观基础也都是市场经济的特性。

（二）酒店财务管理的概念及资金的循环运动

1. 酒店财务管理的概念

财务管理是根据客观经济规律和国家政策，通过对酒店资金形成、分配、使用、回收过程的管理，利用货币价值形式对酒店经营业务进行综合性的管理。财务管理就是从资金运动的角度来计划和控制酒店的生产经营活动，并评估和分析其合理性，以尽可能少的资金取得最大的经济效益，提高酒店的经营管理水平。

2. 酒店资金的循环运动

酒店资金的循环过程其实质是资金从被占用到以货币形态被重新回收的循环过程。首先，通过资金筹集，取得货币形态的资金（如现金、银行存款等）。其次，通过资金投放和使用，货币形态的资金转化为实物形态的资金；其中，房屋建筑物、车辆等固定资产形成固定资金，原材料、物料用品等流动资产形成储备资金。再次，通过日常的业务运营、对客服务和销售商品，一方面消耗实物，另一方面取得货币资金和应收账款。应收账款的资金形态为结算资金；通过账款结算，收回应收账款，结算资金又转换为货币资金。最后，收回的货币资金，又进行重新分配，一部分用于补偿业务运营消耗，如支付工资、保险费、维修费等，另一部分资金用于缴纳税金，支付投资者报酬、分配股利等，剩余的资金参与企业下一段经营，如此循环往复，使酒店资金在经营中不断得到增加。酒店资金运动过程如图 1.1 所示。

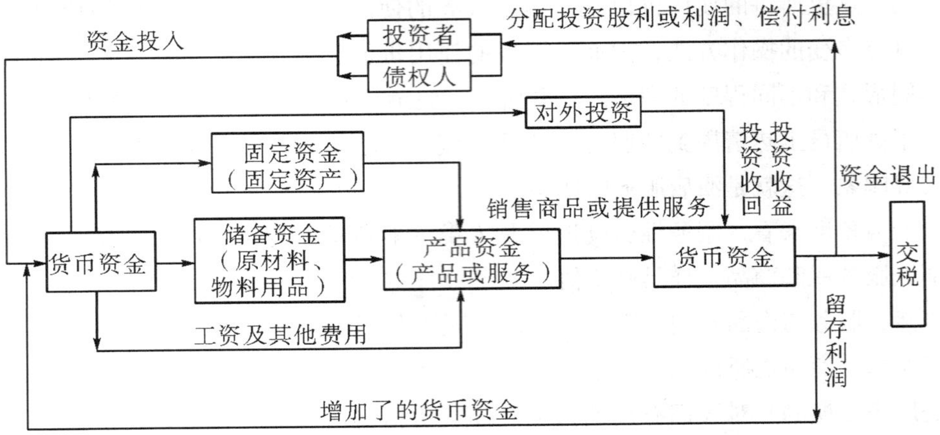

图 1.1　酒店资金运动过程

（三）酒店财务管理的内容

酒店的财务活动表现为酒店再生产过程中周而复始、循环往复的资金运动。酒店资金运动从经济内容上观察，可划分为投资活动、筹资活动和股利分配活动等环节，因此，酒店财务管理的基本内容包括投资决策、筹资决策、股利分配决策等。

1. 投资决策

投资是酒店为了获取经济资源的增值而将其货币投放于各种资产形态上的经济行为。依据投资的形式，投资可划分为实物投资与金融投资。实物投资是对酒店生产经营实际应用的实物资产进行的投资，如购置与更新设备、兼并企业进行生产经营规模的扩充、对新的投资项目进行的投资、由于酒店经营规模的扩充对营运资本进行的投资等；金融投资是对金融性资产所进行的投资，如购买股票、债券等。由于近数十年，经济金融化是现代经济发展的趋势，因此，同传统经济中酒店主要进行实物投资的形式不同，在现代经济中，大部分投资都是属于金融投资。

由于酒店拥有的经济资源具有稀缺性，有效投资、提高投资的效率，就成为酒店投资决策首先应解决的问题。财务管理的任务是通过对投资项目的财务进行可行性的评价，为酒店投资决策提供方法上的支持，最大限度保证投资决策的科学性。

投资决策首要考虑的问题是如何合理确定酒店资产的结构，即酒店资产负债表的左方所显示的货币资金、应收账款、存货、固定资产等构成比例以及各投资项目的构成比例。酒店经营的获利能力及由此相伴的风险程度是由酒店的投资结构所决定的。例如，固定资产等长期资产占较大构成比例的企业可能会获取较高的收益，但同时也必须承担流动资产比例较小所导致的资产转化为现金的能力较弱、支付能力较差、到期不能还债等较高的财务风险。酒店投资结构应该是能够创造最大经济价值的资产结构，要么在既定风险下带来最大收益，要么在既定收益水平下承担最小的风险。收益与风险的相均衡，是进行投资决策所必须遵循的一项原则。

投资项目财务可行性的评价是投资决策的主要内容。衡量一个投资项目财务可行性的重要标志是看投资项目是否拥有正的净现值，只有投资项目能够带来正的净现值，才能够增加酒店的经济价值，才具备财务上的可行性。酒店对实物资产和金融资产的投资可行性的评价原则都是以净现值为依据的。

2. 筹资决策

投资决策一经做出，财务人员必须为了筹集投资所需资金而进行筹资决策。筹资是为了满足酒店对于资金的需要而筹措和集中资金的经济行为。筹资决策表现为对酒店资金需要量的确定、对筹资方式的选择、对酒店权益资本与长期负债比例的规划等方面。

筹资决策的核心问题是确定酒店的资本结构。资本结构是指长期负债与权益资本二者之间的比例关系。由于资本来源中的短期负债属于酒店财务管理的日常营运资本的管理范畴，不对酒店形成长期影响，所以资本结构不含短期债务资本。资本结构中的长期债务资本以及权益资本均属酒店的长期资本，在未来一定时期内其比例关系相对稳定，对酒店未来的发展具有重要的、长期的、战略意义的影响。因此，资本结构决策对于酒店意义重大。

资本结构决策的首要问题是确定酒店资产负债率，即在酒店资本总额中安排多大比例的负债。确定酒店的股权结构也是资本结构决策的一个重要问题。

筹资方式的选择是筹资决策的一个重要问题。不同的筹资方式具有不同的特点，对酒店企业的影响也不一样。通常酒店在筹集资本时，会面临多种筹资方式供选择，不同的筹资方式会导致酒店的财务风险程度、资本成本水平等多方面的不同。因此，财务管理人员必须在清楚每一种筹资方式特点的基础上，结合酒店自身的特点，做出合理的抉择，以使酒店获得资金成本最低的资本来源。

3. 股利分配决策

股利分配决策是确定酒店当年实现的税后净利在股东股利和酒店留存收益之间的分配比例，即制定酒店的股利政策。由于留存收益是酒店的筹资渠道，因此股利分配决策实质上是筹资决策的延伸。股利分配决策通常涉及下列问题：采取怎样的股利分配政策才是酒店的最佳选择？酒店应采取怎样的股利分配形式？是派发股票股利还是现金股利、负债股利或财产股利？酒店能否进行股票分割或股票回购？酒店应对股东分配现金比例有多大？对于这些问题的回答，理财人员应根据酒店的实际情况，以增加酒店价值为出发点，做出合理的选择。

（四）酒店的财务关系

酒店的财务关系，就是酒店在资金活动中与各有关方面发生的经济关系。

1. 酒店与投资者和受资者之间的财务关系

酒店从不同的投资者那里筹集资金，进行生产经营活动，并将所实现的利润按各投资者的出资比例进行分配。酒店还可以将自身的法人财产向其他单位投资，这些被投资单位即受资者，受资者应向酒店分配投资收益。酒店与投资者、受资者的关系，即投资同分享投资收益的关系，在性质上属于所有权关系。处理这种财务关系必须维护投资、受资各方的合法权益。

2. 酒店与债权人、债务人和往来客户之间的财务关系

酒店由于购买材料、销售产品，要与购销客户发生贷款收支结算关系，在购销活动中由于延期收付款项要与有关单位发生商业信用——应收账款和应付账款，当酒店资金不足或资金闲置时，则要向银行借款、发行债券或购买其他单位债券。业务往来

中的收支结算，要及时收付货款，以免相互占用资金。无论出于何种原因，一旦形成债权债务关系，则债务人不仅要还本，还要付息。酒店与债权人、债务人、购销客户的关系，在性质上属于债权关系、合同义务关系。处理这种财务关系，也必须按有关各方的权利和义务，保障有关各方的权益。

3. 酒店与税务机关之间的财务关系

酒店应按照国家税法和规定缴纳各种税款，包括所得税、流转税和计入成本的税金。国家以社会管理者的身份向一切企业征收有关税金，这些税金是国家财政收入的主要来源。及时、足额地纳税，是生产经营者对国家应尽的义务，酒店必须认真履行此项义务。

4. 酒店内部各部门之间的财务关系

一般来说，酒店内部各部门与酒店财务部门之间都要发生领款、报销、代收、代付的收支结算关系。处理这种财务关系，要严格分清各有关部门的经济责任，以便有效地发挥激励机制和约束机制的作用。

5. 酒店与员工之间的财务关系

酒店要用自身的营业收入，按照员工提供的劳动数量和质量向员工支付工资、津贴、奖金等。这种酒店与员工之间的结算关系，体现着员工个人和集体在劳动成果上的分配关系。处理这种财务关系，要正确地执行有关分配政策。

（五）酒店财务管理的基本职能

酒店生产经营活动的复杂性，决定了酒店管理必须包括各方面的内容，有的侧重于使用价值的管理，有的侧重于价值的管理，有的侧重于劳动因素的管理，有的侧重于信息的管理。鉴于在酒店再生产过程中客观地存在着资金运动，于是对酒店资金运动的管理就逐渐独立化，形成了酒店的财务管理。酒店财务管理利用资金、成本、收入等价值指标，来组织酒店中价值的形成、实现和分配，并处理这种价值运动中的经济关系。所以，财务管理区别于其他管理的特点，在于它是一种价值管理，是对酒店再生产过程中的价值运动所进行的管理。

财务管理的基本职能是财务决策。复杂多变的市场经济要求酒店财务管理能够预测市场需求和酒店环境的变化，针对种种不确定的经济因素，及时做出科学且有效的决策。因此，酒店财务主管人员的主要精力要放在财务决策上。在这个前提下，财务管理还具有组织、监督和调节的具体职能，即组织酒店资金运动，监督酒店资金运动按照酒店目标和国家法令运行，及时调节资金运动及资金运动中各方面的关系。财务决策这一基本职能统帅各项具体职能，各项具体职能归根结底是为财务决策服务的。财务管理的基本职能和具体职能，要通过财务预测、财务计划、财务控制、财务分析等管理工具来实现。财务决策这一基本职能，具有特殊重要的地位，它既不能与组织、监督和调节等具体职能相并列，也不能同财务预测、财务计划、财务控制、财务分析等管理工具等量齐观。

三、酒店财务管理的特点

作为酒店价值管理的财务管理，其基本原理和方法与其他行业的财务管理没有本质上的差别。但是，作为综合性服务企业的酒店企业本身所具有的与其他行业企业不同的经营特点，决定了酒店财务管理又有其自身的特点。酒店财务管理的特点主要体现在以下几个方面。

（一）现金流量的季节性

消费者对旅游产品的需求具有很强的季节性。季节性特征主要是由气候引起的，但也受学校假期、节日和传统的旅游方式的影响。旅游产品需求的季节性导致了酒店现金流入和流出的季节性。因此，在整个年度的某些时段，酒店将会有大量的可用于投资的剩余资金；而在其他时段，酒店则为了支付应付款项不得不向银行借款。

酒店现金流量季节性这一特点，对现金流量分析和现金管理方面带来一定的启示。现金的增加和减少有一定的季节性，在年度的某一特定时段（如旅游旺季），会有大量的现金余额可用于投资；而到了淡季，如果没有足够的现金来支付应付款项和其他支出的话，酒店将会面临严重的现金流量问题。因此，酒店的财务管理必须进行详细的现金流量分析，并考虑如何缓解现金流量问题。

（二）涉外业务的风险性

与规模相当的其他行业内的公司（如制造企业）相比，大部分涉外酒店的经营活动更容易受到外汇汇率变化的影响。因此，能否有效地管理汇率风险，将直接关系到酒店的盈利水平。任何一个涉外酒店，要想提高其盈利水平，就必须对外汇汇率变动所带来的风险有正确的认识，并适当地对其进行管理。如果酒店对未来的汇率变动能够正确预测，那么可以使风险降到最低，但是要做到这一点并不容易。因此，尽管很多酒店，尤其是小酒店常常忽略这种风险的存在，但仍应该谨慎管理这些风险。

（三）内部控制的严密性

内部控制适用于各行各业，但酒店业尤其需要极为完善、严密的内部控制，其主要原因如下：

第一，酒店属于与客人直接接触的服务行业，酒店员工的一举一动直接在客人的注视之下，直接影响着酒店的声誉和业务。为了在激烈的竞争中始终保持较高的服务质量和服务水准，酒店必须提高内部管理水平，实行完善的内部控制。

第二，随着酒店规模的不断扩大，营业项目日趋繁多，由此带来的收入和支出的环节也越来越多。要保证营业收入的安全、完整，保证营业支出的合理、正确，酒店也需要实行完善的内部控制。

不仅如此，酒店管理者深知，对酒店内部的错弊行为，如果听之任之，采取容忍的态度，将会贻害无穷。即使是一些小的错误、小的弊端、小的违法行为，如果不立即做出反应，不及时纠正或处理，也会很快腐蚀整个员工队伍，败坏酒店风气，损害酒店的声誉和形象。因此，酒店行业往往比其他任何行业都需要下功夫、花本钱来加强其内部控制。

（四）更新改造的紧迫性

酒店的房屋及其附属设施、设备等固定资产，带有浓厚的商品色彩。与一般的商品不同，酒店本身的建筑物既是固定资产，又是出租商品。正由于酒店的资产设备具有商品的特性，酒店设施、设备新颖与否，对营业有很大的影响。因此，为适应酒店经营业务发展变化的需要，应对各项设施、设备需要进行装修、改造和更新，以保持酒店的全新状况，保证客人在任何时候购买的都是新的商品。

另外，工商企业的固定资产基本上是由企业的职工使用，而酒店的许多固定资产是作为服务设施由客人使用的，这就给酒店固定资产的管理等带来了复杂性。因此，酒店财务管理人员要研究各种资产设备使用的经济寿命期和管理方法，寻求最佳的更新改造时机和维修保养方法，以取得较好的经济效益。

第二节　酒店财务管理的目标

一、对财务管理目标主要观点的评价

酒店财务管理的目标，是指通过酒店的财务管理活动所要达到的根本目标。在现代财务管理的理论体系及理财实践活动中，理财目标是一个逻辑起点，决定着财务管理各种决策的选择，是酒店各种理财决策的标准，科学的理财目标有助于酒店日常理财的规范化，有助于科学理财观念的树立，有助于提高酒店的理财效率及酒店的可持续发展能力。

这里对曾经在我国和西方国家广泛应用的三种观点进行评价。

（一）产值最大化

在传统的集权管理模式下，企业的财产所有权与经营权高度集中，企业的主要任务就是执行国家下达的总产值目标，企业领导人职位的升迁，职工个人利益，均由完成的总产值计划指标的程度来决定，这就决定了企业必然要把总产值作为企业经营的主要目标。在我国社会主义建设初期，人们不自觉地把总产值最大化当作财务管理的基本目标。但随着时间的推移，人们逐渐认识到，这一目标存在以下缺点：①只讲产值，不讲效益；②只讲数量，不求质量；③只抓生产，不抓销售；④只重投入，不讲挖潜。由于总产值最大化目标存在上述缺点，因此，把总产值最大化当作财务管理的目标，是不符合财务运行规律的。

（二）利润最大化

利润最大化目标是指通过对企业财务活动的管理，不断增加企业利润，使利润达到最大。利润最大化的观点在西方经济理论中是根深蒂固的，西方许多经济学家都是以利润最大化这一概念来分析和评价企业行为和业绩的，例如，亚当·斯密、大卫·李嘉图等经济学家，都认为企业的目标是利润最大化。20 世纪 50 年代以前，西方财务管理理论界也认为，利润最大化是财务管理的最优目标。目前，我国也有一部分财务管理学家认为，以利润最大化为目标是财务管理人员的最佳选择。这是因为企业要想取得利润最大化，就必须讲求经济效益。加强管理、改进技术、提高劳动生产率、降低产品成本，这些都有利于经济效益的提高。但以利润最大化作为财务管理的目标存在以下缺点：①利润最大化没有考虑利润发生的时间，没能考虑资金的时间价值；②利润最大化没能有效地考虑风险问题，这可能会使财务人员不顾风险的大小去追求最多的利润；③利润最大化往往会使企业财务决策带有短期行为的倾向，即只顾实现目前的最大利润，而不顾企业的长远发展。应该看到，利润最大化的提法，只是对经济效益浅层次的认识，存在一定的片面性，所以，利润最大化并不是财务管理的最优目标。

（三）股东财富最大化

股东财富最大化是指通过财务上的合理经营，为股东带来最多的财富。股东财富由其所拥有的股票数量和股票市场价格两方面来决定，在股票数量一定时，当股票价格达到最高，则股东财富也达到最大。所以，股东财富最大化，又演变为股票价格最大化。与利润最大化目标相比，股东财富最大化目标有其积极的方面，这是因为：①股东财富最大化目标科学地考虑了风险因素，因为风险的高低，会对股票价格产生重要影响；②股东财富最大化在一定程度上能够克服企业在追求利润上的短期行为，因为不仅目前的利润会影响股票价格，预期未来的利润对企业股票价格也会产生重要影响；③股东财富最大化目标比较容易量化，便于考核和奖惩。但应该看到，股东财富最大化也存在一些缺点：①它只适合上市公司，对非上市公司则很难适用；②它只强调股东的利益，而对企业其他关系人的利益重视不够；③股票价格受多种因素影响，这些因素并非都是公司所能控制的，把不可控因素引入理财目标是不合理的。

二、影响财务管理目标的各种利益相关者

要想确立科学的财务管理目标，必须分析究竟哪些利益关系人会对酒店理财产生重要影响。与酒店有关的利益相关者很多，但不一定都对酒店理财产生重大影响，那么，究竟哪些利益相关者会对酒店理财，进而会对财务管理目标产生影响呢？一般而言，影响财务管理目标的利益相关者应当符合以下三条标准：①必须对酒店有投入，即对酒店有资金、劳动或服务方面的投入；②必须分享酒店收益，即从酒店取得诸如工资、奖金、利息、股利和税收等各种报酬；③必须承担酒店风险，即当酒店经营失败时，会承担一定损失。根据这三条标准，影响财务管理目标的利益相关者有以下四类：

（一）酒店所有者

所有者对酒店理财的影响主要是通过股东大会和董事会来进行的。从理论上来讲，酒店重大的财务决策必须经过股东大会或董事会的表决，酒店经理和财务经理的任免也由董事会决定，因此酒店所有者对酒店财务管理有重大影响。

（二）酒店债权人

债权人把资金借给酒店后，一般都会采取一定的保护措施，以便按时收取利息，到期收回本金。因此，债权人必然要求酒店按照借款合同规定的用途使用资金，并要求酒店保持良好的资金结构和适当的偿债能力。当然，债权人权力的大小在各个国家有所不同，在日本，债权人尤其是银行对企业财务决策会产生重大影响。

（三）酒店员工

酒店员工包括一般的员工和酒店管理人员，他们为酒店提供了脑力和体力的劳动，必然要求取得合理报酬。员工是酒店财富的创造者，他们有权分享酒店收益；员工的利益与酒店的利益紧密相连，当酒店经营失败时，他们要承担重大风险，有时甚至比股东承担的风险还大。因此，在确立财务管理目标时，必须考虑员工的利益。

（四）政府

政府为酒店提供了各种公共方面的服务，因此要分享酒店的收益，要求酒店依法纳税，这对酒店财务决策也会产生影响。当然，在计划经济条件下，政府对酒店财务

管理的影响很大，而在市场经济条件下，因为实行政企分离，政府对酒店财务管理的影响力要弱些。但是，政府可以通过政策诱导的方式影响酒店财务管理的目标。

上述对影响财务管理目标的分析与传统分析相比存在明显差异。传统意义上，人们都认为股东承担了酒店的全部剩余风险，也应享受因经营发展带来的全部税后收益，所以股东所持有的财务要求权又称为“剩余要求权”。正因为持有“剩余要求权”，股东在酒店业绩良好时可以最大限度地享受收益，在酒店亏损时也将承担全部亏损。与债权人和员工相比，其权利、义务、风险和报酬都比较大，这决定了他们在酒店中有着不同的地位，所以传统思路在考虑财务管理目标时，都更多地从股东利益出发，选择“股东财富最大”或“股票价格最大”作为目标。但是，现代意义上的企业与传统企业有很大差异，现代企业是多边契约关系的总和，股东当然要承担风险，但债权人和员工所承担的风险也很大，政府也承担了相当大的风险。从历史的角度来考察，现代企业的债权人所承担的风险，远远大于历史上债权人承担的风险。因为从历史上来看，例如20世纪50年代以前，企业的资产负债率一般较低，很少有超过50%的，但现代企业的资产负债率一般都较高，多数国家的平均资产负债率都超过60%，有些国家的企业如日本和韩国企业的资产负债率还接近甚至超过80%。巨额的负债使债权人所承担的风险大大增加，实际上他们与股东共同承担着剩余风险。现代企业员工所承担的风险，也比历史上职工承担的风险大，因为历史上，工人的劳动主要是简单的体力劳动，当工人在一个企业失去工作时，可以很容易在其他企业找到基本相同的工作，而在现代企业中，简单的体力劳动越来越少，复杂的脑力劳动越来越多，职工下岗之前都必须有较好的学历教育和职业培训，由于专业分工越来越细，一旦职工在一家企业失去工作，则很难找到类似的工作，必须经过再学习或再培训才能重新就业，因此承担的风险越来越大了。

三、酒店财务管理目标的选择

从上述分析可以看出，财务管理目标应与酒店多个利益相关者有关，是这些利益相关者共同作用和相互妥协的结果，在一定时期和一定环境下，某利益集团可能会起主导作用，但从酒店长远发展来看，不能只强调某一利益相关者的利益，而置其他利益相关者的利益于不顾，也就是说，不能将财务管理的目标仅仅归结为某一利益相关者的目标，从这一意义上说，股东财富最大化不是财务管理的最优目标，在社会主义条件下更是如此。从理论上来讲，各个利益相关者的目标都可以折中为酒店长期稳定发展和酒店总价值的不断增长，各个利益相关者都可以借此来达到他们的最终目的。为此，以企业价值最大化作为财务管理的目标，比以股东财富最大化作为财务管理目标更科学。

企业价值最大化是指通过企业财务上的合理经营，采用最优的财务政策，充分考虑资金的时间价值和风险与报酬的关系，在保证企业长期稳定发展的基础上使企业总价值达到最大。这一定义看似简单，实际包括丰富的内涵，其基本思想是将酒店长期稳定发展摆在首位，强调在企业价值增长中满足各方利益关系，具体内容包括以下七个方面：

（1）强调风险与报酬的均衡，将风险控制在酒店可以承担的范围之内。

（2）创造与股东之间的利益协调关系，努力培养安定性股东。

（3）关心本酒店员工利益，创造优美和谐的工作环境。

（4）不断加强与债权人的联系，重大财务决策请债权人参加讨论，培养可靠的资金供应者。

（5）关心客户的利益，在新产品的研制和开发上有较高投入，不断推出新产品来满足顾客的要求，以便保持销售收入的长期稳定增长。

（6）讲求信誉，注意酒店形象的宣传。

（7）关心政府政策的变化。

以企业价值最大化作为财务管理的目标，具有以下优点：

（1）企业价值最大化目标考虑了取得报酬的时间，并用时间价值的原理进行了计量。

（2）企业价值最大化目标科学地考虑了风险与报酬的关系。

（3）企业价值最大化能克服企业在追求利润上的短期行为，因为不仅目前的利润会影响企业的价值，而且预期未来的利润对企业价值的影响所起的作用更大。进行企业财务管理就是要正确权衡报酬增加与风险增加的得与失，努力实现二者之间的最佳平衡，使企业价值达到最大。因此，企业价值最大化的观点，体现了对经济效益的深层次认识，它是现代财务管理的最优目标。

如同从利润最大化向股东财富最大化转变一样，从股东财富最大化向企业价值最大化的转变是财务管理目标理论的又一次飞跃，为了能够说明这种飞跃的意义，这里要进一步作如下阐述：

（1）企业价值最大化扩大了财务管理过程中需考虑问题的范围。现代企业理论认为，企业是多边契约关系的总和，包括股东、债权人、经理阶层、一般职工等，对企业的发展而言，这些关系缺一不可。各方都有自身利益，共同参与构成企业的利益制衡机制，如果试图通过损害一方利益而使另一方获利，结果会导致矛盾冲突，出现诸如职工罢工、债权人拒绝提供贷款、股东抛售股票等，这些都不利于企业的发展。从这个意义上说，股东财富最大化容易仅仅考虑股东利益，而忽略其他关系人的利益，这是错误的，而企业价值最大化可以弥补上述不足。

（2）企业价值最大化注重在企业发展中考虑各方利益关系。从上述论述可以看出，合理的财务管理目标必须考虑与企业有契约关系的各个方面，但如何考虑仍是一个十分重要的问题。企业价值最大化是在发展中考虑问题，在企业价值的增长中来满足各方利益关系。如果把企业的财富比作一块蛋糕，那么这块蛋糕可以分为几个部分，分属于企业契约关系的各方——股东、债权人、职工等。从逻辑关系上来看，当企业财富总额一定时，各方的利益是此消彼长的关系，而当企业的财富增加后，各方利益都会有所增加，各种契约关系人的利益都会较好地得到满足，这又有利于企业财富的增加，实现财务管理的良性循环。

（3）企业价值最大化目标更符合新时代中国特色社会主义国情。我国是实行社会主义市场经济体制的国家，现代企业制度在我国有着独特、复杂的发展历程。与国外企业相比，我国企业应更加强调职工的利益与职工的权利，强调社会财富的积累，强调协调各方利益，实现共同发展和共同富裕。所以，在选择财务管理目标时，仅仅局限于股东这一个利益集团是不符合我国国情的，只有企业价值最大化才符合新时代中国特色社会主义的特点。

酒店必须以履行社会责任为前提。例如，酒店为增加价值，就必须采取有效的竞争手段，包括追求差异化和成本领先战略，从而更好地满足消费者的需要；增加企业价值，就必须降低员工与股东之间的利益冲突，使员工的待遇与做出的贡献相匹配。企业目标与社会目标也有矛盾的一面。酒店履行社会责任，会导致酒店在一定时期内的经营成本增加，当期盈利减少，酒店竞争能力减弱。如履行政府环境保护的要求会发生环保投资，增加员工的培训也会增加酒店的成本。正因为如此，从股东的角度观察，成本的增加减少了股东享有的剩余收益，为降低成本，股东可能会逃避履行社会责任。

为促使酒店履行社会责任，政府应以法律形式保护社会公众的利益，调节股东与社会公众利益的矛盾：对于法律不能约束的行为，应促使酒店遵守商业道德规范或接受政府的行政监督；酒店还应受到社会舆论的监督。

应当指出，尽管酒店履行社会责任会耗费酒店一定的资源，在短时期内增加酒店的经营成本，但酒店社会责任的履行为酒店的可持续发展奠定了良好的基础。从这点上来说，酒店承担社会责任就是为酒店未来的长远发展承担责任，酒店履行社会责任与企业价值最大化的理财目标是一致的。

第三节　酒店财务管理的原则

酒店财务管理的原则是组织资金运动、处理错综复杂的各种财务关系的准绳。所谓准绳，可以理解为我们做事情、处理问题的一个界限。在这个界限内，被认为是合理的；越过界限，就是不合理的。

事实上，酒店财务管理的原则是人们对财务管理实践的抽象，是思维的结晶，它体现出财务活动的规律，是酒店财务管理的行为指南。你不遵守原则，就是违背客观规律，必然被规律惩罚。

一、守法守信原则

市场经济是法治经济，其核心就是用法律维护公平竞争的经济秩序和良好环境。历史发展证明，只有在公平竞争的条件下，社会的各种经济资源才会得到充分有效的利用和开发，社会和经济才会持续、健康地发展。假如没有或者缺乏保证经济运行的法律、法规，势必引起社会经济秩序混乱，让不正当竞争泛滥，造成社会经济资源浪费，给社会发展造成危害。市场经济条件下，酒店要与方方面面发生经济联系，形成财务关系，这就要求酒店和各方面必须讲信用，把信用放在第一位，否则，也会破坏良好的经济秩序，不能保证公平竞争。信用虽然属于道德范畴，但它与法律、法规是相辅相成的，也是法治经济不可缺少的一个方面。

酒店为实现其财务管理目标，进而实现企业的总目标，必须以遵守国家法律、法规、制度为前提，把信用放在对外交往和提供商品与服务的第一位。如果酒店有任何违反国家法律、法规，不守信用的行为，轻则受到处罚和批评，重则危及自身的生存与发展。

二、系统原则

按照系统论的理论，系统是由若干相互作用、相互依存的元素组成的有机整体。系统到处可见，大至若干个星系组成的宇宙，小到原子核及核外轨道电子组成的原子，都是一个系统。酒店本身就是一个系统。财务管理又是整个企业管理系统中的一个子系统。财务管理自身又由筹资管理、投资管理、营运管理、分配管理等子系统组成。

系统论的基本思想就是一切从整体出发考虑问题，“整体效应”是系统论的核心。古代的先哲早就告诉人们，整体大于部分之和，即“5>2+3”，这种观点被现代系统论研究所证实。系统的整体相比其组成部分的孤立状态具有了新质。这种新质可以产生新的行为、新的功能。

系统具有三个基本特征：整体性、目标性、层次性。酒店企业的财务管理中运用系统原则，首先强调整体性，一切从酒店的整体利益出发。局部最优不等于整体最优，整体最优才是真正的最优。有时，某些财务活动从局部看可能最优，但从整体看不一定最优。那就必须局部服从全局，一切以整体利益为重。

酒店有自己的目标，财务管理又有自己的目标，各部门、各项具体工作还有自己的具体目标。这些目标应该是统一的，但有时它们又会发生抵触、碰撞。此时，一定牢记小目标服从大目标，局部服从全局。这就是酒店财务管理的系统原则。

三、协调平衡原则

酒店的财务管理由若干相互联系的环节组成，只有各个环节协调平衡，统一步伐，才能保证酒店财务目标的实现。然而，在实际财务工作中，由于种种因素，不平衡、不协调、不统一的现象经常发生。因此，需要对这些因素施加影响，以求酒店财务管理在协调平衡中进行。这就是协调平衡原则。酒店财务管理的协调平衡主要包括以下几个方面：

（一）货币资金数量在动态上保持协调平衡

酒店企业的资金循环与周转，客观上要求企业保有一定的货币资金数量。数量过多，就会造成浪费，导致资金利用效益低下；数量过少，就会影响资金运用，造成企业生产和服务不正常。实际工作中，由于酒店的业务受季节影响，货币资金流入与流出不平衡是绝对的。而保持酒店货币资金流入与流出数量上、时间上的动态平衡，是酒店资金运动的客观要求。这就要求酒店财务管理人员运用科学的方法、精湛的技术、高超的智慧去保持协调平衡。

（二）收益与风险协调平衡

收益是企业的永恒追求。股东肯投入资本，债权人愿意借贷，员工愿意付出劳动，都是为酒店企业获取收益，自己从企业的收益中分享一部分合法的收益。在市场经济条件下，酒店企业在获取收益的过程中，会有大量的不确定性、突变性、偶然性，稍有不慎，风险就会变为现实。可以说，收益与风险是孪生姐妹，是一种客观存在。一般来说，承担的风险越大，则收益越大；承担的风险越小，则收益越小。这就要求酒店财务管理人员尽可能地对企业风险因素充分估计，事先防范风险，采取化解风险的措施。收益与风险平衡原则的核心内容是要求财务管理人员发挥聪明才智，在收益既定的条件下，最大限度地降低风险、化解风险；在风险既定的条件下，最大限度地争取收益。

（三）财务关系协调平衡

酒店在与各个方面进行经济往来时，必然涉及经济利益关系，即财务关系，这就要求财务人员遵守国家法律、法规和财经纪律，既保护酒店的合法权益，又不损害他人的合法权益；讲究信用，树立酒店品牌形象；履行社会责任，如环保、公益事业和慈善事业等。

四、成本效益原则

成本是指生产商品或提供劳务所花费的货币表现。这项原则要求酒店财务管理人员严格控制成本、费用支出，把成本、费用降到最低限度。每一件商品、每一项服务都要进行收益与成本比较，必须收益大于成本。也就是说，酒店不管经营什么项目，不管提供什么服务，都要预测成本，然后控制成本，使收益大于成本。

第四节　酒店财务管理的环境

酒店这一经济实体，犹如生物体，只有适应周围的环境，才能生存。酒店的理财活动是在一定的环境中进行的。理财活动若想成功，必须考察其周围的总体环境和酒店的具体环境。环境的变化可能会给酒店的财务管理带来麻烦，但酒店的财务人员如能预测其发展情况，采取相应的应变措施，也可能使酒店走向成功。

一、财务管理环境概述

（一）财务管理环境的概念

财务管理环境是指酒店在财务管理过程中所面对的各种客观条件或影响因素。研究财务管理环境，有助于增强酒店财务管理对环境的适应能力，实现财务管理的目标，提高财务管理的效率。

（二）财务管理环境的分类

财务管理环境一般可分为宏观环境和微观环境。财务管理的宏观环境是指影响财务活动的各种宏观因素，如政治因素、经济因素、法律因素、金融市场等。

宏观环境是作为酒店外部的、影响酒店财务活动的客观条件而存在的。

微观环境是指影响酒店财务活动的各种微观因素，如酒店组织形式、产品销售市场状况、资本供应情况、企业素质、管理者水平等。微观环境是作为酒店内部的、影响酒店财务活动的客观条件而存在的。

在财务管理的环境中，宏观环境决定微观环境，微观环境与宏观环境相适应，并随着宏观环境的变化不断得到改善；微观环境也会作用于宏观环境，甚至促进宏观环境的变化。

（三）财务管理与环境的关系

酒店的财务管理与其环境是相互依存、相互制约的。一方面，财务管理环境决定酒店的财务管理，不同的财务管理环境有不同的财务管理目标、手段和效率，从而要求有不同的财务管理活动；另一方面，酒店财务管理对环境又具有反作用，甚至在一定条件下，财务管理有能力改变其环境，特别是改变其微观环境。

正确认识财务管理与环境的关系具有重要意义。适者生存、优胜劣汰是市场经济竞争中的铁的规律。这一规律要求酒店财务管理必须主动面对纷繁复杂的财务管理环境，研究财务管理环境变化的规律，通过制定和选择富有弹性的财务管理战略和政策，抓住环境因素的突变可能出现的各种有利机会，抵御环境变化可能对财务活动造成的不利影响。同时，还要求财务管理要尊重客观环境的存在，发挥主观能动性，扎扎实实做好财务管理工作，用科学的方法改变环境。

二、经济环境

财务管理的经济环境是指对酒店财务管理有重要影响的一系列经济因素，一般包括经济体制、经济周期、经济政策、通货膨胀和市场竞争等。

（一）经济体制

在计划经济体制下，酒店作为一个独立的核算单位而无独立的理财权利。这时，财务管理活动的内容比较单一，财务管理方法也比较简单。在市场经济体制下，酒店成为“自主经营、自负盈亏”的经济实体，有独立的经营权，同时也有独立的理财权。酒店可以从其自身需要出发，合理确定资本需要量，然后到市场上筹集资本，再把筹集到的资本投放到高效益的项目上获取更大的收益，最后将收益根据需要和可能进行分配。因此，财务管理活动的内容比较丰富，方法也复杂多样。

（二）经济周期

经济的周期性波动对财务管理有着非常重要的影响。在经济的不同发展时期，酒店的销售能力、获利能力以及由此而产生的资本需求都会出现重大差异。例如，在萧条阶段，由于整个宏观经济不景气，酒店很可能处于紧缩状态之中，销售量下降，投资锐减。在繁荣阶段，市场需求旺盛，销售大幅度上升，酒店为扩大生产，就要增加投资，以增添机器设备、存货和劳动力，这就要求财务人员迅速地筹集所需资本。总之，面对经济的周期性波动，财务人员必须预测经济变化情况，适当调整财务政策。

（三）经济政策

经济政策是国家进行宏观经济调控的重要手段。国家的产业政策、金融政策、财税政策对酒店的筹资活动、投资活动和分配活动都会产生重要影响。例如，金融政策中的货币发行量、信贷规模会影响酒店的资本结构和投资项目的选择等；价格政策会影响资本的投向、投资回收期及预期收益。因此，财务管理人员应当深刻领会国家的经济政策，研究经济政策的调整对财务管理活动可能造成的影响。

（四）通货膨胀

通货膨胀犹如一个影子，始终伴随着现代经济的发展。一般认为，在产品和服务质量没有明显改善的情况下，价格的持续提高就是通货膨胀。通货膨胀不仅对消费者不利，对酒店财务活动的影响更为严重。因为，大规模的通货膨胀会引起资本占用的迅速增加；通货膨胀会引起利率的上升，增加酒店的筹资成本；通货膨胀时期有价证券价格的不断下降，给筹资带来较大的困难；通货膨胀会引起利润的虚增，造成酒店的资本流失等。

为了减轻通货膨胀对酒店造成的不利影响，财务人员应当采取措施予以防范。在通货膨胀初期，货币面临着贬值的风险，这时酒店进行投资可以避免风险，实现资本保值；与客户签订长期购货合同，以减少物价上涨造成的损失；取得长期负债，保持资本成本的稳定。在通货膨胀持续期，酒店可以采用比较严格的信用条件，减少酒店债权；调整财务政策，防止和减少酒店资本流失等。

（五）市场竞争

酒店的一切生产经营活动都发生在一定的市场环境中，财务管理行为的选择在很大程度上取决于酒店的市场环境。所谓合理、有效的财务管理行为就是能够适应酒店微观经济环境、优化酒店财务状况的理财行为。不了解酒店所处的市场环境，就不可能深入地了解酒店业的运行状态，也就很难做出科学的财务决策。

三、法律环境

财务管理的法律环境是酒店组织财务活动、处理酒店与有关各方的经济关系必须遵循的法律规范的总和。广义的法律规范包括各种法律、法规和制度。财务管理作为一种社会活动，其行为要受到法律的约束，酒店合法的财务活动也相应受到法律的保护。酒店从事筹资、投资、股利分配活动，必须要遵循有关法律的规定。

影响酒店财务管理的主要法规包括以下四个方面：

（一）企业组织法规

酒店必须依法成立，组建不同组织形式的酒店，必须遵循相关的法律规范，包括《中华人民共和国公司法》《中华人民共和国外资企业法》《中华人民共和国中外合资经营企业法》《中华人民共和国合伙企业法》等，这些法律既是企业的组织法，也是企业的行为法。在企业组织法规中，规定了企业组织的主要特征、设立条件、设立程序、组织机构、组织变更和终止的条件和程序等，涉及企业的资本组织形式、筹资渠道、筹资方式、筹资期限、筹资条件、利润分配等诸多理财内容的规范，也涉及不同的企业组织形式的理财特征，如合伙制与独资企业要承担无限债务偿还责任，而公司制企业承担有限责任。

（二）企业经营法规

企业经营法规是对企业经营行为所制定的法律规范，包括《中华人民共和国反垄断法》《中华人民共和国环境保护法》《中华人民共和国产品安全法》等，这些法规不仅影响酒店的各项经营政策，而且也会影响酒店的财务决策产品效果，对酒店投资、经营成本、预期收益均会产生重要的影响。

（三）税收法律制度

酒店的财务管理要受到税收的直接影响和间接影响。税收是国家为实现其职能，强制地、无偿地取得财政收入的一种手段。任何企业都具有纳税的法定义务。税收对财务管理的投资、筹资、股利分配决策都具有重要的影响。在投资决策中，税收是一个投资项目的现金流出量，计算项目各年的现金净流量必须要扣减这种现金流出量，才能正确反映投资所产生的现金净流量，进而对投资项目进行估价；在筹资中，债务的利息具有抵减所得税的作用，确定酒店资本结构也必须考虑税收的影响；股利分配比例和股利分配方式影响股东个人缴纳的所得税的数额，进而可能对企业价值产生重要的影响。此外，税金是酒店的一种费用，要增加酒店的现金流出，酒店无不希望减少税务负担，酒店进行合法的税收筹划，也是理财工作的重要职责。我国酒店企业目前应该上缴的主要税种有按收益额课征的所得税和按流转额课征的增值税等。

（四）证券法律制度

证券法律制度是确认和调整在证券管理、发行与交易过程中各主体的地位与权利、义务关系的法律规范。证券法律制度对酒店企业以证券形式进行的筹资与投资、对上市公司信息的披露具有重要的影响。

四、金融市场环境

金融市场是指资金供求双方交易的场所。广义的金融市场，是指一切资本流动的场所，包括实物资本和货币资本的流动。广义金融市场的交易对象包括货币借贷、票据承兑和贴现、有价证券的买卖、黄金和外汇买卖、办理国内外保险、生产资料的产权交换等。狭义的金融市场一般是指有价证券市场，即股票和债券的发行和买卖市场。

金融市场对酒店企业的理财具有重要的意义。首先，金融市场是酒店筹资和投资的场所，酒店在符合有关法律规定的条件下，经过批准以发行股票、债券的方式筹集资金，也可以将酒店的资金投放于有价证券，或者进行与证券相关的其他财务交易。其次，酒店通过金融市场实现长期资金与短期资金的相互转化。酒店所持有的长期股票和债券投资，随时可以通过出售有价证券使其转化为短期资金；同理，酒店的短期资金也可以通过购买股票、债券而转化为长期投资。长、短期资金的相互转化，在理财上从属于企业资产收益性与流动性关系的有效处理，从属于企业经营发展战略。最后，由金融市场传递的信息，有助于酒店企业进行财务管理的决策。

（一）金融市场的分类

金融市场从不同的角度进行分类，可分为以下几种：

（1）按交易的期限划分为短期资金市场和长期资金市场。短期资金市场是指期限不超过一年的资金交易市场，因为短期有价证券易于变成货币或作为货币使用，所以也叫货币市场；长期资金市场是指期限在一年以上的股票和债券交易市场，债券主要用于固定资产等资本货物的购置，所以也叫资本市场。

（2）按交割的时间划分为现货市场和期货市场。现货市场是指买卖双方成交后，当场或几天内买方付款、卖方交出证券的交易市场；期货市场是指买卖双方成交后，在双方约定的未来某一特定的时日才交割的交易市场。

（3）按交易的性质分为发行市场和流通市场。

（4）按交易的直接对象分为同业拆借市场、国债市场、企业债券市场、股票市场、金融期货市场等。

（二）金融机构

我国金融机构按其地位和功能大致可分为：代表政府管理全国的金融机构和金融活动的中国人民银行；由政府设立，以贯彻国家产业政策、区域发展政策为目的，不以营利为目的的政策性银行，包括国家开发银行、中国发展银行及中国进出口银行；以经营存款、放款，办理转账结算为主要业务，以营利为主要经营目标的商业银行；非银行金融机构，包括保险公司、城市和农村信用合作社、信托投资公司、证券交易所、证券公司、投资基金管理公司、财务公司、金融租赁公司等。

（三）金融性资产的特点

金融性资产是指现金和有价证券等可以进入金融市场交易的资产。它具有如下属性：

（1）流动性。流动性是指金融性资产能够在短期内不受损失地转变为现金的属性。流动性强的金融性资产具有容易兑现和市场价格波动较小的特征。

（2）收益性。收益性是指金融性资产获取收益能力的属性。

（3）风险性。风险性是指金融性资产不能恢复其原投资价格的可能性。金融性资产的风险主要有违约风险和市场风险。违约风险是证券的发行主体破产而导致的永远不能偿还的风险；市场风险是指由于投资的金融性资产的市场价格波动而产生的风险。

上述三种属性的关系是：资产的流动性与资产的收益性成反向变动，收益性与风险性相均衡，即流动性越强的资产，风险越小，其收益性就越低，反之亦然。

（四）金融市场对酒店财务管理的影响

金融市场是商品经济发展和信用形式多样化的必然产物，它在财务管理中发挥着重要的作用。

1. 为酒店筹资和投资提供场所

金融市场能够为资本所有者提供多种投资渠道，为资本筹集者提供多种可供选择的筹资方式。在现实经济生活中，资本所有者在为闲置资本寻找出路时，要求兼顾其安全性、流动性和盈利性，而资本需求者在筹资时，也要求在降低资本成本的同时，满足在数量和时间上的需要。要实现资本所有者和筹集者的满意结合，需要创造一个理想的场所，而金融市场上有多种融资形式和金融工具可供双方选择。因此，通过金融市场，资本供应者能够灵活地调整其闲置资本，实现其投资目的；资本需求者也能够从众多筹资方式中选择最有利的方式，实现其筹资目的。

2. 促进酒店资本灵活转换

金融市场各种形式的金融交易，形成了纵横交错的融资活动。融资活动可以实现资本的相互转换，包括时间上长短期资本的相互转换、空间上不同区域间资本的相互转换以及数量上大额资本和小额资本的相互转换。例如，股票、债券的发行能够将储蓄资本转换为生产资本，将流动的短期资本转换为相对固定的长期资本，将不同地区的资本转换为某地区的资本；远期票据的贴现能够使将来收入转化为现期收入。这种多种方式的相互转换能够调剂资本供求，促进资本流通。

3. 引导资本流向和流量，提高资本效率

金融市场通过利率的上下波动和人们投资收益的变化，能够引导资本流向最需要的地方，从利润率低的部门流向利润率高的部门，从而实现资本在各地区、各部门、各单位的合理流动，实现社会资源的优化配置。

4. 为酒店树立财务形象

金融市场是酒店树立财务形象的最好场所。酒店有良好的经营业绩和财务状况，证券价格就会稳定增长，这是对酒店财务形象的最客观的评价。

5. 为财务管理提供有用的信息

酒店进行筹资、投资决策时，可以利用金融市场提供的有关信息。股市行情从宏观角度反映了国家总体经济状况和政策情况，从微观角度反映了企业的经营状况、盈利水平和发展前景，有利于投资者对企业财务状况做出基本评价。此外，利率的变动还反映了资本的供求状况。

第五节　酒店财务管理的组织机构

为了正确组织酒店的财务管理工作，提高酒店的管理水平，酒店应设置财务管理专职机构。财务管理组织机构的设置应考虑酒店规模、行业特点、业务类型等因素。财务管理机构内部的分工要明确，职权要到位，责任要清楚，要有利于提高财务管理效率。

一、酒店组织机构的设置

酒店分为两大部门，第一类是业务部门，也可以叫作营业部门。第二类是行政管理部门。这两类部门的最大区别就在于，前者的工作会直接产生收入，而后者却没有收入。换句话说，业务部门是直接向客户提供服务的部门，而行政管理部门不直接与客户打交道。业务部门主要有三个部门，即前厅部、客房部和餐饮部。而行政管理部门主要有总经理办公室、人力资源部、财务部、工程部、保安部和市场销售部。

那么，酒店有哪些设施呢？酒店一般有大堂（前台、商场）、餐厅（中餐厅、西餐厅、自助餐厅）、客房（一般客房、行政客房）、咖啡厅、会议室、康体娱乐（spa 馆、健身房、棋牌室）以及洗衣房等。酒店的基本设施如图 1.2 所示。

二、酒店管理岗位分类

酒店管理岗位的组织机构如图 1.3 所示，通过这个图可以看到酒店中每个部门的岗位设置。

首先，行政管理的首席长官是总经理，其次就是财务总监和由业主代表出任的副总经理，那么，什么是业主代表呢？现代酒店行业通常是所有权和经营权相分离，也就是说，投资方出资聘请专业的酒店经营管理公司承担管理工作，而投资方不直接参与经营管理。例如，希尔顿、丽思卡尔顿、洲际等品牌就是专业的酒店管理公司，而酒店投资方的主营业务可能并不是酒店行业，比如一家地产商投资修建酒店后，聘请专业公司来经营，像成都的富力—丽思卡尔顿酒店就是由富力集团投资，丽思卡尔顿公司来经营的酒店。投资方虽然不参加管理，但是也需要对酒店经营给予指导和监督，因此，通常会选派一名代表进入酒店担任高层管理工作，这个岗位就是业主代表。

图 1.2　酒店的基本设施

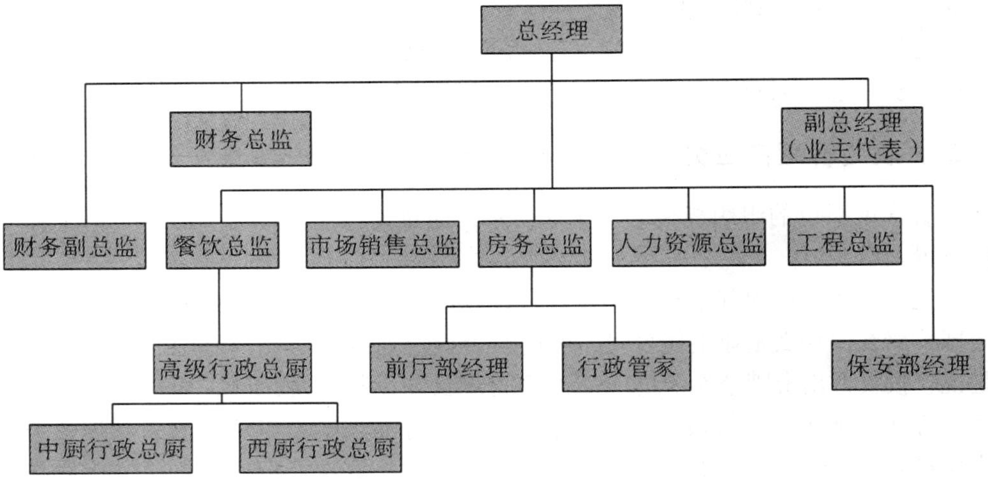

图 1.3　酒店管理岗位的组织机构

在财务总监和副总经理这一层级之下的就是财务副总监，还有餐饮总监等各个部门的负责人。可以看出，财务总监在酒店管理中的地位是很高的，与副总经理同级，这是因为在酒店管理中，各项业务都需要财务总监的审核或批准，责任和权力都非常大。

保安部很特殊，该部门没有设立总监，所以保安部经理就是部门负责人。在总监层级之下的就是经理层，有高级行政总厨、前厅部经理和行政管家等。

三、酒店财务部的职能和岗位设置

首先是职能，财务部在酒店的经营中起着财务和计划管理、会计核算管理、资金管理、固定资产管理、物料用品管理、费用管理、成本控制管理、利润管理和商品、原料和物料的采购管理、仓库物资管理的重要作用。通过财务部门进行上述有效管理，能使酒店的经营活动获得更大的经济效益，从而促进企业不断向前发展。

其次，财务部通常设立三个“三级部门”，即会计部、成本部和采购部。这不同于工业企业的核算，酒店管理中采购部的管理通常归属于财务部。

最后，酒店财务部的岗位设置如图 1.4 所示，最高负责人是财务总监，下一层级是财务副总监，而财务秘书是为财务副总监做文秘工作的角色。再往下一层级是财务副总监所管理的总账、采购经理和成本控制经理。总账，也就是财务经理，主要管理收入审计、应收主管和应付主管，有的酒店还有中餐厅收银员。采购经理和成本控制经理之下分别管理着相应工作的主管人员，再往下就是从事具体工作的人员。需要注意的是，酒店的采购人员一般都负责文职工作，而并不直接参与采购，只是在市场上询价、与供货商进行对账，做好账目管理。以后章节还会详细讲解成本控制的主要项目。

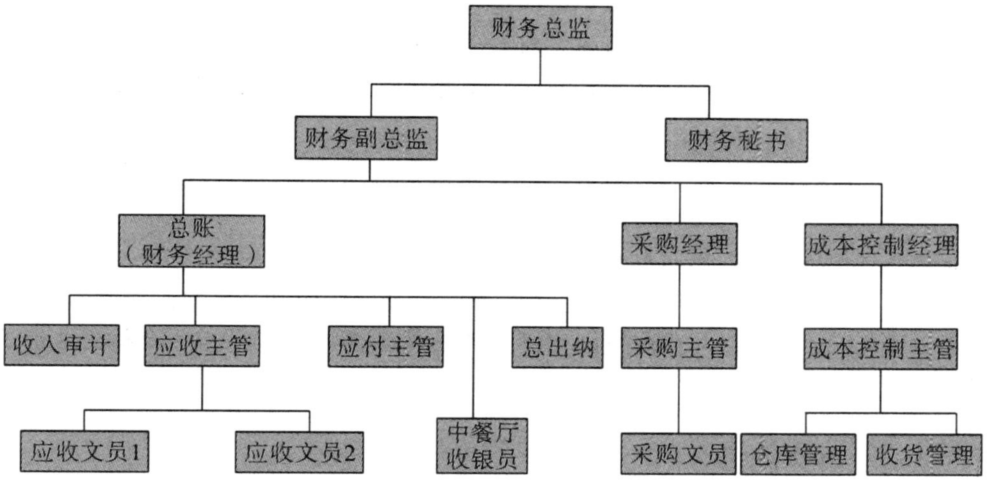

图 1.4　酒店财务部的岗位设置

素质教育小故事

道德之光在酒店财务管理中闪耀

在一个繁忙的都市中，有一家知名的高级酒店。酒店财务部门的一位名叫张涛的财务经理以诚信和道德为原则，赢得了众多员工的尊敬和信任。

一天，酒店接待了一位富有的商人，他预订了整个楼层的豪华套房，以及一系列额外的服务和设施。这位商人声称自己是一家大型公司的高级经理，事务繁忙，因此需要一流的服务。

商人入住后，张涛注意到商人的账户出现了异常的财务记录。经过仔细核对，张涛发现商人故意篡改了账单，试图以虚假的方式获得额外的服务和优惠，损害了酒店的利益。

面对这个情况，张涛面临着一个道德抉择。他知道如果不揭发商人的行为，酒店可能会受到重大的经济损失。然而，揭发商人可能会导致商誉受损，对酒店形象造成不利影响。

张涛决定按照道德和职业操守的原则行事。他召集了酒店的高层管理人员，并详细说明了商人的欺诈行为。他们一致同意，必须采取合适的措施来保护酒店的利益和声誉。

经过与商人的详细沟通和对商人的深入调查，酒店的财务部门成功地揭露了商人的欺诈行为，并将相关证据提交给了警方。虽然这个事件在短期内对酒店的声誉造成了一些负面影响，但由于酒店坚守诚信和道德的原则，事后得到了广泛的赞誉和支持。

这个事件不仅提醒了酒店员工要遵循道德原则，也在整个行业引发了关于财务管理和诚信的讨论。其他酒店纷纷加强了财务管理制度和内部控制，确保账目的准确性和真实性。酒店业内的从业人员也更加重视道德和诚信，在日常工作中遵守职业操守，维护行业的良好形象。

张涛的道德选择和正直行为，使他成为酒店员工们的楷模。他的故事在业内传为佳话，激励着更多的人秉持道德原则，在酒店财务管理中闪耀道德之光。

这个故事告诉我们，诚信和道德是财务管理中不可或缺的原则。坚守道德，及时揭露和纠正不当行为，不仅能够保护企业的利益，还能够树立良好的声誉和品牌形象。在商业领域中，道德是永恒的财富，它不仅为企业带来经济回报，也为社会做出了更大的贡献。

章节练习

第一章小测

一、单项选择题

1. 酒店财务管理的核心工作环节为（　　）。

A. 财务预测　　B. 财务决策

C. 财务预算　　D. 内部控制

2. 作为酒店财务管理目标，股东财富最大化目标不具备的优点是（　　）。

A. 考虑了资金时间价值因素　　B. 考虑了风险价值因素

C. 体现了合作共赢的价值理念　　D. 能够避免企业的短期行为

3. 下列能够形成 A 企业与债务人之间财务关系的是（　　）。

A. 乙公司向 A 企业投入资本　　B. 甲公司赊购 A 企业销售的产品

C. 丙公司购买 A 企业发行的股票　　D. 丁公司购买 A 企业发行的优先股

4. 借款人无法按期偿还本金和利息而给投资人带来的风险，称为（　　）。

A. 违约风险　　B. 期限性风险

C. 流动性风险　　D. 通货膨胀风险

5. 公司向银行取得长期借款以及偿还借款本息而产生的资金流入与流出是（　　）。

A. 公司筹资引起的财务活动　　B. 公司投资引起的财务活动

C. 公司经营引起的财务活动　　D. 公司股利分配引起的财务活动

6. 股份公司财务管理的最佳目标是（　　）。

A. 总产值最大化　　B. 利润最大化

C. 收入最大化　　D. 股东财富最大化

7. 财务管理的本质是（　　）。

A. 企业经济活动的成本即利润方面　　B. 企业经济活动的价值即资金方面

C. 企业经济活动的目标即财富方面　　D. 企业经济活动的内容即实物方面

8. 财务管理的核心工作环节为（　　）。

A. 财务预测　　B. 财务决策

C. 财务预算　　D. 内部控制

9. 某酒店董事会召开酒店战略发展讨论会，拟将企业价值最大化作为财务管理目标，下列理由中，难以成立的是（　　）。

A. 有利于规避企业短期行为　　B. 有利于量化考核和评价

C. 有利于持续提升企业获利能力　　D. 有利于均衡风险与报酬的关系

10. 中国的中央银行是（　　）。

A. 中国银行　　B. 中国建设银行

C. 中国人民银行　　D. 国家开发银行

二、多项选择题

1. 下列属于酒店财务管理内容的是（　　）。

A. 投资决策　　B. 筹资决策

C. 股利分配决策　　D. 财务控制

2. 下列属于酒店的财务活动包括（　　）。

A. 筹资活动　　B. 投资活动

C. 资金营运活动　　D. 利润分配活动

3. 酒店的财务关系包括（　　）。

A. 酒店与政府之间的财务关系

B. 酒店与债权人之间的财务关系

C. 酒店与债务人之间的财务关系

D. 酒店与投资者之间的财务关系

4. 下列酒店财务管理目标中，能够克服短期行为的有（　　）。

A. 利润最大化　　B. 股东财富最大化

C. 企业价值最大化　　D. 相关者利益最大化

5. 酒店财务管理具有其自身特点，具体表现在（　　）。

A. 财务控制多样性　　B. 现金流量季节性

C. 内部控制严密性　　D. 更新改造紧迫性

6. 在某酒店财务目标研讨会上，张经理主张“贯彻合作共赢的价值理念，做大酒店的财富蛋糕”；李经理认为“既然酒店的绩效按年度考核，财务目标就应当集中体现当年利润指标”；王经理提出“应将酒店长期稳定的发展放在首位，以便创造更多的价值”。上述观点涉及的财务管理目标有（　　）。

A. 利润最大化　　B. 企业规模最大化

C. 企业价值最大化　　D. 相关者利益最大化

7. 在下列各项中，属于财务管理经济环境构成要素的有（　　）。

A. 经济周期　　B. 经济发展水平

C. 宏观经济政策　　D. 会计信息化

8. 下面关于财务管理的环节表述正确的有（　　）。

A. 财务分析是根据企业财务报表等信息资料，采用专门方法，系统分析和评价企业财务状况、经营成果以及未来趋势的过程

B. 财务预算是指根据财务战略、财务计划和各种预测信息，确定预算期内各种预算指标的过程

C. 财务决策是利用有关信息和特定手段，对企业的财务活动施加影响或调节，以便实现计划所规定的财务目标的过程

D. 财务预测是根据企业财务活动的历史资料，考虑现实的要求和条件，对企业未来的财务活动做出较为具体的预计和测算过程

9. 在金融市场中，下列不属于参与金融交易活动的经济单位有（　　）。

A. 市场主体　　B. 交易对象

C. 组织形式　　　　D. 交易方式

10. 以下哪些属于基本金融工具？（　　）

A. 股票　　　　B. 债券

C. 基金　　　　D. 金融期货

三、判断题

1. 酒店提供的产品与制造业、金融业、商贸流通领域的产品不同，酒店提供的是服务和销售合一的特殊产品。（　　）

2. 财务关系是指酒店在组织财务活动中与各有关方面发生的经济关系。（　　）

3. 与利润最大化相比，股东财富最大化的主要优点是考虑到了风险和报酬的关系。（　　）

4. 以企业价值最大化作为财务管理目标的缺点之一是企业的价值过于理论化，不易操作。（　　）

5. 财务管理环境主要包括经济环境、法律环境、金融环境、企业内部环境。（　　）

6. 银行金融机构包括中央银行、商业银行及政策性银行。（　　）

7. 酒店财务管理组织机构的设置不需要考虑酒店规模、行业特点、业务类型等因素。（　　）

8. 相关者利益最大化是企业财务管理中最理想的目标，该目标是能够实现的。（　　）

9. 财务管理是对企业的资金形成、分配、使用、回收过程的管理。（　　）

10. 会计是财务管理的基础，财务管理离不开会计。（　　）

四、思考题

1. 什么是酒店资金运动？请举例说明资金在酒店筹建、开业、正式营运、利润分配过程中的运动。

2. 酒店财务管理与会计有什么区别和联系？

3. 如何设置酒店财务部组织机构？如何划分财务部内部各岗位？

4. 酒店财务管理的内容是什么？

5. 酒店财务管理工作人员应具备哪些素质？

第二章　酒店财务管理基础

■**学习目标**

通过本章学习，熟知酒店资金时间价值的基本概念，掌握单利、复利、终值、现值、年金的概念，掌握资金时间价值的计算，理解风险的概念，了解风险的种类及其特点，掌握度量风险的基本方法。

■**基本要求**

懂得酒店财务管理的价值理念，能运用资金时间价值帮助酒店做出正确决策，能够对酒店经济活动中的风险进行分析，衡量其与收益的关系并能计算相关衡量指标。

第一节　酒店财务管理的价值理念

思维导图

酒店财务管理的价值理念包括资金时间价值（本章第二节会进行详细讲解，这里不作介绍）、现金流量时间线以及风险收益分析。

一、资金时间价值

“时间就是金钱”是对资金时间价值的最好解读。同样的100元，如果让你选择现在拥有还是10年以后再取得，毫无疑问你会选择现在的100元。因为将现在的100元选择存入银行，10年后我们可以在原来存款基础上获得一定的利息。利息的多少和存款时间的长短与存款利率的高低有关，存款时间越长，存款利率越高，取得的利息也就越多。如果将这笔资金用于购买国债、基金，或者进行货币市场投资，那么随着时间的推移，原来的资金也会增加，而且可能获得比存入银行更多的收益。这个现象说明，如果把资金存入银行、购买国债、基金等看作投资，那么只需要将资金进行投资，随着时间的推移，资金就会发生增值，其中就隐含财务管理的一个非常重要的基本观念——资金时间价值。

对于资金时间价值的概念，人们的认识并不完全相同。国外传统的定义是：即使在没有通货膨胀、没有风险的情况下，今天 1 元钱的价值也大于 1 年以后 1 元钱的价值。投资者投入 1 元钱，就失去了当时使用或消费这 1 元钱的机会或权利，按时间计算的这种付出的代价或投资报酬，就叫作资金时间价值。

试想一下，如果投资者将投入的资金放到保险柜里保存能否获得收益呢？显然不能。因此，并不是所有货币都有时间价值，上述定义只说明了时间价值的现象，并没有说明时间价值的本质。只有把货币作为资本投入生产经营过程中才能使其产生时间价值，也就是说，资金投入生产经营后，劳动者会生产出新的产品，创造出新的价值，产品销售以后得到的收入要大于原来投入的资金额，形成资金的增值，即时间价值是在生产经营中产生的。在一定时期内，资金从投入到回收形成一次周转循环，每次资金周转需要的时间越少，资金的增值就越大，投资者获得的报酬也就越多。因此，随着时间的推移，资金总量在循环周转中不断增长，使得资金具有时间价值。

但是，将货币作为资本投入生产过程中所获得的价值增加并不全是货币的时间价值，这是因为所有的经营都不可避免地具有风险，而投资者承担风险也要获得相应的补偿；此外，货币的实际购买力还受到通货膨胀的影响。因此，在通货膨胀的影响下，投资者对投资项目的回报率必然要求更高的报酬以弥补购买力的损失，这部分补偿称为通货膨胀贴水。可见，货币在经营过程中产生的报酬不仅包括时间价值，还包括货币资金供给者要求的风险补偿和通货膨胀贴水。因此，本书认为，资金时间价值是扣除风险补偿和通货膨胀贴水后投资者获得的真实报酬率。

二、现金流量时间线

现金流量时间线是一种重要的计算货币资金时间价值的工具，可以更直观、便捷地反映资金运动发生的时间和方向。掌握货币资金的时间价值，首先要清楚资金运动方向的时间和方向，即每笔资金在哪个时点上发生，资金流向是流入还是流出。典型的现金流量时间线如图 2.1 所示。

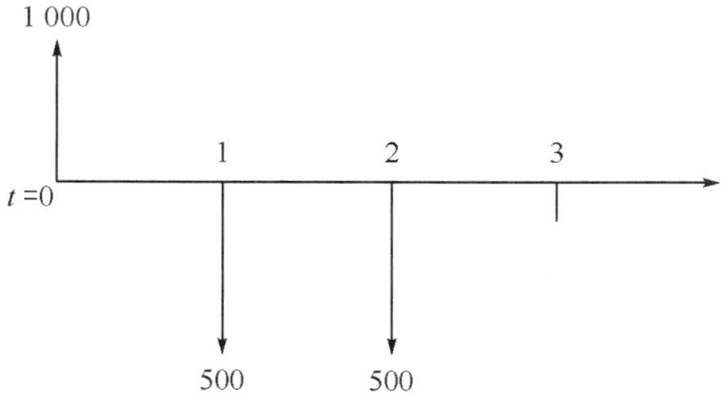

图 2.1　现金流量时间线

图 2. 1 中横轴代表时间轴，箭头所指方向表示时间的增加。横轴上的坐标代表各个时点，通常时间间隔为年，有时候也可以是半年、季、月或者天。$t=0$ 表示现在，$t=1，2，\cdots$，分别表示从现在开始的第 1 期期末、从现在开始的第 2 期期末，依次类推。如果每期的时间间隔为 1 年，则 $t=1$ 表示从现在起第 1 年年末，$t=2$ 表示从现在起第 2 年年末。同理，$t=2$ 也表示第 3 年年初。

图 2. 1 中的现金流量时间线表示在 $t=0$ 时，有 1 000 单位的现金流出，在 $t=1$，$t=2$ 时各有 500 单位的现金流入。

现金流量时间线能更好地帮助理解并计算资金时间价值，本书将在后面章节中多次运用这一工具来解决许多复杂的问题。

三、风险收益分析

对于投资者来说，投入资金是以期在未来赚取更多的收益。收益为投资者提供了一种恰当描述投资项目财务绩效的方式。收益可以用收益率来衡量。

假设银杏标准酒店计划用 100 000 元购买短期国债，利率为 10%，一年后获得了 110 000 元，那么这一年的投资收益率为 10%，即

$$投资收益率=\frac{投资所得-初始投资}{初始投资}\times100\%=\frac{110\ 000-100\ 000}{100\ 000}\times100\%=10\%$$

实际上，投资者获得的投资收益率就是国债的票面利率，通常认为投资国债是无风险的。但是，如果将该笔资金投资于一家科技初创企业，该项投资的收益率无法准确估计，则投资面临风险。

企业的财务决策几乎都是在包含风险和不确定的情况下做出的。离开了风险，就无法正确评估企业投资收益的高低。风险是客观存在的，通常风险越高，投资者要求的风险收益也就越大，这样才能激励投资者甘冒风险进行投资；相反，风险越低，风险收益也就越低。在上述例子中，如果银杏标准酒店投资科技初创企业的期望收益率和短期国债一样，那么几乎就没有投资者愿意投资。

第二节　资金时间价值

一、资金时间价值的基本概念

（一）资金时间价值的概念及意义

1. 资金时间价值的概念

资金时间价值（time value of money），是资金经历一定时间的投资和再投资而产生的增值，又称货币时间价值。

根据定义可知，资金的时间价值来源于资金进入社会再生产过程后的价值增值。静止的、没有投入运转的资金是不会产生时间价值的，在本章第一节已经就该观点做出了解释。资金持有者利用所掌握的资金进行增值投资才会产生资金的时间价值。所以从这个角度来说，资金的时间价值是对资金持有者的资金使用权的一种定价，也就

是资金的拥有者因让渡资金的使用权而根据让渡时间的长短所获得的报酬。这是对资金时间价值的一种直观理解，除此之外，不同的学者还存在着其他的观点。比如，有的学者认为投资者要进行投资，就必然会推迟消费。投资者将资金用于开办企业、购买股票或债券、存入或借出款项等，由此应对投资者推迟消费的耐心给予报酬，这种报酬的量应该与推迟消费的时间长度成正比，因此货币时间价值是对投资者推迟消费的一种报酬；还有的学者从资金的增值现象出发，把资金时间价值直接表述为一定量资金在不同时点上价值量的差额。

不论从什么角度来表述资金的时间价值，都需要注意一点：并非所有资金都具有时间价值，只有将资金用作投资，也就是投入业务经营过程中的资金才能产生增值，不能被当作资本利用的资金是不具备自行增值属性的。

例如，银杏标准酒店计划在该市的新开发区开一家酒店，在考察论证后发现，目前立即投资可以带来500万元的资金流入，如果一年后再投资，由于该地区发展趋于成熟，可以获得550万元的资金流入。如果不考虑资金时间价值，那么一年后投资可以比现在立即投资获得更多的资金流入。但是考虑了货币时间价值后就可以发现，如果将目前投资所获得的500万元进行再投资，投资报酬率为20%，则一年后500万元就变为500×（1+20%）=600（万元），表明现在立即投资新建酒店比一年后开发会多获利50万元，所以现在开始投资对企业更有利。

上述例子表明酒店在进行资金管理过程中，一定要考虑资金时间价值，重视资金时间价值，并对资金时间价值进行度量，才能做出科学的决策。

2. 资金时间价值对酒店财务管理的意义

（1）资金时间价值使酒店的财务决策建立在可比的基础上，更客观具体。由于资金时间价值的存在，相等金额的资金在不同的时点上具有不同的经济价值，无法直接进行比较。比如，当酒店进行长期投资项目决策，由于项目时间跨度较长，资金的流入流出发生在各个不同时间点，所以在进行决策分析时，必须将不同时间点上的现金流入量和现金流出量都折算为同一时间点上的数值，这样才能使投资项目的经济决策建立在客观和可比的基础上。由此可以看出，资金时间价值正確地揭示了不同时点上资金之间的换算关系，是酒店进行财务决策的重要依据。

（2）资金时间价值有利于酒店提高资金使用效率。资金具有时间价值，所以使用资金不可能是无偿的，必须付出代价。如果不考虑通货膨胀和风险的存在，则今天的100元比明天的100元更有价值。在酒店的经营管理过程中，需要注重资金的时间价值，在资金筹集、营运资金和收益分配等各方面要充分考虑这一因素，做到及时筹集所需资金、有效管理资金运营、充分利用现有资金合理进行长短期投资决策。

（3）资金时间价值使酒店能更好地实现纳税筹划。既然资金具有时间价值，酒店就应该通过减少前期应税所得额，尽量减少前期所得税的缴纳，从而达到降低所得税这笔不等额现金流出量现值的目的。而这一点往往被财务人员所忽视。通过合法、合理地调整当期收入和成本费用，降低当期应税所得额，就可以在每期都使一部分所得税推迟交纳，同时可以认为每期都获得了一笔无息贷款。这样既增加了酒店可使用资金的总量，又使得酒店具备了长远发展的可能。

（4）资金时间价值有利于酒店更好地进行生产经营决策。企业开展生产经营活动是要保证该企业的可持续发展和正常经营，企业资金的时间价值需要考虑如何有效地降低企业投资的风险，在生产经营过程中考虑时间价值是为了保证企业规避风险，实现盈利。时间价值不仅对于筹资决策、投资决策具有重要意义，而且对于企业的生产经营决策也同样具有重要影响。例如酒店计划进行一项投资，需要资金 300 万元，若项目建成后使用年限为 10 年，在现行借款利率为 10%的情况下，每年至少要收回多少资金才能收回成本，这时酒店需要考虑资金时间价值才能做出正确的投资决策。

（二）利息与利率

1. 利息

利息（interest）是债权人（或资金所有者）因借出货币或者货币资本而从债务人（或借款人）那里获得的报酬。资金具有时间价值，从债权人的角度来看，利息是债权人暂时放弃资金的使用权，为债务人提供货币或者货币资本，因而必然要求对方给予一定的报酬作为补偿。利息常用字母 I 表示。

西方经济学对利息的基本观点是，把利息理解为资金所有者让渡资本使用权而索要的补偿。补偿由两部分组成：对机会成本的补偿和对风险的补偿。利息的多少与让渡资金数额的多少、让渡资金使用权的时间以及资金的价格有关。其中，让渡资金的数额，或者说初始投资的数额，称为本金（principal）；让渡资金使用权的时间长度称为投资期，也就是资金投入周转的时间，相邻两次计算利息的时间间隔称为计息期；而资金的价格就是我们所说的利率（interest rate）。

例如，银杏标准酒店为了资金周转，向银行申请借款 500 000 元，借款期限为一年，约定每半年偿还一次利息 25 000 元，一年后归还本金 500 000 元。在这个例子中，本金为 500 000 元，让渡资金使用权的时间为一年，半年的利息为 25 000 元，计息期为六个月。因此我们可以看到，计算利息的间隔期非常灵活，可以是天、月、季度、半年或者全年。

2. 利率

利率（interest rate）是一定时期内利息与本金的比，也称利息率。其本质是单位时间上、单位本金所获得的利息。单位时间也可以称为期。按照单位时间长短的不同，利率可以分为年利率、半年利率、季利率、月利率或日利率等。

在上个例子中，银杏标准酒店借款的利率是多少呢？由于每半年偿还一次利息，所以计息期是半年，根据利率的定义得出酒店借款的半年利率为 5%，即

$$\text{半年利率} = \frac{\text{利息}}{\text{本金}} \times 100\% = \frac{25\ 000}{500\ 000} \times 100\% = 5\%$$

如前所述，利息包括对机会成本的补偿和对风险的补偿。在现实经济生活中，由于通货膨胀以及风险的存在，利率表现为

$$\text{利率} = \text{机会成本补偿利率} + \text{风险溢价水平}$$

利率中用于补偿机会成本的部分往往由无风险利率（risk free interest rate）表示。由于风险的大小不同，风险溢价的程度也各有不同。相对于各种风险溢价，无风险利率就成为“基准利率”。但是，在现实生活中，绝对无风险的投资是不存在的。目前，在市场经济国家，风险相对较小，可视为无风险利率的，往往以政府发行的债券利率，即国债利率作为标准。

（三）单利与复利

单利（simple interest）与复利（compound interest）是资金时间价值的两种基本计息方法。

单利的特点是只对本金按照规定的利息率计算利息，对已过计息日的利息不再累积到本金中重复计算利息。其计算公式为

$$I=P\times r\times n$$

$$S=P+I=P\ (1+r\times n)$$

式中，I 为利息额，P 为本金，r 为利率，n 为借款期限，S 为本金与利息之和，简称本利和。

复利是不仅对本金计算利息，而且还将上期利息并入本金一并计算利息。比如按年计息，第一年按本金计息，第一年年末所得的利息并入本金；第二年则将第一年年末的本利和作为第二年的本金计息；第三年则按第二年年末的本利和计息；以此类推，直到借款期满为止。这种计息方式，又被通俗地称为“利滚利”“息上加息”。其计算公式推导如下：

$n=1$，$S=P\ (1+r)$

$n=2$，$S=P\ (1+r)\ (1+r)\ =P\ (1+r)^2$

$n=3$，$S=P\ (1+r)^2\ (1+r)\ =P\ (1+r)^3$

…

$n=n$，$S=P\ (1+r)^n$

简言之，在确定的借款期内，按复利计息的次数越多，债权人的利息收入也就越高。当然，筹资人所付出的利息成本也就越大。

（四）终值与现值

由于资金具有时间价值，同一笔资金在不同的时间点具有不同的价值量，其对应的资金量也就不能直接进行比较和计算，因此，必须将不同时期的资金换算到同一个时点才具有可比性，并进行相应的大小比较计算。在将不同时点的资金换算到相同时点的过程中，涉及两个非常重要的概念，即终值和现值。

终值（future value）又称将来值，是指现在的一笔资金按照规定的利率计算并折算到未来某一时点的价值，俗称本利和。

现值（present value）又称本金，是指未来某一时点上的一定量资金，折算到现在所对应的价值。这一折算过程称为折现。

例如，银杏标准酒店将 100 万元营业额存入银行，一年后该笔存款金额变为 105 万元，那么 105 万元就是 100 万元一年后的终值，而 100 万元是一年后 105 万元的现值。

终值和现值是一定量资金在前后两个不同时点上对应的价值，两者的差额即资金时间价值，其具体表现可以用利率来表示；终值和现值间隔的时间可以按等份划分成若干期，相当于计息期。

为方便计算，本书假定有关字母的含义如下：

I——利息；

F——终值；

P——现值；

r——利率（折现率）；

n——利息期数。

（五）年金

1. 年金的概念

年金（annuity）是指等额、定期的系列收入或支出，通常用字母 A 表示。比如，住房按揭还款、每年相同的房租、购物的分期付款、养老金、保险金等都属于年金收支形式。根据前面所述，可以看出年金具有等额、定期、持续性的特点：收入或支出的金额相等；收入或支出间隔的时间相等；是持续性收入或支出的款项。

2. 年金的分类

（1）普通年金。普通年金是指收入或支出的系列等额款项发生在每期期末的年金，又称后付年金。比如，银行存贷款支付的利息、购物偿还的分期付款、住房按揭还款等都是普通年金。为了更直观地表示问题，可以借助时间示意图。以时间为横轴，把每次资金支出、资金收入、支付时间和数量都标注在时间轴上。本书统一把资金支出标注在时间轴的上方，用向上的箭头表示；资金收入标注在时间轴的下方，用向下的箭头表示。因此，普通年金如图 2.2 所示。

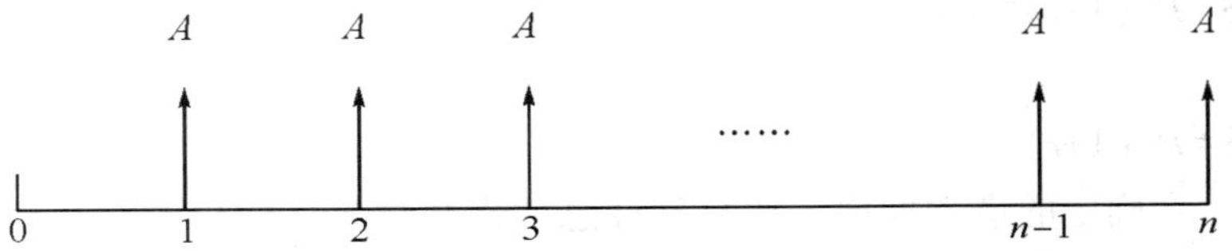

图 2.2　普通年金

（2）预付年金。预付年金（annuity due）是指收入或支出的系列等额款项发生在每期期初的年金，又称先付年金或即付年金。比如，定期交纳的保险金、零存整取的银行存款等都是预付年金。普通年金和预付年金是年金的基本形式，都是从第一期开始发生的等额收付，两者的区别是普通年金发生在期末，而预付年金发生在期初。预付年金如图 2.3 所示。

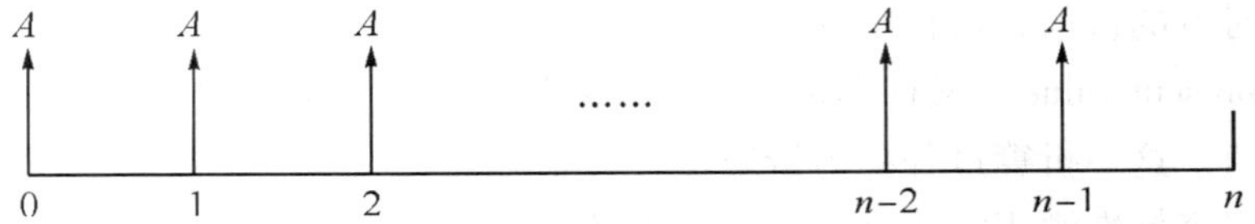

图 2.3　预付年金

（3）递延年金。递延年金（deferred annuity）是指收入或支出的系列等额款项发生在第一期以后的某一时期的年金。一般用 m 表示递延期数，是前 $m-1$ 年没有资金收入或支出的普通年金。递延年金如图 2.4 所示。

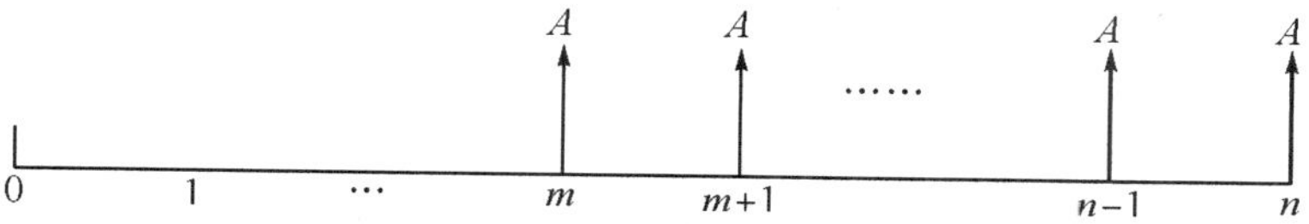

图 2.4　递延年金

注：$m \geq 2$，$n > m$。

（4）永续年金。永续年金（perpetuity）是指系列等额款项的收入或支出期限 n 趋于无穷大，没有终止。如优先股股利、定期定额发放的奖学金等都是永续年金在生活中的表现形式。递延年金和永续年金都是派生出来的年金，递延年金从第二期或第二期以后才发生，而永续年金的收付期趋于无穷。永续年金如图 2.5 所示。

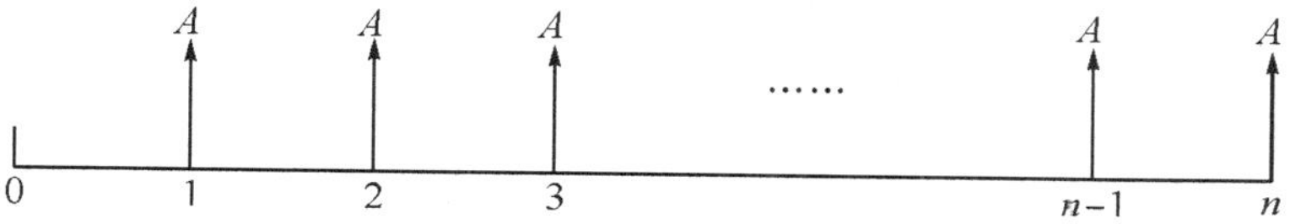

图 2.5　永续年金

注：n 趋于无穷大。

二、计算单利的终值和现值

单利是按照固定的本金计算利息，而利息部分不再计算利息的一种方式。

（一）单利终值

$$F=P(1+r\times n)$$

【例 2-1】银杏标准酒店将 1 万元现金存入银行，年利率为 5%，按单利计息，这笔资金 5 年后的终值是多少？

$$F=P(1+r\times n)=10\ 000(1+5\times 5\%)=12\ 500（元）$$

（二）单利现值

$$P=F-I=\frac{F}{1+r\times n}$$

【例 2-2】银杏标准酒店打算 5 年后从银行取出 12 万元，如果银行存款年利率为 4%，按照单利计算，现在应该在银行存入多少钱？

$$P=\frac{F}{1+r\times n}=\frac{120\ 000}{1+4\%\times 5}=100\ 000（元）$$

可见，单利的终值与现值互为逆运算。

目前，我国银行存款利息、债券等利息的计算都是按照单利的方式进行的。但在企业财务决策中，资金时间价值的计算一般都采用复利的方式进行。

三、计算复利的终值和现值

复利是指每经过一个计息期，要将所生的利息加入本金再次计算利息，逐期滚动计算。

（一）复利终值

复利终值（compound amount）是指现在的一笔资金按照复利计算在将来某个时点上所取得的本利和。

【例 2-3】银杏标准酒店将 100 万元资金投入一个新项目，如果每年的获利能达到 10%，酒店每年都将获利的资金继续投入项目中，那么按照复利计算，3 年后酒店能够获得多少资金？

第一年，本金 P_1 为 100 万元，到第一年年末时：

$$F_1=P_1+I_1=100+100\times10\%=100\times(1+10\%)=110\text{（万元）}$$

第二年，按照复利的特点，本金 P_2 为第一年年末的本利和 110 万元，到第二年年末时：

$$\begin{aligned}F_2&=110+110\times(1+10\%)=100\times(1+10\%)+100\times(1+10\%)\times10\%\\&=100\times(1+10\%)\times(1+10\%)\\&=100\times(1+10\%)^2\\&=121\text{（万元）}\end{aligned}$$

第三年，本金 P_3 为第二年年末的本利和 121 万元，到第三年年末时：

$$\begin{aligned}F_3&=P_3+I_3=121+121\times(1+10\%)\\&=100\times(1+10\%)^2+100\times(1+10\%)^2\times10\%\\&=100\times(1+10\%)^3\\&=133.1\text{（万元）}\end{aligned}$$

该酒店在 3 年后可以获得 133.1 万元，这笔金额就是 100 万元 3 年后的复利终值。

由此番推导可以归纳出：

$F_1=P_1\times(1+i)$

$F_2=P_2\times(1+i)^2$

$F_3=P_3\times(1+i)^3$

以此类推，如果本金为 P，利率为 i，n 期后的复利终值为

$$F=P\times(1+i)^n$$

式中，$(1+i)^n$ 称为复利终值系数或 1 元的复利终值，用符号（F/P，i，n）表示。例如，（F/P，5%，6）表示利率为 5%的 6 年期复利终值的系数。为了便于计算，可查阅“复利终值系数表”（见附表一）。该表的第一行是利率 i，第一列是计息期数 n，相应的 $(1+i)^n$ 值在其纵横相交处。表 2.1 是复利终值系数表简表。

表 2.1　复利终值系数表简表

期数	6%	7%	8%	9%	10%
1	1.060 0	1.070 0	1.080 0	1.090 0	1.100 0
2	1.123 6	1.144 9	1.166 4	1.188 1	1.210 0
3	1.191 0	1.225 0	1.259 7	1.295 0	1.331 0
4	1.262 5	1.310 8	1.360 5	1.411 6	1.464 1
5	1.338 2	1.402 6	1.469 3	1.538 6	1.610 5

如【例 2-3】中，利率 i 为 10%，期数 n 为 3，就可以直接通过复利终值系数表 2.1，找到利率为 10%的列与期数为 3 的行相交处的数值“1.331 0”就是复利终值系数，即 $(1+10\%)^3=1.331\ 0$，相应的 3 年后 100 万元的终值计算如下：

$$F_3=P\times(1+i)^n=100\times1.331\ 0=133.1\ (万元)$$

（二）复利现值

复利现值（compound interest present value）指为取得将来一定本利和现在所需要的本金，或者是未来某时点按照复利计算的资金折算到现在的值。复利现值是复利终值的对称概念。

$$P=\frac{F}{(1+i)^n}=F\times(1+i)^{-n}$$

式中，$(1+i)^{-n}$是将终值折算为现值的系数，称为复利现值系数，或称作 1 元的复利现值，用符号（P/F，i，n）表示。例如，（P/F，10%，5）表示利率为 10%时 5 期的复利现值系数。为了便于计算，可查阅“复利现值系数表”（见附表二）。该表的使用方法与“复利终值系数表”相同。表 2.2 是复利现值系数表简表。

表 2.2　复利现值系数表简表

期数	6%	7%	8%	9%	10%
1	0.943 4	0.934 6	0.925 9	0.917 4	0.909 1
2	0.89	0.873 4	0.857 3	0.841 7	0.826 4
3	0.839 6	0.816 3	0.793 8	0.772 2	0.751 3
4	0.792 1	0.762 9	0.735	0.708 4	0.683
5	0.747 3	0.713	0.680 6	0.649 9	0.620 9

【例 2-4】银杏标准酒店计划 3 年后开设文创集市，届时需要投入 100 万元，因此，现在需要存入一笔钱，作为 3 年后投资的启动资金。如果银行存款利率为 10%，那么现在需要一次性存入多少钱？

$P=F\times(1+i)^{-n}=100\times(1+10\%)^{-3}=100\times0.751\ 3=75.13$（万元）

或者　$P=100\times(P/F,\ 10\%,\ 3)=100\times0.751\ 3=75.13$（万元）

可见：

（1）复利终值和复利现值互为逆运算；

（2）复利终值系数 $(1+i)^n$和复利现值 $(1+i)^{-n}$系数互为倒数。

四、计算年金的终值和现值

（一）普通年金的终值和现值计算

单利和复利属于一次性收付款项，即单期现金流量。但在现实生活中有很多系列收付款项的运用，如购物的分期付款、分期偿还房贷、每年收取房租等，这些都属于多期现金流量。年金就是多期现金流的典型代表。

1. 普通年金终值的计算

普通年金终值是指在每期期末收入或支出的系列等额款项，按复利计算的未来总价值，即每次收入或支出的复利终值之和。

【例 2-5】假设每年年末存入银行 100 元，银行存款年利率为 10%，3 年后可以从银行取出的金额（普通年金终值）如图 2.6 所示。

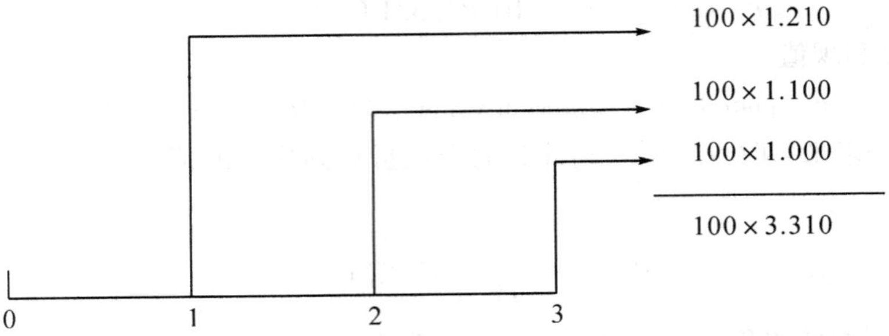

图 2.6　普通年金终值

从图 2.6 可以看到，第一期存入的 100 元到第三期期末应取得两期的利息，本利和为 121 元；在第二期期末的 100 元应取得一期的利息，本利和为 110 元；第三期期末的 100 元没有计息，其价值是 100 元。所以 3 年后可以从银行取出的本利和为 331 元，即 121+110+100。

根据复利终值的方法计算年金终值的公式为

$$F=A+A(1+i)+A(1+i)^2+A(1+i)^3+\cdots+A(1+i)^{n-1}$$

$$F=A\times\frac{(1+i)^n-1}{i}=A\times(F/A, i, n)$$

式中，$\frac{(1+i)^n-1}{i}$ 称为“年金终值系数”，记作（F/A，i，n），可直接查阅“年金终值系数表”（见附表三）。

【例 2-6】假设银杏标准酒店每年计提客房折旧费 50 000 元，在市场利率 10%的前提下，10 年后酒店能用该笔款项新建价值多少的客房？

$$F=A\times\frac{(1+i)^n-1}{i}=50\ 000\times\frac{(1+10\%)^{10}-1}{10\%}=796\ 870（元）$$

或者

$$F=50\ 000\times(F/A, 10\%, 10)=50\ 000\times15.937\ 4=796\ 870（元）$$

2. 普通年金现值的计算

普通年金现值是指为了在每期期末收入或支出相等金额的款项，按照复利计算，现在需要投入的金额，即每次收付金额的复利现值之和。

【例 2-7】银杏标准酒店为了以后 3 年每年年末都能从银行取出 100 万元，目前银行存款利率为 10%，现在需要向银行存入多少钱？

这个问题可以简单表述为：请计算 $i=10\%$，$n=3$，$A=100$ 的年末付款的现在等价值是多少？

设年金现值为 P，见图 2.7。

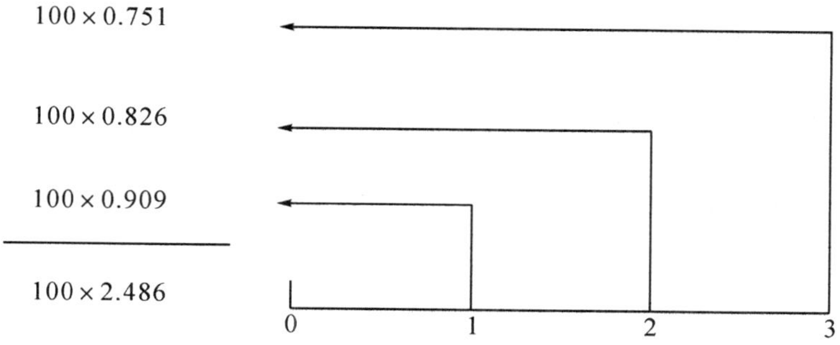

图 2.7　普通年金现值

$$P=100\times\frac{1}{1+10\%}+100\times\frac{1}{(1+10\%)^2}+100\times\frac{1}{(1+10\%)^3}$$

$=100\times0.9091+100\times0.8264+100\times0.7513$

$=100\times2.4868$

$=248.68$（万元）

计算普通年金现值的一般公式为

$$P=A\times\frac{1}{1+i}+A\times\frac{1}{(1+i)^2}+A\times\frac{1}{(1+i)^3}+\cdots+A\times\frac{1}{(1+i)^n}$$

$$P=A\times\frac{1-(1+i)^{-n}}{i}=A\times(P/A,\ i,\ n)$$

式中，$\frac{1-(1+i)^{-n}}{i}$ 称为"年金现值系数"，记作（P/A，i，n），可直接查阅"年金现值系数表"（见附表四）。

【例 2-8】银杏标准酒店计划从银行贷款 400 万元用于投资新项目，从投产之日起预计该项目 10 年内每年可带来收益 50 万元。已知银行贷款利率为 6%，请问该项投资是否有必要？

$$P=500\ 000\times\frac{1-(1+6\%)^{-10}}{6\%}=500\ 000\times(P/A,\ 6\%,\ 10)$$

$=500\ 000\times7.3601$

$=3\ 680\ 050$（元）

由于未来 10 年的预期回报收益的现值是 3 680 050 元，小于现在的投资额 4 000 000元，所以没有必要投资新项目。

（二）预付年金的终值和现值计算

1. 预付年金终值的计算

预付年金（annuity due）是指在每期期初收入或支出的系列等额款项，按复利计算的未来总价值，也是每期期初收入或支出的年金，又叫即付年金或先付年金。预付年金终值如图 2.8 所示。

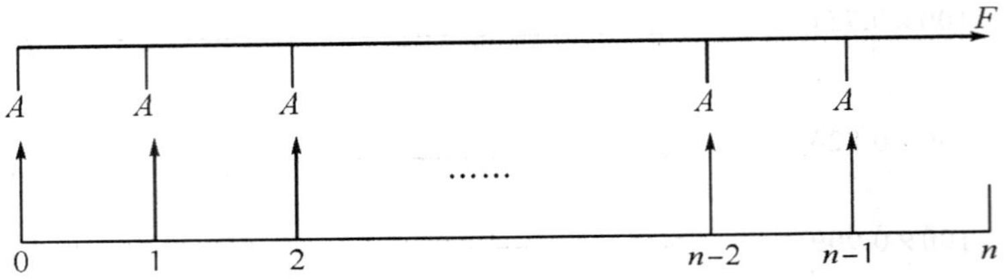

图 2.8　预付年金终值

预付年金终值的计算公式为

$$F = A(1+i) + A(1+i)^2 + A(1+i)^3 + \cdots + A(1+i)^n$$

$$F = A\left[\frac{(1+i)^{n+1}-1}{i} - 1\right]$$

或

$$F = A[(F/A,\ i,\ n+1) - 1]$$

式中，$\left[\frac{(1+i)^{n+1}-1}{i} - 1\right]$ 是预付年金终值系数，它和普通年金终值系数 $\left[\frac{(1+i)^n-1}{i}\right]$ 相比，期数加 1，而系数减 1，可记作 $[(F/A,\ i,\ n+1)-1]$，可直接利用“年金终值系数表”查出 (n + 1) 期的值，减去 1 后得出相应的年金终值系数。

【例 2-9】银杏标准酒店每年年初都会固定存入银行 100 000 元作为备用金，若银行存款利率为 5%，目前酒店已连续存入 5 年，请问到第 5 年年末酒店能够一次取出本利和多少钱？

$$\begin{aligned} F &= A[(F/A,\ i,\ n+1) - 1] \\ &= 100\,000 \times [(F/A,\ 5\%,\ 5+1) - 1] \\ &= 100\,000 \times (6.801\,9 - 1) \\ &= 580\,190(\text{元}) \end{aligned}$$

2. 预付年金现值的计算

预付年金现值就是把预付年金每个等额的年金 A 都换算成第一期期初的数值，再求和。也可看作已知每期期初等额收付的年金 A，求现值 P。预付年金现值如图 2.9 所示。

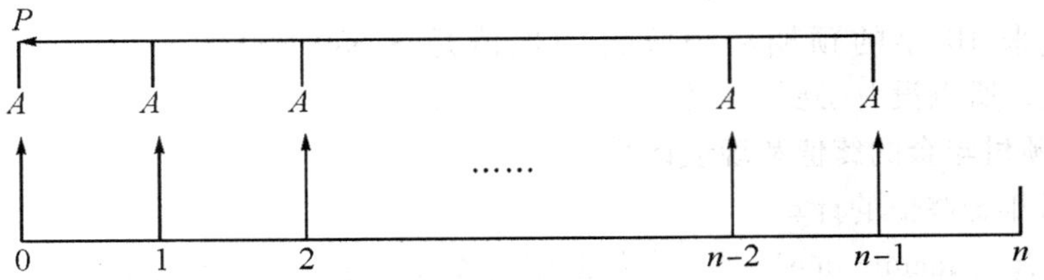

图 2.9　预付年金现值

预付年金终值的计算公式为

$$P = A + A(1+i)^{-1} + A(1+i)^{-2} + A(1+i)^{-3} + \cdots + A(1+i)^{-(n-1)}$$

$$P = A\left[\frac{1-(1+i)^{-(n-1)}}{i}+1\right]$$

或

$$P = A[(P/A,\ i,\ n-1)+1]$$

式中，$\left[\frac{1-(1+i)^{-(n-1)}}{i}+1\right]$ 是预付年金现值系数，它和普通年金现值系数 $\left[\frac{1-(1+i)^{-n}}{i}\right]$ 相比，期数减 1，而系数要加 1，可记作 $[(P/A,\ i,\ n-1)+1]$。可直接查阅“年金现值系数表”（$n-1$）期的值，然后加 1，即可得到预付年金现值系数。

【例 2-10】银杏标准酒店计划购入一套设备，如果直接购买需要花费 1 450 000 元，如果融资租赁每年年初需支付租金 500 000 元，分 3 年还清。若银行利率为 6%，则该酒店应该选择哪一种方式取得设备？

$$\begin{aligned} P &= A[(P/A,\ i,\ n-1)+1] \\ &= 500\ 000 \times [(P/A,\ 6\%,\ 3-1)+1] \\ &= 500\ 000 \times (1.833\ 4+1) \\ &= 1\ 416\ 700(\text{元}) \end{aligned}$$

计算可知，采用融资租赁的现值 1 416 700 小于直接购买的 1 450 000 元，因此融资租赁取得该设备更划算。

（三）递延年金的终值和现值计算

1. 递延年金终值的计算

递延年金（deferred annuity）是第一次资金的收入或支出发生在第一年年末以后的普通年金，是普通年金的特殊形式。递延年金终值见图 2.10。

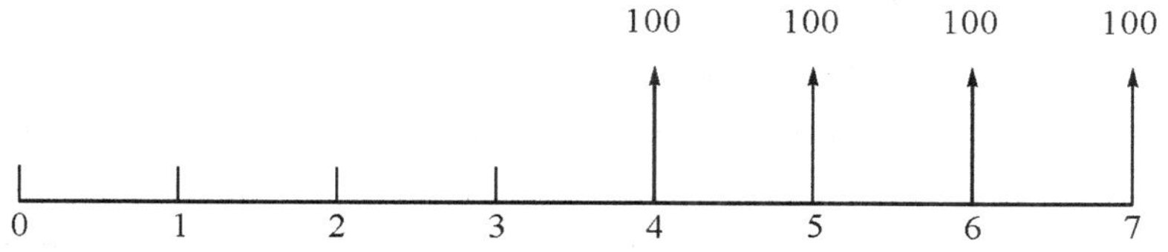

图 2.10　递延年金终值

从图 2.10 可以看出，前三期没有发生支付，从第四期期末才发生第一次支付，连续支付 4 次。一般用 m 表示递延期数，图 2.10 的递延期 $m=3$。递延年金终值的计算方法和普通年金终值类似：

$m=3\quad i=10\%\quad n=4$

$$\begin{aligned} F &= A(F/A,\ i,\ n) \\ &= 100 \times (F/A,\ 10\%,\ 4) \\ &= 100 \times 4.641 \\ &= 461.10(\text{元}) \end{aligned}$$

递延年金的终值计算过程与普通年金终值计算一样，只是需注意期数：

$$F = A \times (F/A,\ i,\ n)$$

式中，“n”表示的是年金 A 的个数，与递延期无关。

【例 2-11】银杏标准酒店拟购买一幢商品房，开发商提出了两种付款方案：

方案一是现在起 10 年内每年年末支付 100 万元；方案二是前 5 年不付款，从第 6 年起到第 10 年每年年末支付 250 万元。若银行贷款利率为 10%，按复利计息，酒店应该选择哪一种付款方式？

方案一：

$F=100\times(F/A, 10\%, 10)=100\times15.9374=1593.74$（元）

方案二：

$F=250\times(F/A, 10\%, 5)=250\times6.1051=1526.28$（元）

因此，方案二的支付方式比方案一更优，应选择方案二。

2. 递延年金现值的计算

递延年金现值是将 n 期年金贴现至第一期期初的现值（见图 2.11）。

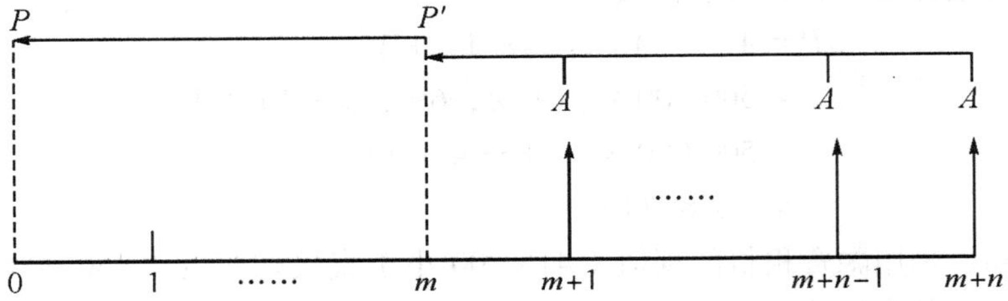

图 2.11　递延年金现值

注：$m\geq2$。

递延年金现值的计算方法主要有两种：

方法一：先将递延年金在 m 期的期初现值 P' 求出，然后将 P' 视作第一期期初的终值，按照复利现值的计算方法将 P' 贴现至第一期期初。计算公式为

$$P=A\times(P/A, i, n)\times(P/F, i, m)$$

式中，m 代表递延期；n 代表连续收支期数；$A\times(P/A, i, n)$ 即 P'。方法一也称作分段法。

方法二：先计算 $m+n$ 期普通年金现值 P_1，再计算前 m 期普通年金现值 P_2，两者之差即得出递延年金现值。计算公式为

$$P=P_2-P_1=A\times(P/A, i, m+n)-A\times(P/A, i, m)$$

【例 2-12】银杏标准酒店计划向银行申请一笔贷款，银行贷款年利率为复利 10%，双方约定前 5 年贷款不用还本付息，但后 10 年需于每年年末偿还本息 100 000 元，那么银行计划贷款的金额是多少？

方法一：

$$\begin{aligned}P&=A\times(P/A, i, n)\times(P/F, i, m)\\&=100000\times(P/A, 10\%, 10)\times(P/F, 10\%, 5)\\&=100000\times6.1446\times0.6209\\&=381518\text{（元）}\end{aligned}$$

或方法二：

$P = A \times (P/A, i, m+n) - A \times (P/A, i, m)$

$= 100\ 000 \times (P/A, 10\%, 15) - 100\ 000 \times (P/A, 10\%, 5)$

$= 100\ 000 \times 7.606\ 1 - 100\ 000 \times 3.790\ 8$

$= 100\ 000 \times 3.815\ 3$

$= 381\ 530$（元）

两种方法得出的结果有差距，是由取年金现值系数和复利现值系数上小数点的偏差造成的。

（四）永续年金的终值和现值计算

1. 永续年金终值的计算

永续年金是系列等额款项的收入或支出期限 n 趋于无穷大，没有终值期限，是普通年金的特殊形式，因此永续年金的终值无法计算。

2. 永续年金现值的计算

永续年金现值可以看作一个 n 无穷大的后付年金现值，可以看作是求普通年金的现值极限。

n 期普通年金计算公式为

$$P = A \times \frac{1-(1+i)^{-n}}{i}$$

当 $n \to \infty$ 时，$(1+i)^{-n}$ 的极限为零。

故 $$P = \frac{A}{i}$$

【例 2-13】银杏标准酒店设立了一笔基金专门用于奖励表现突出的员工。该奖励每年发放一次，共设立三个等级。一等奖 1 名，奖金 10 000 元；二等奖 3 名，奖金每人 5 000 元；三等奖 10 名，奖金每人 3 000 元。若银行存款年利率为 4%，则酒店为了设立该基金，应一次性存入银行多少资金？

$A = 10\ 000 + 3 \times 5\ 000 + 10 \times 3\ 000 = 55\ 000$（元）

$P = \frac{A}{i} = \frac{55\ 000}{4\%} = 1\ 375\ 000$（元）

由于每年都会发放 55 000 元，因此奖励金的性质是一项永续年金，其现值就是 1 375 000元。也就是说，酒店要存入 1 375 000 元作为基金，才能保证这一奖励金的成功运行。

第三节　风险与收益

一、风险的概念

在现实经济生活中，酒店在做任何一项经济决策的时候，都不能忽略的一个财务管理基本观念就是风险观念。风险是客观存在的，是现代企业财务管理的一个重要特征，在企业财务管理的每一个环节都不可避免地要面对风险。

风险（risk）是实际收益与预期收益的偏离程度，也可以看作在一定条件和一定时期内可能发生的各种结果的变动程度。从企业财务管理角度说，风险是企业在进行各项财务活动过程中，由于各种突发事件或无法控制的因素作用，使企业的实际收益与预期收益发生背离，从而蒙受经济损失的可能性。人们通常认为风险就是不好的，总是带来损失，这是对风险的片面理解。实际上，这种偏离可能是未来收益高于预期收益，能够获利；也可能是未来收益低于预期收益，带来损失。因此，风险有可能是危险，也有可能是机会，危险与机会并存。在竞争激烈的市场经济中，酒店的各项财务活动由于难以预料或无法控制的因素作用，实际收益与预计收益之间会发生背离，从而使酒店蒙受经济损失。为此，酒店理财时必须充分估计酒店可能发生的风险，运用科学的手段衡量和分析风险，采用科学的决策组合尽量规避风险，以最小的风险获得最大的收益。

企业的财务决策几乎都是在包含风险和不确定的情况下做出的。离开了风险，就无法正确评价公司投资报酬的高低。风险是客观存在的，按风险的程度，公司的财务决策可分为三种类型：确定性决策、风险性决策和不确定性决策。

决策者对未来的情况是完全确定的或已知的决策，称为确定性决策。例如，银杏标准酒店将闲置资金 10 万元投资于利息率为 5%的短期国库券，由于国库券被视作几乎无风险的投资品种，到期取得 5%的收益几乎是肯定的，因此，这种决策为确定性决策。

决策者对未来的情况不能完全确定，但不确定性出现的可能性是已知的或可以估计的，这种情况下的决策称为风险性决策。

决策者不仅对未来的情况不能完全确定，而且对不确定性可能出现的概率也不清楚，这种情况下的决策称为不确定性决策。

二、风险的分类

风险可以从不同角度分类。

（一）从企业自身角度分类

从企业自身的角度分类，风险分为经营风险和财务风险。

1. 经营风险

经营风险（business risk）指由于生产经营活动中的不确定性因素给企业的利润额或利润率带来的风险。经营风险来源于两个方面：企业内部条件的变动，如工人劳动生产率、设备利用率、技术装备、产品结构等的变动；企业外部条件的变动，如经济环境、原材料价格、市场供求、税收等的变动。这些风险使得企业的盈利变得不确定。

2. 财务风险

财务风险（financial risk）指企业由于负债筹资带来的风险，所以财务风险也称筹资风险。企业由于举债筹资，需要按照约定偿还本金和利息，从而产生了还债压力。一旦企业不能按期还本付息，不仅信誉受损，还有可能面临诉讼或破产的风险。企业在筹资时应充分考虑负债的成本和风险，加强资本结构管理，结合自身发展的需要科学安排债务结构，防止由于无法到期及时偿付出现债务危机。

（二）从个别投资主体角度分类

从个别投资主体的角度分类，风险分为系统风险和非系统风险。

1. 系统风险

系统风险是指对所有公司都会产生影响因素的风险。如战争、通货膨胀、国家宏观经济政策的变动、高利率等。系统风险又称市场风险或不可分散风险。这类风险会影响所有的投资对象，不能够通过多元化投资来分散风险，是投资者无法通过增加持有资产的种类而消除的风险。

2. 非系统风险

非系统风险是指发生在个别企业的由特有事件造成或投资者发生损失的可能性。如无力偿还贷款、产品研发失败、工人罢工、订单被取消等。非系统风险又称企业特有风险或可分散风险。这类风险可以通过多元化投资来分散，即通过增加持有资产的种类就可以相互抵消的风险。比如某上市公司推出了一款新产品，可能使该公司的股票价格上涨。又如，另一家上市公司同时期更换了总经理，可能使股票价格下跌。假如这两个事件恰好同时发生在一个投资者身上，那么该投资者的总投资收益可能既不升也不降，利好、利空相互抵消，最终的收益率不变。

三、风险与收益的关系

（一）收益

与风险紧密相关的另一个概念是收益（earnings），收益主要是指资产收益。资产收益是资产的价值在一定时期的增值，常用资产收益率这一指标来衡量。在财务管理中，收益率按照工作出发点不同，可分为以下类型。

1. 名义收益率

名义收益率（nominal yield）指在资产合约上表明的利率，是包含了补偿通货膨胀风险的利率。如借款协议上约定的借款利率、债券上表明的票面利率等。比如某债券的面值为 100 元，偿还期为 10 年，年息为 8 元，则该债券的名义收益率就是 8%。

2. 实际收益率

实际收益率（real yield）代表已经实现或者确定可以实现的资产收益率，用已获得或确定可以获得的利（股）息率与资本利得收益率之和表示。当存在通货膨胀时，应扣除通货膨胀率的影响，计算公式可以表示为：实际收益率=名义收益率-通货膨胀率。由于通货膨胀对于收益部分也有使其贬值的影响，考虑到这一点，实际收益率的计算公式还可以进一步表示为：实际收益率=（1+名义收益率）/（1+通货膨胀率）-1。

3. 必要收益率

必要收益率（required rate of return）是投资者对某资产要求的最低收益率，也称最低必要报酬率或最低要求的收益率。

必要收益率由两部分构成，包括无风险收益率和风险收益率。无风险收益率是指无风险资产的收益率，由纯粹利率（资金的时间价值）和通货膨胀补贴两部分组成。无风险资产一般满足两个条件：一是不存在违约风险；二是不存在再投资收益率的不确定性。通常用短期国债的利率近似地代替无风险收益率。风险收益率是指资产持有者因承担该资产的风险而要求的超过无风险利率的额外收益，它取决于投资品种的风险大小和投资者对风险的偏好。

必要收益率与投资者对风险的认知程度有关，人们对资产的安全性有着不同的看法。如果某公司遭遇财务困境的可能性很大，投资者买入该公司股票产生损失的可能性很大，那么，投资者将会要求一个较高的收益率，所以该股票的必要收益率就会较高；相反，如果投资该公司的风险较小，那么，投资者对该股票要求的必要收益率就会降低。

4. 预期收益率

预期收益率（expected yield）是指在不确定的条件下，预测某项资产未来可能实现的收益率。预期收益率主要有两种计算方法，第一种方法是首先描述影响收益率的各种可能情况，然后预测各种事件可能发生的概率，以及在各种可能情况下收益率的大小，那么预期收益率就是各种情况下收益率的加权平均，权数就是各种可能情况发生的概率；第二种方法是首先收集能够代表预期收益率分布的历史收益率的样本，假定所有历史收益率的观察值出现的概率相等，那么预期收益率就是所有数据的简单算术平均值。预期收益率也称期望收益率。

5. 无风险收益率

无风险收益率（risk-free rate of return）是指可以确定已知的无风险资产的收益率，由单纯利率（资金的时间价值）和通货膨胀补贴两部分组成，无风险收益率通常用短期国债的利率近似地代替。无风险收益率也称无风险利率。

6. 风险收益率

风险收益率（risk rate of return）是指某项资产持有者因持有该资产而承担的风险，对该风险要求获得超过无风险利率的额外收益。它等于必要收益率与无风险收益率之差。风险收益率是投资者要求的“额外补偿”，代表投资者将资金从无风险资产转移到风险资产而要求获得的差额收益，它的大小取决于两个因素：一是风险的大小；二是投资者对风险的偏好程度。

风险收益率包括违约风险收益率、流动性风险收益率和期限风险收益率。违约风险是指借款人无法按时支付利息或偿还本金而给投资者带来的风险。国库券等债券由政府发行，可以看作没有违约风险，违约风险收益率则视为零；企业债券的违约风险则要根据企业的信用程度来定，信用等级越差，违约风险越高，自然投资者要求的违约风险收益率就越高。

流动性风险收益率主要取决于投资品种的风险。风险大的投资品种流动性差，投资者要求的流动性风险收益率就越高。衡量流动性的标准一是资产出售时可实现的价格，二是变现时所需要的时间。其判断基础是，在价格没有明显损失的条件下，在短期内资产大量变现的能力。金融资产的流动性越差，则投资者要求的流动性风险收益率就越高。

期限风险是指因投资品种期限长短不同而形成的利率变化风险。任何机构发行的债券，到期期限越长，由于利率上升而使购买长期债券的投资者遭受损失的风险就越大，投资者要求的期限风险收益率就越高。比如 1 年期国债收益率为 1.979 4%，10 年期国债收益率为 2.821 0%，期限越长对于投资者的期限风险收益率补偿就越高。

（二）风险与收益的基本关系

风险越大，投资者要求的收益率就越高，这就是风险与收益的基本关系。在自由竞争市场，不存在风险最低而收益最高的投资机会，竞争的结果必然是获得高收益就要承担高风险，若只承受低风险则获得的收益也低。投资者对投资要求的收益，是与其承担风险的程度相匹配的必要收益率。

投资者必要收益率=无风险收益率+风险收益率

式中，无风险收益率是单纯利率和通货膨胀补贴之和，通常用短期国债收益率来近似替代，而风险收益率表示投资者因承担该项资产的风险而要求的额外补偿，其大小由承担风险的大小和投资者对风险的偏好程度决定。风险与收益的关系如图 2.12 表示。

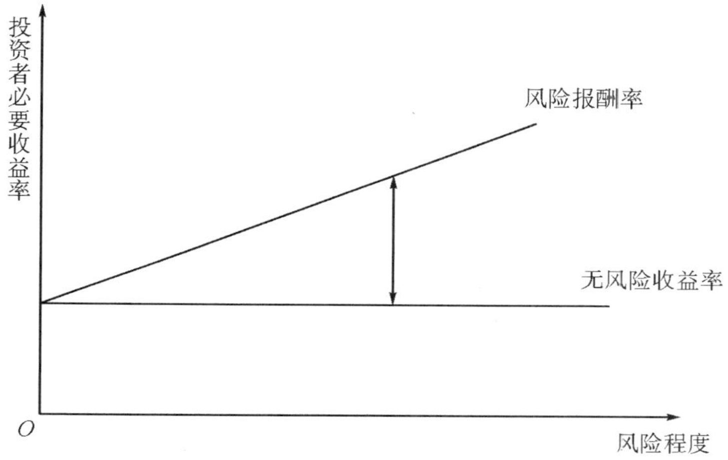

图 2.12　风险与收益的关系

风险收益率可以表述为风险价值系数与标准离差率的乘积。即

风险收益率=风险价值系数×标准离差率

因此，

投资者必要收益率=无风险收益率+风险价值系数×标准离差率

式中，风险价值系数取决于投资者对风险的偏好，投资者对风险的态度越是回避，所要求的补偿越高，因为要求的风险收益就越高，风险价值系数的值也就越大；相反，如果对风险的容忍程度越高，则说明风险的承受能力越强，那么要求的风险补偿也就越低，风险价值系数的取值就会变小。标准离差率的大小表示资产全部风险的相对大小，即每单位预期收益所包含的风险。一般情况下，标准离差率越大，资产的相对风险越大；相反，标准离差率越小，相对风险越小。标准离差率常用来比较不同预期收益率下资产的风险。

假设银杏标准酒店计划拿出 100 万元用于新建项目，目前有 A 和 B 两种方案可供选择。A 方案没有风险，投资后可获得 20 万元的收益；B 方案存在无法规避的风险，成功与失败的可能性分别为 50%，成功后获得的收益是 50 万元，失败后的损失是 10 万元。酒店面对两种方案，应该如何进行最优的选择？这就涉及风险和报酬的计量与权衡。投资者若选择 B 项目则承担了 50% 的风险，因此其必然要求对面临的风险获得一定的风险补偿，这部分补偿就是获得 30 万元的风险收益。

再比如，银杏标准酒店计划将一笔闲置资金投资于国债，由于国债可视为无风险或低风险，因此平均收益率为 4%；如果酒店计划投资于股票，因为股票是风险较高的投资品种，其平均收益率或要求的收益率可能为 10%。两项投资报酬率之间的差距为 6%（10%-4%）就是由于投资于股票需要承担超过投资于国债的风险而要求获得的额外补偿，就是风险收益。

四、风险与收益的度量

由于风险客观存在，酒店在进行各项财务活动的时候就要充分认识风险，掌握风险与收益之间的关系，通过对风险与收益之间的度量，有效把握风险，积极采取降低风险的措施。

资产的风险是资产收益率的不确定性，其大小可以用资产收益率的离散程度来衡量。离散程度是指资产收益率的各种可能结果与预期收益率的偏差。

（一）单个资产风险的度量

单个资产的风险可以用标准离差率（V）来衡量，计算步骤如下：

1. 确定概率分布

概率是指随机事件发生可能性的大小，常用 P_i 来表示。一个事件发生的概率总是大于等于 0 且小于等于 1。通常把不可能发生事件的概率定为 0，肯定会发生事件的概率定为 1，而一般随机事件的概率介于 0 和 1 之间，所有可能结果的概率之和等于 1，即 $\sum_{i=1}^{n} P_i = 1$。

2. 计算期望报酬率

确定了各种事件发生的概率分布之后，要计算投资报酬的期望值。投资报酬的期望值是各种投资报酬以相应的概率为权数计算出的加权平均数，它反映了投资方案各种预期结果的平均值。期望报酬率又称平均报酬率。其计算公式为

$$\mathrm{E}(R) = \sum_{i=1}^{n} R_i \times P_i$$

式中，R_i ——第 i 种情况下资产的收益率；

P_i ——第 i 种结果出现的概率；

n ——所有可能结果的数目。

3. 计算收益率的标准差

衡量某项资产的全部风险可以用方差和标准差两种方式来判断。

收益率方差是用来表示某项资产收益率的各种可能结果与其期望值之间的离散程度的一个指标，计算公式为

$$\sigma^2 = \sum_{i=1}^{n} [R_i - \mathrm{E}(R)]^2 \times P_i$$

收益率标准差是反映某项资产收益率的各种可能结果与其期望值的偏离程度的一个指标，它等于方差的开方。计算公式为

$$\sigma = \sqrt{\sum_{i=1}^{n} [R_i - \mathrm{E}(R)]^2 \times P_i}$$

在计算出上方第 2 个步骤期望报酬率 E（R）之后，如果不同事件的期望收益率相同，则对应算出的标准差或方差越大，风险越大；若算出的标准差或方差越小，风险越小。由于标准差或方差指标衡量的是风险的绝对大小，因而不适用于比较不同预期收益率的资产的风险。

4. 计算收益率的标准离差率

标准离差率（V）是收益率的标准差与期望值之比，也称为变异系数。其计算公式为

$$V=\frac{\sigma}{\mathrm{E}(R)}$$

标准离差率以相对数衡量资产的全部风险大小，它表示每单位预期收益所包含的风险。一般情况下，标准离差率越大，资产的相对风险越大；相反，标准离差率越小，资产的相对风险越小。标准离差率可以用来比较不同期望报酬率 $E(R)$ 的资产的风险。

【例 2-14】银杏标准酒店计划投资甲、乙两个项目，预测未来两项目可能的收益率如表 2.3 所示。请问酒店应该投资于哪个项目？

表 2.3　甲、乙两项投资项目未来可能的收益率情况

市场销售情况	概率	甲项目收益率/%	乙项目收益率/%
很好	0.2	30	25
一般	0.4	15	10
很差	0.4	-5	5

（1）计算每个项目的预期收益率 E（R），即概率分布的期望值如下：

$\mathrm{E}(R_{甲})=0.2\times30\%+0.4\times15\%+0.4\times(-5\%)=10\%$

$\mathrm{E}(R_{乙})=0.2\times25\%+0.4\times\times10\%+0.4\times5\%=11\%$

（2）计算每个项目的标准差：

甲项目的标准差

$$=\sqrt{(30\%-10\%)^2\times0.2+(15\%-10\%)^2\times0.4+(-5\%-10\%)^2\times0.4}$$

$=13.42\%$

乙项目的标准差

$$=\sqrt{(25\%-11\%)^2\times0.2+(10\%-11\%)^2\times0.4+(5\%-11\%)^2\times0.4}$$

$=7.35\%$

（3）由于两个项目的预期收益率不同，则需进一步算出两个项目的标准离差率：

$$V_{甲}=\frac{13.42\%}{10\%}=1.34$$

$$V_{乙}=\frac{7.35\%}{11\%}=0.67$$

从标准差的结果可以看出，甲项目的标准差 13.42%大于乙项目的标准差 7.35%，甲项目的风险比乙项目的风险大，而且标准离差率的结果显示，甲项目的标准离差率 1.34 大于乙项目的标准离差率 0.67。因此，乙项目的相对风险（每单位收益所承担的

风险）小于甲项目。所以该酒店应该选择乙项目投资。

（二）资产组合风险的度量

资产组合是由两个或两个以上资产所构成的集合。

1. 资产组合的预期收益率 [$E(R_p)$]

资产组合的预期收益率是指组成整个资产组合的各种资产的预期收益率的加权平均数，其权数等于各种资产在组合中所占的价值比例。即

$$E(R_p)=\sum_{i=1}^{n} W_i \times E(R_i)$$

式中，$E(R_p)$——资产组合的预期收益率；

W_i——第 i 项资产在整个组合中所占的价值比例；

$E(R_i)$——第 i 项资产的预期收益率。

2. 资产组合风险的度量

资产组合理论认为，资产组合能降低风险。若干种资产组成的组合，其收益是这些资产收益的加权平均数，但其风险并不是这些资产风险的加权平均数。

（1）两项资产组合的风险。

两项资产组合的收益率方差满足以下关系式：

$\sigma_P^2 = w_1^2\sigma_1^2 + w_2^2\sigma_2^2 + 2w_1w_2\rho_{1,2}\sigma_1\sigma_2$

式中，σ_P——资产组合的标准差，用来衡量组合风险；

w_1、w_2——组合中两项资产所占的价值比例；

$\sigma_1\sigma_2$——组合中两项资产的标准差；

$\rho_{1,2}$——两项资产收益率的相关程度，即相关系数。理论上，相关系数介于［-1，1］。

当 $\rho_{1,2}=1$ 时，表明两项资产的收益完全正相关，即它们的收益率变化方向和变化幅度完全相同。这时，两项资产的风险完全不能相互抵消，所以这样的组合不能降低任何风险。

当 $\rho_{1,2}=-1$ 时，表明两项资产的收益率完全负相关，即它们的收益率变化方向和变化幅度完全相反。这时，两项资产的风险可以充分相互抵消甚至消除，所以这样的组合可以最大限度地抵消风险。

但在实际经济中，两项资产的收益率出现完全正相关和完全负相关的可能性几乎为零。绝大多数资产两者之间都具有不完全的相关关系，即 $-1<\rho_{1,2}<1$（多数情况下大于零）。因此，资产组合可以分散风险，但不能完全消除风险。

（2）多项资产组合的风险。

按一般情况，随着资产组合中资产个数的增加，资产组合的风险会逐渐降低，当资产的个数增加到一定数量时，资产组合的风险程度会趋于平稳，这时组合风险的降低将趋于缓慢直至不再降低。

那些可以通过增加组合中资产的数目而被最终消除的风险，称为非系统风险。那些反映资产之间相互关系、共同运动、无法最终消除的风险称为系统风险。

（三）系统风险的度量

系统风险（systematic risk）是影响所有资产的，不能通过风险分散而消除的风险。这部分风险由那些影响整个市场的风险因素所引起。这些因素包括战争、世界经济的

变化、国家经济政策的变化、税收改革、企业会计准则改革等。

单项资产或资产组合受系统风险影响的程度，可以通过系统风险系数（β）来衡量。

1. 单项资产的系统风险系数

单项资产的系统风险系数（β）是指单项资产收益率与市场平均收益率之间变动关系的一个量化指标。单项资产的 β 系数大小取决于：该资产与整个市场组合的相关性；它自身的标准；整个市场的标准差。

β 系数的经济意义在于，对于市场组合而言特定资产的系统风险是多少。例如，市场组合相对于它自己的 β 系数是 1。如某只股票的 β 系数等于 1，说明该股票的收益率与市场平均收益率呈同方向、同比例的变化，即如果市场平均收益率增加（或减少）1%，那么该只股票的收益率也相应地增加（或减少）1%，也就是说，该资产所含的系统风险与市场组合的风险一致；当这只股票的 β 系数小于 1 时，说明该股票收益率的变动幅度小于市场组合收益率的变动幅度，因此其所含的系统风险小于市场组合的风险；当该股票的 β 系数大于 1 时，说明该资产收益率的变动幅度大于市场组合收益率的变动幅度，因此其所含的系统风险大于市场组合的风险。

市场上绝大多数资产的 β 系数是大于零的（大多数介于 0.5 和 2 之间），也就是说，其收益率的变化方向与市场平均收益率的变化方向是一致的，只是变化幅度不同而导致 β 系数的不同。

2. 资产组合的系统风险系数

对于资产组合来说，所含的系统风险可以用系数β_P来衡量。资产组合中的σ_P系数是所有单项资产 β 系数的加权平均数，权数为各种资产在资产组合中所占的价值比例。计算公式为

$$\beta_P = \sum_{i=1}^{n} W_i \times \beta_i$$

式中，β_P ——资产组合的系统风险系数；

W_i ——第 i 项资产在组合中所占的价值比重；

β_i ——第 i 项资产的 β 系数。

将一项 β 系数小于 1 的资产加入一个平均风险组合中，该组合风险将会降低；同理，将一项 β 系数大于 1 的资产加入一个平均风险组合中，该组合风险将会升高。因此，通过替换资产组合中的资产或改变不同资产在组合中的价值比例，可以改变资产组合的风险特性。

【例 2-15】银杏标准酒店目前持有 A 股票，为了降低风险，现在准备卖出部分 A 股票，买入 B、C 两只股票进行组合投资。相关信息如表 2.4 所示，请问该投资组合能帮助酒店降低系统风险吗？

表 2.4　某资产组合的相关信息

股票	β 系数	股票的每股市价/元	股票的数量/股
A	1.7	4	200
B	0.5	2	100
C	0.9	10	100

（1）计算 A、B、C 三只股票所占的价值比例：

A 股票比例：（4×200）÷（4×200+2×100+10×100）×100%＝40%

B 股票比例：（2×100）÷（4×200+2×100+10×100）×100%＝10%

C 股票比例：（10×100）÷（4×200+2×100+10×100）×100%＝50%

（2）计算加权平均β系数：

$\beta_P=40\%\times1.7+10\%\times0.5+50\%\times0.9=1.18$

观察所得，整个资产组合的β系数为 1.18，低于 A 股票的β系数 1.7，所以进行资产组合投资能帮助酒店降低系统风险。

素质教育小故事

价值的回响

“这张支票是怎么回事?”林小夏的手指微微发抖，支教社的账本在春日午后的阳光下泛着陈旧的黄色。作为刚接手财务的大二学生，她翻到去年暑假的账目时发现了一笔蹊跷的支出。

正在核对银行对账单的社长抬起头，眼镜片后闪过无奈：“那是给云岭小学买图书的专款，后来……临时用来垫付了支教队员的交通补贴。”

窗外玉兰树沙沙作响，粉白花瓣飘落在财务室的窗台上。林小夏想起上周参加社团例会时，投影仪映出账户余额刺眼的红色数字——负 3 762 元。支教社的运营经费像漏水的木桶，既要支付暑期支教物资，又要维持日常活动，更要命的是去年申请的校级重点项目资金即将到期验收。

“或许我们可以试试结构化存款。”食堂里，周子墨用筷子在餐桌上摆出时间轴。作为会计专业三年级的学长，他衬衫口袋里永远别着枚金色小算盘挂饰。“你看，货币的时间价值核心在于让钱流动起来。如果把这学期收到的企业赞助分三笔做阶梯存款……”

林小夏的笔记本上渐渐爬满算式：半年期定存利率 1.10%，一年期 1.20%，三年期 1.55%。当她把不同期限存款的终值用复利公式计算叠加，原本静止的数字突然像溪流般涌动起来。

“但是风险评估……”她咬着笔杆皱眉，“万一临时需要资金……”

“所以要留足流动性。”周子墨掏出手机展示银行小程序，“货币基金七日年化 1.36%，T+0 赎回，这部分可以覆盖日常支出。”他的手指划过屏幕，不同颜色的饼状图在晨光中流转，“关键要让每分钱都在合适的位置产生价值”。

三个月后，当广告公司递来赞助合同时，林小夏闻到了栀子花的香气。对方愿意支付 5 万元取得在支教活动中植入商业广告的机会，这对捉襟见肘的社团简直是救命稻草。

“想想终值。”她攥紧胸前的校徽，周子墨在专业课上演示过的净现值计算模型忽然浮现在脑海。如果把短期收益换算成对社团信誉的折现损失，那些看似诱人的数字顿时黯然失色。

秋雨敲打窗棂的夜晚，林小夏伏案重做资金规划。台灯在现金流量表上投下温暖的光晕，当她将理财收益中的8 000元划入“山区图书馆专项基金”时，电脑旁的相框里，云岭小学孩子们举着新图书的笑脸正在细雨声中绽放。

初春的晨光穿透财务室玻璃，在林小夏手边的决算报告上洒下细碎金斑。电子屏幕显示着支教社账户余额：82 365.17元。这个曾因赤字濒临解散的社团，如今不仅还清了债务，更用理财收益在三个山区小学建起了“星光图书角”。

“这是去年资金的时间价值转化率。”周子墨将动态模型投影在白板上，现金流折线如同跃动的山脉。阶梯存款产生的利息覆盖了暑期支教物资费，货币基金收益支撑着日常活动，而拒绝商业赞助后获得的“高校公益先锋”称号，则为社团打开了社会捐赠的新渠道。

在云岭小学的竣工仪式上，林小夏摸着图书角墙面的木质挂牌——那是用过期社团宣传板改造的。孩子们捧着《十万个为什么》围坐成圈，书页翻动声与山风共舞。她忽然想起教授在财务管理课上说的话：“货币的时间价值不是冰冷的数字游戏，而是测量人类善意增长率的温度计。”

返程大巴上，计算机系的学弟正调试新开发的资金监管系统，周子墨给低年级社员讲解着风险溢价概念。林小夏翻开账本最后一页，去年那笔被挪用的图书专款旁，如今整整齐齐贴着银行回单：“向中国青少年发展基金会汇款12 000元，备注：时间赠与未来的礼物。”

车窗外，漫山遍野的油菜花正在抽穗。那些曾被金钱困住的理想，终究在专业与初心的浇灌下，长出了比利率更丰饶的复利。

章节练习

第二章小测

一、单项选择题

1. 将100元钱存入银行，利息率为10%，计算5年后的终值应用（　　）来计算。

A. 复利终值系数　　B. 复利现值系数

C. 年金终值系数　　D. 年金现值系数

2. 下列项目中的（　　）称为普通年金。

A. 先付年金　　B. 后付年金

C. 延期年金　　D. 永续年金

3. A方案在3年中每年年初付款100元，B方案在3年中每年年末付款100元，若利率为10%，则A、B两方案在第3年年末时的终值之差为（　　）。

A. 33.1　　B. 31.3

C. 133.1　　D. 13.31

4. 已知某证券的β系数等于2，则该证券（　　）。

A. 无风险

B. 有非常低的风险

C. 与金融市场所有证券的平均风险一致

D. 是金融市场所有证券平均风险的 2 倍

5. 当两种股票完全负相关时，将这两种股票合理地组合在一起，则（　　）。

A. 能适当分散风险　　B. 不能分散风险

C. 能分散掉一部分市场风险　　D. 能分散掉全部可分散风险

6. 如果向一个 $\beta=1.0$ 的投资组合中加入一只 $\beta>1.0$ 的股票，则下列说法中正确的是（　　）。

A. 投资组合的 β 值上升，风险下降

B. 投资组合的 β 值和风险都上升

C. 投资组合的 β 值下降，风险上升

D. 投资组合的 β 值和风险都下降

7. 下列关于证券投资组合的说法中，正确的是（　　）。

A. 证券组合投资要求补偿的风险只是市场风险，而不要求对可分散风险进行补偿

B. 证券组合投资要求补偿的风险只是可分散风险，而不要求对市场风险进行补偿

C. 证券组合投资要求补偿全部市场风险和可分散风险

D. 证券组合投资要求补偿部分市场风险和可分散风险

8. 无风险利率为 6%，市场上所有股票的平均报酬率为 10%，某种股票的 β 系数为 1.5，则该股票的报酬率为（　　）。

A. 7.5%　　B. 12%

C. 14%　　D. 16%

9. 甲公司对外流通的优先股每季度支付股利每股 1.2 元，年必要报酬率为 12%，则该公司优先股的价值是每股（　　）元。

A. 20　　B. 40

C. 10　　D. 60

10. 下列属于可分散风险的有（　　）。

A. 国家财政政策的变化　　B. 某公司经营失败

C. 通货膨胀　　D. 宏观经济状况的改变

二、多项选择题

1. 下列关于时间价值的说法中正确的有（　　）。

A. 并不是所有货币都有时间价值，只有把货币作为资本投入生产经营过程才能产生时间价值

B. 时间价值是在生产经营中产生的

C. 时间价值包含风险报酬和通货膨胀贴水

D. 时间价值是扣除风险报酬和通货膨胀贴水后的真实报酬率

E. 银行存款利率可以看作投资报酬率，但与时间价值是有区别的

2. 下列关于年金的说法中，正确的有（　　）。

A. n 期先付年金现值比 n 期后付年金现值的付款次数多一次

B. n 期先付年金现值与 n 期后付年金现值付款时间不同

C. n 期先付年金现值比 n 期后付年金现值多折现一期

D. n 期后付年金现值比 n 期先付年金现值多折现一期

E. n 期先付年金现值等于 n 期后付年金现值乘以折现率

3. 关于风险的度量，以下说法中正确的有（　　）。

A. 利用概率分布的概念，可以对风险进行衡量

B. 期望报酬的概率分布越集中，则该投资的风险越小

C. 期望报酬的概率分布越集中，则该投资的风险越大

D. 标准差越小，概率分布越集中，相应的风险也就越小

E. 标准差越大，概率分布越集中，相应的风险也就越小

4. 关于证券组合的风险，以下说法中正确的有（　　）。

A. 利用某些有风险的单项资产组成一个完全无风险的投资组合是可能的

B. 由两只完全正相关的股票组成的投资组合与单只股票具有相同的风险

C. 若投资组合由完全正相关的股票组成，则无法分散风险

D. 由两只完全正相关的股票组成的投资组合具有比单只股票更小的风险

E. 当股票报酬完全负相关时，所有的风险都能被分散

5. 下列各项中属于不可分散风险的有（　　）。

A. 某公司经营失败

B. 国家财政政策的变化

C. 工人罢工

D. 诉讼失败

E. 宏观经济状况的改变

6. 下列关于 β 系数的说法中正确的有（　　）。

A. β 系数度量了股票相对于平均股票的波动程度

B. $\beta=2$，说明股票的风险程度也将为平均组合的两倍

C. $\beta=0.5$，说明股票的波动性仅为市场波动水平的一半

D. 证券组合的 β 系数是单个证券 β 系数的加权平均，权数为各种股票在证券组合中所占的比重

E. β 系数一般不需投资者自己计算，而由一些投资服务机构定期计算并公布

7. 设年金为 A，利率为 i，计息期为 n，则后付年金现值的计算公式为（　　）。

A. $A\times\frac{(1+i)^n-1}{i}$

B. $A\times(F/A,\ i,\ n)$

C. $A\times(P/A,\ i,\ n)$

D. $A\times\frac{1-(1+i)^{-n}}{i}$

E. $A[(P/A,\ i,\ n-1)+1]$

8. 设年金为 A，利率为 i，计息期为 n，则先付年金终值的计算公式为（　　）。

A. $A\left[\frac{(1+i)^{n+1}-1}{i}-1\right]$

B. $A\times(F/A,\ i,\ n)$

C. $A[(F/A,\ i,\ n+1)-1]$

D. $A\times\frac{1-(1+i)^{-n}}{i}$

E. $A[(P/A,\ i,\ n-1)+1]$

9. 假设期初有 m 期没有收付款项，后面 n 期有等额收付款项 A，利率为 i，则递延年金现值的计算公式为（　　）。

A. $A \times (F/A, i, n) \times (P/F, i, m)$

B. $A \times (P/A, i, n) \times (P/F, i, m)$

C. $A \times (P/A, i, m+n) - A \times (F/A, i, m)$

D. $A \times (P/A, i, m+n) - A \times (P/A, i, m)$

E. $A \times (P/A, i, m+n) \times (P/F, i, m)$

10. 以下属于年金的有（　　）。

A. 直线法下的折旧费　　B. 租金

C. 奖金　　D. 保险费

E. 赔款

三、判断题

1. 货币的时间价值原理，正确地揭示了不同时点上资金之间的换算关系，是财务决策的基本依据。（　　）

2. 由现值求终值，称为折现，折现时使用的利息率称为折现率。（　　）

3. n 期先付年金与 n 期后付年金的付款次数相同，但由于付款时间不同，n 期先付年金终值比 n 期后付年金终值多计算一期利息。因此，可先求出 n 期后付年金的终值，然后再乘以 $(1+i)$，便可求出 n 期先付年金的终值。（　　）

4. n 期先付年金现值与 n 期后付年金现值的付款次数相同，但由于付款时间不同，在计算现值时，n 期先付年金比 n 期后付年金多折现一期。因此，可先求出 n 期后付年金的现值，然后再乘以 $(1+i)$，便可求出 n 期先付年金的现值。（　　）

5. 英国曾发行一种没有到期日的国债，这种债券的利息可以视为永续年金。（　　）

6. 复利计息频数越高，复利次数越多，终值的增长速度越快，相同期间内终值越大。（　　）

7. 决策者对未来的情况不仅不能完全确定，而且对其可能出现的概率也不清楚，这种情况下的决策为风险性决策。（　　）

8. 利用概率分布的概念，我们能够对风险进行衡量，即期望报酬率的概率分布越集中，则该投资的风险越大。（　　）

9. 如果两个项目期望报酬率相同、标准差不同，理性投资者会选择标准差较大，即风险较小的那个。（　　）

10. 在其他条件不变时，证券的风险越大，投资者要求的必要报酬率越高。（　　）

11. 如果组合中股票数量足够多，则任意单只股票的可分散风险都能够消除。（　　）

12. 经济危机、通货膨胀、经济衰退以及高利率通常被认为是可分散的市场风险。（　　）

13. 平均风险股票的 β 系数为 1.0，这意味着如果整个市场的风险报酬率上升了

10%，通常而言此类股票的风险报酬率也将上升 10%，如果整个市场的风险报酬率下降了 10%，该股票的风险报酬率也将下降 10%。 ( )

14. 证券组合投资要求补偿的风险只是市场风险，而不要求对可分散风险进行补偿。 ( )

15. 证券组合的风险报酬是投资者因承担可分散风险而要求的超过时间价值的那部分额外报酬。 ( )

四、名词解释

1. 时间价值
2. 复利
3. 年金
4. 递延年金
5. 市场风险
6. 非系统风险
7. 资产组合

五、计算题

1. 某企业购买了 100 000 元的债券，期限是 3 年，年利率为 10%，到期一次还本付息，按照复利计算，则 3 年后该投资者可获得的利息是多少？

2. 某人为了 5 年后能从银行取出 10 000 元，若银行存款复利利率为 3%，则现在需要存入多少钱？

3. 某酒店 3 年后将有一笔 2 000 万元贷款到期要偿还，为此，该酒店拟建立一笔偿债基金以备 3 年后偿债使用。若银行存款利率为 6%，那么该企业需要每年年末存取银行多少钱？

4. 某酒店计划从银行贷款 40 000 元投资一个期限为 5 年的新项目，银行贷款利率为 10%，请问投资以后，每年至少要收回多少资金才可行？

5. 某酒店需要在 8 年后偿还一笔债务，从现在起酒店计划每年年初存入银行 100 000元以备将来还款。若银行存款利率为 5%，则该酒店 8 年后需要偿还的债务是多少？

6. 某酒店需要一套大型设备，如果自行购买需支付 100 000 元，如果选择融资租赁，每年年初需支付租金 12 000 元，分 10 年付清。假设年利率为 5%，该酒店应该自行购买还是融资租赁？

7. 某公司拟购置一处商品房作为生产用房，开发商提出两种付款方案：

（1）从现在起，每年年初支付 30 万元，连续付 10 年。

（2）从第 5 年开始，每年年初支付 40 万元，连续付 10 年。假设该公司最低报酬率为 8%，则该公司应选择哪种方案购房？

8. 现有 A、B 两个投资项目，投资额均为 10 000 元，其投资收益的概率分布如表 2.5 所示，请判断应该投资哪一个项目。

表 2.5　A、B 两项目投资收益的概率分布

概率	A 项目收益/元	B 项目收益/元
0.2	2 000	3 500
0.5	1 000	1 000
0.3	500	-500

9. 某公司拟进行股票投资，计划购买甲、乙、丙三种股票组成投资组合，已知三种股票的 β 系数分别为 1.5、1.0 和 0.5，该投资组合甲、乙、丙三种股票的投资比重分别为 50%、20%和 30%，则该投资组合的 β 系数为多少?

10. 某企业急需一台大型设备，市场价为 1 600 000 元，可用 10 年。如果融资租赁，则每年年初需要支付租金 200 000 元。除此以外，买与租的其他情况相同。假设年利率为 6%，请问企业应该选择哪种方式获得该设备?

第三章　酒店筹资管理

■学习目标

通过本章学习，明确酒店筹资管理中各种长期筹资的渠道与方式、各种筹资方式的优缺点；明确筹资成本的计算及作用；掌握酒店筹资决策的方法。

■基本要求

了解酒店筹资管理中可以使用的各种长期筹资方式，掌握不同筹资方式的资本成本计算，以及如何利用资本成本帮助酒店进行最优资本结构的决策。

思维导图

第一节　酒店筹资概述

一、酒店筹资的含义

酒店筹资，是指酒店根据其生产经营的需要，选择合适的筹资渠道，运用合理的筹资方式，筹集到满足酒店生产经营所需资金的财务活动。高效、经济地获取资金是酒店各项财务活动的基础。

二、酒店筹资的目的

筹资的目的在于帮助酒店解决如何获取其经营所需资金这一关键问题。酒店旅游行业作为资金密集型行业，从酒店的筹建到运营以及扩张发展，都需要大量的资金作为支撑。在酒店筹建之初，必须首先筹集到所需资金，才能注册成立，获取经营资质，而后，还需要将资金不断投入酒店的基础设施建设中，才能构建出一家酒店的经营基础。在酒店运营期间，为了保证酒店营运资金的正常运转，满足因季节性波动、资金周转不畅或经营不善所产生的资金需要，酒店必须保证自身的筹资能力，筹集所需资金，保证酒店的持续经营。而在酒店的扩张发展时期，更是需要通过各种筹资渠道获取酒店扩张所需的大量资金，保证酒店扩张的顺利实现。所以，及时、有效地筹集所需资金是酒店生存和发展的基础。

三、酒店筹资的渠道

筹资渠道是指资金的来源与渠道。我国酒店行业的筹资渠道主要包括国家财政资金、银行信贷资金、金融机构（非银行）资金、居民个人资金、外商资金、酒店自有资金、其他企业资金。

（一）国家财政资金

国家财政以各种形式投入资金，用于掌控与国家安全和国民经济相关的重要行业和领域，或用于支持和引导非国有经济的发展。国家财政资金是国有企业和国有控股企业的重要资金来源。

（二）银行信贷资金

银行信贷资金是酒店行业最常见的资金来源。酒店以支付利息为代价，通过与银行签订借款合同获取有限时间内的资金使用权。酒店的长、短期借款均从银行获取。

（三）金融机构（非银行）资金

非银行金融机构是指除商业银行以外的所有金融机构，主要包括证券、保险、融资租赁等机构。随着金融市场的不断发展，金融创新活动不断涌现，非银行金融机构的发展也有力地推动了金融行业的多元化发展，使得各类金融机构的业务逐渐综合化。银行机构与非银行金融机构之间的划分越来越不明显，非银行金融机构的业务也与银行机构日趋融合。

（四）居民个人资金

酒店可通过发行股票和公司债券等方式筹集居民个人资金，吸收股份筹资，向社会公众募集资金或向本公司员工募集持股。发行股票筹资，可以筹措居民个人资金，分散经营风险。对于市场信誉较好、负债率较低的酒店，还可以选择申请发行债券，面向社会公众募集资金，保证资产控制权不被分散。

（五）外商资金

酒店利用国际性组织、外国酒店、外国个人、外国社团等渠道筹集资金。利用外商资金不仅是指以货币资金形式筹资，也包括以设备、原料等有形资产筹资，或是以商标、专利权等无形资产形式筹资。外商资金的直接投资方式主要有合资经营、合作经营等。

（六）酒店自有资金

酒店自有资金是指所有权归属于酒店，暂时未被占用或未被经济合理占用的那一部分资金。酒店自有资金包括提取的盈余公积金、未分配利润等留存收益，通过转增资本，再转化为酒店的经营资金，是相对稳定、成本较低的资金来源。但是，利用酒店自有资金的筹资金额会受到酒店综合实力的制约，因此，仅依靠酒店自有资金是很难满足其资金需求的。

（七）其他企业资金

其他企业资金主要来自企业间的相互投资和商业信用（短期）。企业在其经营过程中，往往会出现部分暂时闲置的资金，这些闲置资金通常会被用于对外投资（购买股票或债券）。此外，企业与酒店之间的购销业务通常以商业信用的形式完成，企业与酒店之间形成债权债务关系，酒店作为债务人可以在短期内占用债权人的资金。

四、酒店筹资的方式

酒店筹资方式是指酒店筹集资金所采用的具体形式。随着金融市场的发展，酒店筹集资金的方式逐渐多样化，采用哪种方式筹集资金，通常取决于酒店对获取资金的使用目的。在酒店的正常运营过程中，常见的筹资方式主要包括商业信用、银行借款、吸收直接投资、发行债券、发行股票、租赁融资等。

酒店在考虑选择哪种方式筹集资金时，往往会发现，筹资方式与筹资渠道之间存在着密切的关系。某一种特定的筹资方式可能只适用于某一种筹资渠道，但同一种筹资渠道的资金往往可以采用不同的筹资方式获取。而某一些筹资方式却可以适用于不同的筹资渠道。因此，酒店在筹集资金时，必须认真考虑筹资方式的经济性质，以便做出合理的选择。

五、酒店筹资的分类

（一）按资金的权益性质分类

（1）权益性筹资。权益性资金来自股东，可以通过发行股票、吸收直接投资或内部积累等方式获取资金。

（2）负债性筹资。负债性资金来自债权人，是酒店通过负债的方式获取且到期必须偿还的资金，包括长短期借款、发行债券等。

（3）混合性筹资。混合性筹资是指同时具备负债和权益两种性质的混合筹资方式，包括可转换证券、认股权证等。

（二）按资金的使用期限分类

（1）短期筹资。通过短期筹资方式所获取的资金，使用期限通常在一年或一个经营周期以内，常见的短期筹资方式有商业信用、短期借款、应付款等。

（2）长期筹资。通过长期筹资方式所获取的资金使用期限通常在一年或一个经营周期以上。常见的长期筹资方式有吸收直接投资、发行股票、发行债券、长期借款、运用留存收益等。

（三）按资金的来源分类

（1）内部筹资。内部筹资是指从酒店内部获取资金，内部筹资的资金主要来源于酒店自身的留存收益。

（2）外部筹资。外部筹资是指从酒店之外的其他企业或金融机构获取资金。外部筹资按其交易方式的不同，又可分为直接筹资和间接筹资。直接筹资是指资金需求方直接与最终投资者建立借贷关系，并从最终投资者手中筹措资金。间接筹资是指在金融市场上筹集资金，例如，通过银行或证券交易所筹集所需资金。

【课堂思考】

银杏标准酒店宴会厅项目筹资方案选择

银杏标准酒店于2×24年6月建成并开始运营，是当地一家现代化豪华酒店。为了更好地适应酒店旅游行业的发展，进一步扩大酒店的主营业务范围，银杏标准酒店于2×25年年初决定筹建宴会厅项目。

经过酒店财务部门的初步测算，酒店宴会厅筹开费用预计为2 405 573元，其中包含：

未开业前3个月人工（管培生）费用435 004元。

宣传推广费用72 000元。

宴会厅清洁费用（外墙清洗）40 000元。

试菜费用30 637元（预计5人到当地5家酒店进行市场考察、内部试菜、酒店开业邀请行业及VIP参加开业活动）。

消杀费用10 000元。

布草清洗费用6 804元。

空气质量检测60 000元。

宴会厅HOE（hotel operating equipment）物品购买费用1 750 000元。

餐具清洗1 128元。

注：HOE（hotel operating equipment）是指酒店管理方在酒店筹备期和运营期采购的酒店物品和设备，包括所有的瓷器、玻璃器皿、布草、炊具及酒店日常运营物品和定制产品。

为满足酒店宴会厅项目所需资金，酒店财务总监提出，可以使用两种筹资方案：

方案一：筹建宴会厅项目所需资金240万元，全部通过抵押贷款解决，根据当前利率水平，银行提供的长期贷款利率为10%。

方案二：发行新股450万股，每股发行价6元，筹集资金270万元，扣除证券公司承销及固定费用30万元，实际筹资额240万元。

要求：

请结合上述案例背景，思考下列问题：

1. 银杏标准酒店筹建宴会厅项目，可以通过哪些筹资渠道和筹资方式获取资金？
2. 不同筹资方式下的资金成本是否相同？
3. 案例中的两种筹资方式分别是什么？有何区别？

第二节　酒店权益资本的筹集

酒店权益资本可以通过吸收直接投资、发行普通股、发行优先股、留存收益等方式筹集。本书主要介绍前三种筹集方式。

一、吸收直接投资

吸收直接投资是酒店以签订协议等形式，吸收来自国家、其他企业、个人或外商等出资者直接投入的资金。出资者通常为酒店的所有者，拥有酒店的经营管理权，如果酒店盈利，各出资方可按其出资比例分享利润，但如果酒店经营状况差，出现亏损，各出资方则需在其出资限额内按比例承担损失。吸收直接投资不以股票或债券作为媒介，是非股份制企业筹集资金的一种常见方式。

吸收直接投资中，常见的出资方式包括现金出资、实物出资、工业产权或土地使用权出资等。

（一）吸收直接投资的优点

（1）有利于快速获取酒店经营所需资源。酒店可以通过吸收直接投资获取经营所需的设备和物资，有利于尽快形成酒店经营所需的所有必备条件，尽快投入运营。

（2）有利于增强酒店的借款能力。吸收直接投资所获取的资金属于权益性资金，即酒店的自有资金，对增强酒店的借款能力及自身信誉、增强酒店的综合实力具有重要的作用。

（3）有利于降低酒店的财务风险。吸收直接投资中，酒店可以根据自身的经营状况以及盈利情况，考虑是否向出资方支付报酬或向出资方支付多少报酬，即在酒店出现亏损时，可以不向出资方支付报酬，相较于负债筹资，吸收直接投资更为灵活，有利于降低酒店的财务风险。

（二）吸收直接投资的缺点

（1）筹资成本较高。采用吸收直接投资的方式筹集资金，酒店需负担的筹资成本通常较高。尤其在酒店经营状况较好、盈利能力较强时，酒店通常需向出资方支付较高的红利。

（2）企业控制权分散。吸收直接投资中，出资方通常会要求获得与其出资额相匹配的经营管理权，这就会导致酒店的经营管理权相对分散。

二、发行普通股

股票是由股份制酒店发行的，用以筹集资金的有价证券，是投资者股东身份的证明和获取股利的凭证，也代表了股东对股份制酒店的所有权。按股东享有权利和承担义务的大小和内容的不同，可以把股票分为普通股和优先股。

发行普通股筹资是股份制酒店获取权益性资金最基本的形式，是股份制酒店依法发行具有管理权且股利不固定的股票。

（一）普通股的分类

（1）按股票票面是否记名，可以将普通股分为记名股票和无记名股票。

（2）按股票有无票面金额，可以将普通股分为有面值股票和无面值股票。

（3）按普通股投资主体分类，可以将普通股分为国家股、法人股、个人股等。

（4）按发行对象和上市地区分类，可以将普通股分为 A 股、B 股、H 股等。

（二）普通股股东权利

1. 酒店管理权

普通股股东的经营管理权主要表现为：

（1）投票权。普通股股东有权投票选举酒店董事会成员、修改公司章程，或是针对吸收或兼并其他公司、改变公司资金结构、出售公司重要资产等重大问题进行投票表决。

（2）查账权。普通股股东具有查账权，但基于保密原则，查账权通常会受到限制，并不是每一个普通股股东都可以自由查账。

2. 分享利润权

分享酒店获取的利润是普通股股东的一项基本权利。

3. 出让股份权

股东有权出售或转让其持有的股票。

（三）普通股的发行与销售

1. 常见的普通股的发行方式

（1）公开间接发行，指通过中介机构，公开向社会公众发行股票。公开间接发行股票，由于其发行范围广，有利于酒店筹集足额的资金，同时也有助于提高公开发行股票的酒店的知名度。但是，公开发行股票的缺点是手续繁杂，且发行成本较高。

（2）非公开直接发行，指酒店不对外公开发行股票，而是仅向少数特定的对象直接发行股票，不需经中介机构承销。这种发行方式弹性较大，发行成本较低，但发行股票范围较小，且股票变现性相对较差。

2. 普通股的销售方式

（1）自销方式。自销是指发行股票的酒店不通过中介机构，而是自己直接将股票销售给认购方。

（2）承销方式。承销是指发行股票的酒店将股票销售业务委托给证券公司代理，股票承销又可以具体划分为包销和代销。包销是根据承销协议商定的价格，证券公司一次性全部购进酒店发行的公开募集的全部股份，然后再以较高的价格出售给认购方。代销是指证券公司代理发行和销售酒店的股票，并收取一定的手续费，证券公司不承担发行风险。

3. 股票的发行价格

股票的发行价格既是公司（酒店）发行股票时所使用的价格，也是投资者认购股票时所支付的价格。股票的发行价格通常根据股票面值、股市行情和其他相关因素确定。《中华人民共和国公司法》（以下简称《公司法》）规定，股票发行价格可以等于其票面金额，也可以超过票面金额，但不得低于票面金额。因此，酒店发行股票时，通常可以选择平价发行、时价发行和中间价发行。平价发行是以股票的票面金额作为发行价格。时价发行是以本公司（酒店）的股票在流通市场上买卖的实际价格为基准来确定发行价格。中间价发行是以时价和平价的中间值来确定股票的发行价格。

（四）普通股筹资的优缺点

1. 普通股筹资的优点

（1）无固定股利负担。通过发行普通股筹资，酒店对其普通股股东发放股利的基础是酒店经营状况良好，并且盈利。所以，普通股股利并不形成酒店的固定股利负担，酒店可以根据自身的盈利情况和股利政策，决定是否发放股利、何时发放股利以及发放多少股利。

（2）无须还本且无固定到期日。通过发行普通股筹集资金，酒店筹集到的权益资金是永久性的资金，酒店无须向权益投资人归还投资。

（3）筹资风险较小。普通股没有固定的股利负担，没有固定的到期日，且无须归还本金。通过发行普通股，筹集到的资金是永久性的资金，并且权益投资人无权要求公司破产。

（4）有利于提高公司的偿债和举债能力。通过发行普通股筹集的资金是酒店的权益性资金，是酒店其他筹资方式的基础，同时，酒店所拥有的权益性资金也能反映酒店的实力。因此，运用普通股筹资，可以增强酒店的偿债能力，进而提高其举债能力。

2. 普通股筹资的缺点

（1）普通股筹资的资金成本较高。

（2）增发新股（普通股）会导致公司的控制权分散。

（3）增发新股（普通股）可能会引发酒店普通股股票价格下跌。

三、发行优先股

优先股是一种特殊的筹资方式。它既与普通股有诸多相似之处，但同时又具备负债的一些特征。从法律形式来讲，优先股属于权益性资金，优先股股东拥有的权利与普通股股东相似，但优先股股利通常为固定股利，与债券利息相似，但优先股股利不得税前扣除。优先股股东对利润的分配权和剩余资产的求偿权均优先于普通股股东。

（一）优先股股东权利

（1）优先分配利润权。

（2）优先分配剩余资产权。

（3）拥有部分管理权。

（二）发行优先股的动机

发行优先股，可以有效防止酒店的股权和控制权分散，酒店可以通过优先股发行获取资金，调节其现金余缺情况。同时，也有利于改善酒店的资金结构，维持举债能力。

（三）优先股筹资的优缺点

1. 优先股筹资的优点

（1）无须还本且无固定到期日。从法律形式上看，发行优先股筹集到的权益资金是永久性的资金，酒店无须向权益投资人归还投资。但大多数优先股均附有回购条款，因此，优先股更具灵活性。在酒店财务状况较差时发行，在酒店财务状况较好时可以进行回购，有利于酒店结合自身的资金需求，控制和调节其资金结构。

（2）优先股股利虽为固定股利，但具有一定的弹性。通常优先股均采用固定股利，但固定股利的支付并不构成公司的法律义务，在酒店经营状况不佳时，优先股股利可以暂不支付，即优先股通常可累积，但不可取消。

（3）有利于提高公司的偿债和举债能力。通过发行优先股筹集的资金仍属于酒店的权益性资金，可以提高酒店的偿债及举债能力。

2. 优先股筹资的缺点

（1）筹资成本高。优先股所支付的固定股利须从税后净利润中支付，不可税前扣除。

（2）筹资限制多。相较于发行普通股，目前我国对于发行优先股仍有很多限制条款。

（3）财务负担较重。优先股须支付固定股利，但又不能在税前扣除。所以，当酒店盈利状况欠佳时，优先股股利会成为酒店的财务负担。

第三节 酒店负债资本的筹集

酒店负债资本可以通过银行借款、发行债券、商业信用等方式筹集。

一、银行借款

银行借款是指酒店向银行等金融机构借入的、需要还本付息的债务资金。按银行借款偿还期的长短，可分为短期借款和长期借款。

（一）短期借款

短期借款是指酒店向银行或其他金融机构借入的期限在一年或一个经营周期以内的借款，通常包括生产周转借款、临时借款、结算借款等。短期借款合同中通常附有信用条件，例如信用额度、周转信用协议、补偿性余额、借款抵押等。

（1）信用额度。信用额度是借款方与银行之间的正式或非正式协议规定的借款方可借贷款项的最高限额。通常在信用额度内，借款方可以随时按需向银行申请借款，并且按实际取得的借款支付利息，但银行没有必须提供全部信贷限额的义务。

（2）周转信用协议。周转信用协议是银行承诺在约定期限内提供不超过某一最高限额的贷款协定。在约定的有效期内，银行必须满足借款方提出的信贷限额内的借款要求，但借款方要就贷款限额未使用部分支付一笔承诺费。

（3）补偿性余额。补偿性余额是指借款方将借款金额的一部分存放在银行，且借款方不能支用，也不享有利息，同时也不能用以冲抵银行的其他收费。补偿性余额是按照特定基数乘以一定的百分比进行计算的，用于计算补偿性余额的基数，通常可以是全部信贷额度、未使用的信贷额度或尚未偿还的借款金额。

（4）借款抵押。借款抵押是银行向财务风险较大的企业（酒店）发放贷款时，要求其提供抵押品进行担保，以降低银行的潜在损失风险。

（二）长期借款

长期借款是指酒店为购建客房等固定资产或满足投资需求，向银行或其他金融机构借入的、偿还期在一年或一个经营周期以上的债务。

1. 长期借款筹资的优点

（1）相较于发行股票和债券，采用长期借款筹集资金，资金到位所需时间较短。

（2）长期借款利息可以在税前扣除。酒店实际负担的借款利息费用较低，且长期借款利息一般低于债券利息，也无须支付发行债券筹资过程中的发行、审计等相关筹资费用。

（3）长期借款筹资不会分散酒店的所有权。

2. 长期借款筹资的缺点：

（1）长期借款需要支付利息，会产生财务风险。

（2）长期借款的可筹资数额通常会受酒店自身资金量的限制。

（3）长期借款所筹集的资金使用通常受银行或提供贷款的其他金融机构的约束。取得长期借款后，酒店需根据借款合同约定使用资金，提供贷款的机构有权检查酒店对长期借款等的使用情况。

二、债券

债券是指债务人依照法律程序发行，并承诺按约定的利率和日期支付利息，在特定日期偿还本金的书面债务凭证。酒店为筹集资金发行的债券与股票相似，都属于有价证券。但债券是债务凭证，是对债权的证明，而股票是所有权凭证，是对所有权的证明。

（一）债券的发行价格

债券的发行价格有三类：平价发行、折价发行和溢价发行。通常债券的面值就是债券的价格，但受金融市场上供求关系以及利率变化的影响，债券的发行价格一般会高于或低于其面值，但差额通常不会太大。

（二）债券筹资的优缺点

1. 债券筹资的优点

（1）资金成本较低。发行债券筹资的成本通常低于发行股票筹资的成本，主要是因为债券的发行费用较低，且债券利息可以在税前扣除。

（2）保证控制权。债券持有人无权干涉酒店的经营管理，因此不会分散现有股东的控制权。

（3）发挥财务杠杆作用。无论公司盈利多少，债券持有人只能收取固定且有限的利息，酒店的盈利可以用于扩大经营或向股东分红。

2. 债券筹资的缺点

（1）筹资风险高。债券筹资有固定的到期日，并须定期支付利息，因此，利用债券筹资，无论酒店盈利与否，都需承担还本付息的义务。

（2）限制条件多。债券合约通常会附有限制条款，且债权的限制条款比优先股或短期借款更加严格，可能会影响酒店未来的筹资能力。

（3）筹资额有限。发行债券筹资有一定的限额，当酒店负债比例超过一定限额后，发行债券筹资的成本会迅速上升，甚至无法成功发行债券。

三、商业信用

商业信用是一种形式多样、适用范围较广的短期筹资方式。商业信用是指在交易过程中，酒店可以使用的延期付款或预收货款所形成的借贷关系，是经济往来中的一种直接信用关系。

（一）商业信用筹资的分类

（1）商业票据筹资。商业票据包含商业承兑汇票和银行承兑汇票，商业票据一律记名，允许背书转让，承兑期最长不超过6个月。

（2）预收账款筹资。预收账款是酒店按合同规定向其他企业或个人预收的款项。

（3）赊购商品筹资。赊购商品是指酒店根据合同规定，在购进商品后的一定时期内向供应商付款的购货方式。

（二）带有现金折扣的商业信用

采用商业信用形式销售产品时，为鼓励购买方尽早付款，销货方通常会规定付款期限和现金折扣等信用条件。现金折扣是销货方为激励购货方尽早付款而提供的一种优惠。酒店在考虑利用带有现金折扣的商业信用进行筹资时，必须在提早付款以获取现金折扣和推迟付款以利用更多的商业信用之间进行权衡，判断现金折扣是否值得争取。

现金折扣政策的形式是："2/10，n/30"，即购货方若在10天内付款，可享受2%的现金折扣，付款期限为30天。购货方在考虑是否提前付款以享受现金折扣时，通常需计算放弃现金折扣的实际年利率，计算公式为

$$放弃现金折扣的实际年利率 = \frac{DR}{1-DR} \times \frac{365}{N-DP} \times 100\%$$

式中：DR 表示现金折扣比率；N 表示付款期限；DP 表示折扣期。

【例3-1】银杏标准酒店拟向A公司购进一批布草，A公司给出的信用条件为"2/10，n/30"，即酒店如果在10天内付款，可以享受2%的现金折扣，超过10天则需全额支付货款，付款期为30天。

$$\begin{aligned}放弃现金折扣的实际年利率 &= \frac{DR}{1-DR} \times \frac{365}{N-DP} \times 100\% \\ &= \frac{2\%}{1-2\%} \times \frac{365}{30-10} \times 100\% \\ &= 37.24\%\end{aligned}$$

结果表明，如果酒店能够以低于37.24%的利率借入款项，就应该借入款项，在10天之内支付货款，以享受现金折扣。但如果酒店无法借到款项，或借款利率超过37.24%，酒店应该放弃现金折扣，推迟付款直至最终到期日。

（三）商业信用筹资的优缺点

1. 商业信用筹资的优点

（1）筹资便利。商业信用筹资容易获取，通常与商品买卖同时进行，属于自然性筹资，无须办理正式的筹资手续。

（2）筹资成本低。在没有现金折扣的情况下，商业信用筹资不会发生筹资成本。

（3）限制条件少。相较于银行借款筹资，商业信用筹资限制较少。

2. 商业信用筹资的缺点

（1）商业信用筹资的期限通常较短。如果选择享受现金折扣而提前付款，筹资期会更短。

（2）若选择放弃现金折扣，则需支付较高的资金成本。

第四节　酒店的筹资成本

一、筹资成本的含义

筹资成本又称资金成本、资本成本，是指酒店为筹集和使用资金所必须支付的各项费用。筹资成本主要包括筹资费用和用资费用。

（一）筹资费用

筹资费用是指酒店为了筹集资金所必需支付的费用。例如，发行债券需支付的发行费、律师费、咨询费、公证费、担保费等。筹资费用通常在筹集资金时一次性支付，在后续的资金使用过程中不再重复发生，筹资费用通常种类较多，但金额较小。

（二）用资费用

用资费用是指酒店在使用资金的过程中所需支付的费用。例如，酒店需定期向其债券持有人支付债券利息，按时向银行支付长、短期借款利息等。用资费用通常在资金使用过程中发生。

二、计算筹资成本（资本成本的计算）

（一）个别资本成本的计算

1. 银行长期借款成本

银行长期借款成本包括借款利息和筹资费用。投资费用会直接减少酒店通过长期借款所获取的资金数额，而借款利息仅作为酒店的借款费用，允许税前扣除，可以起到抵税作用。银行长期借款资本成本计算公式为

$$\text{银行长期借款资本成本 } K_l = \frac{I_l(1 - T)}{L(1 - F_l)} \times 100\%$$

式中，K_l 为银行长期借款资本成本；I_l 为长期借款年利息；T 为酒店适用的所得税税率；L 为长期借款筹资额；F_l 为长期借款筹资费用。

【例 3-2】银杏标准酒店从银行取得一笔 10 万元的长期借款，借款期限为 5 年，利率 8%，利息每年年底支付，到期一次性偿还本金，筹资费率为 3%，酒店适用的所得税税率为 25%。这笔长期借款的资本成本为

$$\begin{aligned}\text{长期借款资本成本 } K_l &= \frac{I_l(1 - T)}{L(1 - F_l)} \times 100\% \\ &= \frac{100\,000 \times 8\% \times (1 - 25\%)}{100\,000 \times (1 - 3\%)} \times 100\% \\ &\approx 6.19\%\end{aligned}$$

2. 债券成本

债券成本包括债券利息和筹资费用。债券的筹资费用通常较高，债券利息允许税前扣除，可以起到抵税作用。债券资本成本计算公式为

$$债券资本成本\ K_b = \frac{I_b(1-T)}{B(1-F_b)} \times 100\%$$

式中，K_b 为债券资本成本；I_b 为债券年利息；T 为酒店适用的所得税税率；B 为债券筹资额；F_b 为债券筹资费用。

【例 3-3】银杏标准酒店计划平价发行面值为 100 万元，期限为 10 年的债券，票面利率为 10%，债券发行费率 2%，酒店适用的所得税税率为 25%。该债券的资本成本为

$$\begin{aligned}债券资本成本\ K_b &= \frac{I_b(1-T)}{B(1-F_b)} \times 100\% \\ &= \frac{1\ 000\ 000 \times 10\% \times (1-25\%)}{1\ 000\ 000 \times (1-2\%)} \times 100\% \\ &\approx 7.65\%\end{aligned}$$

3. 普通股资本成本

普通股资本成本是股东要求的最低报酬率，正常情况下，股东要求的最低报酬率应呈现逐年递增的趋势。假设股利每年以固定比例增长，则普通股资本成本的计算公式可简化为

$$普通股资本成本\ K_c = \frac{D_c}{P_c(1-F_c)} + G$$

式中，K_c 为普通股资本成本；D_c 为第一年的预计现金股利；P_c 为普通股筹资额；F_c 为普通股筹资费用；G 为预计股利年增长率。

【例 3-4】银杏标准酒店拟成立银杏餐饮酒店股份有限公司并发行普通股，每股发行价格确定为 10 元，股票发行的筹资费率为 4%，公司拟采用固定股利增长率政策，预计第一年按每股 1.5 元分派现金股利，股利增长率为 3%。该公司的普通股资本成本为

$$\begin{aligned}普通股资本成本\ K_c &= \frac{D_c}{P_c(1-F_c)} + G \\ &= \frac{1.5}{10 \times (1-4\%)} + 3\% \\ &\approx 18.63\%\end{aligned}$$

4. 优先股资本成本

优先股资本成本包括酒店发行优先股筹资所需支付的发行费用，以及需定期支付的优先股股利。与负债不同，股利是在税后支付的，不允许税前扣除，不能起到抵税作用。优先股股利通常为固定股利。优先股资本成本的计算公式为

$$优先股资本成本\ K_p = \frac{D_p}{P_p(1-F_p)}$$

式中，K_p 为优先股资本成本率；D_p 为优先股股利；P_p 为优先股筹资额；F_p 为优先股筹资费用。

【例 3-5】银杏标准酒店拟成立银杏餐饮酒店股份有限公司并发行优先股，优先股面值为 15 元，股息率为 9%，优先股发行的筹资费率为 4%。该公司的优先股资本成本为

优先股资本成本 $K_p = \dfrac{D_p}{P_p(1-F_p)}$

$$= \frac{1.35}{15 \times (1-4\%)}$$

$$\approx 9.38\%$$

5. 留存收益资本成本

留存收益是酒店通过自身经营、内部积累形成的资金，相当于股东对企业的追加投资。从表面上看，留存收益并没有资金成本，但是，股东愿意放弃获取现金股利，将资金留存在企业内部并再次予以投资，股东期望获得与普通股相同的报酬率，或是至少与股东投资的其他经营风险相近的项目所能获得的报酬率相等。因此，留存收益仍有资本成本。

留存收益资本成本的计算方法与普通股基本相同，但留存收益不需要筹资费用，其计算公式为

$$留存收益资本成本\ K_r = \frac{D_c}{P} + G$$

式中，K_r 为留存收益资本成本；D_c 为第一年的预计现金股利；P 为普通股筹资额；G 为预计股利年增长率。

（二）综合资本成本的计算

在实际经营中，酒店可以从多种渠道、采用多种方式来筹集资金，不同的筹资方式下，筹资成本也不尽相同。为了正确地进行筹资决策，必须计算酒店的综合资本成本。

综合资本成本是以个别资本成本为基础，将各种资金来源占全部资金的比重作为权重，对个别资本成本进行加权平均来计算的，因此，综合资本成本也称加权平均资本成本（weighted average cost of capital，WACC）。其计算公式为

$$综合资本成本\ K_w = \sum_{j=1}^{n} K_j W_j$$

式中，K_w 为综合资本成本，即加权平均资本成本；K_j 为第 j 种筹资方式的个别资本成本；W_j 为第 j 种筹资额占全部资金的权重（权数）。

注：$\sum_{j=1}^{n} W_j = 1$，即各种筹资方式所占权重相加等于1。

【例3-6】银杏标准酒店现有资金共1 000万元，其中，长期借款400万元，普通股600万元，经测算，酒店的长期借款资本成本（税后）为8%，普通股资本成本为12%。则酒店的综合资本成本为

$$综合资本成本\ K_w = 8\% \times \frac{400}{1\ 000} + 12\% \times \frac{600}{1\ 000} = 10.4\%$$

此外，通常综合资本成本计算中的权数是按筹资额的账面价值确定的。因为账面价值可以从资产负债表上直接获取数据，所以通常用账面价值确定权数。当酒店发行的债券和股票的市场价值与其账面价值差距较大时，就会导致加权平均资本被高估或低估，不利于酒店的筹资决策。

在实际的筹资决策中，权数还可以通过市场价值或目标价值确定。市场价值权数是指以债券、股票的现行市场价格确定权数，用以计算加权平均资本成本。目标价值权数是指以债券和股票的未来预计目标市场价值确定权数，用以估算加权平均资本成本。

（三）边际资本成本的计算

边际资本成本是指每增加一个单位资金而增加的成本。酒店在追加筹资决策时，通常需考虑边际资本成本。随着时间的推移，酒店面临的筹资条件会发生变化，酒店不可能以某一固定不变的资本成本筹措无限的资金，当酒店筹措的资金超过一定限额时，原来的资本成本就会增加。在多种筹资方式下，即使酒店保持资本结构不变，但随着追加筹资的不断增加，个别资本成本的变化也会导致酒店的加权平均资本成本增加，因此，边际资本成本是酒店追加筹资的成本，是追加筹资决策的依据。

【例 3-7】银杏标准酒店的目标资本结构为：负债 30%，优先股 10%，普通股 60%。酒店现因装修改造需追加投入 200 万元，酒店拟在保持资本结构不变的前提下追加筹资。已知酒店现行的个别资本成本分别为：负债 8%，优先股 11%，普通股 15%（见表 3. 1），则按加权平均计算的追加筹资 200 万元的边际资本成本为多少？

表 3. 1　边际资本成本计算表

资本类别	目标资本结构/%	追加筹资额/元	个别资本成本/%	边际资本成本/%
负债	30	600 000	8	2. 4
优先股	10	200 000	11	1. 1
普通股	60	1 200 000	15	9
合计	100	2 000 000	—	12. 5

第五节　酒店筹资决策

酒店在进行筹资决策时，需考虑各种筹资方案所包含的风险，并在收益和风险之间做出权衡，从而确定酒店的最优资本结构。

一、酒店财务杠杆和财务风险

（一）财务杠杆

财务杠杆是指通过对债务资本的运用，对酒店收益及普通股每股收益产生影响。酒店在筹资时，通过举借债务资金，事先固定资本成本，使得酒店的资本成本不随其收益情况发生变化，酒店收益（息税前利润）的变动将引起权益资本收益的更大幅度的变动，即当酒店息税前利润增加时，权益资本的收益率将有更大幅度的提升；当息税前利润下降时，权益资本收益率的下降幅度更大。

财务杠杆的作用可分为正面作用和负面作用。财务杠杆的正面作用是当酒店的息税前利润率大于借入资金成本时，利用财务杠杆可以为酒店带来更高的收益，而且负债比率越高，财务杠杆效应带来的收益就越大。财务杠杆的负面作用是当酒店的息税前利润率低于借入资金成本时，就会给酒店带来损失，而且负债比率越高，财务杠杆带来的损失就越大。

（二）财务风险

财务风险是指由于负债结构及债务比例等因素的变动，给酒店财务成果及偿债能力带来的不确定性的风险。酒店在经营过程中若负债过高，可能会导致其丧失偿债能力，并且最终导致酒店破产或所有者权益发生较大的变动。财务风险是酒店筹资决策的直接后果。

（三）财务杠杆系数

财务杠杆系数（degree of financial leverage，DFL）是反映财务杠杆作用程度的指标，通常为普通股每股收益税后利润变动率相对于息税前利润变动率的倍数。财务杠杆系数越大，说明企业的财务风险越大。

$$DFL = \frac{\Delta EPS/EPS}{\Delta EBIT/EBIT}$$

式中，DFL 为财务杠杆系数；ΔEPS 为普通股每股收益的变动额；EPS 为基期普通股每股收益；ΔEBIT 为息税前利润的变动额；EBIT 为基期息税前利润。

上述公式是计算财务杠杆系数的理论公式，必须同时已知变动前后两期的资料才能计算。该公式可推导简化为

$$DFL = \frac{EBIT}{EBIT - I - \frac{D}{(1 - T)}}$$

式中，I 为基期债务利息；D 为优先股股息；T 为所得税税率。

若酒店没有发行优先股，财务杠杆系数的计算公式也可简化为

$$DFL = \frac{EBIT}{EBIT - I}$$

【例 3-8】银杏标准酒店 2×25 年实现的息税前利润为 80 万元，本年度发生的利息费用为 10 万元，酒店适用的所得税税率为 25%。其财务杠杆系数为

$$DFL = \frac{EBIT}{EBIT - I} = \frac{800\ 000}{800\ 000 - 100\ 000} \approx 1.14$$

上例中，财务杠杆系数为 1. 14。其含义是：当酒店的息税前利润增长 1 倍时，普通股每股收益将增长 1. 14 倍。

从财务杠杆系数的计算公式可以看出，财务杠杆系数和利息费用呈同方向变动。这就表明，当酒店盈利时，只要酒店的息税前利润高于需支付的利息，利息费用越多，财务杠杆的作用越大。因此，在酒店经营状况良好的情况下，负债率越高，财务杠杆系数就越大，财务杠杆发挥的作用也越大，酒店能通过负债经营获得更多收益。但当酒店经营状况不佳时，酒店的经营利润不足以支付利息费用，酒店将承受更大的财务风险。

二、酒店资本结构分析

资本结构是指酒店各种资本的构成情况及比例关系，实质上就是负债和所有者权

益之间的比例关系。

（一）最佳资本结构

最佳资本结构，即目标资本结构，是酒店在一定时期内、在最适宜的条件下，使酒店实现加权平均资本成本最低、价值最大化的资本结构。酒店需综合考虑资本成本、财务风险、财务状况、信用等级、企业（酒店）规模、酒店的资产结构、发展速度、经营状况的稳定性与成长性、酒店的资产结构与发展速度，以及行业因素、税收政策、货币政策、酒店投资者和经营管理者的态度等诸多因素，运用恰当的方法确定最佳资本结构。

（二）最佳资本结构的确定方法

在资本结构决策中，确定最佳资本结构可以使用比较资本成本法、每股利润分析法和企业价值分析法。

1. 比较资本成本法

比较资本成本法是通过计算不同资本结构或筹资方案的加权平均资本成本，并进行相互比较，选择最佳资本结构。其决策步骤如下：

第一步，计算各备选方案的个别资本成本和加权平均资本成本；

第二步，比较各备选方案的加权平均资本成本，选择最佳资本结构。

比较资本成本法的优点是计算简单，通俗易懂。缺点是此方法仅考虑到几种备选方案的资本成本比较，可能遗漏最佳方案。

2. 每股利润分析法

每股利润分析法是利用每股收益无差别点进行资本结构决策，每股收益无差别点是指两种不同筹资方式下，普通股每股收益相等时的息税前利润点，也称息税前利润平衡点、筹资无差别点。每股利润的计算公式为

$$\mathrm{EPS}=\frac{(\mathrm{EBIT}-I)\times(1-T)-D}{N}$$

式中，EPS 为普通股每股收益；EBIT 为息税前利润；I 为负债的年利息；T 为所得税税率；D 为优先股股息；N 为普通股股数。

【例 3-9】银杏标准酒店因升级客房需要筹集资金 300 万元，酒店目前资本结构中仅有普通股 200 万股，现有两种筹资方案：①全部用股权进行筹资，增发 100 万股普通股，每股市价 3 元；②全部用负债进行筹资，发行面值为 300 万元，年利率为 5%的长期债券。酒店适用的所得税税率为 25%。这两种筹资方式的每股利润无差别点的息税前利润为多少？

第一步，列出不同筹资方式下每股利润的计算公式。

方案①：全部用股权筹资时，$\mathrm{EPS}=\frac{(\mathrm{EBIT}-I)\times(1-T)-D}{N}$

$$=\frac{\mathrm{EBIT}\times(1-25\%)}{(200+100)}$$

方案②：全部用债券筹资时，$\mathrm{EPS}=\frac{(\mathrm{EBIT}-I)\times(1-T)-D}{N}$

$$=\frac{(\mathrm{EBIT}-300\times5\%)\times(1-25\%)}{200}$$

第二步，设息税前利润为未知数，罗列使每股利润相等的等式。

当两种方案的每股利润相等时：

$$\frac{EBIT\times(1-25\%)}{(200+100)}=\frac{(EBIT-300\times5\%)\times(1-25\%)}{200}$$

第三步，计算式中的息税前利润，即每股利润无差别点。

每股利润无差别点的息税前利润：EBIT＝45（万元）

第四步，做出决策。

根据每股利润无差别点，可以分析和判断在什么情况下运用债务筹资来安排和调整资本结构。通常选择方案时的基本要求是：

（1）当实际或预计息税前利润大于每股利润无差别点的息税前利润时，使用债务筹资可以获得较高的每股收益；

（2）当实际或预计息税前利润小于每股利润无差别点的息税前利润时，使用权益筹资可获得较高的每股收益；

（3）当实际或预计的息税前利润等于每股利润无差别点的息税前利润时，使用债务筹资和权益筹资两种方式可获得相同的每股收益，两种方式均可选择。

每股收益分析法虽然原理简单，但计算过程复杂，且该方法在计算每股收益时，假定股票价格和风险不变，不能反映市场的真实情况。此外，理论上的最佳资本结构是实现企业（酒店）价值最大化，而不是实现股东价值最大化的资本结构。所以，每股收益分析法通常适用于资本规模不大、资本结构不太复杂的公司。

3. 企业价值分析法

企业价值分析法是在充分考虑企业（酒店）财务风险的前提下，以企业市场价值为标准，经过测算，确定最佳资本结构。运用企业价值分析法进行资本结构决策更符合企业价值最大化的财务目标，但该方法计算过程较为复杂，通常适用于资本规模较大的上市公司。

三、酒店筹资决策分析

为了满足酒店经营过程中所需要的资金，酒店需要进行科学的投资决策。

（一）筹资决策的步骤

酒店进行筹资决策时，通常需执行以下五个步骤：

（1）确定筹资金额；

（2）根据酒店经营现状和资本市场情势，确定采用债务筹资还是权益筹资；

（3）确定具体的筹资方式；

（4）对各备选筹资方案进行评估；

（5）以加权资本成本最低为标准，确定最佳资本结构。

（二）筹资组合分析

酒店经营所需资金，包括短期资金和长期资金。短期资金是指酒店的流动负债，长期资金是指酒店的长期负债和所有者权益。这些资金可以通过短期筹资和长期筹资取得。在酒店所筹集的资金中，短期资金和长期资金在资金总额中所占的比例称为筹资组合。一般企业（酒店）的筹资组合会遵循配比原则，采用短期资金筹集短期资产，长期资金筹集长期资产。

（三）资本结构优化

酒店在筹集资金的过程中，需要综合考虑各种筹资方式的资本成本和筹资组合，以尽量减少筹资成本，降低筹资风险，实现酒店筹资结构最优和酒店价值最大化。

酒店资本结构优化可以从调整资本存量和资本增量两个方面进行。

1. 调整资本存量

资本存量是指酒店已投入的各类资产，包括正在参与再生产的资产存量和处于闲置状态的资产存量。调整资本存量是通过对酒店资产存量的重新配置，提高资本的运营效率。常见方法有：

（1）对酒店经营结构进行调整。酒店需根据市场需求的变动，在保证酒店正常经营的前提下，将资产存量在不同部门之间进行转移，借以提高资产的使用效率。

（2）通过出售、拍卖、转让等形式对酒店内部沉淀资本或利用效率低下的资产进行调整。

2. 调整资本增量

调整资本增量是通过新增投资的方式，对存量资产进行重组，实现资本的优化调整。酒店需综合考虑市场需求的变化、经济效益的增长以及规避风险的需求等相关因素，决定是否需要对现有资产进行重组，借以提高资产的使用效率。

素质教育小故事

信念的桥梁

在一个小村庄的边缘，有一家名为“希望之家”的酒店。酒店的所有者刘先生，是一个充满信念和激情的人。他梦想着将酒店发展成一家以社会责任为核心的企业，并为社区做出贡献。然而，要实现这个梦想，他需要筹集大量的资金。

刘先生决定通过众筹的方式进行筹资。他相信，众筹不仅可以为酒店带来资金支持，还可以凝聚社区的力量，共同追求社会公益的目标。

于是，他开始了一场名为“信念的桥梁”的众筹活动。他向社区居民介绍了酒店的梦想和愿景，并呼吁他们为酒店的发展贡献一份力量。他承诺将众筹所得的资金用于改善酒店的环境、提升服务质量，并积极参与社区公益活动。

众筹活动一开始，社区居民们纷纷表达了对酒店的支持和关注。他们看到了刘先生的诚意和对社会责任的承诺，愿意与他一同构筑起“信念的桥梁”。

社区居民们开始积极参与众筹活动。有人捐赠了资金，有人提供了志愿者服务，还有人提供了酒店所需的物资和设备。大家将自己的力量汇聚在一起，为酒店的发展贡献出自己的一份力量。

刘先生深受感动。他意识到，酒店的筹资管理不仅仅关乎经济利益，更关乎社会责任和品德的表达。他将社区居民的支持看作对他信念的肯定，也是对酒店梦想的支持。

最终，众筹活动取得了巨大的成功。酒店筹集到了足够的资金，得以进行改善和发展。刘先生将这个成功归功于社区居民的支持和信任，他决心将这份信任转化为实际行动，为社区做出更多的贡献。

“希望之家”酒店成了社区的骄傲。它不仅提供优质的服务，还积极参与社区公益活动，推动社会的发展和进步。这个故事告诉我们，酒店筹资管理不仅仅关乎经济利益，更关乎对社会责任和品德的承诺。通过诚信和共同努力，我们可以建立起一座连接社区和企业的“信念的桥梁”。

章节练习

第三章小测

一、单项选择题

1. 下列选项中，不属于权益筹资方式的是（　　）。

A. 普通股　　B. 留存收益
C. 吸收直接投资　　D. 融资租赁

2. 下列选项中，资金成本较低的筹资方式为（　　）。

A. 发行股票　　B. 发行债券
C. 长期借款　　D. 留存收益

3. 公司拟筹集能够长期使用、筹资风险相对较小且易取得的资金，以下融资方式较适合的是（　　）。

A. 发行普通股　　B. 银行借款
C. 商业信用融资　　D. 发行长期债券

4. 公司由于破产进行清算，优先股的索赔权应位于（　　）的持有者之前。

A. 债券　　B. 商业汇票
C. 普通股　　D. 各种有价证券

5. 下列选项中，不属于商业信用的是（　　）。

A. 应付账款　　B. 应付票据
C. 预收账款　　D. 应付工资

6. 优先股股东的权利不包括（　　）。

A. 优先分配剩余财产权　　B. 优先分配股利权
C. 优先认股权　　D. 部分管理权

7. 相对于股票筹资而言，不属于银行借款筹资的优点的是（　　）。

A. 筹资速度快　　B. 筹资成本低
C. 借款弹性好　　D. 财务风险小

8. 企业采用（　　）的方式筹集资金，能够降低财务风险，但是往往资金成本较高。

A. 发行债券　　B. 发行股票
C. 从银行借款　　D. 利用商业信用

9. 下列选项中，不通过金融机构进行的筹资是（　　）。

A. 权益筹资　　B. 负债筹资

C. 直接筹资　　D. 间接筹资

10. 当票面利率（　　）市场利率时，债券折价发行。

A. 大于　　B. 小于

C. 等于　　D. 不确定

二、多项选择题

1. 商业信用的形式主要包括（　　）。

A. 预收货款　　B. 商业票据

C. 赊购商品　　D. 融资租赁

2. 普通股股东具有的权利包括（　　）。

A. 查账权　　B. 分享盈余权

C. 剩余财产要求权　　D. 优先认股权

3. 按股票的权利和义务的不同，股票可以分为（　　）。

A. 普通股　　B. 优先股

C. 记名股票　　D. 无记名股票

4. 银行借款的信用条件一般包括（　　）。

A. 借款期限　　B. 信贷额度

C. 补偿性条款　　D. 偿还条件

5. 酒店筹集的资金按性质可分为（　　）。

A. 短期资金　　B. 长期资金

C. 权益资金　　D. 负债资金

6. 下列各项中，影响酒店财务杠杆系数的因素有（　　）。

A. 息税前利润　　B. 所得税税率

C. 固定成本　　D. 财务费用

7. 下列筹资活动中，会加大酒店财务杠杆作用的有（　　）。

A. 增发债券　　B. 增发优先股

C. 增发普通股　　D. 增加银行借款

8. 影响酒店资本结构的因素有（　　）。

A. 息税前利润情况　　B. 经营者行为

C. 酒店的财务目标　　D. 酒店的财务状况和发展能力

9. 计算综合资本成本时，需要解决的两个问题是（　　）。

A. 确定每一种资本要素的成本

B. 确定企业（酒店）总资本结构中各要素的权重

C. 各种筹资来源的手续费

D. 外部环境的影响

10. 酒店在最佳资本结构下，下列表述正确的是（　　）。

A. 边际资本成本最低　　B. 加权平均资本成本最低

C. 企业价值最大　　D. 普通股每股收益最大

三、判断题

1. 发行公司债券属于债务资金筹集方式。 (　　)

2. 与经营租赁相比较，融资租赁的设备所有权归出租人。 (　　)

3. 酒店筹集资金的目的是获得利息收入、偿还债务、扩大企业生产经营规模。 (　　)

4. 商业信用、短期借款都属于短期资金筹资方式。 (　　)

5. 优先股股息和债券利息都需要定期支付，均作为财务费用，在所得税前列支。 (　　)

6. 当预计息税前利润大于每股利润无差别点的息税前利润时，企业增加负债比增加权益筹资更为有利。 (　　)

7. 比较资金成本法会因所拟定的方案数量有限，而漏掉最佳方案。 (　　)

8. 财务杠杆系数是每股收益的变动率相对于息税前利润变动率的倍数，它是用来衡量财务风险大小的重要指标。 (　　)

9. 留存收益来自企业自身获取的利润，所以，留存收益没有资本成本。 (　　)

10. 债权人只能要求公司（酒店）按规定还本付息，不能参与公司（酒店）的经营决策，也无权参与公司（酒店）的盈余分配。 (　　)

四、计算题

1. 银杏标准酒店向B公司购入一批餐具，应付款金额为20 000元，B公司的信用政策为2/10，n/90，如果酒店决定不享受该现金折扣，请计算放弃现金折扣的实际年利率。

2. 银杏标准酒店现有资金3 000万元，资金构成为长期借款600万元，普通股2 100万元，优先股300万元，经测算，酒店的长期借款资本成本（税后）为8%，普通股资本成本为12%，优先股资本成本为9%。请计算该酒店的综合资本成本。

3. 银杏标准酒店拟通过发行债券筹集资金500万元，每张债券面值为1 000元，期限为3年，票面利率为6%，每年计息一次，债券按面值发行，酒店适用的所得税税率为25%，请计算该债券的资本成本。

4. 某酒店2×25年全年销售额为1 000万元，息税前利润为250万元，酒店全部资本500万元，负债占比40%，负债的年利息率为10%。请计算该酒店的财务杠杆系数。

5. 银杏标准酒店目前拥有资金2 000万元，其中，长期借款800万元，年利率10%；普通股1 200万元，每股面值1元，发行价格20元，目前价格也为20元，上年每股股利2元，预计股利增长率5%，所得税税率25%，该公司计划筹集资金100万元，有两种筹资方案：

（1）增加长期借款100万元，借款利率上升到12%；

（2）增发普通股40 000股，普通股市价增加到每股25元。

要求：根据以上资料，计算该公司筹资前和筹资后的加权平均资金成本，并进行评价。

第四章 酒店投资管理

■**学习目标**

通过本章学习，掌握酒店投资的概念，了解酒店投资的类型；了解酒店项目投资的概念，熟悉项目现金流量的内容；熟悉酒店项目投资的决策评价指标，对各评价指标比较分析。

■**基本要求**

掌握酒店项目投资的现金流量分析方法；准确计算酒店项目投资评价的静、动态指标；结合项目投资的财务资料，对项目投资进行决策分析。

思维导图

第一节 酒店投资理论概述

投资指特定经济主体为了在可预见的未来获得收益或使资金增值，在一定时期内向一定领域的标的物投放足够数额的资金或实物等的经济行为，即指酒店投资作为一种经济活动，由来已久，只是在不同的社会形态与经济运行格局下，有着不同的含义。随着近代社会化大生产和商品经济的发展，酒店投资的方式经历了发展、演变的过程。

在资本主义发展初期，资本所有者与资本运用者是结合在一起的，酒店投资大多采取直接投资的方式，也就是直接投入资本建造酒店、购置设备、购入原材料和存货、雇用工人，进行生产和流通活动。此时酒店投资是指酒店为在未来一定时期内获得经济利益而投入一定资产或让渡一定资产的经济行为。

进入 20 世纪以来，资本主义生产力和商品经济高度发展，投资关系到酒店的生存与发展，是酒店经营战略的重要组成部分，已日益成为资本运用的一种重要形式。此时酒店投资是指酒店企业以未来收回现金并取得收益为目的而发生的现金流出活动。

在市场经济条件下，为提高酒店在同行业中的竞争力，降低单位产品成本，实现最大利润，开辟潜在市场，发挥独特的资源优势和特定的投资优势，就需要通过酒店投资扩大生产规模，达到经济规模。此外，为了分散经营风险，调整投资产业结构，改善投资经营结构，拓宽投资领域，实现全方位多角化经营，也需要通过酒店投资的方式实现经营规模的扩张和资产的增值。

一、酒店投资的意义

（一）酒店投资是酒店生存与发展的必要手段

酒店无论是维持简单再生产还是实现扩大再生产，都需要一定投资活动的支持。酒店即使仅仅为维持简单再生产，也需要对所使用的设备进行更新，对产品和生产工艺进行改进。若要实现扩大再生产，就更加需要新建、扩建酒店客房，增添机器设备，增加服务产品，提高服务层次，不断增强酒店的生命力和活力。

（二）酒店投资是分散酒店经营风险的重要方法

酒店把资金投向经营的关键项目和薄弱环节，可以使酒店形成更强的综合服务能力。酒店通过多元化投资及合理的投资组合，能够增加酒店盈余稳定程度，是分散酒店经营风险的重要方法。

（三）酒店投资可以有效利用闲置资金

酒店在生产经营过程中，出于预防性动机的考虑，往往会存在一部分暂时性闲置的资金。酒店通过投资把这些资金投资于变现能力强的有价证券，用活自有资金，既能保证酒店资金的灵活性，又能实现资本增值，给酒店带来一定的投资收益。

二、酒店投资的类型

酒店投资是资金的运动过程。资金只有在连续不断的运动中才能实现价值的增值。为了进一步理解酒店投资的丰富含义，认识不同酒店投资的性质和运动的特点，深入研究其运动规律，对酒店投资活动进行科学管理，应按照不同的标准对酒店投资活动进行分类。

（一）直接投资和间接投资

按投资与酒店生产经营的关系，投资可分为直接投资和间接投资。

直接投资是指酒店把资本投放于生产经营性资产，以便获取利润。酒店属于非金融性企业，直接投资占的比重很大，有时甚至达到100%。酒店直接投资对象主要是本企业的项目，如购建固定资产、无形资产和流动资产等。

间接投资又称证券投资，是指投资主体为了获得预期的效益，将资金转换为金融资产的行为或过程。随着我国金融市场日益完善，酒店筹集资金的渠道越来越多样化，酒店从事间接投资活动的现象也越来越普遍。

（二）短期投资和长期投资

按投出资金的回收期，投资分为短期投资和长期投资。短期投资又称流动资产投资，是指能够随时变现并且持有期间不超过一年的投资，主要包括对现金、应收账款、存货、短期有价证券等的投资。短期投资的目的是利用生产经营暂时闲置不用的资金谋求收益。长期投资是指持有期限在一年以上的投资，包括固定资产投资、无形资产投资、长期有价证券投资。长期投资具有投资时间长、消耗资金多、发生次数少、变现能力差等特点。

（三）对内投资和对外投资

按投资的方向，投资可以分为对内投资和对外投资。对内投资是指为保证酒店经营过程的连续和规模的扩大而将资金投于酒店内部，购置各种生产经营用资产的投资。从酒店的角度看，对内投资即项目投资。对外投资指酒店将暂时闲置的资金直接投入其他企业、购买有价证券和其他金融资产或以现金、实物、无形资产等方式向其他单位注入资金。对外投资可以分为股票投资、债券投资和其他投资。

（四）先决性投资和后续性投资

按酒店投资的顺序与性质分类，投资可分为先决性投资和后续性投资。先决性投资是指建立一个新酒店时的投资，在项目建成同时或其后实现收益。后续性投资是指在原有基础上进行的酒店建设，建成后将发挥原酒店同样作用或更有效地发挥同一作用和性能，能够完善或取代现有酒店的投资，包括更新投资和为调整经营方向的转移性投资等。

（五）确定性投资和风险性投资

按照投资的风险程度划分，可以分为确定性投资和风险性投资。确定性投资是指可以准确预计未来情况的投资。这类投资可以不考虑风险问题。风险性投资是指难以准确预测未来状况的投资。这类投资应考虑投资活动给投资人带来的风险问题。

三、酒店项目投资管理

酒店项目投资是以酒店为对象，直接与新建项目或更新改造项目有关的长期投资行为。与其他形式的投资相比，酒店项目投资具有投资内容独特（每个项目都至少涉及一项固定资产投资）、投资数额大、影响时间长（至少一年或一个营业周期以上）、发生频率低、变现能力差和投资风险大的特点。

（一）酒店项目投资的概念

酒店项目投资是指属于直接投资范畴的企业内部投资，项目投资占到总投资额的80%左右。项目投资大多是酒店的资本支出，投资金额较大，投资回收期较长，对酒店建设期间的收支及其建成投产后的收支和盈亏都会产生较大的影响。因此，酒店的项目投资情况直接影响了酒店的发展速度、获利能力，项目投资决策是酒店具有长远意义的战略性决策。

酒店项目投资的类型主要包括针对新增服务能力的新建项目和恢复或改善服务的更新改造投资项目两大类。新增服务能力项目投资往往与新增客房、新增营业面积等相联系，包括单纯固定资产投资项目和完整的酒店投资项目。单纯固定资产投资项目是只涉及固定资产投资而不涉及流动资产投资和其他资金投资的项目。完整的酒店投资项目不仅包括固定资产投资，而且包括流动资产及其他长期项目的投资。更新改造投资则与改善服务质量、完善服务设施等紧密联系。

（二）酒店项目投资计算期的构成

酒店项目投资计算期，是指从投资建设开始到最终清理结束整个过程的全部时间，包括建设期和运营期。建设期，是指从项目资金正式投入开始到项目建成投产为止所需要的时间，建设期的第一年年初称为建设起点（记作第 0 年），建设期的最后一年年末称为投产日。在实践中，通常应参照项目建设的合理工期或项目的建设进度计划合理确定建设期。项目计算期的最后一年年末称为终结点，假定项目最终报废或清理均发生在终结点（但更新改造除外），那么从投产日到终结点之间的时间间隔称为运营期。项目计算期（n）、建设期（s）和运营期（p）之间存在以下关系：

$$n = s + p$$

【例 4-1】银杏标准酒店拟新建一个项目，预计使用寿命 20 年。要求：就以下各情况分别确定该项目投资的计算期。

（1）在建设起点投资并投产；

（2）建设期为 2 年。

解：

（1）项目计算期：$n = 0 + 20 = 20$(年)

（2）项目计算期：$n = 2 + 20 = 22$(年)

（三）酒店项目投资原始投资额的构成

原始投资又称为初始投资，是反映项目所需现实资金水平的价值指标。原始投资额指为使项目完全达到设计生产能力，开展正常经营而投入的全部现实资金，包括建设投资和流动资金投资两项具体内容。

1. 建设投资

建设投资是指在建设期内按一定生产经营规模和建设内容进行的投资。在整个酒店投资过程中，建设投资主要范围包括固定资产投资、无形资产投资和其他投资（生产准备和开办费投资）等。

建设投资 = 固定资产投资 + 无形资产投资 + 其他资产投资

固定资产是指使用期限较长（一年以上），单位价值在规定的标准以上，在生产过程中为多个生产周期服务，在使用过程中保持原来的物质形态的资产，固定资产投资主要包括建筑工程费、设备购置费、安装工程费、工具及生产家具购置费、其他费用（土地补偿费、管理费等）。固定资产投资与建设期资本化借款利息之和构成固定资产原值。固定资产投资相关指标有：

（1）固定资产原值：建设项目建成或投产时核定的价值。

（2）折旧：固定资产转移价值的补偿，作为一种会计手段；在投资项目寿命期（或计算期）内，折旧和摊销不是项目的现金流出，而是属于成本。

（3）固定资产净值：固定资产净值 = 固定资产原值 - 累计折旧额。

（4）期末残（余）值：寿命期末的固定资产残余价值，属于现金流入。

无形资产是指能为企业长期提供某种权利或利益但不具有实物形态的资产，主要包括专利、著作权、版权、商标、专有技术等，其价值在服务期内逐年摊销，摊销费计入成本。无形资产投资是指项目投资用于取得无形资产应当发生的投资。

其他资产投资指项目筹建期内，建设投资中除固定资产和无形资产投资以外的各项费用所形成的资产，包括开办费，租赁固定资产改良费，固定资产装潢、装修费等，在规定年限内平均摊销，摊销费计入成本。

2. 流动资金投资

流动资金投资是指项目投产前后分数次或一次投放于流动资产项目的投资增加额，又称营运资金投资或垫支流动资金。

本年流动资金投资额 = 该年流动资产需求额 − 该年流动负债需求额

（四）酒店项目投资总额

酒店项目投资总额是一个反映项目投资总体规模的价值指标，它等于原始投资与建设期资本化利息之和。建设期资本化利息是指在建设期发生的与构建项目所需的固定资产、无形资产等长期资产有关的借款利息。

【例 4-2】银杏标准酒店拟新建一个项目，需要在建设起点一次投入固定资产 200 万元、无形资产 20 万元。建设期为一年，建设期资本化利息 18 万元，全部计入固定资产原值，投资需要流动资金 30 万元。试计算项目的建设投资、原始投资和投资总额。

解：

建设投资 = 200 + 20 = 220（万元）

原始投资 = 建设投资 + 流动资金投资 = 220 + 30 = 250（万元）

投资总额 = 原始投资 + 建设期资本化利息 = 250 + 18 = 268（万元）

（五）酒店投资的管理程序

一般来说，酒店固定资产投资金额很大，占总投资额相当大的比重，且固定资产使用年限长，变现能力差，酒店固定资产投资管理对酒店财务状况、经营成果影响很大。因此，酒店投资决策须按特定的程序，运用科学的方法进行可行性分析，选择最有利的投资方案。对酒店投资方案的评价，一般包括以下几个基本步骤。

1. 确定投资对象

投资对象的确定需要考虑酒店的长期发展战略、中期发展目标及是否具有良好的投资环境。确定的内容范围应包含项目构思、项目定位、投资环境分析、建设条件分析、市场需求与产品规模分析、项目技术方案分析、建设时机与工期分析、投资总额估算、财务效益评估、风险分析等。

酒店的各级领导、各部门都可以提出投资方案。通常来说，战略性的投资项目由高层领导提出，战术性的投资方案由基层或中层领导提出，新产品方案通常来自营销部门，设备更新的建议来自生产部门。

2. 评价投资项目

投资项目的评价应注重以下几项工作：①评价投资项目的技术可行性；②评价投资项目的经济可行性，包括被评价项目的预计收入、预计成本和预计现金流量。计算各项投资方案的价值指标，如净现值、内含报酬率等；③确定投资项目中评价指标可行性的顺序；④撰写评价报告，确定其财务可行性。

3. 选择投资方案

在财务可行性评价的基础上，对可供选择的多个投资方案进行比较和选择，最终确定投资方案。

4. 执行投资方案

决定对某方案进行投资后，要积极筹措资金，实现投资。在执行投资方案过程中，要对工程进度、工程质量、工程成本等进行实时控制，以确保投资方案的顺利进行。

5. 投资方案的再评价

方案的事后评价可以检验原来做出的决策是否合理、正确。执行方案的过程中，应注意方案的合理性，对方案执行过程中不适应当前实际情况的随时进行调整。

第二节　酒店投资现金流量分析

一、现金流量概述

酒店投资决策中，需要用特定的指标对投资方案进行可行性分析，现金流量就是计算投资决策指标的一个基础性数据。现金流量又称“现金流动”或“现金流转”，是由“现金”和“流量”两个词复合而成的。这里的“现金”不仅包括库存现金，而且包括银行存款、外埠存款、银行本票存款、银行汇票存款，另外还包括期限较短、流动性强、风险很小的投资，即现金等价物。除此之外，有的国家（如美国）还将商业票据纳入“现金”之列，原因是该票据可以背书转让或向银行贴现。这里的“流量”包括流入量、流出量和净流量。由于净流量为流入量减去流出量的差额，所以，通常讲的流量即指流入量与流出量。

在项目投资决策中，现金流量是指投资项目在其计算期内各项现金流入量与现金流出量的统称，包括各种货币资金及项目需要投入酒店的非货币资源的变现价值。现金流量是项目投资决策的依据，长期投资决策中的现金流量一般由初始现金流量、营业现金流量和终结现金流量三部分构成。

二、项目投资现金流量分析

（一）现金流入量

现金流入量是指由于投资而引起的企业现金收入的增加额，简称“现金流入”。其主要包括：

1. 营业收入

营业收入是指项目投产后每年实现的全部销售收入或业务收入。营业收入是经营期主要的现金流入项目，如酒店投资某项目直接导致客房收入增加，增加的收入扣除相关付现成本后的余额，即该项目投资引起的营业收入。

2. 回收固定资产残值

当投资项目的有效期结束时，经过对残余的固定资产的清理会得到一笔现金收入，如固定资产的变价收入。同时，清理时还要支付清理费用，如清理人员报酬。残值收入扣除清理费用后的净额，应当作为项目投资的一项现金流入。

3. 回收垫支的流动资金

回收流动资金是指投资项目完全终止时，因不再发生新的替代投资而回收的原垫付的全部流动资金投资额。为简化计算，一般在发生流动资金垫付时，我们把它视为现金流出。而在投资项目使用过程中循环发生的流动资金收回和再垫支，既不作为现金流入，也不作为现金流出，将项目终结时收回的流动资金作为现金流入对待。

（二）现金流出量

现金流出量是指由于投资引起的企业现金支出的增加额，简称“现金流出”。其主要包括：

1. 建设投资

建设投资是指建设期内按投资设计方案进行的固定资产投资，是现金流出量的主要组成部分。这项投资支出一般根据酒店的经营规模及投资计划所确定的土建工程费用、设计及施工成本、酒店服务设施的购置成本、设备安装成本、运输和安装费用等确认。

2. 流动资金投资

流动资金投资指酒店投资项目中发生的用于经营期周转使用的营运资金投资。它与固定资产投资统称原始投资。由于固定资产投资使酒店经营规模和经营范围扩大、客房数量增加、服务项目增多，因此追加的流动资金投资也计入现金流出量。

3. 付现成本

付现成本是指在项目经营期间需用现金支付的成本。它是项目投产后最主要的现金流出项目，如材料费用、工资费用、办公费、水电费等。它是生产经营阶段最主要的现金流出量项目，在金额上等于经营成本减去非付现成本。非付现成本是指已经计入成本但不需要当期支付现金的成本，包括固定资产折旧、长期待摊费用摊销等。付现成本的计算公式：

付现成本=经营成本-非付现成本

其中经营成本是酒店在经营期内为保证正常经营活动而实际发生的成本费用支出。

4. 所得税

所得税是酒店项目完工从事经营活动获得利润后依法缴纳的税款，在进行新开工项目投资可行性分析时，通常会估算应缴纳的所得税；在进行更新改造项目投资时，会估算因处理固定资产应缴纳的所得税。

5. 其他现金流出

其他现金流出指不包括在以上内容中的现金流出项目。例如，项目所需投入的非货币资源的变现价值，项目投资可能会动用企业原有的资产，这时企业虽未直接支出现金，但原有资产的变现价值也要被视为项目投资的现金流出。

（三）净现金流量的计算

净现金流量又称现金净流量，是指在项目计算期内，同一时期现金流入量减去现金流出量的差额。

在实际工作中具体计算某一投资项目的净现金流量时，既可以采用编制现金流量表的形式进行计算，也可以采用简化计算公式的形式进行计算，即根据项目计算期不同阶段上的现金流入量和现金流出量具体内容，直接计算各阶段的净现金流量。这两种计算方法的结果一致。

建设期（s）净现金流量的简化计算公式：

$$净现金流量（NCF_s）=-该年发生的原始投资额$$

运营期（p）净现金流量的简化计算公式：

净现金流量=销售收入-付现成本-所得税+该年回收额
=销售收入-（经营成本-非付现成本）-所得税+该年回收额
=销售收入-经营成本+非付现成本-所得税+该年回收额
=营业利润+非付现成本-所得税+该年回收额
=净利润+非付现成本+该年回收额

【例4-3】银杏标准酒店进行一个项目投资，固定资产需要一次投入价款1 000万元，建设期1年，建设期资本化利息80万元。该固定资产预计使用10年，按照直线法计提折旧，期满预计净残值80万元。在投入使用后，可使经营期每年增加销售收入750万元，每年付现成本增加300万元，税金及附加增加7万元，企业适用所得税税率为25%。

要求：分别按照简化计算方法和编制现金流量表法计算该项目的净现金流量。

解：

（1）项目计算期 = 1 + 10 = 11(年)

（2）固定资产原值 = 1 000 + 80 = 1 080(万元)

（3）年折旧额 $= \frac{1\ 080 - 80}{10} = 100$(万元)

（4）经营期每年总成本费用增加额 = 300 + 100 + 7 = 407(万元)

（5）经营期营业利润 = 750 − 407 = 343(万元)

（6）经营期所得税 = 343 × 25% = 85.75(万元)

（7）经营期净利润 = 343 − 84.25 = 257.25(万元)

净现金流量简化计算方法：

NCF_0 =− 1 000(万元)

NCF_1 = 0

NCF_{2-10} = 257.25 + 100 = 357.25(万元)

NCF_{11} = 257.25 + 100 + 80 = 437.25(万元)

编制净现金流量表（见表4.1）。

表4.1 净现金流量表 单位：万元

项目计算期 n（第 t 年）	建设期 s		运营期 p					
	0	1	2	3	…	9	10	11
营业收入			750	750	…	750	750	750
固定资产残值					…			80
固定资产投资	-1 000				…			
经营成本			-400	-400	…	-400	-400	-400
付现成本			100	100	…	100	100	100
税金及附加			-7	-7	…	-7	-7	-7
所得税			-85.75	-85.75	…	-85.75	-85.75	-85.75
净现金流量（NCF）	-1 000	0	357.25	357.25	…	357.25	357.25	437.25

表 4.1 中，各年现金流量项目，$t=0$ 列代表第一年年初现金投入量，$t=1$ 列代表第一年年末的现金流量，以此类推。为简化计算工作，一般假定各年投资在年初一次进行，各年现金流量视为年末一次发生，终结现金流量视为最后一年年末发生。

由此可见，两种计算方法的结果完全一致。

【例 4-4】银杏标准酒店准备购入一台大型游乐设施以提升酒店入住体验，现有甲、乙两个方案可供选择。甲方案需投资 150 万元，一年后建成投产。使用寿命为 6 年，采用直线法计提折旧，6 年后设备无残值。6 年中每年的销售收入为 60 万元，每年的付现成本为 25 万元。乙方案需投资 180 万元，一年后建成投产时需另外增加营运资金 30 万元。该方案的使用寿命也是 6 年，采用直线法计提折旧，6 年后有残值 30 万元。6 年中每年的销售收入为 85 万元，付现成本第一年为 30 万元，以后每年将增加维修费用 3 万元。企业适用所得税税率为 25%。

要求：分别计算两个方案的现金流量。

解：

1. 甲方案

（1）项目计算期 = 1 + 6 = 7(年)

（2）固定资产原值 = 150(万元)

（3）年折旧额 $=\dfrac{150}{6}=25$(万元)

（4）经营期每年总成本费用增加额 = 25 + 25 = 50(万元)

（5）经营期营业利润 = 60 − 50 = 10(万元)

（6）经营期所得税 = 10 × 25% = 2.5(万元)

（7）经营期净利润 = 10 − 2.5 = 7.5(万元)

编制甲方案净现金流量表（见表 4.2）。

表 4.2 甲方案净现金流量表 单位：万元

项目计算期 n（第 t 年）	建设期 s		运营期 p					
	0	1	2	3	4	5	6	7
营业收入			60	60	60	60	60	60
固定资产残值								0
固定资产投资	−150							
经营成本			−50	−50	−50	−50	−50	−50
付现成本			25	25	25	25	25	25
所得税			−2.5	−2.5	−2.5	−2.5	−2.5	−2.5
净现金流量（NCF）	−150	0	32.5	32.5	32.5	32.5	32.5	32.5

2. 乙方案

（1）项目计算期 = 1 + 6 = 7(年)

（2）固定资产原值 = 180(万元)

（3）年折旧额 $= \frac{180 - 30}{6} = 25$（万元）

（4）经营期每年总成本费用增加额 $= 25 + 30 + 3(t - 2)$

$= 55 + 3(t - 2)$

（5）经营期营业利润 $= 85 - [55 + 3(t - 2)]$

$= 30 - 3(t - 2)$

$= 36 - 3t$

（6）经营期所得税 $= (36 - 3t) \times 25\% = 9 - 0.75t$

编制乙方案净现金流量表（见表4.3）。

表4.3　乙方案净现金流量表　　单位：万元

项目计算期 n（第 t 年）	建设期 s		运营期 p					
	0	1	2	3	4	5	6	7
营业收入			85	85	85	85	85	85
固定资产残值								30
固定资产投资	-180							
流动资产投资		-30						
营运资金回收								30
经营成本			-55	-58	-61	-64	-67	-70
付现成本			30	33	36	39	42	45
所得税			-7.5	-6.75	-6	-5.25	-4.5	-3.75
净现金流量（NCF）	-180	-30	47.5	45.25	43	40.75	38.5	96.25

第三节　酒店投资决策评价指标

可行性是指一项事物可以做到的、行得通的、有成功把握的可能性。就酒店投资项目而言，其可行性就是指该项目对环境的不利影响最小，技术上具有先进性和适应性，并且该项目的产品在市场上能够被容纳或被接受，财务上具有合理性和较强的盈利能力，对国民经济有贡献，能够创造社会效益。项目投资评价具体包括环境与市场分析、技术与生产分析和财务可行性评价等内容。

财务可行性评价，是指在已完成相关环境与市场分析、技术与生产分析的前提下，围绕已具备技术可行性的建设项目而开展的，有关该项目在财务方面是否具有投资可行性的一种专门分析评价。为了客观、科学地分析评价各种投资方案是否可行，一般应使用不同的指标，从不同的侧面或角度反映投资方案的内涵。项目投资决策评价指标是衡量和比较投资项目可行性并据以进行方案决策的定量化标准与尺度，它由一系列综合反映投资效益、投入产出关系的量化指标构成，在实践中又称为财务投资决策评价指标，简称“评价指标”。

一、项目投资决策评价指标及其类型

（一）项目投资决策评价指标的含义

项目投资决策评价指标是指用于衡量和比较投资项目可行性，据以进行方案决策的定量化标准与尺度，是由一系列综合反映投资效益、投资产出关系的量化指标构成的。项目投资决策评价指标很多，从财务评价的角度看，主要包括投资利润率、静态投资回收期、净现值、净现值率、获利指数、内部收益率等。

（二）项目投资决策评价指标的分类

1. 按是否考虑资金时间价值分类

评价指标按是否考虑资金时间价值，可分为静态评价指标和动态评价指标两大类。静态评价指标又称非贴现指标，是指在计算过程中不考虑资金时间价值因素的指标，主要包括投资利润率和静态回收投资期等指标。动态评价指标又称贴现指标，是指在计算过程中必须充分考虑和利用资金时间价值的指标，主要包括净现值、净现值率、获利指数和内部收益率等指标。

2. 按指标性质不同分类

评价指标按其性质不同，可分为在一定范围内越大越好的正指标和越小越好的负指标两大类。投资利润率、净现值、净现值率、获利指数和内部收益率属于正指标，静态投资回收期属于负指标。

3. 按指标的数量特征分类

评价指标按其数量特征不同，可分为绝对量指标和相对量指标。前者包括以时间为计量单位的静态回收期指标和以价值量为计量单位的净现值指标；后者包括投资利润率、净现值率、现值指数、内部收益率等指标，除获利指数用指数形式表现外，其余指标为百分比指标。

4. 按指标在决策中所处的地位分类

评价指标按其在决策中所处的地位，可分为主要指标、次要指标和辅助指标。净现值、内部收益率等为主要指标；静态投资回收期为次要指标；投资利润率为辅助指标。

二、非折现指标

（一）静态投资回收期

1. 含义

静态投资回收期（payback period，PP）是指在不考虑资金时间价值的情况下，收回原始投资额所需要的时间。它包括建设期的投资回收期（记作 PP）和不包括建设期的投资回收期（记作 PP′）两种形式。该指标一般以年为单位。投资回收期越短，则说明投资所承担的风险越小。企业为了避免出现意外情况，就要考虑选择能在短期内收回投资的方案。

2. 计算方法

如果每年的经营现金净流量相等，则投资回收期可按下式计算：

$$投资回收期(PP) = \frac{投资总额}{每年现金净流量}$$

如果每年的经营现金净流量不相等，那么计算投资回收期要根据每年年末尚未收回的投资额加以确定。

$$投资回收期(PP) = M + \frac{第M年尚未回收额}{第M+1年净现金流量}$$

式中，M：累计净现金流量由负变正的前一年。

$$不包括建设期的回收期（PP'）= 投资回收期（PP）-建设期$$

3. 决策标准

只有静态投资回收期指标小于或等于基准投资回收期的投资项目才具有财务可行性。

4. 优缺点

投资回收期的优点：计算简便，能衡量投入资本的回收速度，非常直观、易懂。缺点：没有考虑资金的时间价值，此方法仅仅将各期现金流量同等看待，没有考虑其现值大小，容易导致决策失误，同时没有考虑回收期满后的现会流量状况，容易让投资人产生短期行为，不利于企业实现长期资金收益。

（二）总投资收益率

1. 含义

总投资收益率又称投资报酬率（return on investment，ROI），是指投资项目达产期正常年度的年息税前利润或运营期年均息税前利润占项目总投资的百分比。

2. 计算方法

总投资收益率的计算公式为

$$总投资收益率(ROI) = \frac{年息税前利润或年均息税前利润}{项目总投资} \times 100\%$$

3. 决策标准

只有总投资利润率指标大于或等于无风险收益率的投资项目，才具有财务可行性。

4. 优缺点

总投资收益率与静态投资回收期一样，具有简单、便于理解的优点，同时又克服了静态投资回收期没有考虑全部现金净流量的缺点。其缺点是没有考虑资金时间价值。

三、折现指标

（一）折现率的确定

在财务可行性评价中，折现率是计算动态评价指标所依据的一个重要参数，财务可行性评价中的折现率可以按以下方法确定。

（1）以拟投资项目所在行业（而不是单个投资项目）的权益资本必要收益率作为折现率，适用于资金来源单一的项目；

（2）以拟投资项目所在行业（而不是单个投资项目）的加权平均资金成本作为折现率，适用于相关数据齐备的行业；

（3）以社会的投资机会成本作为折现率，适用于已经持有投资所需资金的项目；

（4）以国家或行业主管部门定期发布的行业基准资金收益率作为折现率，适用于投资项目的财务可行性研究和建设项目评估中的净现值和净现值率指标的计算；

（5）完全人为主观确定折现率，适用于按逐次测试法计算内部收益率指标。

本项目中所使用的折现率，按第四种或第五种方法确定。

关于财务可行性评价中使用的折现率，必须在理论上明确以下问题：

第一，折现率与金融业务中处理未到期票据贴现中所使用的票据贴现率根本不是一个概念，不得将两者相混淆，最好也不要使用“贴现率”这个术语；

第二，在确定折现率时，往往需要考虑投资风险因素，可人为提高折现率水平，而反映时间价值的利息率或贴现率则通常不考虑风险因素；

第三，折现率不应当也不可能根据单个投资项目的资本成本计算出来。因为在财务可行性评价时，不是以筹资决策和筹资行为的实施为前提。

筹资的目的是为投资项目筹措资金，只有具备财务可行性的项目才有进行筹资决策的必要，所以投资决策与筹资决策在时间顺序上不能颠倒位置，更不能互为前提。除非假定在进行投资决策时项目所需资金已经全部筹措到位；否则，对于是否具有财务可行性都不清楚的投资项目，根本没有进行筹资决策的必要，也无法算出其资本成本。即使已经持有投资所需资金的项目，也不能用筹资形成的资本成本作为折现率，因为由筹资所形成的资本成本中只包括资金供给者（原始投资者）所考虑的向筹资者进行投资的风险，并没有考虑资金使用者（企业）利用这些资金进行直接项目投资所面临的风险因素。

（二）净现值

1. 含义

净现值（net present value，NPV）是指在项目计算期内，按行业基准收益率或企业设定的折现率计算的各年现金净流量现值的代数和。

2. 计算方法

净现值的计算有多种方法，基本的计算方法是公式法。其计算公式为

$$净现值(NPV)=\sum(第\ t\ 年的净现金流量\times第\ t\ 年复利现值系数)-初始投资$$

它的计算步骤是：

第一步，计算每年的营业净现金流量。

第二步，计算未来报酬的总现值。如果每年的营业现金净流量相等，则按年金折成现值；如果每年的营业现金净流量不相等，则先对每年的营业现金净流量进行折现，再将终结现金流量折算成现值，最后加以合计以计算未来报酬的总现值。

第三步，计算净现值。

净现值指标计算中有以下几种情况：

（1）当全部投资在建设起点一次投入，建设期为零，投产后 $1\sim n$ 年中每年净现金流量相等时，投产后的净现金流量表现为普通年金，简化公式为

$$净现值=-原始投资+投产后每年相等的净现金流量\times n\ 年以\ i\ 为折现率的年金现值系数$$

$$或\ NPV=NCF_0+NCF_{1\sim n}(P_A/A,\ i,\ n)$$

（2）当全部投资在建设起点一次投入，建设期为零，投产后每年经营净现金流量（不含回收额）相等，但终结点第 n 年有回收额 R_n（如净残值）时，可将 $1\sim(n-1)$

年中每年相等的经营净现金流量视为普通年金，第 n 年净现金流量视为第 n 年终值。公式为

$$NPV = NCF_0 + NCF_{1\sim(n-1)}(P_A/A, i, n-1) + NCF_n(P/F, i, n)$$

（3）若建设期为 s，全部投资在建设起点一次性投入，投产后（$s+1$）~n 年每年净现金流量相等，则后者具有延期年金形式，其现值之和可按延期年金现值求得。简化公式为

$$NPV = NCF_0 + NCF_{(s+1)\sim n}[(P_A/A, i, n) - (P_A/A, i, s)]$$

$$或 = NCF_0 + NCF_{(s+1)\sim n}[(P_A/A, i, n-s) \times (P/F, i, s)]$$

（4）若建设期为 s，全部投资在建设期内分次投入，投产（$s+1$）~n 年每年净现金流量相等，则公式为

$$NPV = NCF_0 + NCF_1 \times (P/F, i, 1) + \cdots + NCF_s \times (P/F, i, s) + NCF_{(s+1)\sim n} \times [(P_A/A, i, n) - (P_A/A, i, s)]$$

净现值是折现绝对值正指标，其可用于单一方案可行性的评价和投资额及项目计算期相等的多方案比较决策，但不能直接用于投资额或项目计算期不相等的多方案比较决策。

3. 决策标准

只有净现值指标大于或等于零的投资项目，才具有财务可行性。

4. 优缺点

净现值指标的优点有：考虑了资金时间价值，增强了投资评价的经济实用性；运用了项目计算期的全部现金净流量，体现了流动性和收益性的统一；考虑了投资风险，项目投资风险可以通过提高贴现率加以控制。净现值指标的缺点有：不能揭示各个投资方案本身可能达到的实际报酬率，当多个备选方案的投资额不相等时，如果只根据各个投资项目净现值的绝对额进行决策，往往难以准确判断。

（三）净现值率

1. 含义

净现值率（net present value rate，NPVR）是指投资项目的净现值占原始投资现值总和的百分比，也可理解为单位原始投资的现值所创造的净现值。

2. 计算方法

净现值率的计算公式为

$$净现值率 = \frac{净现值}{原投资额现值}$$

3. 决策标准

只有净现值率指标大于或等于零的投资项目，才具有财务可行性。

4. 优缺点

净现值率是一个动态的相对量评价指标，其优点是可以动态反映项目投资的资金投入和净产出之间的关系，可用于投资额不同的多个方案间的比较。其缺点是不能直接反映投资项目的实际收益率，且必须以已知净现值为前提。

（四）现值指数

1. 含义

现值指数（present value index，PVI），又称获利指数，是指投产后按基准收益率或设定折现率计算的各年净现金流量的现值合计与原始投资额现值合计之比。

2. 计算方法

现值指数的计算公式为

$$现值指数=\frac{未来报酬的总现值}{原投资额现值}$$

从净现值率和获利指数的含义可知，两者之间存在以下关系：

$$获利指数=1+净现值率$$

3. 决策标准

只有获利指数指标大于或等于 1 的投资项目，才具有财务可行性。

4. 优缺点

获利指数也是一个动态的相对量评价指标，其优点是可以从动态的角度反映投资项目的资金投入与总产出之间的关系，可用于投资额不同的多个方案间的比较。其缺点是不能直接反映投资项目的实际收益率，其计算过程比净现值率指标复杂，计算口径也不一致。

（五）内部收益率

1. 含义

内部收益率又叫内含报酬率或内部报酬率（internal rate of return，IRR），即指项目投资实际可望达到的报酬率，亦可将其定义为能使投资项目的净现值等于零时的折现率。内部收益率 IRR 可表示为：$\sum_{t=0}^{n}[NCF_t \times (P/F, IRR, t)]=0$。

2. 计算方法

内部收益率指标也可以通过特殊方法或一般方法来完成。

（1）内部收益率指标计算的特殊方法。该方法是指当项目投产后的净现金流量表现为普通年金的形式时，可以直接利用年金现值系数计算内部收益率的方法，又称为简便算法。

该方法所要求的充分而必要的条件是：项目的全部投资均于建设起点一次投入，建设期为零，建设起点第 0 期净现金流量等于全部原始投资的负值，即 $NCF_0=-I$；投产后每年净现金流量相等，第 1 至第 n 期每期净现金流量表现为普通年金的形式。

应用本法的条件十分苛刻，只有当项目投产后的净现金流量表现为普通年金的形式时才可以直接利用年金现值系数计算内部收益率，在此法下，内部收益率 IRR 可按下式确定：

$$(P/A, IRR, n)=\frac{I}{NCF}$$

式中，I 为在建设起点一次投入的原始投资；$(P/A, IRR, n)$ 是 n 期、设定折现率为 IRR 的年金现值系数；NCF 为投产后 1～n 年每年相等的净现金流量（NCF 为一常数，$NCF \geqslant 0$）。

特殊方法的具体程序如下：

①按上式计算（P/A，IRR，n）的值，假定该值为 C，则 C 值必然等于该方案不包括建设期的回收期；

②根据计算出来的年金现值系数 C，查 n 年的年金现值系数表；

③若在 n 年系数表上恰好能找到等于上述数值 C 的年金现值系数（P/A，r_m，n），则该系数所对应的折现率 r_m 即所求的内部收益率 IRR；

④若在系数表上找不到事先计算出来的系数值 C，则需要找到系数表上同期略大及略小于该数值的两个临界值 C_m 和 C_{m+1} 及相对应的两个折现率 r_m 和 r_{m+1}，然后应用内插法计算近似的内部收益率。即，如果以下关系成立：

$$(P/A,\ r_m,\ n) = C_m > C$$

$$(P/A,\ r_{m+1},\ n) = C_{m+1} < C$$

就可按下列具体公式计算内部收益率 IRR

$$\text{IRR} = r_m + \frac{C_m - C}{C_m - C_{m+1}} \times (r_{m+1} - r_m)$$

（2）内部收益率指标计算的一般方法。该方法是指通过计算项目不同设定折现率的净现值，然后根据内部收益率的定义所揭示的净现值与设定折现率的关系，采用一定技巧，最终设法找到能使净现值等于零的折现率——内部收益率 IRR 的方法，又称为逐次测试逼近法（简称逐次测试法）。如项目不符合直接应用简便算法的条件，则必须按此法计算内部收益率。

一般方法的具体应用步骤如下：

①先自行设定一个折现率 r_1，代入计算净现值的公式，求出按 r_1 折现率的净现值 NPV_1，并进行下面的判断。

②若净现值 $NPV_1=0$，则内部收益率 $IRR=r_1$，计算结束；若净现值 $NPV_1>0$，则内部收益率 $IRR>r_1$，应重新设定 $r_2>r_1$，再将 r_2 代入有关计算净现值的公式，求出 r_2 为折现率的净现值 NPV_2，继续进行下一轮的判断；若净现值 $NPV_1<0$，则内部收益率 $IRR<r_1$，应重新设定 $r_2<r_1$，再将 r_2 代入有关计算净现值的公式，求出 r_2 为折现率的净现值 NPV_2，继续进行下一轮的判断。

③经过逐次测试判断，有可能找到内部收益率 IRR。每一轮判断的原则相同。若设 r_j 为第 j 次测试的折现率，NPV_j 为按 r_j 计算的净现值，则有：

当 $NPV_j>0$ 时，$IRR>r_j$，继续测试；

当 $NPV_j<0$ 时，$IRR<r_j$，继续测试；

当 $NPV_j=0$ 时，$IRR=r_j$，测试完成。

④若经过有限次测试，已无法继续利用时间价值系数表，仍未求得内部收益率 IRR，则可利用最为接近零的两个净现值正负临界值及其相应的折现率 4 个数据，应用内插法计算近似的内部收益率。

$$\text{IRR} = r_m + \frac{\text{NPV}_m - 0}{\text{NPV}_m - \text{NPV}_{m+1}} \times (r_{m+1} - r_m)$$

内部收益率的两种计算方法中，都涉及内插法的应用技巧，尽管具体应用条件不同，公式也存在差别，但该法的基本原理是一致的，即假定自变量在较小变动区间内，它与因变量之间的关系可以用线性模型来表示，因而可以采取近似计算的方法进行处理。

3. 决策标准

只有内部收益率指标大于或等于基准收益率或资金成本的投资项目才具有财务可行性。

4. 优缺点

内部收益率指标的优点是能从动态的角度直接反映投资项目的实际收益率，不受行业基准收益率或企业设定的贴现率高低的影响，比较客观。其缺点是计算过程比较复杂，尤其当运营期大量追加投资时，则有可能导致多个 IRR 出现，或偏高或偏低，缺乏实际意义。

（六）动态指标之间的关系

净现值 NPV、净现值率 NPVR 和内部收益率 IRR 指标之间存在以下数量关系，即

当 NPV>0 时，NPVR>0，IRR>i；

当 NPV=0 时，NPVR=0，IRR=i；

当 NPV<0 时，NPVR<0，IRR<i。

此外，净现值率 NPVR 的计算需要在已知净现值 NPV 的基础上进行，内部收益率 IRR 在计算时也需要利用净现值 NPV 的计算技巧。这些指标都会受到建设期长短、投资方式以及各年净现金流量的数量特征的影响。所不同的是 NPV 为绝对量指标，其余为相对数指标，计算净现值 NPV 和净现值率 NPVR 所依据的折现率都是事先已知的 i，而内部收益率 IRR 的计算本身与 i 的值无关。

【例 4-5】假定银杏标准酒店有甲、乙、丙三种投资方案可供选择，有关资料如表 4.4所示。

表 4.4　三种投资方案的净现金流量表　　单位：元

年度	甲		乙		丙	
	年净利润	净现金流量	年净利润	净现金流量	年净利润	净现金流量
0	—	(100 000)	—	(100 000)	—	(100 000)
1	5 000	25 000	16 000	50 000	25 000	45 000
2	10 000	30 000	17 000	50 000	20 000	40 000
3	15 000	35 000	17 000	50 000	15 000	35 000
4	20 000	40 000			10 000	30 000
5	25 000	45 000			5 000	25 000

要求：

1. 投资利润率

（1）计算各个方案的平均利润；（2）计算各个方案的平均投资额；（3）计算各个方案的投资利润率；（4）结果分析。

2. 静态投资回收期

（1）计算各个方案的静态回收期；（2）结果分析。

3. 净现值

（1）计算各方案的净现值；（2）结果分析。

4. 净现值率

（1）计算各方案的净现值率；（2）结果分析。

5. 内部收益率

（1）计算各个方案的内部收益率；（2）结果分析。

解：

1. 投资利润率

（1）计算各个方案的平均利润。

方案甲：（5 000+10 000+15 000+20 000+25 000）÷5＝15 000（元）

方案乙：（16 000+17 000+17 000）÷3≈16 667（元）

方案丙：（25 000+20 000+15 000+10 000+5 000）÷5＝15 000（元）

（2）计算各个方案的平均投资额。

方案甲：［（100 000+80 000）÷2+（80 000+60 000）÷2+（60 000+40 000）÷2+（40 000+20 000）÷2+（20 000+0）÷2］÷5＝50 000（元）

方案乙：［（100 000+66 000）÷2+（66 000+33 000）÷2+（33 000+0）÷2］÷3＝49 667（元）

方案丙：与方案甲相同。

（3）计算各个方案的投资利润率。

方案甲：15 000÷50 000×100%＝30%

方案乙：16 667÷49 667×100%＝33.56%

方案丙：15 000÷50 000×100%＝30%

（4）结果分析。该指标没有考虑“货币的时间价值”，把若干年后的 1 元同当前的 1 元等量齐观。方案甲和方案丙，各个年份的净利润和 5 年净利润合计，数字相同，但方案甲逐年的净利润表现为递增数列，方案丙逐年的净利润表现为递减数列。显然，方案丙比方案甲有更好的效益，但这种差别，并不能从投资利润率得到反映。

2. 静态投资回收期

（1）计算各个方案的静态回收期。

方案甲：3+（100 000−90 000）÷（130 000−90 000）＝3+0.25＝3.25（年）

方案乙：2（年）

方案丙：2+（100 000−85 000）÷（120 000−85 000）＝2+0.43＝2.43（年）

（2）结果分析。从上述计算可知，方案乙的静态投资回收期最短，其次是方案丙，最后才是方案甲。从投资利润率看不出方案甲与方案丙之间的差别，但静态投资回收期这个指标却可以把它们之间的差别具体地反映出来。

3. 净现值

（1）计算各方案的净现值。

$NPV_{甲}$＝（25 000×0.909+30 000×0.826+35 000×0.751+40 000×0.683 +45 000×0.621）−100 000＝29 055（元）

$NPV_{乙}$＝50 000×（P/A，10%，3）＝50 000×2.487−100 000＝24 350（元）

$NPV_{丙}$ = (45 000×0.909+40 000×0.826+35 000×0.751+30 000×0.683+25 000×0.621) −100 000 = 36 245 (元)

(2) 结果分析。三种方案的净现值都是正值，说明它们的收益率都在10%以上。其中方案丙的净现值最大，其次是方案甲，最后是方案乙。如果原始的投资额相同，净现值越大，说明投资的收益率越高。上例中方案甲和方案丙，虽然原始的投资额和累计的净现金流入量相同，但现金流入的先后时间不同，方案丙的现金流入量前期大于后期，而方案甲却与之相反，这种差别是投资利润率无法反映的，却可通过净现值指标具体地反映出来。

4. 净现值率

(1) 计算各方案的净现值率。

$NPVR_{甲}$ = 129 055÷100 000 = 1.29

$NPVR_{乙}$ = 124 350÷100 000 = 1.24

$NPVR_{丙}$ = 136 245÷100 000 = 1.36

(2) 结果分析。由计算可知，方案丙的净现值率最大，其次是方案甲，最后是方案乙。由于三种方案的原始投资额相同，因此其排序同上述净现值指标是一致的。净现值率与净现值之间存在着如下的关系：

净现值>0，净现值率>1；

净现值=0，净现值率=1；

净现值<0，净现值率<1。

5. 内部收益率

(1) 计算各个方案的内部收益率。

从上述计算可知，用“内插法”计算其近似值：

方案甲：$IRR_{甲}$ = 19.71%

方案乙：$IRR_{乙}$ = 25%

方案丙：$IRR_{丙}$ = 23.38%

(2) 结果分析。投资的内部收益率的计算比较复杂，但可以得到较精确的结果。

第四节　酒店投资项目决策实务

一、投资方案及其类型

投资项目是指投资的客体，即资金投入的具体对象，而同一个投资项目完全可以采取不同的技术路线和动作手段来实现，这些具体的选择最终要通过规划不同的投资方案来体现。投资方案就是基于投资项目要达到的目标而形成的有关具体投资的设想与时间安排，或者说是未来投资行动的预案。一个投资项目可以只安排一个投资方案，也可以设计多个可供选择的方案。

根据投资项目中投资方案的数量，可将投资方案分为单一方案和多个方案；根据方案之间的关系，可以分为独立方案、互斥方案及组合或排队方案。下面仅就独立方案和互斥方案进行阐述。

（一）独立方案

独立方案是指在决策过程中，一组互相分离、互不排斥的方案或单一的方案。在独立方案中，选择某一方案并不排斥选择另一方案。就一组完全独立的方案而言，其存在的前提条件是：

（1）投资资金来源无限制；

（2）投资资金无优先使用的排列；

（3）各投资方案所需的人力、物力均能得到满足；

（4）不考虑地区、行业之间的相互关系及影响；

（5）每一投资方案是否可行，仅取决于本方案的经济效益，与其他方案无关。

符合上述前提条件的方案即独立方案。例如，某酒店拟进行几项投资活动，这一组投资方案有：扩建酒店餐厅；购置一辆接送客人的汽车；新建停车场等。这一组投资方案中各个方案之间没有什么关联，互相独立，并不存在相互比较和选择的问题。酒店既可以全部不接受，也可以接受一个，还可以接受多个或者全部接受。

（二）互斥方案

互斥方案是指互相关联、互相排斥的方案，即一组方案中的各个方案彼此可以相互代替，采纳方案组中的某一方案，就会自动排斥这组方案中的其他方案。因此，互斥方案具有排他性。例如，某酒店拟投资增加洗衣服务，既可以自行购置洗衣设备提供服务，也可以向区域内其他酒店订购，还可以向专业洗衣机构订购服务，这一组增加洗衣服务方案即互斥方案，因为在这三个方案中，只能选择其中一个方案。

二、财务可行性评价与投资决策的关系

开展财务可行性评价，就是围绕某一个投资方案而开展的评价工作，其结果是做出的方案是否具备（完全具备、基本具备、完全不具备或基本不具备）财务可行性的结论。而投资决策就是通过比较，从可供选择的备选方案中选择一个或一组最优方案的过程，其结果是从多个方案中做出最终选择。因此，二者是有区别的，在时间顺序上，可行性评价在先，比较选择决策在后；从目的上来说，计算评价指标的目的是进行投资决策，但投资决策的方法会因投资方案的不同而有区别。

（一）评价每个方案的财务可行性是开展互斥方案投资决策的前提

对互斥方案而言，评价每一方案的财务可行性，不等于最终的投资决策，但它是进一步开展各方案之间比较决策的重要前提，因为只有完全具备或基本具备财务可行性的方案，才有资格进入最终决策；完全不具备或基本不具备财务可行性的方案，不能进入下一轮比较选择。已经具备财务可行性并进入最终决策程序的互斥方案也不能保证在多方案比较决策中被最终选定，因为还要进行下一轮淘汰筛选。

（二）独立方案的可行性评价与其投资决策是完全一致的行为

对于独立方案而言，评价其财务可行性就是对其做出最终决策的过程。这可能会给人们造成一种将财务可行性评价完全等同于投资决策的误解。

其实独立方案也存在“先评价可行性，后比较选择决策”的问题。因为每个单一的独立方案，也存在“接受”或“拒绝”两种选择。只有完全具备或基本具备财务可

行性的方案，才可以被接受；完全不具备或基本不具备财务可行性的方案，只能选择“拒绝”，从而“拒绝”本身也是一种方案，一般称之为零方案。因此，任何一个独立方案都要与零方案进行比较决策。

三、独立方案财务可行性评价及投资决策

（一）独立方案是否具备财务可行性的条件

1. 判断方案完全具备财务可行性的条件

在某一投资方案的所有评价指标均处于可行区间，即同时满足以下条件时，可以判断该投资方案具备财务可行性，或完全具备可行性。这些条件是：①净现值 NPV≥0；②净现值率 NPVR≥0；③内部收益率 IRR≥基准折现率 ic；④包括建设期的静态投资回收期 PP≤$n/2$（项目计算期的一半）；⑤不包括建设期的静态投资回收期 PP≤P/2（运营期的一半）；⑥总投资收益率 ROI≥基准总投资收益率 i。

2. 判断方案是否完全不具备财务可行性的条件

在某一投资项目的评价指标均处于不可行区间，即同时满足以下条件时，可以判断该投资项目不具备财务可行性，或完全不具备可行性，应当彻底放弃该投资方案：①NPV<0；②NPVR<0；③IRR<ic；④包括建设期的静态投资回收期 PP>$n/2$；⑤不包括建设期的静态投资回收期 PP≤$P/2$（运营期的一半）；⑥ROI<ic。

3. 判断方案是否基本具备财务可行性的条件

如果在评价过程中发现某项目的主要指标处于可行区间（如 NPV≥0，NPVR≥0，IRR≥ic），但次要或辅助指标处于不可行区间（如 PP>$n/2$，PP′>$p/2$）；可以判断该项目基本上具有财务可行性。

4. 判断方案是否基本不具备财务可行性的条件

如果在评价过程中发现某项目出现 NPV<0，NPVR<0，IRR<ic 的情况，即使有 PP≤$n/2$，PP′≤$p/2$ 或者 ROI≥i 发生，也可以判断该项目基本上不具有财务可行性。

（二）独立方案投资决策需要注意的问题

在对投资方案进行财务可行性评价的过程中，除了要运用上述判断条件外，还必须注意以下问题。

1. 主要评价指标在评价财务可行性的过程中起主导作用

在对独立项目进行财务可行性评价和投资决策的过程中，当静态投资回收期（次要指标）或总投资收益率（辅助指标）的评价结论与净现值等主要指标的评价结论发生矛盾时，应当以主要指标的结论为准。

2. 利用动态指标对同一个投资项目进行评价和决策，会得出完全相同的结论

在对同一个投资项目进行财务可行性评价时，净现值、净现值率和内部收益率指标的评价结论是一致的。

【例 4-6】银杏标准酒店某投资项目只有一个备选方案，计算出来的财务可行性评价指标如下：ROI 为 10%，PP 为 6 年，PP′为 5 年，NPV 为 162.65 万元，NPVR 为 0.170 4，PI 为 1.170 4，IRR 为 12.73%。项目计算期为 11 年（其中运营期为 10 年），基准总投资利润率为 9.5%，基准折现率为 10%。根据上述资料，评价该项目财务可行性的程序如下：

ROI = 10% > i = 9.5%，PP′ = 5 年 = P/2，NPV = 162.65 万元 > 0

NPVR = 17.04% > 0，IRR = 12.73% > ic = 10%

该方案基本上具有财务可行性（尽管 PP = 6 年 > n/2 = 5.5 年，超过基准回收期）。

决策结论：因为该方案各项主要评价指标均达到或超过相应标准，所以基本上具有财务可行性，只是包括建设期的投资回收期较长，有一定风险。如果条件允许，则可实施投资。

3. 独立方案的排序问题

完全独立的一组方案是有存在前提的，其中一条重要前提是：投资资金来源无限制。在这一前提下，凡是具备财务可行性的方案都应当被采用。但是，在现实中会有许多复杂情况出现，其中总量资本有限、无法为全部具备财务可行性的方案筹资，就是其中之一。这就出现了在资本总量有限的情况下如何选择独立方案的问题，即独立方案的排序问题。

【例 4-7】假设银杏标准酒店可以投资的资本总量为 10 000 万元，资本成本为 10%，现有三个投资方案：A 方案的投资额需要 10 000 万元，净现值为 2 314 万元，现值指数为 1.23；B 方案的投资额需要 5 000 万元，净现值为 1 253 万元，现值指数为 1.25；C 方案的投资额需要 5 000 万元，净现值为 1 100 万元，现值指数为 1.22。要求做出投资决策。

根据净现值分析：三个方案的净现值都大于零，三个方案都具备财务可行性，都可采纳。但由于可投资的资本有限即只有 1 000 万元，按照一般原则，应选择净现值最大的 A 方案，只能放弃 B 方案和 C 方案。这个结论其实是不对的，因为 B 方案和 C 方案的总投资额为 10 000 万元，总净现值为 1 253+1 100 = 2 353（万元），大于 A 方案的净现值 2 314 万元。

那么，应当如何决策呢？首先计算三个方案的现值指数并排序，其优先顺序为 B 方案、A 方案、C 方案，再在资本限额内优先选择现值指数高的方案，即优先选择 B 方案，用掉 5 000 万元；下一个应当是 A 方案，但由于此时只有资本 5 000 万元，无法满足 A 方案的资金需求，故只能放弃 A 方案；接下来安排 C 方案，全部资本使用完毕。因此，决策结论是：选择 B 方案和 C 方案，放弃 A 方案。

当然，现实中的决策要比上例复杂，如上例中的 C 方案的投资额需要 6 000 万元，那么将如何选择呢？

因此，对独立方案的排序问题一般采用下列方法：首先，将全部方案排列出不同的组合，每个组合的投资额不超过资本总量；其次，计算各方案的净现值及各组合的净现值合计；最后，选择净现值最大的组合。

四、互斥方案财务可行性评价及投资决策

由于各个互斥方案的备选方案的投资额、项目计算期不一致，因此要根据各个方案的使用期、投资额相等与否，采用不同的决策方法做出选择。

（一）互斥方案的投资额、项目计算期相等，可采用净现值法或内含报酬率法

净现值法是指通过比较互斥方案的净现值指标的大小来选择最优方案的方法。内含报酬率法是指通过比较互斥方案的内含报酬率指标的大小来选择最优方案的方法。

净现值或内含报酬率最大的方案为优。

（二）互斥方案的投资额不相等，但项目计算期相等，可采用差额法

差额法是指在两个投资总额不同方案的差量现金净流量（记作 ΔNCF）的基础上，计算出差额净现值（记作 ΔNPV）或差额内部收益率（记作 ΔIRR），并据以判断方案孰优孰劣的方法。

在此方法下，一般以投资额大的方案减去投资额小的方案，当 ΔNPV ≥ 0 或 ΔIRR ≥ ic时，投资额大的方案较优；反之，则投资额小的方案为优。

差额净现值 ΔNPV 或差额内部收益率 ΔIRR 的计算过程和计算技巧同净现值 NPV 或内部收益率 IRR 完全一样，只是所依据的是 ΔNCF。

【例 4-8】银杏标准酒店有甲、乙两个投资方案可供选择，甲方案的投资额为 100 000元，每年现金净流量均为 30 000 元，可使用 5 年；乙方案的投资额为 70 000 元，每年现金净流量分别为 10 000 元、15 000 元、20 000 元、25 000 元、30 000 元，使用年限也为 5 年。甲、乙两方案建设期均为 0 年，假定折现率为 10%。要求：对甲方案、乙方案做出选择。

解：

因为两方案的项目计算期相同，但投资额不相等，所以可采用差额法来决策。

$\Delta NCF_0 = -100\ 000 - (-70\ 000) = -30\ 000$（元）

$\Delta NCF_1 = 30\ 000 - 10\ 000 = 20\ 000$（元）

$\Delta NCF_2 = 30\ 000 - 15\ 000 = 15\ 000$（元）

$\Delta NCF_3 = 30\ 000 - 20\ 000 = 10\ 000$（元）

$\Delta NCF_4 = 30\ 000 - 25\ 000 = 5\ 000$（元）

$\Delta NCF_5 = 30\ 000 - 30\ 000 = 0$

$$\begin{aligned}\Delta NPV &= 20\ 000\times(P/F,\ 10\%,\ 1) + 15\ 000\times(P/F,\ 10\%,\ 2) + 10\ 000\times(P/F,\ 10\%,\ 3) + 5\ 000\times(P/F,\ 10\%,\ 4) - 30\ 000\\ &= 20\ 000\times0.909\ 1 + 15\ 000\times0.826\ 4 + 10\ 000\times0.751\ 3 + 5\ 000\times0.683\ 0 - 30\ 000\\ &= 11\ 506\ (\text{元}) > 0\end{aligned}$$

①用 $i=28\%$ 测算 ΔNPV。

$$\begin{aligned}\Delta NPV &= 20\ 000\times(P/F,\ 28\%,\ 1) + 15\ 000\times(P/F,\ 28\%,\ 2) + 10\ 000\times(P/F,\ 28\%,\ 3) + 5\ 000\times(P/F,\ 28\%,\ 4) - 30\ 000\\ &= 20\ 000\times0.781\ 3 + 15\ 000\times0.610\ 4 + 10\ 000\times0.476\ 8 + 5\ 000\times0.372\ 5 - 30\ 000\\ &= 1\ 412.5\ (\text{元}) > 0\end{aligned}$$

②再用 $i=32\%$ 测算 ΔNPV。

$$\begin{aligned}\Delta NPV &= 20\ 000\times(P/F,\ 32\%,\ 1) + 15\ 000\times(P/F,\ 32\%,\ 2) + 10\ 000\times(P/F,\ 32\%,\ 3) + 5\ 000\times(P/F,\ 32\%,\ 4) - 30\ 000\\ &= 20\ 000\times0.757\ 6 + 15\ 000\times0.573\ 9 + 10\ 000\times0.434\ 8 + 5\ 000\times0.329\ 4 - 30\ 000\\ &= -244.5 < 0\end{aligned}$$

③用插入法计算 ΔIRR。

$$\Delta IRR = 28\% + \frac{1\ 412.5 - 0}{1\ 412.5 - (-244.5)} + (32\% - 28\%)$$

$=31.41\%>$折现率 10%

计算表明，差额净现值为 11 506 元，大于零，差额内部收益率为 31.41%，大于折现率 10%，应该选择甲方案。

（三）互斥方案的投资额不相等，项目计算期也不相同，可采用年回收额法

年回收额法是指通过比较所有投资方案的年等额净现值指标的大小来选择最优方案的决策方法。在此法下，年等额净现值最大的方案为优。年回收额法的计算步骤如下：

（1）计算各方案的净现值 NPV；

（2）计算各方案的年等额净现值（年回收额），公式如下：

$$年等额净现值(年回收额)=\frac{净现值}{年金现值系数}$$

【例 4-9】假设银杏标准酒店有两个投资方案，其现金净流量如表 4.5 所示。

表 4.5　甲、乙两方案现金流量表　　单位：元

项目计算期	甲方案		乙方案	
	净收益	现金净流量	净收益	现金净流量
0		-200 000		-120 000
1	20 000	120 000	16 000	56 000
2	32 000	132 000	16 000	56 000
3			16 000	56 000

要求：如果该企业期望达到的最低报酬率为 12%，请作决策。

解：

①计算甲、乙方案的 NPV。

$NPV_{甲}=120\ 000\times(P/F,\ 12\%,\ 1)+132\ 000\times(P/F,\ 12\%,\ 2)-200\ 000$

$=120\ 000\times0.892\ 9+132\ 000\times0.797\ 2-200\ 000$

$=12\ 378.4$（元）

$NPV_{乙}=56\ 000\times(P/A,\ 12\%,\ 3)-120\ 000$

$=56\ 000\times2.401\ 8-120\ 000$

$=14\ 500.8$（元）

②计算甲、乙方案的年等额净现值。

$$甲方案年等额净现值=\frac{12\ 378.4}{(P/A,\ 12\%,\ 2)}=7\ 324.06(元)$$

$$乙方案年等额净现值=\frac{14\ 500.8}{(P/A,\ 12\%,\ 3)}=6\ 037.47(元)$$

③做出决策。

因为甲方案年等额净现值为 7 324.06 元，大于乙方案年等额净现值 6 037.47 元，所以应该选择甲方案。

根据上述计算结果可知，乙方案的净现值大于甲方案的净现值，但乙方案的项目计算期为 3 年，而甲方案仅为 2 年，所以，乙方案的净现值高并不能说明该方案优，

需通过年回收额法计算年等额净现值得出此结论，甲方案的年等额净现值高于乙方案，即甲方案为最优方案。

素质教育小故事

家国情怀与酒店投资

从小，李明就是一个热爱祖国的孩子。他对中国的历史、文化和发展充满了敬意和热爱。长大后，李明决定将他的爱国情怀与自己的事业相结合，投资建设一家特色酒店，展现中国文化的魅力。

李明深知，中国是一个历史悠久、文化瑰宝丰富的国家。然而，随着时代的进步和全球化的浪潮，越来越多的国外酒店品牌进入中国市场，对本土文化造成了冲击。李明决心打破这种局面，他认为中国的文化底蕴应该在国内外游客面前展示，并得到更多人的了解和赞赏。

在选择投资地点时，李明选择了一个历史悠久、风景秀丽的古城。这个城市曾经是中国古代文化的重要中心，千百年来留下了许多珍贵的历史遗迹和传统文化。然而，由于经济的发展和城市化进程，这些文化遗产逐渐被遗忘和疏忽。

李明的酒店项目以传统文化为主题，旨在通过建筑、装饰、饮食和服务等各个方面，展现中国传统文化的独特魅力。他聘请了一批专业的设计师和文化顾问团队，他们深入研究了当地的历史和文化，将这些元素融入酒店的每一个细节中。

在酒店的大堂，李明特意设置了一个文化展示区，展示着当地传统手工艺品、字画和古代文物。每位客人入住酒店时，都会收到一份关于当地历史和文化的小册子，帮助他们更好地了解这个城市。酒店的餐厅提供正宗的当地菜肴，客人可以品尝到地道的传统美食，体验中国古老的饮食文化。

这家酒店的开业受到了广大游客的热烈欢迎。越来越多的人来到这个城市，感受到了传统文化的魅力，也对中国的历史和文化有了更深入的了解。这也促使其他投资者投资建设了更多的文化主题酒店，进一步推动了这座城市的文化复兴。

李明的事业蒸蒸日上，他的酒店成为这个城市的骄傲，也成为中国文化传播的重要窗口。他经常组织文化交流活动，邀请艺术家、学者和游客参与其中，推动中外文化的交流与合作。

李明的爱国故事也激励着更多的人，让他们意识到保护和传承本土文化的重要性。越来越多的年轻人开始关注传统文化，投身于文化产业的发展。这样的爱国行动不仅推动了中国文化的传播，也为国家的繁荣和发展做出了贡献。

通过李明的努力，这个城市成为中国文化的重要旅游目的地，吸引了大量国内外游客。人们从这里感受到了中华文明的博大精深，也深深感受到了酒店投资与爱国情怀的有机结合。

这个故事告诉我们，投资不仅是为了个人的利益和回报，而且担负着传承和发扬民族文化的责任和使命。通过将爱国情怀与事业结合起来，我们可以为国家的繁荣和文化的传承做出积极的贡献。

章节练习

第四章小测

一、单项选择题

1. 某新建投资项目，建设期为 2 年，试产期为 1 年，达产期为 8 年，则该项目的运营期是（　　）。

A. 2 年　　B. 3 年

C. 8 年　　D. 9 年

2. 某酒店新建一条生产线，预计投产后第一年、第二年流动资金需用额分别为 40 万元和 50 万元，流动负债需用额分别为 15 万元和 20 万元，则第二年新增的流动资金额是（　　）。

A. 5 万元　　B. 15 万元

C. 20 万元　　D. 30 万元

3. 下列项目投资决策评价指标中，一般作为辅助性指标的是（　　）。

A. 净现值　　B. 内部收益率

C. 净现值率　　D. 总投资收益率

4. 某投资项目各年的预计净现金流量分别为：$NCF_0 = 200$ 万元，$NCF_1 = -50$ 万元，$NCF_{2\sim3} = 100$ 万元，$NCF_{4\sim11} = 250$ 万元，$NCF_{15} = 150$ 万元，则该项目包括建设期的静态投资回收期为（　　）。

A. 2 年　　B. 2.5 年

C. 3.2 年　　D. 4 年

5. 某投资项目的投资总额为 200 万元，达产后预计运营期内每年的息税前利润为 24 万元，相关负债筹资年利息费用为 4 万元，适用的企业所得税税率为 25%，则该项目的总投资收益率为（　　）。

A. 7.5%　　B. 10%

C. 12%　　D. 14%

6. 下列各项中，其计算结果等于项目投资方案年等额净回收额的是（　　）。

A. 该方案净现值×年金现值系数

B. 该方案净现值×年金现值系数的倒数

C. 该方案每年相等的净现金流量×年金现值系数

D. 该方案每年相关的净现金流量×年金现值系数的倒数

7. 下列各项中，不属于静态投资回收期优点的是（　　）。

A. 计算简便　　B. 便于理解

C. 直观反映返本期限　　D. 正确反映项目总回报

8. 某酒店拟进行一项固定资产投资决策，设定折现率为10%，有四个方案可供选择。其中甲方案的净现值率为-12%；乙方案的内部收益率为9%；丙方案的项目计算期为10年，净现值为960万元，(P/A，10%，10) = 6.144 6；丁方案的项目计算期为11年，年等额净回收额为136.23万元。最优的投资方案是（　　）。

A. 甲方案　　B. 乙方案

C. 丙方案　　D. 丁方案

9. 某投资项目运营期某年的总成本费用（不含财务费用）为1 100万元，其中：外购原材料、燃料和动力费估算额为500万元，工资及福利费的估算额为300万元，固定资产折旧额为200万元，其他费用为100万元。据此计算的该项目当年的经营成本估算额为（　　）万元。

A. 1 000　　B. 900

C. 800　　D. 300

10. 下列说法中不正确的是（　　）。

A. 当净现值大于零时，现值指数小于1

B. 当净现值大于零时，说明该方案可行

C. 当净现值为零时，说明此时的折现率为内含报酬率

D. 净现值是未来现金流量的总现值与初始投资额现值之差

二、多项选择题

1. 下列关于企业投资的说法中正确的有（　　）。

A. 企业投资是提高企业价值的基本前提

B. 企业投资仅指将闲置资金用于购买股票、债券等有价证券

C. 直接投资是指把资金投放于证券等金融资产，以便取得股利或利息收入的投资

D. 企业投资是降低风险的重要方法

E. 按投资与企业生产经营的关系，投资可分为直接投资和间接投资

2. 下列投资中属于短期投资的有（　　）。

A. 现金　　B. 机器设备

C. 预收账款　　D. 存货

E. 无形资产

3. 下列投资中属于对外投资的有（　　）。

A. 股票投资　　B. 固定资产投资

C. 债券投资　　D. 联营投资

E. 应收账款

4. 下列费用中属于企业内部长期投资投资前费用的有（　　）。

A. 市场调查费用　　B. 勘察设计费

C. 设备安装费　　D. 土地购入费

E. 建筑工程费

5. 下列各项中影响内含报酬率的有（　　）。

A. 银行存款利率　　B. 银行贷款利率

C. 企业必要投资报酬率　　D. 投资项目有效年限

E. 初始投资额

6. 在单一方案决策中，与净现值评估结论可能发生矛盾的评价指标有（　　）。

A. 获利指数　　B. 平均报酬率

C. 投资回收期　　D. 内部报酬率

E. 内含报酬率

7. 对于同一投资方案，下列说法中正确的有（　　）。

A. 资本成本率越高，净现值越低

B. 资本成本率越高，净现值越高

C. 资本成本率相当于内含报酬率时，净现值为零

D. 资本成本率高于内含报酬率时，净现值小于零

E. 资本成本率高于内含报酬率时，净现值大于零

8. 在投资决策分析中使用的折现现金流量指标有（　　）。

A. 净现值　　B. 内含报酬率

C. 投资回收期　　D. 获利指数

E. 平均报酬率

9. 长期投资决策中的初始现金流量包括（　　）。

A. 固定资产上的投资　　B. 流动资产上的投资

C. 原有固定资产的变价收入　　D. 其他投资费用

E. 营业费用

10. 下列关于对净现值、内含报酬率和获利指数这三种指标比较的说法中，正确的有（　　）。

A. 在多数情况下，运用净现值和内含报酬率得出的结论是相同的

B. 在互斥选择决策中，净现值法有时会得出错误的结论，在这三种方法中，净现值法是最好的评价方法

D. 一般来说，内含报酬率法只能用于有资本限量的情况

E. 这三种指标在采纳与否决策中都能得出正确的结论

三、判断题

1. 如果项目的全部投资均于建设起点一次投入，且建设期为零，运营期每年净现金流量相等，则计算内部收益率所使用的年金现值系数等于该项目投资回收期期数。（　　）

2. 投资项目的经营成本不应包括运营期固定资产折旧费、无形资产摊销费和财务费用。（　　）

3. 投资项目的所得税前净现金流量不受融资方案和所得税政策变化的影响，它是全面反映投资项目本身财务盈利能力的基础数据。（　　）

4. 在各类投资项目中，运营期现金流出量中都包括固定资产投资。（　　）

5. 如果某方案按10%的折现率计算的净现值大于零，那么该方案的内部收益率大于10%。 (　　)

6. 多个互斥方案比较，一般应选择净现值大的方案。 (　　)

7. 在计算现金净流量时，无形资产摊销额的处理与折旧额相同。 (　　)

8. 在互斥选择决策中，净现值法有时会做出错误的决策，内含报酬率法则始终能得出正确的答案。 (　　)

9. 进行长期投资决策时，如果某备选方案净现值比较小，那么该方案内含报酬率则相对较低。 (　　)

10. 由于获利指数是用相对数来表示，因此获利指数法优于净现值法。 (　　)

四、计算题

1. 某酒店现有A、B两个投资项目可供选择，其中A项目初始投资为50 000元（全部用于购置固定资产），五年内预计每年营业收入为100 000元，年营业成本为60 000元，年折旧额10 000元；B项目初始投资100 000元（全部用于购置固定资产），五年内预计每年产生营业现金流量69 600元。假设两个项目的资本成本均为12%，所得税税率为25%，期满均无残值。另外，（*P*/4，12%，5）= 3. 604 8；（*F*/4，12%，5）= 6. 352 8。计算：①计算A方案的每年营业现金流量；②分别计算两个项目的净现值，并决定哪个项目更好。

2. 某酒店使用内含报酬率作为指标评价投资项目是否可行，在计算内含报酬率时使用测试法，在测试11%时，净现值为630元；测试12%时净现值为-110元，试求该方案的内含报酬率。

3. 某酒店有一投资项目，该项目投资总额为6 000元，其中5 400元用于设备投资，600元用于垫支流动资金，预期该项目投产后可使营业收入增加：第一年3 000元，第二年4 500元，第三年6 000元。每年需追加的付现成本：第一年1 000元，第二年1 500元，第二年1 000元。该项目有效期为三年，项目结束收回流动资金600元。该酒店所得税税率为25%，固定资产无残值，采用直线法计提折旧，酒店要求的最低报酬率为10%。

要求：①计算确定该项目的税后现金流量；②计算该项目的净现值；③如果不考虑其他因素，你认为该项目是否应被接受？

4. 某酒店于2×25年年初拟购置设备一台，年初一次性投资160万元，预计该设备可以使用5年，采用直线法计提折旧，预计第5年年末净残值为10万元，其他有关情况如下：

①该项设备投资计划可使酒店每年增加净利润20万元。

②该酒店2×24年税后可供分配利润数额为200万元。

③该酒店确定的目标资本结构是全部负债与股东权益比值为3∶5。

④该酒店一直采用剩余股利政策。

⑤该酒店平均资金成本为12%，2×25年无其他投资机会，没有优先股发行。不考虑设备的安装调试期、公司所得税，也不考虑税法对设备折旧的影响，假定折旧从2×24年1月开始计提。要求：计算该酒店2×24年分配的股利，以及设备投产后每年的现金流量。

5. 某酒店拟更新一套尚可使用 5 年的旧设备。旧设备原价 170 000 元，账面净值 110 000元，期满残值 10 000 元，目前旧设备变价净收入 60 000 元。旧设备每年营业收入 200 000 元，付现成本 164 000 元。新设备投资总额 300 000 元，可用 5 年，使用新设备后每年可增加营业收入 60 000 元，并降低付现成本 24 000 元，期满残值 30 000 元。求新旧方案的各年现金净流量和更新方案的各年差量现金净流量。

第五章 酒店固定资产管理

■学习目标

通过本章的学习，明确酒店固定资产种类及日常管理程序及标准；明确酒店固定资产报废与更新程序及标准；掌握酒店固定资产折旧管理方法；能运用多种方法计算固定资产折旧；能够掌握与运用固定资产的日常管理方法及措施。

■基本要求

了解酒店固定资产种类及日常管理程序与标准；熟悉酒店固定资产报废与更新程序及标准；掌握酒店固定资产折旧管理方法；能运用多种方法计算固定资产折旧；能够掌握与运用固定资产的日常管理方法及措施。

第一节 酒店固定资产概述

思维导图

按照《企业会计准则第 4 号——固定资产》的规定，固定资产主要包含以下三个核心要素：

第一，持有目的。固定资产是指企业为生产商品、提供劳务、出租或经营管理而持有的资产。固定资产的持有目的是长期使用，而非直接出售。

第二，使用寿命。固定资产的使用寿命须超过一个会计年度（或一个营业周期）。使用寿命可以是时间维度（如预计使用年限），也可以是产出维度（如预计生产总量或提供劳务量）。

第三，资产类型。固定资产为有形资产，具有实物形态，如房屋、建筑物、机器设备、运输工具等。

一、酒店固定资产的基本内容

酒店固定资产是保持良好的酒店经营运转、提升酒店服务质量必不可少的物质基础。做好酒店固定资产管理工作，保护酒店财产的完整无缺，提高固定资产的使用效率，充分挖掘现有固定资产的潜力，正确计算现有固定资产的损耗，对酒店的经营管理具有重要的意义。对于酒店来说，固定资产的投资很大，投资回收经过长期的经营活动才能实现，管好用好固定资产对于投资者来说十分重要。

（一）酒店固定资产的概念

根据规定，酒店固定资产是指使用年限在一年以上的房屋、建筑物、机器、机械、运输工具和其他与生产经营活动有关的设备、器具、工具等；不属于生产经营主要设备的物品，单位价值在 2 000 元以上，并且使用年限超过两年的，也应当视为固定资产。

（二）酒店固定资产的特点

酒店固定资产的投资是为了满足酒店在较长时期内业务经营的需要，它在周转使用过程中具有以下特点：

（1）一次性投资大，使用期限较长。

（2）在较长的使用期限中不会明显改变原来的实物形态。

（3）价值以双重形式存在，一部分随实物磨损程度，以折旧形式逐步、部分地计入费用或成本，并从营业收入中得到补偿，另一部分仍留存在实物形态上，直至报废。

（4）投资的集中性和回收的分散性。固定资产的价值补偿和实物更新在时间上是分别进行的，酒店购置固定资产是一次全部垫支资金，即体现投资的集中性；但由于其价值是逐渐转移的，因此，固定资产的收回是分次逐步实现的。

酒店部分设备既是固定资产，也是直接为消费者服务的产品。酒店反复经销同种产品，酒店消费者只得到某一阶段、某一时间的住宿权利，实物资产并没有发生转移，消费者对所购买产品质量的评价与一般产品评价不同，同时酒店消费者频繁更换、需求差异等形成了酒店固定资产的特点，即酒店设备无形损耗大、更新周期短、维修费用大，酒店必须做好日常维修工作，保持设备的全新状态，或在一定时期内进行更新改造，以维持设备的正常使用。

二、酒店固定资产的分类

（一）按经济用途分类

酒店固定资产按经济用途分类，可以分为酒店经营用固定资产和酒店非经营用固定资产两大类。

（1）酒店经营用固定资产，是指直接参与酒店经营过程或服务于酒店经营过程的固定资产，如房屋、建筑物、机器设备、交通运输工具等。

（2）酒店非经营用固定资产，是指不直接参与或服务于酒店经营过程，而是为了满足员工物质文化需要的固定资产，如员工餐厅、浴室、医务室等使用的房屋、设备等。

按经济用途对固定资产进行分类，可以分析、考核酒店固定资产的配置是否合理。

（二）按使用情况分类

酒店固定资产按使用情况分类，可以分为酒店在用固定资产、酒店未使用的固定资产和酒店不需用的固定资产三大类。

（1）酒店在用固定资产，是指酒店正在使用的固定资产，包括由于季节性和大修理等原因暂停使用以及存放在使用部门以备替换使用的机器设备。

（2）酒店未使用的固定资产，是指酒店购入而尚未使用、尚待安装及进行改（扩）建的固定资产和经批准停止使用的固定资产。

（3）酒店不需用的固定资产，是指酒店不需用而准备处理的固定资产。

按照使用情况对固定资产进行分类，可以促使酒店合理地使用固定资产，同时这一分类也便于正确计提固定资产折旧。

（三）按实物形态属性分类

酒店固定资产按实物形态属性分类，可以分为房屋及建筑物、机器设备、电器设备、交通运输工具、家具和其他设备等。

（1）酒店房屋及建筑物，是指酒店所有的营业用房和其他建筑物。房屋包括营业用房以及简易房、仓库等；建筑物是指房屋和仓库以外的设施，如围墙、水塔、门前喷水池、工艺雕塑等。

（2）酒店机器设备，包括酒店供电系统设备、供热系统设备、中央空调设备、通信设备、洗涤设备、维修设备、厨房用具设备、计算机系统设备、电梯、相片冲印设备、复印设备、打字设备和其他机器设备等。

（3）酒店电器及影视设备，包括酒店闭路电视播放设备、音响设备、电视机、冰箱、空调、电影放映机及幻灯机、照相机和其他电器设备等。

（4）酒店交通运输工具，包括酒店客车、货车、行李车等。

（5）酒店家具，包括酒店各部门使用的家具及办公用家具设备、灯具、地毯及工艺摆设等。

（6）酒店文体娱乐设备，包括酒店高级乐器、游乐场设备、健身房设备等。

（7）酒店其他设备，包括酒店消防监控设备、贵重器皿、健身房设备等不在上述分类的固定资产。

固定资产按实物形态属性分类，可以反映酒店固定资产不同的类别，从而为确定不同类别固定资产的折旧年限及分类折旧率，奠定了基础。

（四）按所属关系分类

酒店固定资产按所属关系分类，可以分为酒店自有固定资产、外单位投入酒店固定资产、酒店接受捐赠固定资产、酒店租入固定资产等。

（1）酒店自有固定资产，是指由酒店自有资金购入的，归酒店长期支配使用的各项固定资产。

（2）外单位投入酒店固定资产，是指酒店与其他单位联合经营，由外单位投资或转入的各项固定资产。

（3）酒店接受捐赠固定资产，是指有关单位或个人向酒店无偿捐赠的各项固定资产。

（4）酒店租入固定资产，包括融资性租入固定资产和经营性租入固定资产两种。融资性租入固定资产是指酒店通过融资租赁方式取得的固定资产。根据《企业会计准则第 4 号——固定资产》，融资租入固定资产应视同自有资产核算，并按租赁协议计提折旧。经营性租入固定资产是指酒店从外单位租入固定资产，按照合同定期支付租赁费用，合同期满归还外单位，本企业只有使用权，而没有所有权。

酒店固定资产按其所属关系分类，可以反映企业固定资产的资金来源情况，掌握本企业固定资产实有水平，划清固定资产折旧界限，促使企业不断提高业务经营能力。

第二节　酒店固定资产日常管理

一、酒店固定资产管理相关管理制度

（一）固定资产的购建制度

在固定资产购建的过程中，应制定相应的规章制度。制度中应包括申请、审批、实施、付款等内容，明确职责分工及其权限。

（1）购建固定资产，一般由使用部门根据需要和投资计划提出申请。

（2）设备管理部门根据购置申请，会同有关部门，如财务、计划部门等核实固定资产需要量，在综合平衡基础上确定现金需要量。

（3）设备管理部门依据上级批准下达采购通知单，采购部门办理采购事宜，设备管理部门验收、安装并调试固定资产。

（4）财务部门按照财务预算和采购计划，审核验收单、发货票等原始单据，确认无误后，通知出纳按规定付款，并及时进行账务处理。

（二）固定资产的保管、使用制度

固定资产的保管、使用制度主要规定对于固定资产的保管、使用及维护的方法、程序和责任，维护固定资产的安全和完整，实现固定资产的有效使用。酒店对固定资产管理通常要编定号码、确定保管人、确定使用部门、建立保管卡，并按照谁使用谁负责维护保养的原则，把固定资产的保管和使用责任落实到人，把固定资产管理纳入岗位责任制。

（三）固定资产的处置制度

对固定资产的处置应根据不同的情况采取不同措施制定有关制度，分别采取封存、报废、出售、出租、投资等措施来规范固定资产退出经营过程的行为。处置固定资产时，酒店通常会按以下顺序进行：

（1）提出处置固定资产的申请。

（2）进行经济和技术鉴定，以审查其处置是否经济合理和有效。

（3）财务部门对处置固定资产的申请进行财务审批。

（4）将处置固定资产的申请上报酒店最高决策层，由决策层审批。

（5）进行固定资产处置时要进行报废清理，此时会发生清理费用或产生固定资产处置收入，固定资产清理结束后退出清理程序。

（6）将固定资产清理收入或损失登记入账。

（7）如固定资产出现非正常原因的减少，应明确有关当事人的责任。

二、酒店固定资产管理要点

（一）建立健全酒店固定资产管理责任制

建立固定资产管理责任制，要根据管用结合的原则，把管理权限和责任下放到各使用部门并落实到班组和个人，纳入岗位责任制，各部门使用的固定资产都由专人负责管理。

固定资产管理责任制中，要明确酒店各部门的职责，包括工程技术部门、使用保管部门和财务部门。财务部门对管理固定资产承担总体及主要责任，其主要职责是全面掌握固定资产的增减变动情况，保证酒店财产不受损失，定期组织财产清查，正确计提折旧，对固定资产利用情况进行分析，协助各有关部门建立健全固定资产管理的各种制度。

为进一步落实固定资产管理责任制，必须完善固定资产日常管理的一些基础性工作，如按照固定资产类别编制固定资产目录，通过建立固定资产总账及明细分类账、部门保管账和保管卡来完善固定资产账目体系。

（二）建立定期盘点清查制度

酒店应成立由相关部门责任人参加的盘点小组，通过定期盘点清查，及时发现问题，查明原因，保证账账相符、账卡相符、账物相符。盘点方法有以账面数字核对实物和以盘点数字核对账存两种。

盘盈的固定资产应按其公允价值或重置成本确定入账价值，通过“待处理财产损溢”科目核算。经管理层批准后，盘盈的固定资产的入账价值应转入“营业外收入——固定资产盘盈”科目。盘亏及毁损的固定资产，应按其账面价值扣除累计折旧、过失人及保险公司赔款后的差额，通过“待处理财产损溢”科目核算。经管理层批准后，差额应转入“营业外支出——固定资产盘亏及毁损”科目。酒店工程施工中发生的固定资产清理净损失，应计入相关工程成本。筹建期间发生的与工程不直接相关的固定资产盘盈、盘亏和清理净损益，以及由于非常原因造成的固定资产清理净损失，应计入“管理费用”或“开办费”（根据具体情况确定）。

酒店对于出售或清理报废固定资产所获得的变价净收入（变价收入、残料价值减去清理费用后的净额）与固定资产净值（固定资产原值减去累计折旧）的差额，计入“资产处理损益”。

对盘点中需清理的固定资产应按照规定的审批程序和手续，先由工程部提出，进行认真的技术鉴定，经财务部审查，报总经理审批。

（三）做好固定资产的维修保养，提高固定资产的完好率和使用率

酒店固定资产品种多、分布广泛，其完好程度直接影响酒店产品的质量，尤其是酒店消费者直接使用的一些设施设备，更应注意保持清洁、安全、整齐等。因此，必须建立健全必要的酒店固定资产维修保养秩序和管理的责任制度，如计划内维修制度、计划外维修制度、设备维修保养分工制度、设备维修保养评价制度（设备完好率、设备维修费用率）等。通过多重质量控制体系，从专业部门到工程部门，从上岗、使用到保养、自检、维修，多方面做好质量控制工作，确保酒店设施设备时刻处于完好状态。

第三节 酒店固定资产折旧管理

折旧的核算是一个成本分摊的过程，其目的是将固定资产成本按合理而系统的方式，在估计的有效使用期内进行摊销。采用不同的折旧方法会使每期摊销额不同，从而影响酒店的应税所得额。

一、酒店固定资产的计价

为了正确地反映和监督酒店固定资产的增减变动情况和实际成本，正确计算酒店固定资产折旧，必须按一定的标准对酒店固定资产进行计价，这是做好酒店固定资产综合核算的必要条件。

（一）固定资产原始价值

固定资产原始价值，又称固定资产原价、固定资产原值，是在购置、建造某项固定资产时支付的货币总额，即固定资产的账面原价。酒店计提固定资产折旧时，以月初计提折旧的固定资产账面原值为依据，本月增加的固定资产当月不计提折旧，本月减少的固定资产当月照提折旧。由于固定资产的来源不同，其原始价值的确定方法也有所不同，酒店应按照下列规定确定固定资产的原始价值：

（1）投资者投入的固定资产，按评估确认的价值或合同、协议约定的价格计价。

（2）自行建造的固定资产，按在建造过程中实际发生的全部支出计价。

（3）新购置的固定资产，以购入价或售出单位的账面原价加运费、途中保险费、包装费、安装费为原价。进口设备的原价还应包括进口税金。

（4）在原有固定资产上改建、扩建或技术改造完工的固定资产，按原有固定资产原值减去改（扩）建中发生的变价收入，加上改（扩）建或技术改造所发生的全部支出计价。

（5）盘盈的固定资产按照同类固定资产的重置完全价值计价。

（6）接受捐赠的固定资产，按受赠固定资产的市场价格计价，或根据捐赠者提供的有关凭证和酒店负担的运输费、保险费、安装调试费等计价。

（7）融资租入的固定资产，按租赁协议或合同确定的价款，加上发生的运输费、途中保险费、安装调试费等计价。

（8）企业在购置固定资产时，如果收到政府补助，需根据《企业会计准则第16号——政府补助》进行会计处理。与资产相关的政府补助应确认为递延收益，并在相关资产使用寿命内平均分配，计入当期损益；与收益相关的政府补助，用于补偿已发生费用的，直接计入当期损益；用于补偿未来期间费用的，确认为递延收益，并在相关期间内计入损益。

（二）固定资产重置完全价值

固定资产重置完全价值，又称“重置价值”，是估计在某一日期重新建造或购置安装同样的全新固定资产所需的全部支出。当酒店取得无法确定原价的固定资产或发现账外固定资产时，可按照重置价值计价入账。

（三）固定资产净值

固定资产净值，又称固定资产折余价值、固定资产净残值，是固定资产报废时预计可收回的残余价值扣除预计清理费用后的余额，即固定资产原值或重置完全价值减去累计折旧后的净值，反映固定资产的现有价值。预计净残值同样会影响折旧额的计提。现行制度规定各类资产净残值的比例为固定资产原值的3%～5%，由酒店自行确定，并报主管税务机关备案。

（四）固定资产公允价值

公允价值是指在计量日的有序交易中，市场参与者之间进行资产出售或负债转移所使用的假设基础上的计量金额。简单来说，公允价值反映了市场参与者在计量日对资产或负债价值的估计。

对于酒店固定资产而言，当酒店通过非货币性资产交换或债务重组等方式取得固定资产时，可能需要以公允价值计量。在某些情况下，如对固定资产进行减值测试或重新计量时，可能需要使用公允价值。在固定资产的购置和处置过程中，尤其是在视同销售或非货币性资产交换中，公允价值可能影响增值税的计税基础。如果处置价格明显低于公允价值且无正当理由，税务机关有权调整应纳税所得额。

《企业会计准则第4号——固定资产》明确了固定资产的初始确认、后续计量和处置的会计处理，强调了公允价值在非货币性资产交换和债务重组中的应用。

《企业会计准则第39号——公允价值计量》详细规定了公允价值的计量层次和应用方法，为酒店固定资产的公允价值计量提供了具体指导。

以上计价标准，对固定资产的管理与核算有着不同的作用。采用原始价值和重置价值计算，可以使固定资产在统一计价的基础上，如实反映酒店固定资产的原始投资，还可用于计算折旧；采用折余价值，可以反映酒店当前实际占用在固定资产上的资金，通过折余价值和原始价值的对比，还可以大致了解固定资产的新旧程度。公允价值在酒店固定资产管理中不仅影响资产的初始确认和后续计量，还与税务处理和财务报表的准确性密切相关。

固定资产的价值一经确定并登记入账后，除因登记错误需要改正以及遇酒店改组、解散等情况外，一般不应重新调整原价。但在非货币性资产交换、债务重组、政府补助等情况下，固定资产的入账价值需按公允价值确定。

二、酒店固定资产折旧概述

（一）固定资产折旧的含义

固定资产折旧是指固定资产在使用过程中，由于损耗而转移到费用中去的那部分价值，这部分价值通过提供服务，从取得的营业收入中得到补偿，为未来固定资产的更新筹集资金。

固定资产的损耗按形成的原因不同可以分为有形损耗和无形损耗两种。有形损耗是指由于使用或自然力的作用而逐渐丧失其使用价值；无形损耗是指由于劳动生产率提高或技术进步而引起的价值损耗。由于劳动生产率提高，耗费在产品中的社会必要劳动时间减少，原有固定资产的价值降低了，由此会形成一种无形损耗；或者是由于技术进步使设备在性能上发生明显差异，继续使用在经济上不合算，只好提前报废，由此也会形成一种无形损耗。

分析有形损耗和无形损耗是为了使酒店在确定固定资产折旧时，既考虑有形损耗所决定的自然使用年限，又考虑到无形损耗所决定的经济使用年限，这样才能使固定资产的所有损耗都能得到适当的补偿。

影响折旧的因素主要有以下四个方面：

（1）固定资产原价，即固定资产的初始成本。

（2）固定资产的净残值，是指假定固定资产预计使用寿命已满并处于使用寿命终结时的预期状态。由于在计算折旧时，固定资产的残余价值和清理费用是在固定资产使用之初人为估计的，所以净残值的确定有一定的主观性。

（3）固定资产减值准备，是指固定资产已计提的固定资产减值准备。

（4）固定资产的使用寿命，是指酒店预计使用该固定资产的时间，或该固定资产所能提供劳务的数量。固定资产使用寿命的长短直接影响各期应计提的金额。在确定固定资产使用寿命时，主要应当考虑下列因素：

①该项固定资产预计有形损耗，如房屋及建筑物受到自然侵蚀等。

②该项固定资产预计无形损耗，如因新技术的出现而使现有的资产技术水平相对陈旧、市场需求变化等。

③法律或类似规定对该项资产使用的限制。

为此，酒店应当根据固定资产的性质和使用情况，合理确定固定资产的使用奉命和预计净残值，选择合理的固定资产折旧方法，按照管理权限，经股东大会或董事会、经理会议或类似机构批准。

（二）酒店固定资产折旧的计提范围

1. 计提折旧的固定资产

（1）房屋及建筑物。

（2）在用的机器设备、仪器仪表、运输车辆。

（3）季节性停用、修理停用的设备。

（4）融资租入的设备。

（5）以经营租赁方式租出的固定资产。

2. 不计提折旧的固定资产

（1）房屋、建筑物以外的未使用、不需用的机器设备。

（2）以经营租赁方式租入的固定资产。

（3）已提足折旧继续使用的固定资产，未提足折旧提前报废的固定资产。

（4）国家规定不提折旧的其他固定资产。

固定资产折旧按月初固定资产的账面数额提取，也就是说凡在月中使用的固定资产当月不提折旧，从下月起计提折旧；月中停止使用的固定资产当月仍计提折旧，从下月起停提折旧。酒店所提的固定资产折旧应计入成本费用，不得冲减资本金。

（三）酒店固定资产分类折旧的年限

固定资产预计使用年限的确定，直接关系到各期应计提的折旧额。因此在确定使用年限时，不仅要考虑固定资产有形损耗，而且要考虑固定资产无形损耗及其他因素，国家对各类固定资产的使用年限已作了明确规定，酒店必须依照国家规定的折旧年限进行折旧，如：

1. 房屋、建筑物

（1）房屋：营业用房，20~40 年；非营业用房，35~45 年；简易房，5~10 年。

（2）建筑物，10~25 年。

2. 机器设备

（1）供电系统设备，15~20 年。

（2）供热系统设备，11~18 年。

（3）中央空调设备，10~20 年。

（4）通信设备，5~10 年。

（5）洗涤设备，5~10 年。

（6）维修设备，10 年。

（7）厨房用具设备，5~10 年。

（8）电子计算机系统设备，3~5 年。

（9）电梯，10 年。

（10）相片冲印设备，3~10 年。

（11）复印、打字设备，3~8 年。

（12）其他机器设备，10 年。

3. 交通运输工具

（1）客车：大型客车（33 座以上），30 万千米，8~10 年；中型客车（32 座以下），30 万千米，8~10 年；小轿车，20 万千米，5~7 年。

（2）行李车，30 万千米，7~8 年。

（3）货车，50 万千米，12 年。

（4）摩托车，15 万千米，5 年。

4. 家具设备及地毯

（1）家具设备：营业用家具设备，5~8 年；办公用设备，10~20 年。

（2）地毯：纯毛地毯，5~10 年；混织地毯，3~5 年；化纤地毯，3 年。

5. 电器及影视设备

（1）闭路电视播放设备，10 年。

（2）音响设备，5 年。

（3）电视机，5 年。

（4）电冰箱，5 年。

（5）空调，5 年。

（6）电影放映机及幻灯机，10 年。

（7）照相机，10 年。

（8）其他电器设备，5 年。

6. 文体娱乐设备

（1）高级乐器，10 年。

（2）游乐场设备，5~10 年。

（3）健身房设备，5~10 年。

7. 其他设备

（1）工艺摆设，10 年。

（2）消防设备，6 年。

三、酒店固定资产折旧的计算

折旧是固定资产在使用过程中，通过逐渐损耗（包括有形损耗和无形损耗）而转移到产品成本或商品流通费用中的那部分价值。折旧的核算是一个成本分摊的过程，即将固定资产取得成本按合理且系统的方式，在它的估计有效使用期限内进行摊配。这不仅是为了收回投资，使酒店在将来有能力重置固定资产，而且是为了把资产的成本分配于各个受益期，实现期间收入与费用的正确配比。

影响酒店年折旧费大小的因素主要有固定资产原值、固定资产预计使用年限、固定资产报废时的净残值以及所采用的折旧方法。从计算固定资产折旧的方法来看，目前酒店主要使用直线法，如使用年限法、工作量法、工作小时法等；还有少数酒店使用加速折旧法，允许采用的有年数总和法、双倍余额递减法。

（一）直线法

1. 使用年限法

使用年限法是根据固定资产的原始价值扣除预计残值，按预计使用年限平均计提折旧的一种方法。使用年限法，又称平均年限法，它将折旧均衡分配于使用期内的各个期间。因此，用这种方法所计算的折旧额，在各个使用年份或月份中都是相等的。其计算公式为

固定资产年折旧额=（原始价值+预计清理费用-预计残值）÷预计使用年限

一定期间的固定资产应计提折旧额与固定资产原值的比率称为固定资产折旧率。它反映一定期间固定资产价值的损耗程度，其计算公式如下：

固定资产年折旧率=固定资产年折旧额÷固定资产原值×100%

固定资产年折旧率=（1-净残值率）÷折旧年限×100%

使用年限法的特点是每年的折旧额相同，缺点是随着固定资产的使用，修理费越来越多，到资产的使用后期，修理费和折旧额会大大高于固定资产购入的前几年，从而影响企业的所得税税额和利润。

【例 5-1】银杏标准酒店有一辆价值 200 000 元的货车，残值按原值的 2%估算，预计使用年限为 8 年。请按使用年限法计提折旧额。

解：200 000×（1-2%）÷10=19 600（元）

使用年限法是在使用期限内平均分摊折旧的方法，凡是在一年中均衡使用或者基本上均衡使用，各期磨损程度相似的固定资产都可以采用这种方法。

2. 工作量法

工作量法，又称产量法，该方法假定固定资产的服务潜力会随着使用程度而减退，因此，将使用年限法中固定资产的有效使用年限改为使用这项资产所能生产的产品或劳务数量。其计算公式为

单位产品的折旧费用=（固定资产原始价值+预计清理费用-预计残值）÷应计提折旧资产的估计总产量

固定资产年折旧额=当年产量×单位产品的折旧费用

工作量法可以比较客观地反映固定资产使用期间的折旧和费用的配比情况。

【例 5-2】银杏标准酒店拥有大巴车一辆，原值为 20 万元，预计总行驶里程为 50 万千米，净残值 5 万元。请计算该车行驶了 20 万千米时的计提折旧额。

解：单位折旧额=（200 000-50 000）÷50=3 000（元）

行驶 20 万千米应提折旧额=20× 3 000=60 000（元）

3. 工作小时法

工作小时法与工作量法类似，只是将生产产品或劳务数量改为工作小时数，其计算公式为

使用每小时的折旧费用=（固定资产原始价值+预计清理费用-预计残值）÷ 应计提折旧资产的估计耐用总小时数

固定资产年折旧额=固定资产当年工作小时数×使用每小时的折旧费用

【例 5-3】银杏标准酒店拥有清洁保养设备，原值为 10 万元，预计总使用时间为 5 000小时，无残值。请计算该设备使用了 1 000 小时应计提的折旧额。

解：每小时折旧额=100 000÷5 000=20（元）

使用了 1 000 小时应提折旧额=20×1 000=20 000（元）

工作小时法同工作量法一样，可以比较客观地反映固定资产使用期间的折旧和费用的配比情况。

（二）加速折旧法

加速折旧法，又称递减折旧费用法，指固定资产每期计提的折旧费用，在使用早期计提得多，在后期计提得少，从而相对加快了折旧的速度。加速折旧有多种方法，主要有年数总和法和双倍余额递减法。

1. 年数总和法

年数总和法，又称合计年限法，是将固定资产原值减去预计净值后的净额以一个逐年递减的分数计算每年的折旧额，这个通读分数，分子代表固定资产尚可使用的年数，分母代表使用年数的数字总和。其计算公式为

年折旧率=（折旧年限-已使用年限）÷［折旧年限×（折旧年限+1）÷2］×100%

年折旧额=（固定资产原值-预计净残值）×年折旧率

【例5-4】银杏标准酒店机器设备使用年限为 5 年，原值 8 万元，预计净残值 2 000 元，则该设备各年折旧额分别为多少？

解：

年数总和=［5×（5+1）］÷2=15（年）

各年折旧额如表 5. 1 所示。

表 5. 1　银杏标准酒店机器设备折旧情况　　单位：元

年份	原值-预计净残值	尚可使用年数	折旧率	折旧额	累计折旧	账面价值
1	78 000	5	5/15	26 000	26 000	54 000
2	78 000	4	4/15	20 800	46 800	33 200

表5.1（续）

年份	原值-预计净残值	尚可使用年数	折旧率	折旧额	累计折旧	账面价值
3	78 000	3	3/15	15 600	62 400	17 600
4	78 000	2	2/15	10 400	72 800	7 200
5	78 000	1	1/15	5 200	78 000	2 000
…						
15						

2. 双倍余额递减法

双倍余额递减法是在不考虑固定资产残值的情况下，根据每期期初固定资产账面余额和双倍直线折旧率计算固定资产折旧的一种方法。其计算公式为

年折旧率＝2÷折旧年限×100%

月折旧率＝年折旧率÷12

年折旧额＝固定资产账面价值×年折旧率

实行双倍余额递减法计提折旧的固定资产，应当在其固定资产折旧年限以前两年内，将固定资产净值平均摊销。

【例5-5】银杏标准酒店一台设备原值为10万元，预计净残值为2 000元，预计使用年限为5年，则年折旧率为多少？

解：

年折旧率＝2÷5×100%＝40%

第一年的年折旧额＝100 000×40%＝40 000（元）

采用加速折旧法，可使固定资产成本在使用期限中加快得到补偿，但这并不是指固定资产提前报废或多提折旧。因为不论采用何种方法计提折旧，从固定资产全部使用期间来看，折旧总额不变，所以，对酒店的净收益总额并无影响。但从各个具体年份来看，由于采用加速折旧法，使应计提折旧额在固定资产使用前期计提较多而后期计提较少，必然使酒店净利润前期相对较少而后期较多。无论是采用直线法折旧，还是采用加速折旧法折旧，固定资产有效使用年限内计提的折旧总额都是一样的。采用加速折旧法由于在前期计提较多的折旧费，可以使大部分投资尽早收回，减少投资风险，满足货币时间价值的要求。

酒店应当根据与固定资产有关的经济利益的预期实现方式合理选择折旧方法。不同的固定资产折旧方法，将影响固定资产使用寿命期间内不同时期的折旧费用。因此，固定资产的折旧方法一经确定，不得随意更改。

四、酒店固定资产折旧预算的编制

固定资产折旧预算是酒店财务预算的重要组成部分。编制固定资产折旧预算对于正确地计算企业成本费用、及时组织充足的资金进行固定资产更新都具有重要意义。编制固定折旧预算要确定以下几个主要经济指标：

（一）确定固定资产的总值

固定资产总值是指全部固定资产的原始价值。预算期末的固定资产总值可按以下公式进行确定：

预算期末固定资产总值=预算期初固定资产总值+预算期增加固定资产总值-预算期减少固定资产总值

式中，预算期初固定资产总值是指预算期初固定资产原始价值。预算期增加固定资产总值是指预算期企业购建的各项固定资产、其他单位投资转入的及其他形式新增的固定资产。预算期减少固定资产总值是指预算期企业设备报废、毁损、调出、减少的固定资产原始价值。

（二）确定应计折旧的固定资产总值

编制固定资产折旧预算，必须明确计提折旧的固定资产范围，以便正确核定应计折旧固定资产总值，计算企业预算年度折旧总额。其计算公式如下：

预算期末应计折旧固定资产总值=预算期初应计折旧固定资产总值+预算期增加应计折旧固定资产总值-预算期减少应计折旧固定资产总值

（三）确定应计折旧的固定资产平均总值

酒店应根据固定资产在预算年度内增加和减少的具体时间，计算其应计折旧固定资产平均总值，以反映企业预算期内应计折旧固定资产的平均占用水平。其计算公式如下：

增加应计折旧固定资产平均总值=

$\sum$（某月份增加应计折旧固定资产总值 × 该固定资产使用月数）÷ 12

减少应计折旧固定资产平均总值=

$\sum$［某月份减少应计折旧固定资产总值 ×（12 - 该固定资产使用月数）］÷ 12

预算年度应计折旧固定资产平均总值=预算期初应计固定资产总值+预算年度增加应计折旧固定资产平均总值-预算年度减少应计折旧固定资产平均总值

（四）确定预算年度折旧提取总额

根据预算年度应计折旧固定资产平均总值及年度分，就可以确定预算年度提取总值，固定资产折旧预算的具体编制见表 5.2。

表 5.2　银杏标准酒店固定资产折旧预算表

20×5 年度　　单位：元

行次	项目	本年预算
1	期初固定资产总值	×××
2	期初应计折旧固定资产总值	×××
3	增加固定资产总值	×××
4	增加应计折旧固定资产总值	×××
5	增加应计折旧固定资产平均总值	×××
6	减少固定资产总值	×××
7	减少应计折旧固定资产总值	×××

表5.2(续)

行次	项目	本年预算
8	减少应计折旧固定资产平均总值	×××
9	期末固定资产总值	×××
10	期末应计折旧固定资产总值	×××
11	期末应计折旧固定资产平均总值	×××
12	年折旧率（分类折旧率）	×××
13	年度折旧提取总额	×××

第四节　酒店固定资产管理实务

一、酒店固定资产更新

酒店各部门对固定资产的管理及使用，除建立起必要、完整的登记外制度，还应妥善保管和正确使用，延长其使用价值。如有任何方面的维修需求，应通知酒店工程部，由工程部出具此设备不能再修复的相关书面证明，经工程部经理签字确认后才能申请添置。使用部门根据维修结果，填写设备报损单，经财务部经理、总经理批准后，再申请购置新的固定资产设备。

二、酒店固定资产报废

固定资产报废是指固定资产由于长期使用中的有形磨损，或达到规定使用年限，不能修复继续使用，或者由于技术改进的无形磨损，必须以新的、更先进的固定资产替换等原因造成的，对原有固定资产按照有关规定进行产权注销的行为。

（一）固定资产报废申请条件

符合下列条件之一的酒店固定资产可申请报废：

（1）达到使用年限。固定资产已达到或超过其预计使用寿命，且无法继续使用。例如，某酒店的空调设备预计使用寿命为10年，实际已使用10年以上，且无法正常运行，可申请报废。

（2）技术陈旧。固定资产因技术落后，无法满足当前的业务需求或技术标准。例如，某酒店的旧式电子设备因技术更新换代，无法与新的管理系统兼容，且无升级价值，可申请报废。

（3）损坏且无法修复。固定资产因损坏严重，无法修复或修复成本过高。例如，酒店的大型厨房设备因意外事故损坏，修复成本接近或超过设备的原值，可申请报废。

（4）经济性原因。固定资产继续使用成本过高，不经济。例如，某酒店的旧设备能耗过高，维修频繁，继续使用会导致运营成本大幅增加，可申请报废。

（5）法律或政策要求。固定资产因法律法规或政策要求需强制报废。例如，某些高污染、高能耗的设备被国家政策强制淘汰，酒店需按照要求申请报废。

（6）环保要求。固定资产不符合环保标准，需进行报废处理。例如，酒店的旧锅炉因排放不达标，需按照环保要求进行报废。

（7）主要部件损坏。固定资产的主要部件损坏，无法继续使用。例如，酒店的电梯主要部件损坏，无法修复且无备件，可申请报废。

（8）技术更新。固定资产因技术更新，被更先进的设备替代。例如，酒店的旧式安防系统被更先进的智能安防系统替代，旧系统可申请报废。

（9）其他特殊情况。固定资产因不可抗力（如自然灾害、意外事故）或特殊原因无法继续使用。例如，酒店的房屋因地震受损严重，无法修复，可申请报废。

（二）固定资产报废损失认定

对报废、毁损的固定资产，其账面净值扣除残值、保险赔偿和责任人赔偿后的余额部分，依据下列证据认定损失：

（1）酒店内部有关部门出具的鉴定证明。

（2）单项或批量金额较大的固定资产报废、毁损，酒店应逐项做出专项说明，并委托有技术鉴定资格的机构进行鉴定，出具鉴定证明。

（3）不可抗力（自然灾害、意外事故、战争等）造成固定资产毁损、报废的，应当有相关职能部门出具的鉴定报告，如消防部门出具的受灾证明，公安部门出具的事故现场处理报告、车辆报损证明，房管部门出具的房屋拆除证明，锅炉、电梯等安检部门出具的检验报告等。

（4）酒店固定资产报废、毁损情况说明及内部核批文件。

（5）涉及保险索赔的，应当有保险公司理赔情况说明。

（三）固定资产报废的核算处理方法

固定资产报废有两种情况：一是由于磨损或陈旧，使用期满不能继续使用；二是由于技术进步，必须由先进设备替代。固定资产报废，一方面由于固定资产退出酒店引起酒店固定资产的减少，另一方面在清理过程中还会发生一些清理费用，同时还可能取得一定的变价收入。因此，固定资产报废的核算应按以下程序进行：

（1）注销报废固定资产的原值和已提折旧额。按固定资产的净值，借记“固定资产清理”账户；按已提折旧额，借记“累计折旧”账户；按固定资产原值，贷记“固定资产”账户。

（2）结转残料价值和变价收入。按收回的残料价值和变价收入，借记“银行存款”“原材料”等账户，贷记“固定资产清理”账户。

（3）支付清理费用。按发生的清理费用，借记“固定资产清理”账户，贷记“银行存款”等账户。

（4）结转清理后的净损益。固定资产清理后的净收益，借记“固定资产清理”账户，贷记“资产处置损益”账户；固定资产清理后的净损失，借记“资产处置损益”账户，贷记“固定资产清理”账户。

（四）固定资产报废程序

（1）固定资产报废由使用部门或保管部门填写固定资产报废审批单，列明固定资产的报废原因及固定资产的原值、净值等基本情况。

（2）工程部经理或有关技术人员签署意见。

（3）总经理签署审批意见。

（4）经批准报废的固定资产，有残余价值的，一律转入废料仓库进行实物管理。

（5）财务部门将批准报废的固定资产净值转入“固定资产清理”科目核算。财务部门、使用部门的固定资产职能管理部门同时在有关账表上减少固定资产数量。

三、酒店固定资产财务分析

为了减少固定资产的闲置，使固定资产得到充分利用，应当进行固定资产分析。通过分析可以挖掘现有固定资产的使用潜力，使企业在不增加投资的情况下，提高接待能力，扩大销售，增加企业收入和利润。固定资产分析可以从以下几方面进行：

（一）固定资产营运效率能力分析

固定资产营运效率能力分析是要着重评价企业的固定资产周转是否顺畅。周转速度是企业营业收入总额与固定资产平均占用额之比。其计算公式如下：

固定资产周转率=计算期营业收入总额÷计算期固定资产平均占用额

固定资产周转天数=计算器天数÷固定资产周转率

月度固定资产平均占用额=（月初固定资产占用额+月末固定资产占用额）÷2

季度固定资产平均占用额=季度内各月固定资产平均占用额之和÷3

年度固定资产平均占用额=年度内各季度固定资产平均占用额之和÷4

固定资产周转天数这一指标表明计算期内企业固定资产的平均原值通过营业收入补偿的话，需要经过多长时间。在企业正常经营的情况下，固定资产周转率越高，周转天数越少，说明企业固定资产利用效果越好。因此，要提高固定资产的周转率，一方面要不断扩大营业收入，另一方面要尽量合理地占用固定资产。

（二）固定资产盈利能力分析

固定资产盈利能力分析是要评价企业一定时期内占用每百元固定资产的获利能力如何，可通过固定资产利润率这一指标进行具体分析。其计算公式如下：

固定资产利润率=计算期利润总额÷计算期固定资产平均占用额×100%

固定资产利润率越高，说明企业占用每百元固定资产所提供的利润越多，固定资产利用效果越好。该指标不仅是评价本企业固定资产利用效果的一个重要指标，而且通过该指标与同行业其他企业、同行业历史先进水平进行比较分析，可以找出本企业在固定资产管理上存在的差距和不足，促进企业不断完善固定资产的管理。

（三）固定资产偿债能力分析

固定资产偿债能力分析是要评价企业一定时期内以固定资产净值偿还债务的能力，可通过固定资产负债率这一指标进行具体分析。其计算公式如下：

固定资产负债率=计算期负债总额÷固定资产净值平均占用额×100%

固定资产负债率这一指标表明企业负债经营能力、固定资产对债权的保障程度及企业固定资产承担财务风险的能力。

（四）固定资产构成分析

固定资产构成分析主要是分析各类固定资产占企业全部固定资产的比重，评价其构成是否合理，从而促进企业进行固定资产合理配置，改善固定资产的利用效果。其可通过固定资产利用率这一指标进行具体分析。它是指一定时期内企业在用固定资产平均占有额与全部固定资产平均占用额的比例。其计算公式如下：

固定资产利用率=在用固定资产平均占用额÷全部固定资产平均占用额×100%

固定资产利用率这一指标越高，说明企业固定资产的利用效果越好；反之，则说明企业固定资产未得到充分利用，资产闲置较多，企业应积极查找原因，以使固定资产得到充分有效利用。

（五）固定资产新旧程度分析

固定资产新旧程度分析主要是分析企业固定资产净值与固定资产原值的差距，从而了解固定资产的新旧程度及企业的新旧程度，同时为企业进行设备的更新积极筹措资金，尽早作好准备，以满足企业今后长远发展的需要。固定资产新旧程度可通过固定资产净值率及固定资产磨损率这两个指标进行具体分析。其计算公式如下：

固定资产净值率=固定资产净值总额÷固定资产原值总额×100%

固定资产磨损率=累计已提折旧额÷固定资产原值总额×100%

以上两项指标均能反映固定资产的新旧程度和企业的历史发展状况。固定资产净值率高，磨损率低，在一定程度上表明该企业固定资产较新，是一个比较年轻的企业；反之，固定资产净值率低，磨损率高，则说明该企业固定资产比较陈旧，是一个老的企业。

素质教育小故事

修复的小木匠

在一个小镇上，有一家名叫“温馨居所”的家庭式酒店。这家酒店以其卓越的固定资产日常管理而受到赞誉。这背后有一个与酒店紧密相关的品德故事。

酒店的固定资产经理李明是一位技艺高超的小木匠。他对酒店的固定资产充满热爱和敬畏之情。他深知固定资产的维护不仅关系到酒店的形象和经营，而且是一种对客人的责任和关怀。

有一天，酒店的大堂门框出现了一道裂痕。门框的损坏让李明感到焦虑，因为它不仅影响了酒店的整体美观，还可能对客人的入住体验造成影响。李明立即展开了修复工作。

李明仔细观察门框的损坏情况，他决定采取最精细的修复方式。他从工具箱里取出了细小的锤子、刨子和胶水。他耐心地对门框进行拆卸和修复，一丝不苟地对每个细节进行检查和处理。

修复工作进行了一整天，直到夜幕降临，李明才满意地将门框重新安装回原位。门框恢复了原本的完整和稳固。李明知道，通过他的修复工作，这个小小的门框将继续承载酒店的温暖和欢迎。

修复完成后的第二天早上，一位客人抵达酒店。他赞赏地看着修复后的门框，对李明表示钦佩。客人说：“你的修复工艺真是精湛，门框看起来就像新的一样。我能感受到你对细节的关注和对工作的热情。”

这个赞誉让李明感到无比自豪和满足。他深知自己的工作不仅仅是修复门框，更是通过对固定资产的细致管理展现出对客人的关爱和尊重。

从那天起，李明将修复门框的故事传递给了酒店的员工们。他鼓励他们在固定资产日常管理中注重细节，保持对工作的热情和责任心。他告诉他们，固定资产的管理不仅关乎酒店的形象，更关乎对客人的关怀和呵护。

“温馨居所”酒店因其卓越的固定资产日常管理和员工的品德而备受赞誉。酒店成为客人们心中的温暖之所，而李明成为员工们心中的榜样。

这个故事告诉我们，在酒店固定资产日常管理中，注重细节和对工作的热情是至关重要的。通过精心的维护和修复，酒店能够展现对客人的关怀和品质承诺。固定资产的管理不仅是一种责任，更是对客人体验的关键，体现出员工的品德和专业素养。

章节练习

第五章小测

一、单项选择题

1. 酒店餐饮部花 30 元钱买了两个暖水瓶，这两个暖水瓶应作为（　　）。

A. 低值易耗品　　B. 固定资产

C. 物料　　D. 布草

2. 不是酒店固定资产主要购置方式的是（　　）。

A. 自行建造　　B. 接受捐赠

C. 盘亏　　D. 购买

3. 能正确反映酒店某些固定资产所在地点的是（　　）。

A. 固定资产总账　　B. 固定资产明细账

C. 固定资产分布明细账　　D. 固定资产卡片账

4. 酒店的固定资产报废必须经过使用部门、分管部门、财务部门和（　　）四方同意方可办理。

A. 物价部门　　B. 资产管理部门

C. 审计部　　D. 销售部门

5. 酒店今天报废了 10 套办公桌，新购了 10 套办公电脑，那么该酒店的固定资产数量情况为（　　）。

A. 增加　　B. 减少

C. 不变　　D. 无法计算

6. 酒店盘亏的固定资产，应在批准处理后，转入（　　）科目。

A. 其他业务支出　　B. 营业外支出

C. 资本公积　　D. 营业外收入

7. 下列说法正确的有（　　）。

A. 酒店固定资产改良支出，应当计入固定资产账面价值，其增计后的金额不应超过该固定资产的可收回金额；超过部分直接计入当期管理费用

B. 酒店固定资产修理费用，应当计入在建工程中

C. 与酒店固定资产有关的大修理支出，应通过长期待摊费用账户进行核算

D. 酒店融资租赁方式租入的固定资产视同自有资产处理，并按照一定的方法计提折旧

8. 下列各项固定资产，不应计提折旧的是（　　）。

A. 大修理暂时停用的固定资产

B. 未使用的固定资产

C. 经营租入的固定资产

D. 存放车间替换、备用的固定资产

9. 甲公司一台设备原始价值为 50 000 元，预计净残值为 4%，预计使用 5 年，采用直线法计提折旧，则月折旧额为（　　）。

A. 2 400 元　　B. 2 500 元

C. 2 000 元　　D. 800 元

10. 固定资产的下列后续支出，属于费用化支出的是（　　）。

A. 固定资产更新改造支出

B. 固定资产日常修理支出

C. 固定资产改良支出

D. 固定资产改扩建支出

二、多项选择题

1. 酒店固定资产盘点的结果包括（　　）。

A. 盘亏　　B. 盘盈

C. 不亏不盈　　D. 无法计算结果

2. 会计中酒店固定资产盘点的方法有（　　）。

A. 实地盘点法　　B. 账面盘点法

C. 年终盘点法　　D. 临时抽查法

3. 酒店固定资产管理办法的主要目的是（　　）。

A. 规范公司资产管理　　B. 提高资产利用率

A. 防止资产贬值　　D. 控制固定资产数量

4. 酒店新购的固定资产一般由（　　）人员验收。

A. 资产管理部门　　B. 使用部门

C. 采购部门　　D. 销售部门

5. 下列项目中，应计提折旧的固定资产有（　　）。

A. 酒店因季节性或大修理等原因而暂停使用的固定资产

B. 酒店已达到预计使用状态但尚未投入使用的固定资产

C. 酒店临时性出租给其他企业使用的固定资产

D. 酒店处置当月的固定资产

6. 下列各项中，会引起酒店固定资产账面价值发生变化的有（　　）。

A. 计提固定资产减值准备　　B. 计提固定资产折旧

C. 固定资产改扩建　　D. 固定资产大修理

7. 影响固定资产折旧的因素主要有（　　）。

A. 固定资产账面原价　　B. 固定资产预计净残值

C. 固定资产预计使用年限　　D. 固定资产预计弃置费用

8. 下列各项，导致固定资产发生有形损耗的有（　　），导致固定资产发生无形损耗的有（　　）。

A. 劳动生产率提高导致固定资产的贬值

B. 自然力作用导致固定资产的损耗

C. 长期使用导致固定资产的损耗

D. 科学技术的进步导致固定资产的贬值

9. 下列方法中，属于固定资产加速折旧方法的是（　　）。

A. 年限平均法　　B. 双倍余额递减法

C. 年数总和法　　D. 工作量法

10. 下列方法中，属于固定资产直线法的是（　　）。

A. 年限平均法　　B. 双倍余额递减法

C. 年数总和法　　D. 工作量法

三、判断题

1. 酒店固定资产清查时，盘亏盘盈的资产不需做账务处理。（　　）

2. 酒店购入的固定资产的运杂费，不计入固定资产投资的价值。（　　）

3. 酒店的固定资产可以随意进行报废和变卖。（　　）

4. 酒店会计、资产总管理员、部门资产管理员应及时核对账目，以保持账账相符。（　　）

5. 凡不属于酒店固定资产范围的财产物资均为材料或低值易耗品。（　　）

6. 固定资产的特征不包括单位价值较高。（　　）

7. 以一笔款项购入多项没有单独标价的固定资产，应当按照固定资产账面价值比例对总成本进行分配，分别确定各项固定资产的成本。（　　）

8. 自行建造的固定资产的成本，由建造该项资产达到预定可使用状态前所发生的必要支出构成。（　　）

9. 已提足折旧仍继续使用的固定资产当月仍需要计提折旧。（　　）

10. 购入的需要安装的固定资产的增值税进项税额应计入营业外支出。（　　）

四、计算题

1. 银杏标准酒店有一台机器设备原价600 000元，预计使用寿命为5年，预计净残值率为4%，按年限平均法计提折旧，计算每年折旧额。

2. 银杏标准酒店的一台机器设备原价为680 000元，预计生产产品产量为2 000 000件，预计净残值率为3%，本月生产产品34 000件，计算该台机器设备的月折旧额。

3. 银杏标准酒店有一台机器设备原价为600 000元，预计使用寿命为5年，预计净残值率为5%，用双倍余额递减法计算每年折旧额。

4. 银杏标准酒店2020年6月30日自行建造了一项固定资产，该固定资产建造成本7 400 000元；预计使用寿命为5年，预计净残值200 000元。求在采用年数总和法计提折旧的情况下，2021年该固定资产应计提的折旧额为多少元？

5. 银杏标准酒店有一项固定资产原值60 000元，预计净残值为3 000元，预计使用年限为5年，该项固定资产按年数综合法计提折旧，试写出该项固定资产各年折旧率和折旧额。

五、案例分析题

酒店如何精细化管理海量固定资产

上海某大型连锁酒店的固定资产的种类比较多，而且每年的固定资产的预算都在递增。由于该酒店的固定资产管理方式较落后，主要使用Excel手工管理的方式，这种方式造成管理人员工作压力大、盘点效率低、折旧烦琐、信息查询不便、数据不准确、审批流程不科学，给固定资产管理工作的实施带来诸多问题。为了解决这一系列问题，提高公司的管理水平，该公司资产管理部门决定上线一套固定资产管理系统。经过认真比对、筛选，该酒店选择了易点易动固定资产管理云系统来管理固定资产。经过一段时间的使用，该酒店的固定资产管理的效率和准确性都得以大幅度提升，资产的重构率、闲置率和流失率都得到了很好的控制，降低了企业的运营成本，给企业的良性发展铺平了道路。

以下是对该系统的主要功能和上线效果的详细讲解。

一、易点易动固定资产管理系统主要功能

该系统为酒店的资产日常管理提供了优秀的解决方案，系统涵盖了固定资产从购入到清理报废的整个生命周期的管理。通过二维码和RFID技术，为每个固定资产赋予一个唯一的二维码或者RFID编码，跟踪它的操作流程，状态可以实时追溯。

（一）固定资产入库管理

对购入的固定资产信息进行登记（可批量导入或从手机APP添加入库）。入库完成之后，可用RFID打印机或者标签打印机打印固定资产标签。标签打印机打印出二维码或者条形码标签，贴在固定资产表面。RFID打印机可打印出内置RFID芯片，表面带有二维码或条形码的标签贴在固定资产表面。

（二）固定资产的日常管理

对固定资产进行出库、借用、领用、变更、维修、调拨、折旧、报废等动态化管理。员工可申请领用固定资产，管理员审批后，员工签字收货。PC+APP的模式可以随时随地管理固定资产。操作可在系统中留痕，方便实时追溯。

（三）固定资产的盘点

三种盘点方式任选。第一，固定资产管理员可通过手机APP对固定资产进行扫标签上的二维码/条形码的方式进行盘点，扫描完成后提交盘点结果。第二，通过手持RFID终端扫描RFID芯片进行散步式盘点，可极速盘点海量固定资产。第三，全员盘点。员工可先在员工端扫描固定资产标签盘点自己名下的若干资产，管理员再去盘点公共区域的固定资产然后汇总盘点结果。盘点结束后可一键生成盘点报告。

（四）多维度分析报表

系统可根据各种条件生成各类统计报表，包括资产履历、分类汇总表、公司部门汇总表、分类使用况汇总表、月增加对账表、到期资产、清理清单、折旧粗算表、分类增减表、维保到期表、员工资产统计、闲置资产共享表等，并以图文结合的形式进行报表分析，为固定资产的日常管理和决策提供准确、全面的数据支持。

（五）角色权限管理

考虑到连锁酒店的部门比较多，于是系统可以支持多层级、多管理员，可以给每个管理员设置数据权限和角色权限，该部门管理员只能在其职责范围内操作某些范围的固定资产，这种做法不仅规范了固定资产的管理制度，也将职责落实到了个人。

二、易点易动固定资产管理系统上线后的效果

（1）对于固定资产的管理者：资产的负责人、存放地点、资产闲置/在用状态，一目了然，账实一致，盘点效率得以提升。

（2）对于固定资产的管理层：避免了固定资产的重复购置，预算等可以及时掌控，审批流程规范化，合理分配和调用固定资产，提高固定资产利用率，节约企业开支。

（3）对于财务人员：保障了账实一致，固定资产的入账折旧更方便和准确。

（4）对于员工：员工名下的固定资产清晰，使用人明确，审批更加简洁。

【分析要求】

从我国酒店业被要求绿色可循环发展的角度分析，为什么酒店要加强固定资产管理？提升酒店固定资产管理的方式所带来的益处有哪些？

第六章

酒店营运资金管理

■学习目标

通过本章学习，了解酒店营运资金的概念和特点；掌握现金、应收账款和存货等酒店营运资金主要项目的功能和成本；熟悉现金、应收账款和存货的日常管理；掌握最佳现金持有量的确定、存货经济批量的决策方法、酒店的信用政策和应收账款的考核。

■基本要求

能够进行货币资金利用效果的考核分析，从而提高货币资金的利用率；能够运用信用政策，加强应收账款的管理；能够确定存货的合理定额，减少企业的资金占用；能够运用酒店营运资金管理的方法解决具体问题，提高营运资金的管理水平。

思维导图

第一节　酒店营运资金概述

一、营运资金的概念和特点

（一）营运资金的概念

营运资金是指酒店在经营过程中在流动资产上占用的资金。营运资金有广义和狭义之分。广义的营运资金是指酒店的流动资产总额，包括现金、银行存款、短期投资、应收账款、应收票据、预付账款、存货等。狭义的营运资金是指净营运资金，是酒店的流动资产减去流动负债后的余额。流动负债主要包括短期借款、应付票据、应付账款、预收账款、应付职工薪酬、应交税费等。营运资金管理包括酒店的流动资产和流动负债管理，其中最主要的有三项内容：现金管理、应收账款管理和存货管理。本书重点研究狭义的营运资金管理。

研究营运资金管理主要解决两个问题，一是如何确定流动资产的最佳持有量；二是如何筹措流动资金。具体而言，这两个问题分别涉及每一种流动资产以及每一种流动负债的管理方式与管理策略的制定。因此，从本质上看，营运资金管理包括流动资产和流动负债的各个项目，体现了对公司短期性财务活动的概括。通过对营运资金的分析，我们可以了解公司短期资产的流动性、短期资产的变现能力和短期偿债能力。

1. 流动资产

流动资产是指可以在 1 年以内或超过 1 年的一个营业周期内变现或运用的资产。流动资产具有占用时间短、周转快、易变现等特点。企业拥有较多的流动资产，可在一定程度上降低财务风险。流动资产按不同的标准可以进行不同的分类，常见分类方式如下：

（1）按占用形态不同，分为现金、交易性金融资产、应收及预付款项、存货等。

（2）按在生产经营过程中所处的环节不同，分为生产领域中的流动资产、流通领域中的流动资产以及其他领域的流动资产。

（3）按随着销售季节的波动性不同，分为永久性流动资产和波动性流动资产。永久性流动资产具有一定刚性和相对稳定性，其需求量不会随着季节性的波动而变化；波动性流动资产或称临时性流动资产，是指那些季节性或临时性的原因而形成的流动资产，其占用量随当时的需求而波动。

2. 流动负债

流动负债是指需要在 1 年或者超过 1 年的一个营业周期内偿还的债务。流动负债又称短期负债，具有成本低、偿还期短的特点，必须加强管理。流动负债按不同标准可作不同分类，最常见的分类方式如下：

（1）以应付金额是否确定为标准，可以分为应付金额确定的流动负债和应付金额不确定的流动负债。应付金额确定的流动负债是指那些根据合同或法律规定到期必须偿付并有确定金额的流动负债，如短期借款、应付票据等；应付金额不确定的流动负债是指那些要根据企业生产经营状况，到一定时期或具备一定条件才能确定的流动负债，或应付金额需要估计的流动负债，如应交税费等。

（2）以流动负债的形成情况为标准，可以分为自然性流动负债和人为性流动负债。自然性流动负债是指不需要正式安排，由于结算程序或有关法律法规的规定等而自然形成的流动负债，如应付账款、应付票据等；人为性流动负债是指根据企业对短期资金的需求情况，通过人为安排所形成的流动负债，如短期银行借款等。

（3）以是否支付利息为标准，可以分为有息流动负债和无息流动负债。

（4）按照随着销售季节的波动性不同，流动负债分为临时性流动负债和自发性流动负债。临时性流动负债又称为筹资性流动负债，是指为了满足临时性流动资金需要所发生的负债，如商业零售企业春节前为满足节日销售需要，超量购入货物而举借的短期银行借款，临时性流动负债一般只能供企业短期使用。自发性流动负债又称为经营性流动负债，是指直接产生于企业持续经营中的负债，如商业信用筹资和日常运营中产生的其他应付款，以及应付职工薪酬、应付利息、应交税费等，自发性流动负债可供企业长期使用。

（二）营运资金的特点

为了更有效地管理企业的营运资金，需要研究营运资金的特点，以便有针对性地进行管理。营运资金一般具有如下特点：

1. 营运资金的来源具有灵活多样性

与筹集长期资金的方式相比，企业筹集营运资金的方式较为灵活多样，通常有银行短期借款、短期融资券、商业信用、应交税费、应付职工薪酬等多种内外部融资方式。

2. 营运资金的数量具有波动性

流动资产的数量会随企业内外条件的变化而变化，时多时少，波动很大。季节性企业如此，非季节性企业也如此，随着流动资产数量的变动，流动负债的数量也会相应发生变动。

3. 营运资金的周转具有短期性

企业占用在流动资产上的资金，通常会在一年或一个营业周期内收回。根据这一特点，营运资金可以用商业信用、银行短期借款等短期筹资方式来加以解决。

4. 营运资金的实物形态具有变动性和易变现性

交易性流动资产、应收账款、存货等流动资产一般具有较强的变现能力，如果遇到意外情况，企业出现资金周转不灵、现金短缺时，便可迅速变卖这些资产，以获取现金，这对财务上应付临时性资金需求具有重要意义。

二、营运资金管理的原则

企业的营运资金在全部资金中占有相当大的比重，而且周转期短，形态易变，是企业财务管理工作的一项重要内容。对营运资金的管理，既要保证企业有足够的资金满足日常生产经营的需要，又要保证企业能够按时、足额地偿还各种到期债务。企业进行营运资金管理，应遵循以下原则：

（一）根据生产经营情况，合理确定营运资金需求数量

企业应认真分析生产经营状况，合理确定营运资金的需求数量。企业营运资金的需求数量取决于生产经营规模和营运资金的周转速度，同时也会受市场及产供销情况的影响。酒店应根据生产经营情况，结合《企业财务通则》和《企业会计准则》的要求，合理确定营运资金需求数量。一般情况下，当企业产销两旺时，流动资产会不断增加，流动负债也会相应增加；而当企业产销量不断减少时，流动资产和流动负债也会相应减少。因此，企业财务人员应认真分析生产经营状况，综合考虑各种因素的影响，采用科学的方法预测营运资金的需要数量。营运资金的管理必须把满足企业正常合理的资金需求作为首要任务。

（二）加速营运资金周转，提高资金使用效率

营运资金的周转是指企业的营运资金从现金投入生产经营开始，到最终转化为现金的过程。加速资金周转是提高资金使用效率的主要手段之一。提高营运资金使用效率的关键就是采取得力措施，缩短营业周期，加速变现过程，加快营运资金周转。当企业的生产经营规模一定时，流动资产的周转速度与流动资金的需要量呈反方向变化。适度加快存货的周转，缩短应收账款的收款期，延长应付账款的付款期，可以减少营运资金的需要量，提高营运资金的利用效率。因此，企业要千方百计地加速存货、应收账款等流动资产的周转，以便用有限的资金，服务于更大的产业规模，为企业取得更好的经济效益提供条件。

（三）在保证生产经营需要的前提下，节约资金使用成本

营运资金具有流动性强的特点，但是流动性越强的资产其收益性就越差。在营运资金管理中，必须正确处理保证生产经营需要和节约资金使用成本二者之间的关系，要在保证生产经营需要的前提下，遵守勤俭节约的原则，尽力降低资金使用成本。一方面，要挖掘资金潜力，盘活全部资金，精打细算地使用资金；另一方面，积极拓展融资渠道，合理配置资源，筹措低成本资金，服务于生产经营。例如，如果企业的资产全部都是现金，则只能获得少量的利息收入；如果企业持有的营运资金过多，会降低企业的收益。因此，企业在保证生产经营需要的前提下，要控制流动资金的占用，使其纳入计划预算的良性范围，既要满足经营需要，又不能安排过量而造成浪费。

（四）合理安排流动资产和流动负债的比例关系，保持足够的短期偿债能力

偿债能力的强弱是企业财务风险高低的标志之一。合理安排流动资产与流动负债的比例关系，保持流动资产结构与流动负债结构的适配性，保证企业有足够的短期偿债能力是营运资金管理的重要原则之一。流动资产、流动负债以及二者之间的关系能较好地反映企业的短期偿债能力。流动负债是在短期内需要偿还的债务，而流动资产则是在短期内可以转化为现金的资产。因此，如果一个企业的流动资产比较多，流动负债比较少，则说明企业的短期偿债能力较强；反之，则说明短期偿债能力较弱。但如果企业的流动资产太多，流动负债太少，也不是正常现象，这可能是因流动资产闲置或流动负债利用不足所致。企业要安排好二者的比例关系，从而保证有足够的资金偿还短期负债。

三、流动资产的持有政策

由于不同类型的流动资产在流动性、盈利性与风险性上存在差异，因此企业不仅要确定流动资产在总资产中所占的比重，还要合理确定不同类型流动资产的合理水平。

（一）影响流动资产政策的因素

企业在权衡确定流动资产的最优持有水平时，应当综合考虑如下因素：

1. 风险与报酬

通常情况下，企业持有大量的流动资产可以降低企业的风险，因为当企业不能及时清偿债务时，流动资产可以迅速转化为现金，而长期资产的变现能力通常较差。但是，如果流动性资产太多，则会降低企业的投资报酬率。因此，要求我们对风险和报酬进行认真权衡，选择最佳的流动资产持有水平。

2. 企业所处的行业

不同行业的经营范围不同，资产组合有较大的差异。流动性资产中大部分是存货和货币资金，而这两种资产的占用水平主要取决于生产经营所处的行业。

3. 企业规模

企业规模对资产组合也有重要影响。研究表明，随着企业规模的扩大，流动资产的比重通常会有所下降，这是因为：

（1）与小企业相比，大企业有较强的筹资能力，当企业出现不能偿付的风险时，可以迅速筹集资金，因而能承担较大风险，可以只使用较少的流动资产而使用更多的固定资产。

（2）大企业实力雄厚，机械设备的自动化水平高，故在固定资产上投资较多。

4. 外部筹资环境

一般而言，在外部市场较为发达、筹资渠道较为畅通的环境下，企业为了增强整体的盈利能力，通常会减少对盈利能力不强的流动资产的投资，这将直接导致流动资产在总资产中的比重降低。

（二）企业的流动资产持有政策

根据流动资产和销售额之间的数量关系，企业的流动资产持有政策可分为三种类型。

1. 宽松的持有政策

宽松的持有政策要求企业在一定的销售水平上保持较多的流动资产，这种政策的特点是报酬低、风险小。在该政策下，企业拥有较多的现金、短期有价证券和存货，能按期支付到期债务，并且为应付不确定情况保留了大量资金，使风险大大降低，但由于现金、短期有价证券投资报酬率较低，存货占用使资金营运效率低，降低了企业的盈利水平。

2. 适中的持有政策

适中的持有政策要求企业在一定的销售水平上保持适中的流动资产，既不过高也不过低，流入的现金恰好满足支付的需要，存货也恰好满足生产和销售所用。这种政策的特点是报酬和风险的平衡。在企业能够比较准确地预测未来经济状况时，可采用该政策。

3. 紧缩的持有政策

紧缩的持有政策要求企业在一定的销售水平上保持较少的流动性资产，这种政策的特点是报酬高、风险大，此时企业的现金、短期有价证券、存货和应收账款等流动性资产降到最低限度，可降低资金占用成本，增加企业收益，但同时也可能出现由于资金不足造成拖欠货款或不能偿还到期债务等不良情况，从而加大企业风险。在外部环境相对稳定，企业能非常准确地预测未来的情况下，可采用该政策。

实践当中，企业在生产经营中面临许多不确定性。流动资产的占用水平是由企业的内外条件等多种因素共同作用形成的结果，这些因素都是不断变化的，因此很难恰当地对适中政策的流动资产持有量加以量化。企业应当根据自身的具体情况和环境条件，对未来进行合理预测，使流动资产与流动负债尽量匹配，确定一个对企业来说较为适当的流动资产持有量。

四、流动资产的融资策略

流动资产分为永久性流动资产和波动性流动资产。永久性流动资产具有一定刚性和相对稳定性，对其需求量不会随着季节性的波动而变化；永久性流动资产主要依靠长期融资方式来融通，如长期负债和权益资金。波动性流动资产会随着经营季节的变化而变化；波动性流动资产主要靠短期融资来融通，如短期借款等。

根据流动资产的不同类型，需要制定出不同的流动资产融资策略。

（一）期限匹配的融资策略

期限匹配的融资策略即永久性流动资产主要依靠长期融资方式来融通，如长期负债和权益；波动性流动资产主要靠短期融资来融通，如短期借款等。该融资策略的主要特点为风险居中，收益居中，融资成本居中。

（二）保守型融资策略

保守型融资策略即除永久性流动资产外，部分波动性流动资产也依靠长期融资方式融通资金。该融资策略的主要特点为风险较低，收益较低，融资成本较高。

（三）激进型融资策略

激进型融资策略即除波动性流动资产外，部分永久性流动资产也采用短朗融资方式融通资金。该融资策略的主要特点为风险较高，收益较高，融资成本较低。

当企业处于经营淡季时，一般只需要永久性流动资产；当企业处于经营旺季时，既需要永久性流动资产，又需要波动性流动资产。

第二节　酒店现金管理

狭义的现金是指企业的库存现金，但是财务管理上所讲的现金往往是指企业的货币资金，主要包括库存现金、银行存款和其他货币资金。现金是酒店流动性最强的资产，但其收益性最弱。酒店现金持有过多，会导致收益下降，增加现金管理的成本；现金持有过少，会导致酒店偿债能力下降，同时也会影响其持续经营。拥有足够的现金，酒店可以降低财务风险，增强酒店资金的流动性。现金管理的过程就是在现金的流动性与收益性之间进行权衡选择的过程。酒店通过现金管理，使现金在收支数量和时间上相互衔接，以保证经营活动的现金流量，最大限度地减少现金的闲置数量，并从闲置的现金中获得最大的投资收益，以提高资金的使用效率。

一、酒店持有现金的动机

酒店在经营过程中应持有必要的现金，以满足现金管理的要求。总体而言，酒店持有现金主要具有以下四个动机：

（一）交易性动机

交易性动机指酒店在正常生产经营情况下应当保持一定的现金支付能力，以满足日常支付的需要，如购买原材料、支付职工工资、缴纳税款等。一般情况下，酒店日常现金收入和现金支出很少同时且等额发生，为使交易活动能够连续进行，组织日常经营活动，酒店必须保有一定数额的现金余额。正常经营活动所得的收入及发生的支出，往往与其经营业务量成正比。为满足交易需求，所需的现金一般取决于经营活动业务量的大小。交易范围扩大，现金余额也随之增加。

（二）预防性动机

预防性动机指酒店为应付意外突发事件而需要保持的现金支付能力，如生产事故、自然灾害等。市场经济条件下，由于各种难以预测的因素的存在，酒店对预计未来的现金流入量和流出量做出准确估计和判断的可能性大大降低。因此，在正常业务活动现金需要量的基础上，往往需要追加一定数量的现金以应付可能发生的意外事件所导致的现金流量的增加。持有较多的现金，可以使酒店有足够的能力更好地应对意外事件的发生。

为应对紧急情况所持有的现金余额主要取决于以下因素：

（1）酒店对现金流量预测的可靠程度；

（2）酒店临时举债能力的强弱；

（3）酒店愿意承担现金短缺风险的大小。

现金收支预测可靠程度较高，信誉良好，与银行关系良好的企业，预防性需求的现金持有量一般较小。

（三）投机性动机

投机性动机指酒店为了抓住市场投资机会，获取较大投资收益而持有的现金。这种获利机会具有时间短、收益高的特点。比如，遇有廉价原材料等不寻常的购买机会，就可以用手头现金大量购入。当预期利率上升，有价证券价格将要下跌时，投资动机就会鼓励现金持有者持有现金，直到利率上升；反之，现金持有者则会投资于有价证券，以便从有价证券价格的上升中得到收益。用于投资的现金需要量的大小一般与酒店的投资机会和对待风险的态度有直接关系。

（四）补偿性动机

银行为企业提供服务时，通常会收取一定的服务费用，但不得强制企业保留存款余额作为补偿，企业应根据银行收费标准支付合理费用。同时，银行贷给企业款项也需要企业在银行中留有存款以保证银行的资金安全。这种出于银行要求而保留在企业银行账户中的存款就是补偿动机要求的现金持有。

大多数企业持有的现金余额都是出于以上四个方面的考虑。但是，由于各种条件的变化，每一种动机需要的现金数量是很难确定的，而且往往一笔现金余额可以服务于多个动机，如出于预防或投机动机持有的现金就可以在需要时用于企业采购。所以，酒店必须综合考虑多方面因素，合理分析自身的现金状况。

二、酒店现金管理的内容

现金是酒店经营过程中重要的因素之一，对现金的管理就构成了酒店流动资产管理的重要内容。现金管理的主要内容如下：

（1）制订现金收支计划，以便合理地预测未来现金流量，保证现金的合理使用。

（2）通过对现金的日常控制，严格现金收支管理，运用加速收款或延缓付款等方式保证现金流不中断。

（3）确定最佳现金余额，降低持有现金的机会成本。当现金短缺时，使用短期融资策略，保证资金的使用；当现金多余时，使用还款或有价证券投资策略，以减少成本费用开支。

三、酒店最佳现金余额的确定

现金同时具有流动性最强和盈利性最差两个典型特征。酒店经营过程中，库存现金过多，会导致利润水平降低；库存现金过少，又会造成经营困难。因此，对于现金库存量也必须充分考虑收益与风险的关系，确定最佳库存现金余额成为管理现金的关键。最佳现金余额的确定方法有成本分析模式、现金周转模式、存货模式和随机模式等。

（一）成本分析模式

成本分析模式是根据现金的相关成本，分析其使相关总成本最低时确定现金持有量的一种方法。现金的相关成本包括管理成本、机会成本和短缺成本。

1. 管理成本

管理成本是企业因持有一定数量的现金而发生的管理费用，企业拥有现金，会发生如管理制度设计、建立完善内部控制体系以及管理人员工资、安全措施费等管理费用。这些费用是现金的管理成本。管理成本是一种固定成本，在一定时期一定现金持有量范围之内通常保持不变，不随现金持有量的变化而变化。与现金持有量关系最为密切的是机会成本和短缺成本。因此，在研究成本分析模式确定最佳现金持有量时，重点关注机会成本和短缺成本。

2. 机会成本

机会成本也称为持有成本，是指酒店为保留一定现金余额，不能同时用该现金进行有价证券投资而放弃的再投资收益。机会成本与现金持有量呈正比例变动，属于变动成本。酒店现金持有量越大，放弃的投资收益越高，机会成本就越高。酒店持有现金会因此增加管理费用，这部分费用在一定范围内与现金持有量基本无关，属于固定费用开支。则持有现金的机会成本可以表示为

$$机会成本=现金持有量\times机会成本率$$

实务工作中，机会成本率通常可用有价证券的利息率来表示。假定有价证券利息率为 10%，某酒店年均持有 100 万元的现金，则该酒店每年现金的机会成本为10 万元。

3. 短缺成本

现金的短缺成本是指在现金持有量不足而又无法及时通过有价证券变现加以补充而给企业造成的损失，包括直接损失与间接损失。企业因缺乏必要的现金，不能应付业务开支所需，会使企业蒙受损失或为此付出代价。例如，由于现金短缺而无法购进急需的原材料，从而使企业的生产经营中断而给企业造成损失，这是直接的损失；由于现金短缺而无法按期支付货款或不能按期归还货款，将给企业的信用和企业形象造成损害，这是间接损失。现金的短缺成本随现金持有量的增加而下降，随现金持有量的减少而上升，现金持有量与短缺成本呈反向变动关系。

现金持有量的成本分析模式就是通过对机会成本和短缺成本进行分析而找出最佳现金持有量的方法，即要找到机会成本、管理成本和短缺成本所组成的总成本最低点对应的现金持有量——最佳现金持有量。现金持有相关成本与持有量之间的关系如图 6. 1 所示。

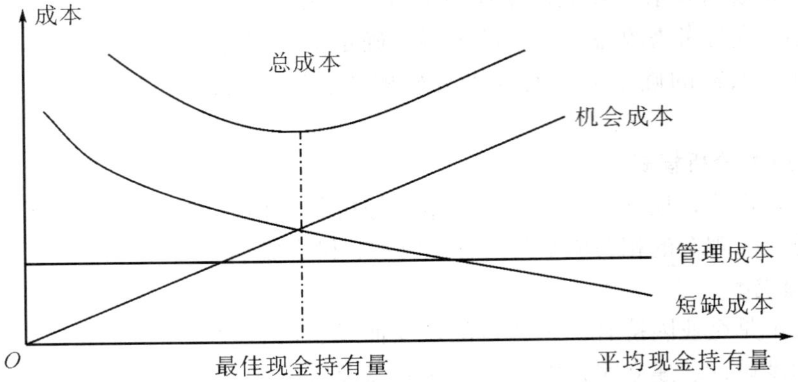

图 6.1　现金持有相关成本与持有量之间的关系

由图 6.1 可见各项成本与现金持有量的变动关系。总成本曲线呈抛物线，抛物线最低处即成本最低点，该点所对应的现金持有量即最佳现金持有量。

成本分析模型的计算步骤如下：

（1）根据不同现金持有量测算各备选方案的有关成本数值；

（2）按照不同现金持有量及其有关部门成本资料，计算各方案的机会成本和短缺成本之和，即总成本，并编制最佳现金持有量测算表；

（3）在测算表中找出相关总成本最低时的现金持有量，即最佳现金持有量。

【例 6-1】银杏标准酒店现有 A、B、C、D 四种现金持有方案，有关成本资料如表 6.1 所示。

表 6.1　各现金持有方案的成本资料

项目	方案 A	方案 B	方案 C	方案 D
现金持有量/万元	200	250	300	350
管理成本/万元	2	2	2	2
机会成本率/%	10	10	10	10
短缺成本/万元	50	30	10	0

根据表 6.1 计算的现金最佳持有量测算表如表 6.2 所示。

表 6.2　银杏标准酒店现金最佳持有量测算表　　单位：万元

项目	方案 A	方案 B	方案 C	方案 D
现金持有量	200	250	300	350
管理成本	2	2	2	2
机会成本	20	25	30	35
短缺成本	50	30	10	0
相关总成本	72	57	42	37

根据上述分析，D 方案的相关总成本最低。因此，银杏标准酒店的最佳现金持有量为 350 万元。

（二）现金周转模式

现金周转模式根据现金周转速度来确定最佳现金持有量。现金周转速度有周转期和周转率两种表现形式。酒店现金周转期指从支付现金购买消耗性物品、床上用品等开始至提供服务收回现金整个过程所花费的时间。这一过程又包括三个阶段：

（1）存货周转期。这一阶段指将消耗性物品、床上用品等存入仓库至领用这一过程所需的时间。

（2）应收账款周转期。这一阶段指应收账款发生至收回现金所需的时间。

（3）应付账款周转期。这一阶段指购买消耗性物品发生应付款至支付现金所需的时间。

由于现金收入和支出的时间差异，即使盈利的企业也会存在现金周转方面的困难。现金周转指的是持续的现金流动，这种流动主要是通过营运资本的各项循环实现的，包括现金、应收账款、存货、应付账款等。现金的周转过程大体上包括应收账款周转、存货周转、应付账款周转等环节，各环节的现金周转期情况如图 6.2 所示。

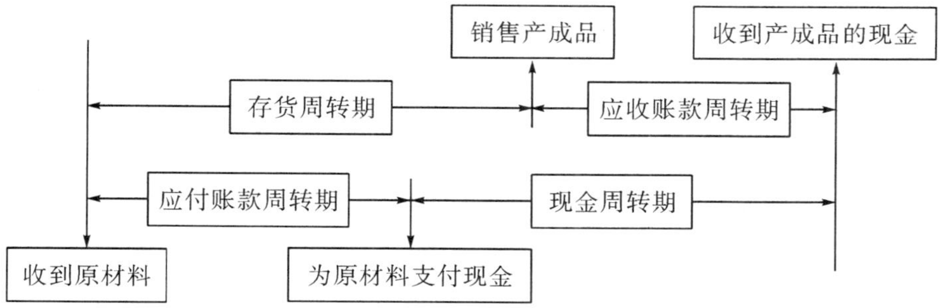

图 6.2　各环节的现金周转期情况

从图 6.2 中我们可以得出现金周转期的公式为

现金周转期=存货周转期+应收账款周转期-应付账款周转期

其中：

存货周转期=平均存货÷每天的销货成本

应收账款周转期=平均应收账款÷每天的销货收入

应付账款周转期=平均应付账款÷每天的销货成本

因此，可以通过加快生产和销售产品来缩短存货周转期；通过加速应收账款的回收来缩短应收账款周转期；通过减缓支付应付账款来延长应付账款周转期。

现金周转期确定后，即可计算最佳现金持有量。

$$最佳现金持有量=\frac{年现金需求总额}{360}\times现金周转期$$

$$现金周转率=\frac{360}{现金周转期}$$

【例 6-2】根据测算，银杏标准酒店全年需用现金 1 080 万元，预计存货周转期为 80 天，应收账款周转期为 40 天，应付账款周转期为 30 天。要求：计算最佳现金持有量。

$$现金周转期=80+40-30=90（天）$$

$$最佳现金持有量=\frac{1\ 080}{360}\times 90=270(万元)$$

$$现金周转率=\frac{360}{90}=4(次)$$

经计算得知，银杏标准酒店最佳现金持有量为 270 万元。

（三）存货模式

存货模式是根据存货经济订货批量模型原理来确定最佳现金持有量的。这一模型最早由美国学者鲍默尔（W. J. Baumol）于 1952 年提出，因此又称鲍默尔模型。存货模型假设企业的现金收入每隔一段时间发生一次，现金支出则是在一定时期内均匀发生的。在此期间，企业可以通过销售有价证券获得现金。即在该模式下，企业通过证券市场将现金管理与短期有价证券的管理结合起来，现金充足时可购买短期有价证券，以获得收益；现金短缺时可出售短期有价证券，以换取现金。

在存货模型下，持有现金的总成本包括两个方面：

一是持有成本，也即机会成本，是指持有现金所放弃的收益，这种成本通常是有价证券的利息，它与现金余额成正比。

二是转换成本，也即交易成本，是指现金与有价证券转换的固定成本，包括经纪人费用、捐税及其他管理成本，这种成本只与交易的次数有关，而与现金的持有量无关。如果现金期初余额较大，那么持有现金的机会成本较高，但转换成本减少；如果现金期初余额较小，那么持有现金的机会成本低，但转换成本上升。

两种成本合计最小的条件下的现金余额为最佳现金余额，即

存货模式下现金持有成本=机会成本+转换成本

计算公式为

$$\mathrm{TC}=\frac{T}{Q}\times b+\frac{Q}{2}\times i$$

式中：TC——总成本；

B——现金与有价证券的转换成本；

T——特定时间内的现金需要量总额；

Q——理想的现金转换数量（最佳现金余额）；

I——短期有价证券利息率。

当持有现金的机会成本与转换成本相等时，现金持有成本最低，此时最佳现金持有量为

$$Q=\sqrt{\frac{2Tb}{i}}$$

最低的现金持有总成本为

$$\mathrm{TC}=\sqrt{2Tbi}$$

现金的机会成本和转换成本组成的相关总成本曲线如图 6.3 所示，从该图中可以看出，总成本最低时，也即机会成本与交易成本相等时的现金持有量是最佳现金持有量。

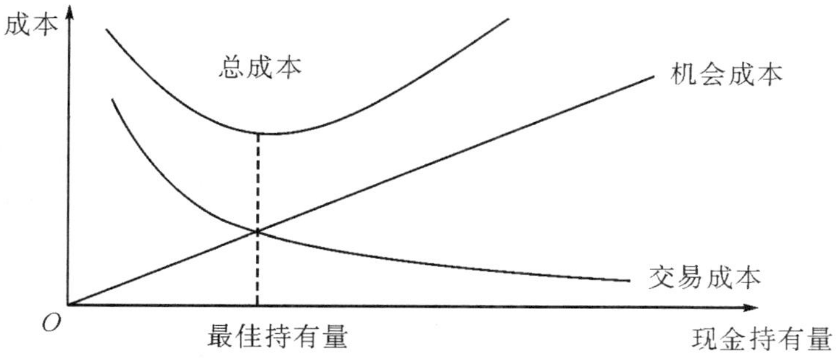

图 6.3　现金的机会成本和转换成本组成的相关总成本曲线

【例 6-3】银杏标准酒店每年现金总需求量是 1 000 万元，每次现金与有价证券的转换成本为 100 元，有价证券的年利率为 5%。要求：计算该酒店的最佳现金持有量和最低现金持有成本。

最佳现金持有量 $Q=\sqrt{\dfrac{2\times 10\ 000\ 000\times 100}{5\%}}=200\ 000$（万元）

最低现金持有成本 $TC=\sqrt{2\times 10\ 000\ 000\times 100\times 5\%}=10\ 000$(元)

最佳现金持有量的机会成本 $=\dfrac{200\ 000}{2}\times 5\%=5\ 000$(元)

最佳现金持有量的转换成本 $=\dfrac{10\ 000\ 000}{200\ 000}\times 100=5\ 000$(元)

则酒店最佳现金持有量为 200 000 元，最低现金持有成本为 10 000 元。

（四）随机模式

随机模型又称米勒-欧尔模型（Miller-Orr model），是由默顿·米勒（Merton Miller）和丹尼尔·欧尔（Daniel Orr）创建的，是一种基于不确定性的现金管理模型。在实际工作中，企业现金流量往往具有很大的不确定性。正因为如此，该模型假定企业无法确切预知每日的现金实际收支状况，现金流量服从正态分布，而且现金与有价证券之间能够自由兑换。图 6.4 对现金余额的随机波动情况进行了描述。

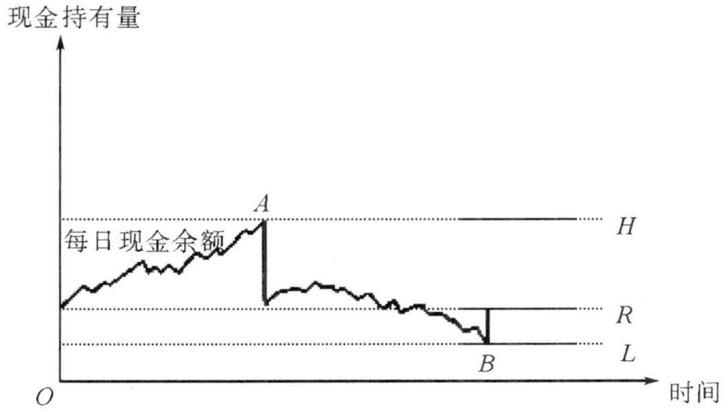

图 6.4　随机模型分析

企业每日现金流量可能低于也可能高于期望值，其变化是随机的。由于现金流量波动是随机的，只能对现金持有量确定一个现金余额控制区域，定出上限（H）和下限（L）。当企业现金余额在上限和下限之间波动时，表明企业现金持有量处于合理水平，无须进行调整。当现金余额达到上限时，则将部分现金转换为有价证券；当现金余额下降到下限时，则卖出部分证券。R 为最佳现金余额，也就是现金余额随机波动的均衡点和目标水平。随机模式的最佳现金余额的计算公式为

$$R = L + \sqrt[3]{\frac{3b\,\delta^2}{4r}}$$

式中：R——最佳现金余额；

L——现金余额下限；

B——证券交易成本；

δ——每日现金余额的标准差；

r——有价证券的日收益率。

下限 L 的确定要受到企业每日最低现金需要量、管理人员的风险承受倾向等多种因素的影响，最低可确定为零。现金余额上限线（H）的计算公式为

$$H = L + 3 \times \sqrt[3]{\frac{3b\,\delta^2}{4r}}$$

从图 6-4 可以看到，现金持有上限（H）到最优返回线（R）的距离大概是现金持有下限（L）到最优返回线（R）距离的两倍，因此，现金持有上限 H 可以表示为

$$H=3R-2L$$

【例 6-4】银杏标准酒店现金部经理决定 L 值应为 10 000 元，估计公司现金流量标准差为 1 000 元，持有现金的年机会成本率为 15%，$b=150$ 元。

根据随机模型，可求得

$$R = 10\,000 + \sqrt[3]{\frac{3 \times 150 \times 1\,000^2}{4 \times 15\%/360}} = 16\,607(\text{元})$$

$H=3\times16\,607-2\times10\,000=29\,821$（元）

该公司目标现金余额为 16 607 元。如现金持有额达到 29 821 元，则买进 13 214 元（29 821-16 607）的有价证券；若现金持有量降至 10 000 元，则卖出 6 607 元（16 607-10 000）的有价证券。

四、酒店现金的日常管理

（一）酒店现金管理规定

（1）酒店收入的现金，主要是收到的营业款和其他应收款、从银行提取的现金、收取转账起点以下的现款、职工交回的差旅费剩余款等。

（2）各营业场所收取的现金、转账支票、信用卡卡单等必须存入酒店指定的专用保险箱并做好相应的台账登记。

（3）对于保险箱内的营业款必须由两人同时开启，由总出纳进行清点并每日送存银行，不得从营业收入中坐支现金。

（4）加强现金库存限额的管理，超过库存限额的现金应及时存入银行。

（5）酒店现金支出必须遵守国家有关现金管理制度的规定，在允许的范围内办理现金支付业务。根据《现金管理条例》的规定，酒店的现金开支范围主要包括：

①支付职工工资、津贴，支付个人劳务报酬；

②根据有关规定发给个人的各种现金，支付各种劳保、福利以及国家规定的对个人的其他支出；

③出差人员必须随身携带的差旅费、结算起点（1 000元）以下的零星支出；

④中国人民银行确定需要支付现金的其他支出。

不属于现金开支范围的业务应当通过银行办理转账结算。

（6）现金收支必须当日登记现金日记账，做到日清日结、账款相符，严禁白条或原始凭证抵库。

（7）各部门的收付款项都应通过财务部门入账，任何部门和个人都不得自行保留现金，不得私设小金库。

（8）各部门因工作原因需要配备备用金时，应向财务部门提出申请，经财务部负责人审核批准后由专人负责办理。备用金支用不得超过规定范围和业务内容，不得挪作他用。财务部门应定期抽查备用金使用情况。

（二）酒店现金的内部控制

1. 人民币现钞控制

（1）人民币现钞检测。对于每天收取现金的酒店收银员，必须进行人民币防伪识别的岗前培训，正确掌握人民币的防伪特征和鉴别方法，避免误收假币，给酒店造成损失。

（2）现金收付控制。酒店收银员在办理现金收付业务时，必须当面点清且唱收、唱付。

出现短款会导致酒店或收银员个人蒙受损失；出现长款会造成客人的不满和投诉，影响酒店声誉。在实际收付过程中，无论是对客办理现金结算，还是员工之间的钱款交接，都必须严格执行规范操作流程，以明确各自的责任，减少差错的出现。

（3）现金收入解缴控制。酒店收取现金的环节很多，收银服务具有分散性和零散性，为防止现金收取后在解缴环节流失，要求收银员必须严格按照标准操作流程执行：

①收银员要根据当班所开立的账单，填制“营业点收银员收入明细表”。

②将该收入明细表与计算机系统打出的“收银员收入日报表”进行核对，做到账表相符、账款相符。

③经旁证复核后，将现金、票证等封入缴款袋并签封，直接投入保险箱，并登记缴款袋入柜记录。

2. 外币的控制

（1）外币兑换汇率及交易价格。汇率是指两种不同货币之间的兑换比率，又叫作汇价。

如果把外汇也看作一种商品，那么汇率即在外汇市场上用一种货币购买另一种货币的价格。外汇通常有以下两种标价方法：

①直接标价法，即以一定单位的外国货币为标准，标出应付若干本国货币金额的方法。

②间接标价法，即以一定单位的本国货币为标准，标出应付若干外国货币金额的方法。

目前世界上绝大多数国家均使用直接标价法，我国的外汇牌价也采用此方法。外汇牌价，即外汇指定银行外汇兑换挂牌价，是各银行根据中国人民银行公布的人民币市场中间价以及国际外汇市场行情，制定的各种外币与人民币之间的买卖价格。这种外汇牌价实时变动，即使同一天牌价也有所不同。

（2）外币兑换证明。酒店可以为客人提供外币兑换服务，需要填写“外币兑换证明”（水单）。其作用是：为客人提供详细的兑换证明，兑换证明作为账务处理的原始依据；当客人需要兑回外币时，可作为兑换依据。

（3）外币兑换业务操作程序。根据酒店与银行签订的代兑外币业务协议的规定，银行向酒店提供一定数额的兑换周转金，由外币兑换专人管理，并单设保险柜存放，在兑换过程中，需执行下列程序：

①兑换员每天早上要按银行公布的外汇牌价及时更换显示牌上的牌价表。

②准备好当天使用的水单，检查是否联号，有无缺号现象。

③当客人办理兑换时，经办员必须请客人填写水单。填写内容必须齐全、完整、一致，不得涂改。

④经办员接过客人所要兑换的外币现钞或旅行支票和填写齐全合规的水单及有效证件后，审核填写内容是否与客人的证件相符。核点外币现钞或旅行支票的金额，币种与水单上的外币金额栏内的金额数字、货币符号是否相符。鉴别外币现钞或旅行支票的真伪，审核是否属于兑换范围。

⑤办理旅行支票兑付业务时，必须要求客人在柜台上当面进行复签，并认真核对旅行支票的初签、复签是否一致，初、复签与客人证件上的签字及水单上的签字是否相同。

⑥经审核上述内容符合要求后，经办人在牌价栏内写上当日人民币市场现钞买入价，计算出兑换人民币的数额，填写在实付人民币金额栏内。兑换旅行支票时，将外币金额扣除贴息数额，得出净额写在净额栏内，乘以外汇买入价，得出实付人民币数额，填写在实付人民币金额栏内。在摘要栏内注明现钞（CASH）或旅行支票（T/C），在水单一式三联加盖经办人个人名章，经复核员复核无误后，加盖清晰的外汇兑换专用章。

⑦将应付人民币连同水单客人联一同交予客人复点。

⑧每班结束，填制“外币兑换明细表”。

3. 备用金的控制

备用金是指酒店内部各营业部门做日常零用的款项。酒店各营业部门的收银点、采购部门都需要一定数量的备用金用于收银找零、处理外币兑换业务、支付垫付款等。

（1）备用金分类。酒店备用金包括营运性备用金、总出纳处备用金和零用现金。

①营运性备用金。营运性备用金有三种形式：

第一，专管备用金。由保管人专人专用，只限于保管人当班时间在指定当班地点运作，下班时须锁入指定的保险箱中。

第二，滚存备用金。按照某部门营运特点（如前台为24小时运作）而授予该岗位运作而非个人，此类备用金由当班保管人下班时移交给接班的保管人，双方点算金额无误后在特设的备用金交接本上签字交收。

第三，临时备用金。各营业点按特殊情形需领用临时备用金时，填写“备用金申请单”，注明该临时备用金的金额、用途及退还时间，按酒店规定流程逐级审批后方可借支。

②总出纳备用金。总出纳备用金用于应付营业性备用金的变化情形及临时性需要。总出纳员下班时须将备用金锁入其专用保险箱中。

③ 零用现金。财务部门可另设零用现金，由专人负责，以便各部门报销小额费用。

（2）备用金的数量控制。

①备用金的份数控制，取决于酒店营业网点的多少和营业规模的大小。

②备用金的数额控制，取决于营业部门收费标准的高低、营业部门的业务量和业务范围、客人的付款方式等。现款消费客人多的，备用金需求量就多；挂账消费客人多的，备用金需求量就少。

（3）备用金的保管与控制。

①备用金的使用范围仅限于“备用金申请单”上指定的用途，保管人不得移作他用，更不得带离酒店。

②备用金由酒店财务部统一建账，负责登记和清理工作。

③备用金的借支应严格按照制度执行，若前款未结清，不得再申请借款。需补足备用金时，需办理相关借款手续，报财务部审核。

④员工因故调岗、离职，必须先结清所欠个人备用金，才能办理相应手续。

⑤财务部应定期检查备用金的使用情况，核对备用金的金额，并填制“备用金核查情况表”说明检查结果，对于核查出的长短款，要说明原因并提出处理意见。

4. 银行存款的管理规定

（1）酒店应严格按照国家《支付结算方法》，正确地进行银行存款收支业务的结算，并按照《企业会计制度》的规定核算银行存款的各项收支业务。

（2）酒店除了按规定留存的库存现金以外，所有的货币资金都必须存入银行。酒店与其他单位之间的一切收付款项，除制度规定可以用现金支付的部分外，都必须通过银行办理转账结算。

（3）银行账户开设需由财务部负责人申请，经酒店总经理批准；严禁擅自开设、出租、出借银行账户。

（4）严格遵守银行结算纪律，不准签发没有资金保证的票据或远期支票，套取银行信用。

（5）支票领取者，在完成审批程序后需在支票登记簿上写明领用日期、付款内容并签字后，方可领用。

（6）财务部门签发转账支票时，应登记并将支票项目填写齐全，当无法明确收款单位名称、金额时，也应把支票用途、签发日期填写清楚，不得签发空头支票。

（7）为准确掌握银行存款实际金额，防止银行存款账目发生差错，必须定期对银行账户进行核对，每月至少核对一次，如发现未达账项，应编制“银行存款余额调节表”进行调节，使银行存款日记账与银行对账单调节相符。若发现不符情况应查明原因，及时处理。

5. 应对现金短缺的措施

（1）控制应付款的支出时间。酒店应在合同约定的付款期限内支付应付款项。如因资金周转困难需延迟付款，应与供应商协商并取得同意，避免因延迟付款导致的法律风险和信用损失。

（2）加速应收款的回收。酒店可以向销售客户提供现金折扣，鼓励其在信用期内提前付款；尽量缩短应收账款的收账期。

（三）酒店现金的收支管理

对现金进行日常管理的目的在于加速现金的周转，尽快收回现金。为此，酒店应根据成本与收益比较的原则，采用适当的方法加速现金的回收，提高现金的使用效率。现金回收的途径主要有如下两个：

1. 加速收款

在不影响酒店未来收益的情况下，应尽可能地缩短现金回收的时间。如果允许使用现金折扣，则应尽量采用这一方法，以加快现金的回收。加速收款的目的不但是要及早回款，而且是要将这些款项尽早转化为可用现金。对于散客，由于是现收现付，不存在加速收款的问题；对于旅游社团，则应尽可能采用预收款的方式来加速收款。

2. 控制支出

酒店收款时，应尽量加快收款的速度。付款时，也应尽量延缓现金支出的时间。控制现金支出主要有以下四种。

（1）合理利用浮游量。浮游量指单位账户上存款余额与银行账户上所列存款余额之间的差额。单位账户上的现金与其在开户行账户中的现金往往不一致，而且一般小于银行里的可用现金。酒店在合理利用浮游量时，应严格遵守《支付结算办法》和《现金管理暂行条例》的规定，避免出现银行透支或违规使用资金的情况。正确使用浮游量可以适当减少现金持有量，提高现金的使用效率，达到节约现金的目的。

但使用浮游量必须注意的问题是：

①如果付款不及时，会使酒店的信用度受损；

②可能出现银行存款的透支。因此，必须谨慎地使用浮游量这一用资方式，控制使用的时间及额度。

（2）尽量推迟付款时间。酒店可以在保证信誉不受损的情况下，尽量延迟应付款的支付时间。如酒店在采购消耗性物品时，对方开出的付款条件是“2/10，*n*/30”，财务部门应安排在发票开出日期后的第10天付款，最大限度地利用现金而又不丧失现金折扣。如遇企业急需现金，甚至可以放弃供货方的折扣优惠，在信用期的最后一天支付款项。当然，需要权衡折扣优惠与急需现金之间的利弊得失后再定夺。

（3）采用汇票形式延迟付款。承兑汇票被提交给开户行时，开户行应将其交给签发者以获得承兑。随后，付款人将汇票所列金额交存银行，这样无形中推迟了付款人调入资金支付汇票实际所需的时间，从而达到延期付款的目的。

（4）争取现金流入与流出同步。如果现金流入与流出的时间能趋于一致，酒店就可以将其交易性现金余额降到较低水平。为此，经营者应人为调整现金流入和流出的时间，提高现金的使用效率。

第三节　酒店应收账款管理

随着酒店之间竞争的加剧，许多企业为了招揽更多的客户，扩大营业额、增加盈利，除了依靠打广告、降低价格、提高服务质量等方法外，在结算上还采用了赊销的方式，由此就产生了应收账款，另外销售和收款的时间不一致也会产生应收账款。这里所论述的应收账款的管理主要是对因赊销方式而产生的应收账款的管理。

应收账款是酒店对外提供劳务或商品等应向客户收取而尚未收取的款项。应收账款增加的同时，资金成本、坏账损失等费用也会相应增加，尤其在金融危机显现时，更有必要控制应收账款的数量，采取相应措施，降低产生坏账的风险。

一、应收账款产生的原因

（一）市场竞争

在激烈的市场竞争环境下，酒店需要采用各种手段扩大销售以增加营业收入，除依靠价格优势、提高服务品质、加大广告宣传等手段外，赊销也是酒店吸引客源提高市场占有率常用的手段之一。对于同等档次的酒店，在其他条件相差不大的情况下，实行赊销的酒店销售额将大于实行现销的酒店销售额，因为客户可从延缓付款时间这一商业信用中获得利益。

（二）销售与收款的时间差

酒店提供服务产品与收取客人消费款的时间不一致，也导致了应收账款的产生。酒店允许住店客人在店期间赊账消费，离店时通过各种结算方式结账。各种结算方式下资金到账的时间长短不同，资金到账时间越长，产生的应收账款就越多。

二、应收账款对酒店的影响

（一）有利影响

1. 扩大销售，增加营业收入，提高市场占有率

酒店提供商业信用，能有效吸引部分资金周转暂时不灵或不愿及时付款的客户来店消费，从而增加酒店的销售收入，提高市场占有率。

2. 减少存货积压，加速营业资金的周转

酒店扩大了销售，能及时消耗酒店积压的存货，减少存货占用资金，加速酒店营业资金的周转。

（二）不利影响

1. 降低酒店的资金利用效率

客人通过签单或赊账消费，使酒店不能及时回收消费款，酒店应收账款占用大量流动资金，将造成酒店资金周转困难，严重时会影响酒店正常的经营活动。

2. 夸大酒店的经营成果

由于我国酒店实行的记账基础是权责发生制，发生的当期赊销全部计入当期收入，因此酒店账面上收入的增长不代表现金流的增加。酒店大量应收账款的存在，虚增了

账面收入，在一定程度上夸大了经营成果，增加了酒店的财务风险。

3. 加速酒店的现金流出

签单挂账消费能产生较多的账面利润，但这并不是真正使酒店现金流量增加，反而增加了酒店各种税费，加速了酒店的现金流出。

4. 应收账款管理成本增加，酒店承担坏账损失风险

酒店面对大量的应收款账，需安排专人进行管理，对应收账款进行动态监控，及时了解和分析应收款动态情况，还要对应收账款的相关重要账款资料进行妥善保管，使应收账款能按时按量收回。如果酒店收款不及时，或是客户有意拖欠、赖账，尤其是客户破产，酒店都要承担坏账损失的风险。

三、应收账款的成本

（一）机会成本

应收账款的存在使得资金被客户占用，酒店就会丧失将该笔资金用于投资其他项目获取收益的机会，从而产生机会成本。这是一种隐性成本，酒店不需现实支付，但在进行应收账款决策时需加以考虑。这一成本的大小通常与酒店维持赊销业务所需要的资金数量和资金成本率有关。如不使用应收账款的方式而将其资金投放于有价证券即可得到利息收入。这种因投放于应收账款而放弃的收入即机会成本。机会成本的计算公式为

$$\text{应收账款机会成本}=\text{维持赊销业务所需资金}\times\text{资金成本率}$$

在我国，资金成本率通常按照有价证券利息率计算。维持赊销业务所需资金数的计算步骤如下。

1. 计算应收账款平均余额，公式如下：

$$\begin{aligned}\text{应收账款平均余额}&=\text{年赊销额}/360\times\text{平均收账天数}\\&=\text{平均日赊销额}\times\text{平均收账天数}\end{aligned}$$

式中：平均收账天数一般按照客户各自赊销额占总赊销额比重为权数的所有客户收账天数的加权平均数计算。

2. 计算维持赊销业务所需资金，公式如下：

$$\begin{aligned}\text{维持赊销业务所需资金}&=\text{应收账款平均余额}\times\frac{\text{变动成本}}{\text{销售收入}}\\&=\text{应收账款平均余额}\times\text{变动成本率}\end{aligned}$$

（二）管理成本

管理成本是对应收账款进行日常管理而支付的费用，是从应收账款的产生到收回过程中，所有与应收账款管理有关的费用总和。管理成本主要包括制定信用政策产生的费用、对客户资信调查和跟踪费用、信息收集费用、专职信用管理部门的管理费用、应收账款账簿记录费用和收账费用等。

（三）坏账成本

应收账款因某些原因不能收回而发生的损失被称为坏账成本。坏账成本一般与应收账款发生的数量呈正比例变化。为了避免发生坏账给经营活动带来不必要的损失，酒店应合理提取坏账准备。

总之，在一定时期内酒店应收账款成本是持有应收账款的机会成本、管理成本和坏账成本之和。通常情况下，应收账款数额越大，发生的应收账款成本越高。

四、应收账款的信用政策

酒店要进行应收账款的管理，需要通过信用政策的变化加以控制和调节。信用政策是指酒店对应收账款容许的最大风险程度、信用期限和折扣率等所采取的政策。通常，松弛的信用政策会刺激销售，但会增加应收账款数额；紧缩的信用政策会减少坏账损失和应收账款的数额，但会影响销售。所以酒店信用政策的成功与否，关键在于信用政策实施后，收入与费用相比较，企业的利润究竟是增加了还是减少了。酒店在制定信用政策时，应遵循《中华人民共和国消费者权益保护法》和《中华人民共和国反不正当竞争法》的要求，确保信用政策的合法性与合理性。企业信用政策通常由总经理、总会计师、专门的信用经理以及相关的赊销部门经理讨论制定。信用政策主要包括信用标准、信用条件和收账政策。

（一）信用标准

信用标准是酒店同意向客户提供商业信用而提出的基本要求，是客户获得酒店商业信用应具备的最低条件。信用标准的意义在于酒店用此标准去衡量客户的信用状况，以决定是否向客户予以赊销，如果达不到，客户只能付现款消费。

影响信用标准制定的基本因素包括竞争对手的基本情况、酒店承担风险的能力及客户的资信状况等。如果制定的信用标准很严，只对信誉很好、坏账损失率很低的客户给予赊销，则会减少坏账损失，有利于降低违约风险和收账费用，但不利于酒店竞争能力的提高和营业收入的增加；如果制定的信用标准比较宽松，虽然有利于竞争能力的提高和营业收入的增加，但会增加坏账损失，增加违约风险和收账费用。

确定是否向客户提供信用，必须做好以下两项工作：调查评估客户的资信状况；确定合理的信用标准。

1. 调查评估客户的资信状况

酒店可通过客户提供的财务报告、开户银行出具的资信证明、专业的信用评估机构及酒店同行的信用评价等途径收集客户的信息资料，从而对客户的信用状况进行评估。目前国际上通用的是资信调查的“6C”系统。“6C”系统，即品德（character）、能力（capacity）、资本（capital）、抵押品（collateral）、条件（condition）和连续性（continuity）。

（1）品德，是客户的信用品质，直接反映在回款速度和数额上。每一笔信用交易，都隐含了客户对酒店的付款承诺，如果客户没有付款的诚意，则该应收账款的风险就大大增加了。品德反映了客户履约或违约的可能性，是信用评价体系中最重要的因素。

（2）能力，包括客户的经营能力、管理能力和偿债能力，即其流动资产的数量和质量以及与流动负债的比例。同时，还要注意客户流动资产的质量，看是否存货过多、过时或质量下降，影响其变现能力和支付能力的情况。能力越强，酒店的应收账款风险就越低。

（3）资本，是指客户的财务实力和财务状况，表明客户可能偿还债务的背景。该指标主要根据有关的财务比率来测定客户资产的多少及其获利的可能性。

（4）抵押品，是客户在拒付或无力支付时被用作抵押的资产。这对于不知底细或信用状况有争议的客户尤其重要。一旦收不到这些客户的款项，酒店作为债权方就可以通过处理抵押品获得补偿。

（5）条件，是指可能影响客户付款能力的经济环境，包括一般经济发展趋势和某些地区的特殊发展情况。比如，如果出现经济不景气，会对客户产生什么影响，客户会如何应对等，这需要了解客户在过去困难时期的付款历史。

（6）连续性，是指客户持续经营的可能性。这需要从客户内部的财务状况、产品更新换代，以及科学技术发展情况等来进行综合评价。

2. 确定合理的信用标准

酒店在确定信用标准时，通常是以预期的坏账损失率作为判断标准。酒店所允许的坏账损失率越低，表明其信用标准越严格。如果酒店的信用标准较严，只对信誉好的客户提供信用，则会降低酒店的坏账风险，但会因条件过于严格而降低销售额；宽松的信用标准虽然会增加销售额，但发生坏账的风险加大，应收账款的机会成本就会提高。合理的信用标准应当是使得增加赊销额所取得的收益大于机会成本和风险损失。

【例 6-5】假设银杏标准酒店的销售全部为赊销，销售毛利率保持不变，应收账款的机会成本率为 15%，在当前信用政策和建议信用政策下的经营情况如表 6.3 所示，试判断企业应该采用哪种信用政策。

表 6.3　银杏标准酒店当前信用政策和建设信用政策下的经营情况

当前信用政策	建议信用政策
信用条件：30 天付清	信用条件：2/10，n/30
销售收入：20 万元	销售收入：25 万元
销售毛利：4 万元	享受现金折扣的比例：60%
平均坏账损失率：8%	平均坏账损失率：6%
平均收现期：50 天	平均收现期：25 天

销售毛利率＝4/20×100%＝20%

Δ 销售毛利＝（25−20）×20%＝1（万元）

Δ 机会成本＝（25×25/360−20×50/360）×15%＝−0. 16（万元）

Δ 坏账成本＝5×6%+20×（6%−8%）＝−0. 1（万元）

Δ 折扣成本＝25×60%×2%＝0. 3（万元）

Δ 净利润＝1+0. 16+0. 1−0. 3＝0. 96（万元）

以上计算表明，建议的信用政策可以带来更多的净利润，因此，建议的信用政策可行。

【例 6-5】采用增量法进行决策，即通过比较不同信用政策所产生的增量收益来得出结论。在这种情况下，通常需要测算如下几个项目的变化情况：①信用标准变化对销售利润的影响；②应收账款机会成本的变化；③坏账成本的变化；④管理成本的变化（上例中这项成本忽略不计）。还有一种方法是对各个信用方案各自可能产生的净收益进行计算，并在比较净收益的基础上进行决策，这种方法通常也称为总量法。

分析信用标准，一般通过以下三步：

（1）确定信用等级的评价标准。在对客户资料进行调查分析，确定评价信用优劣的数量标准时，往往采用有关财务指标作为信用的评价指标。

【例6-6】银杏标准酒店对客户的信用标准进行评价，经比较找到最好和最差客户的有关指标见表6.4。

表6.4 信用标准

序号	指标	信用标准	
		信用最好客户	信用最差客户
1	流动比率	2.2：1	1.5：1
2	速动比率	1.2：1	0.89：1
3	现金比率	0.48：1	0.27：1
4	产权比率	1.95：1	4.2：1
5	已获利息倍数	3.8：1	1.72：1
6	有形净值负债率	1.6：1	3：1
7	应收账款平均收账期/天数	35	60
8	存货周转率/次	7	3
9	总资产报酬率/%	38	27
10	付款履约情况	及时	拖欠

（2）利用已有或潜在客户的财务数据，计算各自的指标值，并与上述指标比较。利用财务数据进行比较时，需要计算客户的指标值。若客户的某项指标值等于或低于差的信用标准，则该客户的拒付风险系数（坏账损失率）增加10%；若客户的某项指标值在好与差的信用标准之间，则该客户的拒付风险系数（坏账损失率）增加5%；若客户的某项指标值等于或高于好的信用标准，则该客户的拒付风险系数（坏账损失率）为0。有关指标计算后，将客户的各项指标的拒付风险系数累加，就得出该客户发生坏账损失的总比率。

【例6-7】银杏标准酒店对某客户的信用状况进行评价，得出有关指标和累计风险系数见表6.5。

表6.5 某客户信用标准

序号	指标	标准值	拒付风险系数/%
1	流动比率	2.2：1	0
2	速动比率	1.4：1	0
3	现金比率	0.4：1	5
4	产权比率	1.9：1	5
5	已获利息倍数	3.8：1	0
6	有形净值负债率	2.1：1	5

表6.5(续)

序号	指标	标准值	拒付风险系数/%
7	应收账款平均收账期/天数	34	0
8	存货周转率/次	7.2	0
9	总资产报酬率/%	38	0
10	付款履约情况	及时	0
11	累计拒付风险系数		15

在表6.5中，客户的流动比率、速动比率、已获利息倍数、应收账款平均收账期、存货周转率、总资产报酬率及付款履约情况都等于或好于信用标准值，这些指标产生的拒付风险的系数为0；现金比率、产权比率和有形净值负债率指标值介于信用好与信用差之间，发生的拒付风险系数累计为15%。通过分析，可认为客户预期可能发生的坏账损失率为15%。

实际分析有关数据时，可以选用更多的指标数值作为评价标准。

（3）进行风险排队，确定有关客户的信用等级。根据风险系数的分析数据，将客户的累计风险系数由小到大进行排序，划分客户的信用等级。对不同信用等级的客户，采用不同的信用对策。

（二）信用条件

信用条件是指酒店要求客户支付赊销款项的条件，包括信用期限、信用额度和现金折扣。

1. 信用期限

信用期限是酒店为客户规定的最长的付款时间界限，并在信用合同中加以明确。信用期限越长，能吸引的客户越多，越能增加酒店的销售额。但信用期限过长，会加大应收账款的管理成本、机会成本和坏账损失风险，造成资金占用，给酒店的经营带来不利影响。酒店需权衡利弊，合理确定信用期限，在成本效益原则下，使酒店总收益最大。

2. 信用额度

信用额度是酒店允许客户在一定信用期限内的最高赊销额，超过该额度客户只有现结或结清欠款后方可继续签单挂账。酒店合理确定某客户的信用额度，需要综合考虑自身的资金实力、销售政策、外部的竞争压力和客户的信用等级等诸多因素。

3. 现金折扣

现金折扣是指酒店给客户以适当的折扣，吸引客户提前付款，以缩短酒店收账期。如现金折扣表示为“2/10，1/20，n/30”，即客户履约最迟付款期为30天，如果客户能在10天内付款，则可以享受2%的折扣，在20天内付款可以享受1%的折扣，在超过20天的30天内付款则不享受任何折扣。酒店是否愿意提供现金折扣主要是看加速收款所获得的收益能否补偿现金折扣的成本。

（三）收账政策

收账政策亦称收账方针，是指当客户违反信用条件，拖欠甚至拒付账款时所采用的收款策略与措施，也就是说酒店采取何种合理的方法最大限度收回被拖欠的账款。

酒店对各种不同过期账款的催收方式，即收账政策是不同的。对过期较短的客户，不过多地打扰，以免将来失去这一市场；对过期较长的客户，频繁地通过信件催款并电话催询；对过期很长的客户，可在催款时措辞严厉，必要时提请有关部门仲裁或提请诉讼等。

当账款经常被客户拖欠或拒付时，酒店首先应分析现有的信用标准及信用审批制度是否存在漏洞，然后重新对违约客户的资信状况进行调查评估。对于信用品质恶劣的客户应当从信用名单中排除，对其所拖欠的款项可先通过信函、电话或者派员前往等方式进行催收，态度可渐加强硬，并提出警告。当这些措施无效时，则可以提请法院裁决。对于信用记录一向正常的客户，在去电、去函的基础上，可派人与客户直接协商，彼此沟通意见，达成谅解妥协，既可密切相互间关系，又有利于较理想地解决账款拖欠问题。

一般来说，收账费用越大，收账措施越有力，可收回的账款越多，坏账损失也就越小。因此，酒店在确定收账政策时，要在增加的收账费用与减少应收账款而节约的存置成本和坏账损失之间进行权衡。

【例 6-8】银杏标准酒店应收账款原有的收账政策和拟改变的收账政策见表 6.6。假设资金利润率为 10%，根据表 6.6 中的数据，计算两种方案的收账总成本（见表 6.7）。

表 6.6　收账政策备选方案资料

项目	现行收账政策	拟改变的收账政策
年收账费用/万元	100	120
应收账款平均收账期/天	72	60
坏账损失占应收账款的百分比/%	0.5	0.3
应收账款额/万元	9 000	9 000
变动成本率/%	60	60

表 6.7　收账政策备选方案评价　　单位：万元

项目	现行收账政策	拟改变的收账政策
应收账款额	9 000	9 000
应收账款平均收账期/天	72	60
应收账款平均余额	9 000/360×72＝1 800	9 000/360×60＝1 500
应收账款占用的资金	1 800×60%＝1 080	1 500×60%＝900
收账成本		
应收账款机会成本	1 080×10%＝108	900×10%＝90
坏账损失	9 000×0.5%＝45	9 000×0.3%＝27
年收账费用	100	120
收账总成本	253	237

从表 6-7 的计算结果可以看出，拟改变的收账政策比现行的收账政策减少的坏账损失和应收账款机会成本之和为 36 万元［（45-27）+（108-90）］，大于增加的收账费用 20 万元（120-100）。因此，改变收账政策的方案可行。

影响酒店信用标准、信用条件和收账政策的因素很多，如前面所提及的应收账款平均收账期、现金折扣和现金折扣期限、坏账损失、机会成本等都会影响到信用政策的制定。一般来说，信用政策应是酒店采取某项信用政策时所带来的收益最大的政策。

五、应收账款的日常管理

应收款项管理的有效性直接影响到酒店资金周转和经济效益的实现，也直接影响到酒店资产的质量和资产营运能力。按照《企业财务通则》以及《财政部关于建立应收款项管理制度的通知》等文件的规定，酒店应采取以下措施，加强应收款项的管理。

（一）建立应收款项台账管理制度

酒店应当按照客户设立应收账款台账，台账详细反映内部各业务部门以及各客户应收账款的增减变动、余额及其每笔款项账龄等财务信息。同时，应加强合作管理，对债务人执行合同的情况进行跟踪分析，预防或减少坏账风险。

酒店财务管理部门应当定期编制应收账款明细表，向酒店管理人员和有关业务部门反映应收款项的余额和账龄等信息，及时分析应收款项管理情况，提请有关责任部门采取相应措施，以减少资产损失。

应收账款的账龄结构是指不同账龄应收账款余额占应收账款总额的比重。虽然每次应收账款发生的时间长短不一，对应收账款的收账政策也应有所不同，但一般情况下，应收账款逾期时间越长，账款催收的难度越大，出现坏账的可能性也越大。酒店财务部门在制定应收账款收回政策时，应充分考虑应收账款的账龄结构，确定不同账龄的收款方式。

【例 6-9】银杏标准酒店 2×25 年的应收账款账龄分析表见表 6.8。

表 6.8　应收账款账龄分析表

应收账款	账龄账户数量	金额/万元	比重/%
信用期内（30 天以内）	100	200	29.63
超过信用期 1 个月内	80	170	25.19
超过信用期 2 个月内	65	130	19.26
超过信用期 3 个月内	35	80	11.85
超过信用期 4 个月内	20	50	7.41
超过信用期 5 个月内	11	30	4.44
超过信用期 6 个月内	7	10	1.48
超过信用期 6 个月以上	3	5	0.74
应收账款余额合计		675	100

从表 6-8 的计算结果可以看出，该酒店应收账款中，在信用期内的应收账款有 200 万元，占全部应收账款的 29.63%。逾期应收账款余额为 475 万元，其中：绝大部分的

应收账款逾期在6个月以内，有0.74%的应收账款逾期已达6个月以上。酒店应具体分析逾期账款来自哪些客户，发生逾期未付款的原因，是否经常发生逾期未付款的情况等。一般情况下，应收账款逾期时间越短，账款催收的难度越小，出现坏账的可能性也越小。

对不同逾期未付款及信用状况不同的客户，酒店应采取不同的收账政策，以收回更多的款项；对尚未到期的应收账款应采取积极的收账政策，尽早收回款项。

（二）建立应收款项跟踪管理责任制度

对酒店而言，应当依法理财，对到期的应收款项要提醒客户依约付款；对逾期的应收款项，应采取多种方式尽早催收；对与酒店利益关系重大的逾期应收款项，酒店应首先通过与客户协商、调解等方式解决应收账款逾期问题。如协商无效，可依法申请仲裁或向人民法院提起诉讼。为减少坏账损失可与债务人协商，对逾期应收款项按一定比例折扣后收回。对于此类应收款项，根据董事会或经理办公会审议决定和债权债务双方签订的有效协议，可以将折扣部分作为损失处理。

酒店应当落实内部催收款项的责任，将应收款项的回收与内部各业务部门的绩效考核及奖惩挂钩。对造成逾期应收款项的有关部门和人员，应在酒店内部以适当的形式予以警示，接受员工的监督。对造成坏账损失的有关部门和人员，应按照酒店内部的管理制度给予相应的处罚。

在追索逾期应收款项的过程中，按照酒店内部财务管理制度规定支付给专门的收账机构及人员的劳务费用、诉讼费用等，直接作为当期费用处理，不得挂账。

（三）建立应收款项年度清查制度

每年年终时，应组织专人全面清查各项应收款项，并与债务人核对清楚，做到债权明确、账实相符和账账相符。需要说明的是，如果在同一单位出现应收款项与应付款项，应付款项也应同时查清。该债务人的应付款项，也应同时从应收款项中抵扣，以确认应收款项的真实数额。

（四）建立坏账核销管理制度

在清查核实的基础上，对确实不能收回的应收款项应当作为坏账损失处理。属于经营期间发生的坏账损失，作为当期损益处理；属于清算期间发生的坏账损失，作为清算损益处理。坏账损失处理后，酒店应当依据税法的有关规定向主管税务机关申报，按照会计制度规定的方法进行核算。

（五）建立应收款项管理的责任追究制度

对酒店内部管理制度不健全导致应收款项管理混乱的；经营活动中恶意经营导致坏账损失的；通过关联交易转移酒店财产，随意核销应收款项给酒店造成巨大损失的；资产重组中逃避应收款项追讨责任，导致国有资产流失及擅自核销国有资产情况的，各级主管财政机关及国有资本持有人有权予以纠正。对于直接责任人员和其他有关责任人，应当按照国家有关规定和酒店内部管理制度追究其责任。

第四节 酒店存货管理

存货是酒店经营不可缺少的物质条件，是酒店在经营过程中为销售或耗用而储备的资产，包括食品和饮品原料、棉织品、商品物资、工程维修材料、动力燃料、装饰用品、低值易耗品等。

酒店拥有足够的存货，不仅有利于经营活动的顺利进行，而且能够及时满足消费者的需要，可以使酒店为客户提供更好的服务，避免由于存货不足而给酒店经营带来负面影响。但存货增加，必然要占用更多的流动资金，使酒店付出更大的持有成本，增加更多的存储与管理费用，影响酒店的获利能力。存货在一个企业流动资产中所占的比重较大，且经常处于销售、耗用和重置之中，流动性很强，容易损坏变质或被盗。因此，酒店必须建立健全适合酒店业务特点的存货管理制度，包括存货的采购及验收入库制度、发出制度、保管制度及存货的盘存制度等，以加强存货的管理，提高企业资金使用效率。

一、酒店存货管理的主要内容

（一）酒店存货的分类

存货按在酒店经营中的经济用途划分，可分为：

1. 原材料

原材料是指经过生产加工后能构成产品对外出售的各种餐饮原材料。其中食品原材料是厨房、酒吧为生产和服务专用的各种食品材料、配料、调料以及库存未用、月末盘点的在产品、半成品。饮品原材料包括各种软饮料和含酒精的饮料。

2. 物料用品

物料用品是指用于生产加工的辅助用品、客房客用品、餐厅客用品、洗衣房客用品、办公用品、劳动保护用品、工程维修零配件等，它是低值易耗品之外一次性消耗、价值较低、不做摊销会计处理的零星物品。

3. 低值易耗品

低值易耗品是指在规定的使用年限内（一般为一年以内），价值低于固定资产标准以下的各种劳动材料，如瓷器、玻璃器皿、银器、不锈钢厨具、餐具、针棉织品、员工制服以及柜台、木质货架（不锈钢货架列为固定资产）、家具、营业用具、包装容器、洗衣房的各种洗涤用品、餐厅的洗涤用品、清洁剂、干燥剂等。它是价值较低、货物数量较大且易损耗、使用期限短的材料。

4. 燃料

燃料是指酒店在生产、服务和经营过程中所需用的各种液体、气体和固体燃料，如汽油、煤油、柴油、煤、酒精等。

5. 物料用品

物料用品指除原材料、燃料、低值易耗品以外的经营管理用品，主要包括：

（1）旅游用品，指为旅游客人备用的物品，如茶叶、小食品、纪念品等。

（2）日常用品，指企业经营管理备用的日常用品，包括清洁用品、纸制品、塑料制品、瓷器、玻璃器皿和银器等。

（3）办公用品，指为客人备用的各种纸张、笔墨、文具等。

（4）针棉织品，指各种床单、被罩、台布、窗帘、毛巾、浴巾等针棉织品和统一制作的制服。

（5）包装用品，指各种桶、箱、瓶、坛、袋等包装物品。

（6）其他物品，指除上述物品以外的各种零星物料用品。

6. 商品

商品是指酒店商品部、餐饮部等部门为销售而购买储存的无须加工的各种物品，如百货、工艺品、食品等。

（二）酒店仓库的分类

酒店仓库根据各类存货的种类不同分设不同的类型仓库，如设置食品库、冷库、饮品库、物品库、工程仓库、杂品库、燃料库等，以保证存货满足企业生产经营所需。当然有些酒店因存储空间有限可以减少仓库的数量。酒店仓库一般分为以下几种：

（1）餐饮部的鲜货仓、干货仓、蔬菜仓、肉食仓、冰果仓、烟酒仓、饮品仓。

（2）商场部的百货仓、工艺品仓、烟酒仓、食品仓、山货仓。

（3）动力部门的油库、天然气库、建筑装修材料库。

（4）管家部的清洁剂、清洁液、清洁粉、洁具仓。

（5）绿化部的花盆、花泥、种子、肥料、杀虫剂仓。

（6）客房部的布件仓、家具设备仓、陶瓷小货仓。

存货管理主要控制存货的数量、存货的品质，既要保证正常经营的需要，又要使存货维持最佳水平，使企业资产的资金占用及使用效率最优。

二、酒店存货的成本

（一）存货成本的构成

酒店持有存货，一方面是为了保障酒店日常经营的需要，以便在为客人提供服务产品的过程中随时可用，不至于因为存货短缺而造成服务中止，影响酒店服务质量；另一方面是为了从批量采购中获得供应商有优势的供应价格和服务。但是，酒店如果存货过多，又会增加相应的成本，还可能给酒店带来一定的损失。所以，酒店需要在存货成本和存货效益之间做出权衡，以实现存货管理的最佳水平。酒店的存货成本主要包括四项：采购成本、订货成本、储存成本和缺货成本。

1. 采购成本

采购成本是存货本身的价值，等于购买存货的数量与单价的乘积，也即购入存货的发票价格。如进口货物，其买价应是离岸价加海上运费、保险费、进口关税等。在物价稳定、无数量折扣的前提下，采购成本的高低取决于采购数量的多少。

2. 订货成本

订货成本是在采购过程中发生的各项费用支出，包括采购人员的差旅费、通信费、办公费，存货的物流费用、搬运费等。订货成本的高低有些与订货次数无关，是固定成本，如酒店采购部门的办公费、人员工资等；有些与订货次数相关，是变动成本，订货次数越多，订货成本就越高，如采购人员的差旅费与通信费、存货的物流费用等。显然，订货成本的高低与订货次数相关，订货次数越多，订货成本就越高。

3. 储存成本

储存成本是酒店为持有存货而发生的成本费用支出，包括存货的仓储费用、库存损耗、仓库管理人员的基本工资、仓库的日常开支、购置存货而产生的利息费用、保险费等，还有因存货资金的占用而丧失的机会成本，即酒店利用资金购买存货而失去的其他投资机会可能带来的投资收益。

储存成本可以按照与储存数额的关系分为变动性储存成本和固定性储存成本两类。其中：变动性储存成本如存货的库存损耗、存货资金占用费、保险费等与存货储存额呈正比例变动关系，属于与决策有关的成本。固定性储存成本，如折旧费用、管理人员薪酬等与存货储存额无必然联系，属于与决策无直接关系的成本。

4. 缺货成本

缺货成本是由于存货供应不足而给酒店造成的损失，包括因缺货丧失的销售机会、紧急采购而发生的超出正常采购的成本、对酒店商誉的影响等。缺货成本能否作为决策的相关成本，应视经营者是否允许出现存货短缺的不同情况而定。若允许发生缺货成本，缺货成本与存货数量反向相关，即属于决策成本；若不允许发生缺货成本，缺货成本为零。实际工作中，因计量困难，缺货成本往往不予考虑。缺货成本与存货的持有量成反比。

（二）存货成本项目的管理

掌握了存货成本的构成，是为了更好地进行成本项目管理。具体做法要点如下：

（1）由于存货买价取决于购入存货的数量和存货的价格，所以在管理时应注意存货购入的数量不能过多，应合理确定购入量，以避免占用企业过多资金。另外，购入存货时应货比三家，选择价钱合理又符合本企业所需档次的存货，以降低采购成本。

（2）订货成本中的差旅费、运杂费多属可控成本，因此在订货时，在同一种存货价格、质量、品种、规格、型号大致相同的前提下，要选择离本企业较近的供应商，以降低差旅费、运杂费、途中损耗等多项开支。

（3）储存成本中仓库的折旧费、维修费、管理人员的工资属于不可控成本，而存货的挑选整理费、搬运费、变质、被盗、损耗等项费用是可控的，所以对这些费用的管理应有所区别，可以采用提高工作效率、加强经济责任制、实施存货科学管理等方法来降低其开支。

（4）酒店在管理存货成本时，应建立健全内部控制制度，按照《企业内部控制基本规范》的要求，合理控制存货成本。酒店应尽量避免缺货成本的出现，以减少不必要的费用开支，保证酒店正常经营业务活动的开展。

三、酒店存货管理的目标

酒店存货管理的目标，就是在保证生产或销售经营需要的前提下，最大限度地降低存货成本。具体包括以下几个方面：

（一）保证生产经营正常进行

酒店生产过程中需要的原材料和在产品，是生产的物质保证，为保障生产的正常进行，必须储备一定量的存货；否则可能出现生产中断、停工待料的现象。

（二）有利于销售

一定数量的存货储备能够增加酒店在生产和销售方面的机动性和适应市场变化的能力。

当企业市场需求量增加时，若产品储备不足就有可能失去销售良机，所以保持一定量的存货是有利于市场销售的。

（三）降低存货取得成本

一般情况下，当酒店进行采购时，进货总成本与采购物资的单价和采购次数有密切关系。而许多供应商为鼓励客户多购买其产品，往往在客户采购量达到一定的数量时，给予价格折扣，所以酒店通过大批量集中进货，既可以享受价格折扣，降低购置成本，也因减少订货次数，降低了订货成本，使总的进货成本降低。

（四）防止意外事件的发生

酒店在采购、运输、生产和销售过程中，都可能发生意料之外的事故，保持必要的存货保险储备，可以避免和减少意外事件的损失。

酒店的存货不断地被耗用和重置，以维持正常的经营。如果存货置存过少，无法满足正常经营，易形成缺货，影响酒店服务质量；如果存货置存过量，长期不用的存货不仅占用企业的资金，且易变质腐烂或被盗，同时也会因为丧失机会成本给企业带来损失。因此，存货的管理需要在存货成本与存货效益之间做出平衡。

四、酒店存货管理决策

存货管理决策，是指依据存货的管理目标要求对存货进行控制的过程。酒店存货管理决策涉及的内容主要有：进什么货、从什么地方进货、进多少货、什么时间进货，其中前两个问题由酒店的生产使用部门与采购部门决策，后两个问题是与财务部门相关的。所以，在存货管理决策中，财务人员关心的是经济批量，即“进多少货”的问题，还有再订货点，即“什么时间进货”的问题。

（一）经济订货批量的确定

酒店存货管理的目的在于通过确定合理的进货批量和进货时间，使存货的总成本最低，这一批量称为经济订货批量，或经济批量。

经济订货批量（economic order quantity，EOQ），也称最佳订货量，是通过平衡采购进货成本和保管仓储成本核算，以实现总库存成本最低的最佳订货量。经济订货批量是固定订货批量模型的一种，可以用来确定酒店一次订货的数量。当企业按照经济订货批量来订货时，可实现订货成本和储存成本之和最小化。

存货经济订货批量基本模型需要设立的假设条件如下：

（1）企业能够及时补充存货，即需要订货时便可立即取得存货；

（2）能集中到货，而不是陆续入库；

（3）不允许缺货，即无缺货成本；

（4）存货需求量稳定，即为已知的常数；

（5）存货单价稳定，不存在数量折扣。

在满足以上假设的前提下，存货的进价成本、进货的固定费用和储存固定成本均为常量，因为不存在缺货，短缺成本也不是决策的相关成本。因此与存货决策相关总成本的公式可以表示如下：

$$TC = \frac{D}{Q} \times K + \frac{Q}{2} \times C$$

其中：TC——存货的持有成本；

D——全年需求量；

Q——每次的订货量；

K——每次订货的变动成本；

C——单位存货的储存成本。

建立经济批量模型是要计算出经济批量，即使存货的持有成本最小的经济批量（Q）是多少。我们可以利用导数求得

$$Q^* = \sqrt{\frac{2DK}{C}}$$

经济批量下的存货持有成本（TC）为

$$TC = \sqrt{2DKC}$$

全年最佳订货次数（N）为：

$$N = \frac{D}{Q^*} = \sqrt{\frac{DC}{2K}}$$

【例 6-10】银杏标准酒店预计年需用客用洗浴用品 6 000 套，单位采购成本为 10 元，单位储存成本为 9 元，平均每次进货费用为 30 元，假设客用洗浴用品不存在缺货的情况，且存货的采购单价稳定，无商业折扣，存货市场供应充足，酒店资金充足。

要求：（1）计算客用洗浴用品的最佳订货量。

（2）计算客用洗浴用品的最低存货持有成本。

（3）计算客用洗浴用品的最佳订货次数。

解：

依据题意，已知：D=6 000 吨，K=30 元/次，C=9 元/吨。

（1）最佳订货量：

$$Q^* = \sqrt{\frac{2 \times 6\,000 \times 30}{9}} = 200(\text{套})$$

（2）最低存货持有成本：

$$TC = \sqrt{2 \times 6\,000 \times 30 \times 9} = 1\,800(\text{元})$$

（3）最佳订货次数：

$$N = \frac{6\,000}{200} = 30(\text{次})$$

经济订货批量也可以通过坐标图来确定，先计算出不同批量的各有关成本，再在坐标上描出各有关成本构成的订货成本线、储存成本线、采购成本线和存货总成本线。订货成本线和储存成本线的交点即总成本的最低点，对应的订货量即经济订货批量（最佳订货量），如图 6.5 所示。

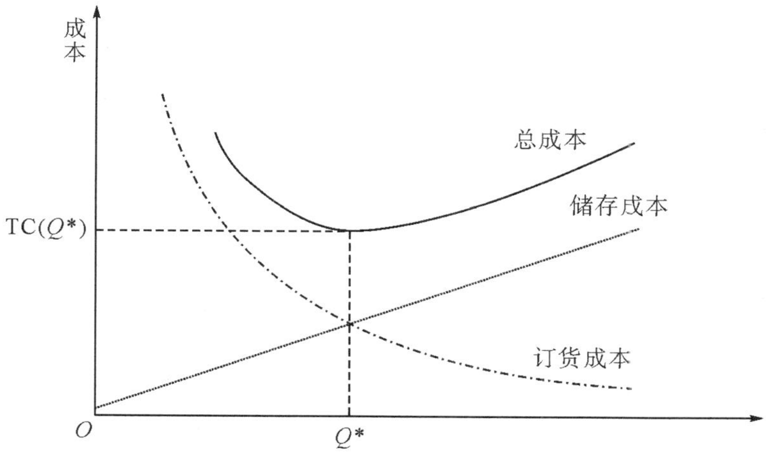

经济批量模型的成本

图 6.5　经济订货批量模型

（二）实行数量折扣条件下经济进货模式

在上述经济批量的计算分析中，没有涉及商业折扣的情况。在实际工作中，购买存货通常还存在数量优惠，购买越多，企业可获得的价格优惠会越大。因此，在存在商业折扣的情况下，计算经济进货批量时，既要考虑存货的进货和储存成本，又要考虑存货的买价。此时的存货总成本等于购置成本、变动订货成本和变动储存成本之和，经济订货批量即这三种成本之和为最小时的批量。

享受数量折扣条件下经济进货批量模型计算的基本步骤是：

（1）按照基本模型确定出无数量折扣情况下的经济进货批量及其总成本；

（2）考虑不同批量的进价成本差异因素，通过比较确定出成本总额最低的进货批量，即有数量折扣时的经济进货批量。

【例 6-11】银杏标准酒店某种材料的年需要量为 4 000 千克，每千克单价为 20 元，销售方规定：客户每批购买量达 1 000 千克时价格可优惠 2%；购买量达 2 000 千克时价格可优惠 3%，已知该材料每批订货成本为 60 元，单位材料的年储存成本为 3 元，则：

（1）在没有价格折扣时（进货批量 1 000 千克以下）：

$$Q^* = \sqrt{\frac{2 \times 4\,000 \times 60}{3}} = 400(\text{千克})$$

TC＝4 000×20+4 000/400×60+400/2×3＝81 200（元）

或＝4 000×20+ $\sqrt{2 \times 4\,000 \times 60 \times 3}$ ＝81 200（元）

（2）进货批量为 1 000 千克时，可享受 2%的价格优惠：

TC＝4 000×20×（1−2%）+4 000/1 000×60+1 000/2×3＝80 140（元）

（3）进货批量为 2 000 千克时，可享受 3%的价格优惠：

TC＝4 000×20×（1−3%）+4 000/2 000×60+2 000/2×3＝80 720（元）

通过以上结果比较可知，成本总额最低的经济进货批量为 1 000 千克。同理，这个结论也是建立在基本经济进货批量模型其他各种假设条件均具备的前提下的。

（三）再订货点的确定

再订货点是指订购下一批存货时本批存货的最低储存量，它解决的是“什么时间进货”的问题。最低储存量也称安全储存量，是存货在仓库中应储存的最少数量。低于此数量就有可能造成存货短缺，进而影响酒店的正常生产经营需要。一般而言，存货从申购到采购再到验收有一个过程，因此要准确计算出再订货点，保证生产经营所需。

设置最低储存量需考虑四个关键因素：

①存货的日耗用量，使用部门需定期核验，以保证其准确度。

②申购周期，即采购申请单审批所需的时间。

③采购周期，即供应商接到订单组织货源，到送达酒店的时间。

④安全周期，采购需考虑可能的不确定因素，适当增加一定的安全天数。

再订货点＝平均每日正常耗用量×交货时间+安全储备量

＝存货的日耗用量×（申购周期+采购周期+安全周期）

式中：

安全储备量＝（预计每日的最大耗用量－平均每日的正常耗用量）×交货时间

交货时间是指从订货日到交货日的时间间隔。由此可推出：

再订货点＝预计每日最大耗用量×交货时间

【例6-12】银杏标准酒店订购的沐浴液包装规格为50瓶/箱，客房部月用量估计2 100瓶，申购周期需5天，采购周期需25天，设置安全周期为10天，供应商的起订量为每批20箱，求该沐浴液的最低储存量是多少。

解：

最低储存量＝2 100/30×（5+25+10）＝2 800（瓶）

因沐浴液的包装规格为50瓶/箱，最终核定最低储存量为2 800瓶（56箱），一旦达到或低于该数量警戒线，仓库需立即申请采购下一批。

五、酒店存货的日常管理

在存货的日常管理过程中，不仅需要考虑存货的购进数量和购进时间对存货成本的影响，而且需要在存货的日常流转过程中加强管理和监控，合理使用存货，提高存货资金的使用效率。

（一）存货的定额管理

定额管理是酒店推行计划管理、质量管理、经济核算和人力资源管理的基础。存货定额是指酒店在一定时期、一定技术水平和管理水平下，为完成经营服务所必须消耗的存货数量标准。

1. 影响酒店存货消耗定额的因素

影响存货消耗定额的因素主要有：酒店等级规格、存货折损率、不同操作技术水平、存货的生命周期、存货的储存或保养条件、设备性能等。

（1）酒店等级规格。一般来说，酒店等级规格越高，存货消耗品种越多、数量越大，存货定额的确定就越复杂。

（2）存货折损率。不同存货的折损率是不同的。蔬菜、肉类、水产、干货等食品原材料在经过初加工后有明显的折损率，而餐厨具、设备、棉织品的折损率是隐性的，需要经过一个完整的生命周期才能确定。

（3）不同操作技术水平。标准、科学的操作技术水平能减少存货的消耗，反之，则会造成存货的浪费。如棉织品的洗涤，为达到一定的洗净度，如果操作人员采用科学的洗涤方式，不仅可以节约洗涤剂用量，而且会减轻棉织品的磨损程度，延长其使用寿命。但如果洗涤方式不科学，则会加速棉织品的磨损，缩短其使用寿命，导致棉织品的消耗增加。

（4）存货的生命周期。生命周期短的存货，消耗定额大，如纸巾、洗浴用品等一次性客用品；生命周期长的存货，消耗定额小，如小家具等耐用品。

（5）存货的储存或保养条件。如果酒店的仓储条件好，达到存货储存要求的温度、湿度、通风等条件，且在使用过程中注意保养，如皮具经常擦拭，瓷器、玻璃器皿轻拿轻放，则可以减少存货的消耗定额。

（6）设备性能。酒店的设备性能好，与之相关的存货消耗定额就少。如酒店的洗碗机、洗衣房设备等，如果性能好，不但可以提高餐具、棉织品的洗净率，而且可以减少其磨损程度，降低消耗定额。

2. 确定酒店存货消耗定额的程序

（1）将存货消耗定额任务下达到各部门，详细说明存货消耗定额的意义和内涵，根据酒店各部门存货消耗工作的要求，确定存货消耗定额标准。

（2）各部门根据工作特点，详细制定单位产品或商品、单位接待能力所需存货配备表。

（3）确定一次性用品单位时间或单位产品消耗定额，注意按照不同用品的不同特性选用不同计量单位和计算标准。

（4）确定多次性用品在寿命期内的损耗率或一个时期内的更新率。

（5）综合汇总。在确定酒店存货消耗定额的过程中，要注意区分客用存货和店用存货。

客用存货消耗定额制定时尽量从宽，以应付特殊情况的发生；店用存货消耗定额制定时应从严，在酒店员工中树立节能观念。

3. 存货消耗定额的确定

（1）客房用品消耗定额的确定。酒店客房用品一般分为一次性客用品和多次性客用品。一次性客用品，如供客人使用的牙膏、牙刷、香皂、拖鞋、纸、笔、洗衣袋等；多次性客用品，如毛巾、浴袍、床单、被套等。客房用品的消耗取决于客房的数量、出租率、每间客房用品配备量、用品的使用时间等。计算公式为

$$一次性客用品消耗量=间房用品储备量\times客房出租间天数\times（1-配备未使用系数）$$

$$多次性客用品消耗量=\frac{间房用品储备量\times客房出租间天数\times(1-配备未使用系数)}{用品平均使用次数}$$

$$客用品消耗定额=\sum(客用品消耗量\times单价)$$

$$客用品消耗定额=\Omega（客用品消耗量\times单价）$$

【例 6-13】银杏标准酒店有标准间 400 间，全年客房平均出租率为 80%，每间客房配备供客人使用的一次性洗涤用品 2 套，单价 10 元，未使用系数为 0.1；布草毛巾

配备 2 套，单价 30 元，可使用次数 200 次，未使用系数为 0.3。假设酒店客用品需储备 30 天用量，求该酒店客用品平均每月消耗资金定额。

解：

一次性洗涤用品月消耗量 = 2×400×80%×30×（1−0.1）= 17 280（套）

$$布草毛巾月消耗量 = \frac{2 \times 400 \times 80\% \times 30 \times (1 - 0.3)}{200} = 67.2(套)$$

酒店客用品消耗资金定额 = 17 280×10+67.2×30 = 174 816（元）

该酒店客用品平均每月消耗资金定额为 174 816 元。

（2）餐饮用品消耗定额的确定。餐饮用品主要是指餐具、桌布、餐巾、牙签、器皿、纸巾等。除牙签、纸巾外，酒店大部分的餐饮用品都是可以多次使用的。其计算公式为

一次性餐饮用品日均消耗量 = 餐位数量×餐位平均利用率×每餐位用品配备量

$$多次性餐饮用品日均消耗量 = \frac{餐位数量 \times 餐位平均利用率 \times 每餐位用品配备量}{用品平均使用天数}$$

$$餐饮用品消耗定额 = \sum(餐饮用品日均消耗量 \times 单价 \times 定额日数)$$

【例 6-14】银杏标准酒店西餐厅拥有餐位 200 个，餐位平均利用率为 60%，平均每餐位配备餐碟 2 个，每个餐碟单价为 3 元，每个餐碟平均能够使用 20 天。假设酒店客用品定额日数为 30 天。求该西餐厅餐碟消耗定额。

解：

$$西餐厅餐碟消耗定额 = \frac{200 \times 60\% \times 2}{20} \times 3 \times 30 = 1\ 080(元)$$

（二）采购管理

酒店存货采购是参照既定存货定额，在一定时期内购入不同品种、不同数量的存货，以保证酒店正常经营的需要。采购管理是建立在酒店存货定额基础上的，是对采购过程的管理和控制。

1. 采购管理的内容

（1）认真分析酒店各项经营业务的存货需要，依据市场存货供应情况，科学合理地确定采购存货的种类和数量。

（2）根据酒店业务部门对存货数量和质量的需求，通过比较存货供给价格，选择合适的供应商，及时订货或直接采购。

（3）控制采购活动全过程，使存货采购按时、按质、按量完成。

（4）严格采购管理制度和规范，制定严密的采购工作流程，使采购工作前后衔接、相互监督，并保证采购过程中的所有原始凭证得以妥善收集、整理和保存。

（三）验收管理

验收管理是酒店存货入库前必经的关键步骤和存货管理的关键环节之一。

1. 验收内容

在存货采购任务完成之后，酒店验收人员根据订货单以及交货通知单，检查所购存货品种、规格、数量、质量、价格是否准确，并详细记录检查结果，对合格的存货准予入库或直拨到使用部门，对不合格的存货予以拒收。验收包括检验和收货两部分。

（1）检验。检查有关存货采购的凭证、质量、数量、价格等项目。

（2）收货。验收合格的存货，收货员应根据其名称、规格、型号、单位、数量、单价和金额及时填写入库单，将各类物品及时入库或分发给使用部门。

2. 验收程序

（1）验收前的准备工作。采购员订货后，需及时将订货单转给仓库收货部门。通过订货单，收货员可以及时了解所购物品的基本情况，并将订购单与申购单相核对，若两者不一致，需及时通知财务部。在所购物品到店前，需安排好验收人员，准备好验收工具、收货场地，并将订货单准备好，以备使用。

（2）验收操作。酒店所购物资到店时，供应商会随货附有交货通知单。收货员依据订货单和交货单详细核对到店物资的名称、规格、数量、单价、金额等，检查外包装是否密实，测试外观和内在质量是否符合要求。验收完成后，发现问题当场向供应商反映，并做出全部或部分拒收的处理，填写双方签字认可的拒收单。

（3）存货入库。检验合格的存货及时分类存入仓库或分发使用部门。

（4）记录验收结果。收货员最终以书面形式记录验收情况，包括填制验收入库单、汇总收货日报。

（四）仓储管理

仓储管理的目的在于确保仓库存货的安全完整，尽量减少因管理方法不当、治安不力、防火不严、仓储条件简陋等导致的库存存货数量短缺或质量低下。

1. ABC 分类管理法

由于酒店存货品种众多，所占资金数量很大，单位价格相差悬殊，在实际工作中，必须分清主次，突出重点，区别不同情况分别采取相应的控制措施。ABC 分类管理法，是将库存物品按品种和占用资金的多少分为特别重要的库存（A 类）、一般重要的库存（B 类）、不重要的库存（C 类）三个等级，然后针对不同等级分别进行管理和控制。其原理就是按照存货价值的大小、使用数量的多少和占用资金的情况将存货分为三类，采用不同的管理方法。属于 A 类的是少数价值高的、最重要的项目，这些存货品种少，而单位价值却较大，实务中，这类存货的品种数大约只占全部存货总品种数的 10%，而从一定期间出库的金额看，这类存货出库的金额大约要占到全部存货出库总金额的 70%。属于 C 类的是为数众多的低值项目，其特点是，从品种数量来看，这类存货的品种数大约要占到全部存货总品种数的 70%，而从一定期间出库的金额看，这类存货出库的金额大约只占全部存货出库总金额的 10%。B 类存货则介于这两者之间，从品种数和出库金额看，大约都只占全部存货总数的 20%。ABC 分类管理标准如表 6.9 所示。

表 6.9　ABC 分类管理标准

分类	比例	价格	定额的综合程度	定额的计算	统计详细程度	库存检查	保险储备
A 类	占总品种数的 10%左右 占总金额的 70%左右	高	按品种或规格	详细	详细	经常	低
B 类	占总品种数的 20%左右 占总金额的 20%左右	一般	按大类	按过去记录	有记录	定期	较大
C 类	占总品种数的 70%左右 占总金额的 10%左右	低	按金额总计	按经验	金额总计	不定期	一般

上述 A、B、C 三类存货中，由于各类存货的重要程度不同，一般可以采用下列控制方法：

（1）对 A 类存货的控制，要计算每个项目的经济订货量和订货点，尽可能适当增加订购次数，以减少存货积压，也就是减少其昂贵的存储费用和大量的资金占用。同时，还可以为该类存货分别设置永续盘存卡片，以加强日常控制。

（2）对 B 类存货的控制，也要事先为每个项目计算经济订货量和订货点，同时也可以分享设置永续盘存卡片来反映库存动态，但要求不必像 A 类那样严格，为了节省存储和管理成本，只需定期进行概括性的检查即可。

（3）对 C 类存货的控制，由于数量多，单价很低，故存货成本也较低，因此，可以适当增加每次订货数量，减少全年的订货次数，对这类物资日常的控制方法，一般可以采用较简化的方法进行管理。

2. 仓储管理内容

（1）安排合适的仓储场所。酒店要对所购存货安排合适的仓储场所，就必须首先对存货进行合理的分类，可以从横向和纵向两方面进行。横向分类是根据存货的基本特征分类，以确定存货选择仓库的方向；纵向分类是在同一类存货内进行，以确定存货储存的位置。另外还需就近选库，尽量减少存货的搬运，加快存货的发放速度，提高存货质量。

（2）入库存放。存货入库需进行合理的堆放，根据存货的性质、形状、包装、重量等特征，考虑合理、牢固、定量、整齐、节约、方便等因素，从方便存放、方便盘点、方便领料、方便清扫等角度出发，堆放存货，以便对存货进行妥善保管，提高仓库利用率，减少仓储成本。

（3）货位编码。货位编码是指对入库的存货进行定位，将仓库、货架按一定的顺序统一编码，做出明显的识别性标志，以方便登记和准确找寻存货。

（4）存货保管。存货保管是指酒店采取各种有效可行的措施，确保存货的数量、质量，尽量降低存货储存成本。

在保障存货数量方面，酒店对入库的存货详细登记存货保管卡，以货架、货垛为单位或以物资种类为单位，详细记录每批存货的进出数、结存数、存储位置等信息，做到卡物相符，将保管卡挂在货架或货垛上，便于查找存货。同时，登记存货保管账，做到账卡相符，并作为存货清点盘存的主要依据。为保障存货数量，酒店要采取对仓库上锁、妥善保管钥匙、只允许专人进仓及设监控等防范措施。

在保障存货质量方面，酒店应做到：

①先进先出。先入库的先发出，尽量缩短存货的在库时间，以降低存货腐烂变质的可能性。

②保持良好的仓储环境。从温度、湿度、通风、照明、卫生等方面尽量使仓储条件符合存货的特征。

③做好存货的遮盖、衬垫工作，做到防尘、防潮；加强日常的养护工作，尽量减缓存货变质的速度。

④做好存货的清查盘点工作。根据存货的特性、仓储条件、季节交替等因素定期或不定期盘点存货，尤其是对易变质、易受潮、接近保质期、储存条件差的存货，更

需严格检查，并及时编制存货盘点表，汇报盘点报告。

（五）发放管理

存货发放是酒店存货的出口，酒店购入存货后直接拨给使用部门，或经仓库储存后由使用部门领用。

1. 存货的发放程序

使用部门根据经营业务的需要，编制请领计划，经部门负责人审核后形成请领单，交仓库，仓库保管员对请领单审核无误后，办理发放手续，填写领料单（出库单）。领料单所填内容应与实际发放的存货相符，包括数量、质量、规格、型号等各项指标，凡是未经复核、手续不全、账实不符的存货不予出库，严禁先发货后补手续和白条发货。

2. 存货数量短缺的处理

酒店出现存货数量短缺时，应及时查明原因，分清责任，及时处理。如对于仓库管理人员责任心不强，导致错发、多发、少发存货的情况，可采取追究责任、提出警示批评、经济处罚等措施；对于仓储条件差，不能有效起到防火、防潮、防虫、防盗的，要改善仓储条件；对于因存货自身的特性（如挥发），导致数量减少的情况，需要采取改善仓储环境、加强科学养护、缩短采购间隔时间、增加采购次数及减少库存等措施；对于因存货计量工具的原因，导致数量短缺，需要及时重置计量工具，并制定合理的存货管理误差率。

（六）存货淘汰、报废管理

酒店的食品和饮料等部分原材料，在加工过程中直接耗用转化为产品销售给顾客，但还有很多存货，如棉织品、餐具器皿、低值设备等，在长期使用后，需要经过一定的程序进行淘汰、报废处理。

1. 淘汰、报废的程序

由使用部门提出淘汰、报废申请，经过相关人员技术鉴定，部门经理、财务经理审核，总经理或副总经理审批后，予以处理。一般需填写物品报废单。

2. 淘汰、报废处理

（1）清理。对破损的餐具和报废后无任何使用价值的废品，酒店一般直接清理。

（2）组装或改作他用。有些低值设备淘汰后，可以将有用的零部件拆卸进行组装使用，有些物品可以改作他用，酒店在对淘汰、报废的存货进行处理时，应确保符合安全生产和环境保护的要求。如对报废的棉织品改成抹布。对物品进行组装或改作他用，需确保其安全性；对报废物品的清理和处置，应符合环保标准。

（3）出售。对更新换代的低值设备或部分半新半旧的棉织品等，可以通过廉价出售，收回部分价款。

（4）淘汰、报废登记。对已做淘汰、报废处理的存货应建立完整档案，以备后查，同时财务部门应对原有资产记录进行调整。

素质教育小故事

信誉的重量

在一个繁忙的都市中，有一家名为“恒信酒店”的高级酒店。恒信酒店的财务经理李莉是一位正直而富有责任心的人。她深知酒店的应收账款管理是酒店经营中的重要环节之一，而一家酒店的道德品质在应对应收账款时尤为重要。

有一天，酒店收到了一位客人的账单，金额相当可观。然而，李莉发现客人的信用卡支付失败，无法支付账单。李莉知道，这笔账款对酒店的财务状况会有很大影响，但她也深知酒店的道德责任。

李莉决定亲自去找这位客人，希望能与他沟通并找到解决办法。她了解到客人最近遇到了一些经济困难，无法及时支付账单。客人向李莉诉说了自己的困境，表示自己会尽力还清欠款，但需要一些时间。

李莉静静地听着客人的诉说，她能感受到客人的诚意和真诚。她心生一念，决定给予客人一次机会。她与客人达成了一项协议，客人将在一个约定的时间内还清欠款，并与酒店签署了相关的协议。

时间过去了，到了约定的时间，客人履行了自己的承诺，按时还清了欠款。李莉深感欣慰，她知道这次决策不仅是对酒店的财务管理负责，更是对酒店信誉和道德的维护。

这个故事传遍了恒信酒店的员工。李莉的行为激励着其他员工，在应对应收账款时保持道德和诚信。员工们明白，应收账款管理不仅仅是一种经济手段，更是对酒店信誉和道德价值的体现。

酒店赢得了客人们的信任和尊重，成为他们愿意一再光顾的选择。这个故事告诉我们，在酒店应收账款管理中，诚信和道德是不可或缺的，它们既是酒店信誉的重要支柱，也是酒店业务持续发展的关键。

章节练习

第六章小测

一、单项选择题

1. 下列选项中，不属于营运资金特点的是（　　）。

   A. 来源具有多样性

   B. 数量具有波动性

   C. 实物形态具有一致性和易变现性

   D. 周转具有短期性

2. 某酒店固定资产为800万元，永久性流动资产为200万元，波动性流动资产为200万元。已知长期负债、自发性负债和股东权益资本可提供的资金为900万元，则该企业采取的是（　　）。

A. 期限匹配融资策略　　B. 保守融资策略

C. 激进融资策略　　D. 折中融资策略

3. A企业是日常消费品零售、批发一体的企业，春节临近，为了预防货物中断而持有大量的现金。该企业持有大量现金属于（　　）。

A. 交易性需求　　B. 预防性需求

C. 投机性需求　　D. 支付性需求

4. 运用存货模式和成本分析模式计算最佳现金持有量，均会涉及现金的（　　）。

A. 机会成本　　B. 管理成本

C. 短缺成本　　D. 交易成本

5. 某酒店持有有价证券的平均年利率为4%，公司的现金最低持有量为2 000元，现金余额的回归线为9 000元。如果公司现有现金22 000元，根据现金持有量随机模型，此时应当投资于有价证券的金额是（　　）元。

A. 0　　B. 6 500

C. 13 000　　D. 20 000

6. 下列各项中，可以减少现金周转期的是（　　）。

A. 提前支付应付账款　　B. 加快制造产成品

C. 减缓应收账款的收回　　D. 延长存货周转期

7. 乙公司预测的年度赊销收入净额为4 500万元，应收账款收账期为30天，变动成本率为50%，资本成本为10%，一年按360天计算，则应收账款的机会成本为（　　）万元。

A. 10　　B. 18.75

C. 8.5　　D. 12

8. 在应收账款保理过程中，供应商为了避免让客户知道自己因流动资金不足而转让应收账款时应采取（　　）。

A. 折扣保理　　B. 到期保理

C. 明保理　　D. 暗保理

9. 以下各项与存货有关的成本费用中，不影响经济订货批量的是（　　）。

A. 常设采购机构的基本开支　　B. 采购员的差旅费

C. 存货占用资金应计利息　　D. 存货的保险费

10. F酒店全年需用某材料3 000千克，每次订货成本为250元，每千克材料年变动储存成本为6元，假设一年按360天计算，则F企业相邻两次订货最佳的订货间隔期为（　　）天。

A. 120　　B. 60

C. 30　　D. 40

11. 根据经济订货批量的基本模型，下列各项中，可能导致经济订货批量提高的是（　　）。

A. 每期对存货的总需求降低　　B. 每次订货费用降低

C. 每期单位存货存储费降低　　D. 存货的采购单价降低

12. 在采用5C评估法进行信用评估时，最重要的因素是（　　）。

A. 品德　　B. 能力

C. 资本　　D. 抵押品

二、多项选择题

1. 在流动资产的融资策略下，关于保守融资策略表述正确的有（　　）。

A. 收益与风险较低　　B. 资本成本较低

C. 长期资金小于永久性资产　　D. 最小限度地使用短期融资

2. 企业运用成本模型确定最佳现金持有量时，下列说法正确的有（　　）。

A. 现金持有量越大，机会成本越大

B. 现金持有量越大，短缺成本越小

C. 最佳现金持有量是使机会成本和短缺成本之和最小的现金持有量

D. 在一定范围内，现金的管理成本和现金持有量之间没有明显的比例关系

3. 下列各项中，属于现金支出管理措施的有（　　）。

A. 提高信用标准　　B. 使用零余额账户

C. 使用现金浮游量　　D. 改进员工工资支付模式

4. 下列成本费用中，属于存货储存成本的有（　　）。

A. 存货占用资金的应计利息　　B. 存货破损和变质损失

C. 存货保险费用　　D. 存货储备不足造成的损失

5. 下列关于营运资本的说法中正确的有（　　）。

A. 营运资本有广义和狭义之分

B. 广义营运资本是指在生产经营中的短期资产

C. 狭义的营运资本是指短期资产减去短期负债后的余额

D. 通常所说的营运资本是指广义的营运资本

6. 下列属于存货的变动储存成本的有（　　）。

A. 存货占用资金的应计利息　　B. 紧急额外购入成本

C. 存货的破损和变质损失　　D. 存货的保险费用

7. C酒店全年共需耗用9 000件某种材料（一年按照360天计算），该材料可以通过自制方式取得。其日产量50件，单位生产成本50元；每次生产准备成本200元，固定生产准备成本每年10 000元；储存变动成本每件5元，固定储存成本每年20 000元。下列各项中，正确的有（　　）。

A. 经济生产批量为1 200件

B. 最高库存量为600件

C. 经济生产批量占用资金为30 000元

D. 与经济生产批量相关的总成本是3 000元

8. 采用成本模型确定目标现金余额时，考虑的现金持有成本包括（　　）。

A. 机会成本　　B. 管理成本

C. 转换成本　　D. 短缺成本

9. 与存货有关的成本主要有（　　）。

A. 订货成本　　B. 购置成本

C. 储存成本　　D. 缺货成本

10. 甲酒店因竞争压力较大，将应收账款信用期间变大，导致应收账款周转期变长，不考虑其他因素，那么将会导致（　　）。

A. 现金周转期变短　　B. 现金周转期变长

C. 经营周期变长　　D. 经营周期变短

三、判断题

1. 应付金额确定的流动负债是指那些要根据企业生产经营状况，到一定时期具备一定条件时才能确定的流动负债，或应付金额需要估计的流动负债，如应交税费、应付产品质量担保债务等。（　　）

2. 应收账款在生产经营中，主要起增加销售和减少存货的作用。（　　）

3. 企业将资金投放于应收账款而放弃其他投资项目可能带来的收益，该收益是应收账款的机会成本。（　　）

4. 在 ABC 分析法中，催款的重点对象是 C 类客户。（　　）

5. 应收账款保理是企业将逾期的应收账款，在满足一定条件的情况下，转让给保理商，以获得流动资金支持，加快资金的周转。（　　）

6. 在确定经济订货批量时，随着每次订货批量的变动，相关订货成本与相关储存成本呈反方向变化。（　　）

7. 在确定再订货点时，需要综合考虑保险储备量、原材料的日消耗量、预计交货时间和每次订货成本。（　　）

8. 订货成本的高低取决于订货的数量。（　　）

9. 营运资本具有流动性强的特点，但是流动性越强的资产其收益性就越差。（　　）

10. 在进行存货规划时，保险储备的存在会影响经济订货批量的计算，同时会影响再订货点的确定。（　　）

11. 一般情况下，当企业产销两旺时，流动资产会不断减少，流动负债也会相应减少；而当企业产销量不断减少时，流动资产和流动负债会相应增加。（　　）

12. 销售额越不稳定，越不可预测，则投资于流动资产上的资金就应越多，以保证有足够的存货和应收账款占用来满足生产经营和顾客的需要。（　　）

13. “企业需要持有一定量的现金，以应付突发事件”，这属于投机性需求。（　　）

14. 在随机模型中，当现金余额超过上限时，将部分现金转换为有价证券；当现金余额低于下限时，则卖出部分证券。（　　）

15. 放弃的再投资收益与现金持有量的多少密切相关，即现金持有量越大，机会成本越低，反之就越高。（　　）

16. 结算中心通常办理内部各成员现金收付和往来结算业务，所以不是一个职能机构。（　　）

17. 存货周转期是指将原材料进行加工最终转变成产成品的时间。（　　）

18. 在确定经济订货批量时，随着每次订货批量的变动，相关订货成本与相关储存成本呈反方向变化。（　　）

19. 在其他条件不变的情况下，变动订货成本和变动储存成本随着订货量的增加而增加。（　　）

20. 在存货模型中，使现金持有成本和现金转换成本之和最小的现金余额即最佳现金持有量。（　　）

四、计算分析题

1. 银杏标准酒店每年需要外购某材料 108 000 千克，现有 S 和 T 两家符合要求的材料供应企业，他们所提供的材料质量和价格都相同。酒店计划从两家企业中选择一家作为供应商，相关信息如下：

（1）从 S 企业购买该材料，一次性入库，每次订货费用为 5 000 元，年单位材料变动储存成本为 30 元/千克，假设不存在缺货。

（2）从 T 企业购买该材料，每次订货费用为 6 050 元，年单位材料变动储存成本为 30 元/千克，材料陆续到货和使用，每日送货量为 400 千克，每日耗用量为 300 千克。

要求：

（1）利用经济订货基本模型，计算从 S 企业购买材料的经济订货批量和相关存货总成本。

（2）利用经济订货扩展模型，计算从 T 企业购买材料的经济订货批量和相关存货总成本。

（3）基于成本最优原则，判断该酒店应该选择哪家企业作为供应商。

2. 银杏标准酒店全年平均开工 250 天。全年需要购买 A 材料 250 000 件，该材料进货价格为 150 元/件，每次订货需支付运费、订单处理费等变动费用 500 元，材料年储存成本为 10 元/件。A 材料平均交货时间为 4 天。该酒店 A 材料满足经济订货基本模型各项前提条件。

要求：

（1）利用经济订货基本模型，计算 A 材料的经济订货批量和全年订货次数。

（2）计算按经济订货批量采购 A 材料的年存货相关总成本。

（3）计算 A 材料每日平均需用量和再订货点。

3. 银杏标准酒店目前采用 30 天按发票金额付款的信用政策。为了扩大销售，酒店拟改变现有的信用政策，有关数据如表 6.10 所示。

表 6.10　两种信用政策的比较

项目	原信用政策	新信用政策
信用政策	n/30	2/10，1/20，n/30
年销售量/件	72 000	79 200
年销售额/元	360 000	396 000
单位变动成本	4	4
可能发生的收账费用/元	3 000	2 850
可能发生的坏账损失/元	6 000	5 400
平均存货水平/件	10 000	11 000

如果采用新信用政策，估计会有20%的顾客在10天内付款、30%的顾客在20天内付款，其余的顾客在30天内付款。

假设等风险投资的最低报酬率为10%，一年按360天计算。

要求：

（1）计算信用政策改变后的收益增加额；

（2）计算原信用政策下应收账款占用资金应计利息；

（3）计算新信用政策下应收账款占用资金应计利息；

（4）计算改变信用政策后应收账款占用资金应计利息增加额；

（5）计算改变信用政策后存货占用资金应计利息增加额；

（6）计算改变信用政策后收账费用增加额；

（7）计算改变信用政策后坏账损失增加额；

（8）计算改变信用政策后现金折扣成本增加额；

（9）计算改变信用政策后税前损益的增加额；

（10）根据以上计算结果，为该企业做出信用政策是否改变的决策。

第七章　酒店收入管理与成本控制

■**学习目标**

了解酒店产品价格的确定和酒店收入的管理，明确酒店成本控制的方法，了解酒店盈亏平衡分析。

■**基本要求**

了解确定酒店产品定价的方法，掌握客房收入和餐饮收入管理流程，掌握酒店成本费用的分类及控制方法，掌握酒店盈亏平衡点的算法。

第一节　酒店产品价格确定及收入管理

思维导图

酒店为客人提供各种服务并获得营业收入，是基于酒店制定了相应的产品销售价格，不同时期的定价策略影响酒店经营业绩，同时也会给客源带来一定的冲击，因此良好的价格策略应既能给酒店带来高额收益，又能为客户带来等值的服务。

一、酒店产品价格确定

（一）酒店客房产品的定价

酒店客房产品常用的定价方法有随行就市定价法、千分之一定价法、赫伯特定价法、目标利润定价法、需求差异定价法等。这些定价方法主要是根据竞争需求、成本、收入、利润的不同进行定价的。

1. 随行就市定价法

随行就市定价法是以同一地区、同档次竞争对手的客房价格作为本酒店定价的参考，来确定客房价格。一般可以采用两种方法：一是将数量一定的同等级酒店的平均价格水平作为定价目标（一般为10家左右酒店平均数）；二是追随“领导型酒店”的价格，以该酒店的定价为参照来制定本酒店的客房价格，这样有利于抓住市场机会，在一定程度上降低风险。

2. 千分之一定价法

千分之一定价法是根据酒店建造成本来推算客房价格的方法。建造成本包括酒店占用的土地使用费、建造费及设施设备成本。计算公式为

$$平均房价=\frac{酒店总投资额(包括土地使用费+建造费+设施设备成本等)}{客房总数\times 1\ 000}$$

3. 赫伯特定价法

赫伯特定价法是由美国酒店和汽车旅馆协会主席罗伊·赫伯特于20世纪50年代发明的。在确定每间客房平均价格时，该定价法考虑了成本、期望利润、预期客房销售数量。换句话说，它是以预期投资回报率为定价的出发点，在已确定计划期各项成本费用及酒店利润指标的前提下，通过计算客房部应承担的营业收入指标，进而确定房价的一种定价方法。具体地说，这种定价法从预期利润开始，加上所得税，再加上固定费用和管理费用，随后再加上间接营业费用和直接营业费用。该定价法有以下八个步骤：

（1）将所有者投资乘以预期投资回报率计算出预期利润。

（2）将预期利润除以1减税率之差，算出税前利润。

（3）计算固定费用和管理费。这项计算包括估计折旧、利息费用、财产税、保险费、摊销、租金和管理费。

（4）计算未分配营业费用。这项计算包括估计的行政管理费用、数据处理、人力资源、交通运输、营销、资产运营与维护费用和能源成本等。

（5）估计非客房经营部门的利润和亏损，包括餐饮部、娱乐部等经营部门的利润或亏损。

（6）计算要求的客房部利润。这一数额相当于税前利润、固定费用与管理费用、未分配营业费用，以及其他营业部门亏损减去其他营业部门利润的累加额。

（7）计算客房部收入。这一收入相当于要求的客房部利润加客房部工资以及相关费用，再加上其他直接费用。

（8）将客房部收入除以预期售出的客房数，就可计算出客房的平均价格。

4. 目标利润定价法

目标利润定价法是指酒店在既定的固定成本、平均变动成本和预计目标利润下的销售量条件下，计算得出的平均房价。其基本原理是，房价=成本费用+税金+利润，即

$$平均房价=\frac{每间客房日费用额}{1-税率-利润率}$$

其中，每间客房日费用额包括客房的固定费用和变动费用。

客房固定费用日分摊额可以根据不同类型的客房使用面积计算得出，即

$$客房每平方米使用面积日固定费用=\frac{全年客房固定费用总额}{客房总使用面积\times 365\times 预计客房出租率}$$

由于全年客房变动费用总额随着客房出租率的变化而变化，所以可以按客房间

（套）数计算分摊，即

$$客房每间(套)变动费用=\frac{全年客房变动费用总额}{客房间(套)数\times365\times预计客房出租率}$$

这样，每间客房的日费用额就是

客房每日费用额=客房每间日固定费用+客房每间日变动费用=客房每间（套）使用面积×每平方米使用面积固定费用+客房每间（套）变动费用

【例 7-1】假定银杏标准酒店有客房标间 200 间，每间 25 平方米，假设酒店要实现目标利润率 50%，预计出租率为 90%，客房全年总费用为 1 200 万元，其中固定费用 1 000万元，变动费用 200 万元，不考虑税费，则

$$客房每平方米使用面积日固定费用=\frac{10\ 000\ 000}{200\times25\times365\times90\%}\approx6.09(元)$$

$$客房每间(套)变动费用=\frac{2\ 000\ 000}{200\times365\times90\%}\approx30.44(元)$$

$$客房平均房价=\frac{25\times6.09+30.44}{1-50\%}=365.38(元)$$

5. 需求差异定价法

需求差异定价法是根据客人不同的需求特征和价格弹性，对客人执行不同的价格标准。如根据客人类型的不同可以执行签约商务公司价格、散客价格、旅行社团队价格、订房中心价格，根据酒店经营时间的不同分为旺季价格、淡季价格、工作日价格、周末价格等。在需求差异定价法下，酒店应及时根据市场和客户需求变化做出调整，使房价在相对合理的区间内运行，避免大起大落。

除了上述介绍的五种酒店客房产品定价方法之外，酒店的定价目标、产品或服务成本水平、市场供求关系、竞争对手的价格、酒店的地理位置、旅游业的季节性、酒店服务质量、相关部门制定的价格政策、消费者的需求和消费心理等因素均会影响酒店客房价格。

（二）酒店餐饮产品的定价

酒店餐饮产品的定价同客房类似，一般而言，餐饮产品的价格是以成本为基础进行计算得出的，即餐饮产品价格=原材料成本 + 毛利额。

其中，毛利额=餐饮销售收入×毛利率=餐饮销售收入 − 餐饮销售成本。

因为在餐饮产品的销售过程中，其耗费的原材料成本可以分摊到每个菜品中，但是对于其他费用如水电费、物料消耗费、工资及福利费用等难以进行分摊，因此在计算餐饮产品价格时，通常把原材料成本作为产品成本要素，而把经营费用、税金、利润合并在一起形成“毛利”，以毛利率来计算餐饮产品价格。具体包括成本毛利率法和销售毛利率法。

1. 成本毛利率法

成本毛利率法又称外加毛利率法，是以菜肴的成本价格为基数，按确定的成本毛利率加成计算出销售价格的方法，其计算公式为

$$餐饮产品价格=原材料成本\times(1+成本毛利率)$$

【例 7-2】银杏标准酒店中餐厅一份“京酱肉丝”的主料肉丝的成本为 15 元，大

葱、料酒、盐、味精等辅料和调料的成本为 2 元，酒店确定的成本毛利率为 30%，请计算该菜肴的销售价格。

餐饮产品价格 =（15+2）×（1+30%）= 22.1（元）

综上所述，用成本毛利率法计算销售价格，简单明了，易于掌握，一般厨房操作人员多采用此方法计算销售价格。

2. 销售毛利率法

销售毛利率法又称内扣毛利率法，是按照原材料成本和销售毛利率来计算出销售价格的方法，其计算公式为

$$餐饮产品价格 = \frac{原材料成本}{1 - 销售毛利率}$$

【例 7-3】银杏标准酒店中餐厅一份"京酱肉丝"的主料肉丝的成本为 15 元，大葱、料酒、盐、味精等辅料和调料的成本为 2 元，酒店确定的销售毛利率为 25%，请计算该菜肴的销售价格。

餐饮产品价格 =（15+2）÷（1−25%）≈22.67（元）

上述两种方法在实际工作中都有运用，但销售毛利率法使用更为简便，因为酒店主管部门和物价部门所确定的企业毛利率标准是销售毛利率指标，另外在计算费用率、利润率等财务指标时也都是以销售收入为基数，以便于比较。

3. 餐饮产品毛利率的换算

$$成本毛利率 = \frac{销售毛利率}{1 - 销售毛利率} \times 100\%$$

$$销售毛利率 = \frac{成本毛利率}{1 + 成本毛利率} \times 100\%$$

【例 7-4】银杏标准酒店供应的"爆炒虾仁"的销售毛利率为 35%，请计算该菜肴的成本毛利率。

$$成本毛利率 = \frac{35\%}{1 - 35\%} \times 100\% \approx 53.85\%$$

二、酒店收入管理

酒店营业收入指标的高低，直接影响着酒店利润水平的高低。酒店在经营过程中所消耗的人力、物力、财力需要通过商品销售或服务的提供获得收入予以补偿，如果无法进行补偿，则企业将面临资金周转困难，甚至影响企业生存。因此酒店必须加强营业收入的管理。

营业收入是指酒店从事生产经营活动所取得的各项收入，包括客房收入、餐饮收入、商品销售收入以及杂项收入（主要是指商务中心收入、小酒吧收入、洗衣收入等）。

（一）客房收入管理

客房收入是酒店总收入的重要来源，一般占营业收入结构比的 50%以上，客房出租率高，相应地会带动餐饮、娱乐、洗衣、商品、商务等产品的消费量，为酒店带来更多的收益。

客房收入的管理程序分为四个方面：接受住房预订和入住登记的管理；客户账卡

的开立及管理；客人消费记账与结账的管理；账务汇总和稽核管理。

在账务汇总和稽核阶段，由各营业点收银员以班为单位，下班后对本班账务进行汇总和核对，并编制当班收银日报表。对于当日的各收银员提交的日报表即凭单由酒店夜审和日审人员进行汇总和审计，以编制酒店每日收入报表（随着信息技术的运用有些酒店已取消了夜审岗位，转由酒店管理系统自动生成相关报表和进行清户处理）。

1. 清点现金

每位收银员要对当班的现金、信用卡签购单、支票等进行清点，除了留下原有的备用金外，按分类金额填报交款单，并将所有现金、票证都密封在指定的交款袋内投入专用的保险箱，填写投款见证记录。第二天由总出纳和有关人员开箱清点。

2. 整理账单

收银员把已经结账离店的账单按账单和结算方式进行归类整理，编制收银员报告（见表 7.1）。

表 7.1　银杏标准酒店前厅收银员报告（借贷平衡式）　　单位：元

收银员：　　班次：　　日期：　　时间：

借方项目	金额	贷方项目	金额
房租	12 000	现金	4 000
房租服务费	1 500	信用卡	
餐费	1 800	中行卡	3 000
洗衣费	200	建行卡	2 000
房间小酒吧	150	转账	
减免	-500	A 公司	5 000
杂项费用	250	B 公司	2 000
现金支出	500	支票	
		支票号 002	1 000
合计	15 900	合计	17 000

表 7.1 中，通过计算，借项与贷项的差额为 1 100 元，仅仅表示当日应收寓客款的入住客人与离店客人之差，即当日离店客人的交费数大于当日接待客人的消费额，但是酒店是持续不断经营的，这个差额始终是存在的。

3. 稽核账单，编制收益试算表

稽核是对所有当天总台及各营业点收银员提交的账单凭证根据系统中的相关记录进行核对的过程。由于酒店的各项服务大多是在白天进行，晚上时间较为空闲，故多数酒店的稽核是在夜间进行，又被称为夜间稽核。夜间稽核的资料由财务部收入，审计人员再次审核并据以登记入账。

稽核的内容是对收益进行稽核，由夜审人员利用电脑编印当日酒店收益试算表。试算表分为借方、贷方和余额三部分。其中借方反映酒店当日营业收益，即酒店应向客人收取的账款；贷方反映当日客人结算的款项，余额反映截至当日打印该表时客人累计欠账总数。收益试算如表 7.2 所示。

表 7.2 银杏标准酒店收益试算

日期： 制表人： 单位：元

房租	12 000	现金收进	6 000
房间服务费	500	信用卡	7 500
中餐费	3 000	转账	6 000
西餐费	2 400	支票	2 500
房间小酒柜	200		
商场	800		
电话费	150		
商务中心	500		
康乐中心	600		
洗衣费	250		
减免	-1 000		
杂项收入	350		
现金支出	150		
借方合计	19 900	贷方合计	22 000
		净差额	-2 100
		承前日余额	3 700
		新余额	1 600

其中，新余额（截至今日累计欠账总额）的计算过程如下：

借方合计（客人欠账总额）- 贷方合计（客账结算总额）+ 承前日余额（截至昨日累计欠账总额）= 19 900 - 22 000 + 3 700 = 1 600（元）。

试算表编印完毕，应据以进行分项核对工作：把当日总台收银员及各营业部门交来的单据、账表按试算表中的项目分别加以汇总，然后分项目进行一一核对。

（1）核对借方项目，即检查当日应收的酒店收益是否正确。其核对公式如下：

试算表借方项目合计数 = 总台收银员经手工输入电脑的应收收益 + 夜间稽核人员经手工输入电脑的应收收益 + 各营业点收银员输入的收益

（2）核对贷方项目，即检查当日客账结算数额是否正确。其核对公式如下：

前台收银员交来的结算单据合计数+夜间稽核人员手工输入电脑的结算数据 = 试算表的贷方项目合计数

（3）核对试算表中借方合计与贷方合计之差额及新余额的计算结果是否正确。核对时如果发现有不符的账项，应及时查明原因。如果未发生错误，则可以利用电脑编印酒店收益终结表，据以作为编制确认当日营业收入的依据。终结表格式内容与核对相符的试算表相同，故不再赘述。酒店收益终结表一经编印出来，夜审人员即可进行电脑的过日操作，即使用电脑进行各项数据的自动更新，最终打印出当日所有营业报表，并将系统日期自动推后一天，为下一个工作日的到来做好准备。

在对客房收入管理的同时要在制度中建立内部控制制度，即客房销售由销售部门（销售部和前厅部）负责，主要负责客人入店及商店的工作输入及核对；客房服务由客房部负责，主要是负责客人住店期间的卫生清扫、物品补充清洗等服务；结账收款由财务部总台收银负责，并由财务部的审计人员进行复核。

（二）餐饮收入管理

餐饮收入管理与客房收入管理略有不同，主要是因为餐饮销售与生产具有同步性。多数酒店为向客人提供多样化服务，安排了零点、宴会、婚宴、酒会、自助餐等不同形式的餐饮服务，且无论是住店客人还是非住店客人都可以到酒店进行消费，餐饮类型多、酒店客流大、餐饮配菜及生产过程复杂等因素均给餐饮收入管理带来极大的挑战。

1. 餐饮收入管理的基本流程

餐饮收入活动涉及钱（账单）、单（点菜单）、物（餐饮原材料）三个方面，三者的关系是，先消耗物品，然后开账单，最后收取货款，从而完成餐饮收入活动的全过程。在钱、单、物三者之间，物品是前提，因为物品不消费，其余二者都是空的；钱款是中心，因为所有控制都是紧紧围绕款项的流入而展开的；单据是关键，因为物品是根据单据制作和发出的，钱款是根据单据计算和收取的，失去了单据，控制就失去了依据。因此，餐饮收入管理的程序是，既要把握三者的有机联系进行综合考虑，又要对三者分开进行控制。

2. 餐饮收入管理的基本程序

（1）三线控制。预订客人或零点客人点菜后，由餐厅服务员根据客人的要求，填写点菜单或饮料单，分别送厨房和收银台。厨师根据点菜单配菜加工生产，加工完成后由服务员上菜。收银员根据点菜单开台，并做好结账准备。点菜单如表 7.3 所示。

表 7.3　银杏标准酒店点菜单

台号：　　　　　　　　人数：　　　　　　　　日期：

	序号	菜名		序号	菜名
	1			1	
	2		凉菜	2	
	3			3	
	4			4	
	5			1	
热菜	6		主食	2	
	7			3	
	8			4	
	9			1	
	10		酒水	2	
	11			3	
	12			4	

经手人：

由点菜单开始，形成了餐饮收入三条线的控制，即物品传递线、账单传递线、钱款传递线。

①物品传递线。

物品是指食品和酒水，根据点菜单厨房进行的食品加工或酒吧进行的饮料配制等，如果有宴会预订单，一般厨房会提前备料，以保证出品的质量和上菜速度。

厨房和吧台在生产加工前，要审核点菜单与收银员开台的菜单是否相符，如果不相符则不能进行生产。

服务员或跑菜员将加工好的食品和酒水，根据点菜单所列台号送至客人处。

营业结束后，厨房和吧台将所有盖有收银章的点菜单按顺序整理汇总，交成本控制处。

②账单传递线。

收银员根据点菜单确认无误后，将客人消费计入收银系统，根据台号开设客人账单（此时的账单显示客人总消费额，并非最终账单，可能会存在加菜、换菜、退菜、优惠等不确定因素）。

在客人消费结束后，收银员打印账单。原则上一张台子只能打印一张账单，加菜加酒水等不打印新的账单而是直接计入原有的台号中，以免发生跑账现象。

当班营业结束后，收银员打印出当班营业情况记录纸带，将该记录纸带和点菜单以及收入的款项三者进行核对。

审核无误后，编制当班收银报告表，连同相关凭单及收银款交投银箱。

稽核严格核对酒店所有营业点收银报告、点菜单和客人账单，在审核无误的基础上，编制“餐饮收入日报表”。

③钱款传递线。客人所有的餐饮消费最关键的是结账，它是酒店收入的重要来源，收银员要确保所有账单都能准确无误地收到款项。

结账时，餐厅服务员应告知收银员台号，取得账单时再次核对提供给客人的所有服务是否都已录入账单，有无遗漏。

账单必须编号，账单作废时，须加盖“作废”章，以杜绝违法行为的发生。

收取支付钱款时，如采用现金结账，服务员应当客人面点数，辨别现金真伪，并将钱款和点菜单一起交收银员办理结账。如采用信用卡结账，服务员应先查看信用卡是否在酒店受理范围内，并将点菜单与信用卡交由收银员办理，收银员应通过专用系统确认该信用卡是否在“黑名单”之列，确认该卡的最高消费额度。如采用支票结账，服务员将支票转交收银员，收银员收到支票后应检查支票的真伪、支票是否过期，金额是否超过限额，支票的填写金额、日期、行号、账号、支票上的印鉴是否清楚完整。如采用签客房账时，由服务员确认客人身份并请客人签字认可，收银员根据房号转入相对应房间账，并核对客人签名与房间资料是否相符。如采用协议挂账结账，应查看客人是否为有效签单人或是否有效授权，要核对客人笔迹是否与预先所留笔迹一致，并在电脑中及时将收款转入应收账系统中对应的挂账单位。如为酒店招待，要核对签单人是否为酒店有效签字人员，如为非有效人签字应要求出示有效的招待单，否则，只能作个人消费挂账处理。

在上述的钱款传递中，酒店对于账单的填制或打印、款项的收取、账单的传递与处理以及服务人员的管理等各项工作要建立严密的管理制度，对于钱款的收取确定专人负责，所有账单上要写明服务员的号码以明确责任。账单格式如表 7.4 所示。

表 7.4　银杏标准酒店餐费账单

台号：　　　　　　　　　　人数：　　　　　　　　　　日期：

	序号	菜名		序号	菜名
热菜	1		凉菜	1	
	2			2	
	3			3	
	4			小计	
	5		主食	1	
	6			2	
	7			3	
	8			小计	
	9		酒水	1	
	10			2	
	11			3	
	小计			小计	
总计		大写		小写	
实收		大写		小写	
房号或公司名称：			客人签字：		

服务员：　　　　　　　　　　　　　　　　　　收银员：

（2）三点核对。

第一个核对点，将点菜单与厨房和吧台加工生产单进行核对。为确保所点菜肴在收银台有记录，同时在厨房和吧台有生产，酒店应建立“凭单出菜、出酒水”的原则，以控制餐饮成本，杜绝“人情菜”的产生。

采取相应的控制措施：所有进入厨房和吧台生产或加工的点菜单必须经过收银审核后方可进行生产；送菜和跑菜员必须按照有收银盖章或审核后的点菜单送菜；设置专用的跑菜通道，指定专人进行检查与核对，检查菜肴制作是否符合标准，是否都有收银台盖章；营业结束后，所有厨房和吧台的加工联应按编号整理，与点菜单进行核对并存档。

第二个核对点，将点菜单与账单核对。点菜单是开具账单的依据，如果两者记录的信息不一致，说明结账环节出现问题。

当点菜单项目多于账单时，可能出现的问题有：出现“人情菜”，说明收银台没有起到监控作用；中途加菜、加酒水收银台没有及时入账，导致跑账；收银员责任心不强，出现记账差错，漏记或少记收入；客人恶意逃账，餐厅管理人员及服务员看台失责；账单丢失，在生意繁忙时，容易导致工作失误。当点菜单少于账单时，可能出现的问题有：收银员出现差错，多收客人钱款；点菜单遗失。

为保证点菜单与账单的一致性，酒店应采取严格的措施：点菜单须经收银员签章后方可转入厨房加工环节，这样能避免"人情菜"的现象；所有点菜单和账单必须编号，同时每份账单上需列明点菜单的编号，以便查找差错，防止单据的遗失；建立严格的奖惩制度和内部控制制度，明确各岗位职责，减少差错的发生。

第三个核对点，将账单与各项结算款项、信用卡签购单、支票、挂账客人签单、住店客人签单、酒店内部员工签单进行核对，以保证账款相符。

账款不符的原因有：收银员没有按规定的结账办法办理，使企业实际收款少于应收款，减少了现金收入。如受理了伪钞或假钞；信用卡没有严格审核信用，导致信用卡公司拒付；支票已超过有效期，无法兑现；挂账公司的信用审核不严，无法偿付欠款等。工作疏忽导致客人账单、证件复印件、信用卡签购单等发生遗失，从而使酒店遭受损失。酒店内部员工签单，字迹模糊，或者消费金额超过额定，无形中造成酒店的内部招待费的上升，减少了餐饮收入。

为保证账款相符，酒店应采取的控制措施有：建立结账工作流程标准，明确收银员的岗位职责；制定详细的账证管理制度，包括各种账单、凭证、点菜单的编号、领用、保管等制度；建立内部员工签单管理制度，建立内部签单消费检查制度，确保所有消费用于开展酒店业务。

（3）账务汇总和稽核管理。餐厅收银员在每班结束前应进行账务汇总工作，具体操作与客房收入管理中所述内容相同。主要区别点是，酒店为了更好地掌握餐厅收入情况，收银员根据收银机纸带和账单填报"餐厅营业收入日报表"。

第二节　酒店成本费用控制

酒店成本管理是企业竞争能力的表现，是增加利润的途径之一，也是企业求得生存与发展的保障和基础。在激烈的市场竞争中，要不断降低成本费用，提高经济效益，增强竞争优势，就必须转变成本费用管理观念。

一、酒店成本费用的内容及分类

酒店是为公众提供住宿、餐饮、娱乐等多项设施和相应服务性劳动的商业性机构。它在经营过程中所发生的各种耗费，酒店成本费用的内容及分类是酒店财务管理的重要组成部分，它直接影响到酒店的经营效益和成本控制能力。酒店成本费用的分类需要综合考虑酒店的业务特点、成本控制需求以及财务核算要求。

（一）酒店的营业成本

酒店的营业成本主要有：

1. 食品成本

食品成本是指采购食品直拨餐厅、直拨厨房、餐厅仓库领用食品或部门内部调拨等所发生的各类食品的耗用成本（如海鲜、肉类、蔬菜类、粮油、调味品等）。食品成本应按不同餐厅来分类归集。

2. 饮料成本

饮料成本是指葡萄酒、白酒、啤酒、矿泉水、果汁等所有饮料或用作调制饮料的混合材料的进货成本。饮料成本按不同类型分为白酒、葡萄酒、洋酒、啤酒、软饮料（不含酒精的定型包装饮料）、果汁、鸡尾酒、咖啡、茶水等；也可以细分为酒水成本和饮料成本。

3. 商品进价成本

商品进价成本是指酒店经销商品的进价成本，分为国内购进商品进价成本和国外购进商品进价成本，如香烟、工艺品、百货等。

4. 洗衣成本

洗衣成本是指为住店客人及非住店客人提供洗衣服务而发生洗涤用品、清洁用品费用。

5. 其他成本

其他成本是指其他营业项目所支付的直接成本，包括复印成本、传真成本、电话成本等。如传真纸、传真机用的色粉、复印机用的色粉、复印纸等材料的费用，国内长途和国际长途电话费等。

（二）酒店的期间费用

酒店的期间费用指酒店在经营过程中发生的与经营管理活动有关的费用，这些费用应直接计入当期损益，需要从酒店的当期经营收入中得到补偿。期间费用一般分为销售费用、管理费用和财务费用；按照经营管理者所承担费用的责任划分，期间费用也被划分为经营费用和非经营费用。

1. 销售费用

销售费用是指为酒店销售活动而发生的各项费用，如运输费、装卸费、包装费、展览费、广告宣传费、销售相关人员的工资（含奖金、津贴和补贴）、职工福利费等。

2. 管理费用

管理费用是指酒店行政管理部门为组织和管理经营活动而发生的费用，以及由酒店统一承担的费用。如行政部、保安部、财务部、工程部、总经理办公室、人事部等部门发生的人工费用、工作餐、交际应酬费、能源消耗费、维修材料费、制服费、洗涤费用、办公费用、邮电费、差旅费、折旧费、财产保险费、房产税、董事会费、外事费、租赁费、咨询费、审计费、诉讼费、绿化费、排污费、土地使用费、土地损失费、研究开发费、坏账损失、存货盘亏和毁损、上级管理费等。

3. 财务费用

酒店发生的财务费用主要是指在经营过程中，因筹集和使用资金而发生的各项费用，主要包括利息支出、汇兑损益、金融机构手续费，以及其他与资金筹集相关的费用。

（三）酒店的经营费用和非经营费用

我国企业会计制度中将销售费用、管理费用和财务费用统称为期间费用，认为这些费用是无法归入成本但在当期发生对损益产生影响的耗费。美国酒店业会计制度认为，在当期发生对损益产生影响的无法归为成本的耗费，分为两大类，一是经营费用，二是非经营费用。这样分类主要是便于考核在所有权与经营权相分离状态下酒店经营管理者实际经营业绩。

1. 经营费用

经营费用是在酒店经营管理过程中发生的，由酒店经营管理者控制和负责的费用，如人工成本、工作餐费、洗涤费、服务用品费、瓷器费、金属器皿费、玻璃器皿费、金银器费、清洁用品费、餐牌及酒牌费、厨房用具费、消防用具费、佣金、宽带网络费、装饰费、执照费、厨房燃料费、化学制剂费、印刷费、办公费、差旅费、交通费、通信费、行政办公费、市场营销费、维修保养费用、能源费用、税金税款方面的支出以及电视、音乐及娱乐费。

2. 非经营费用

非经营费用的发生与酒店经营没有必然联系，其是指需由酒店所有者承担的费用，如折旧费用、利息费用、董事会费用、中介费（含审计费、咨询费、诉讼费等）、固定资产大修理费、开办费摊销、融资租赁费、财产保险等。

（四）酒店成本费用的分类

1. 固定成本（费用）

固定成本（费用）是指在一定时期内，其成本总额不随业务量的增减而变动的成本。一般包括工资、租赁费、折旧费、保险费等。如餐饮管理人员工资不会随着餐饮收入的高低而变化，客房固定资产折旧费用等不会随客房出租率的增加而增加。

2. 变动成本（费用）

变动成本（费用）是指其总额随着业务量的变化而成比例地变化的成本。其主要是指酒店经营中的各种直接支出，如销售的饮料成本、酒水、洗衣成本，这些随着客人消耗量的增多而增多。

3. 混合成本（费用）

混合成本（费用）是指其成本总额中既包括固定成本又包括变动成本。混合成本主要包括电话费用、汽车租赁费、维修保养费。如酒店的电话费，固定部分是指系统租金，无论打电话时间长短都必须支付的固定费用，变动部分则为按通话时间的计费，随着电话量的增多，电话成本也增加。

二、酒店客房成本控制管理

“开源节流”是酒店管理永远的话题，“挖潜创效”是酒店管理不变的主旋律。在酒店业竞争如此残酷的今天，作为酒店管理者，应如何将“开源节流”付诸实施，如何将“挖潜创效”变为现实，如何加强内部管理，提高经济效益？如何提高酒店核心竞争力？

一般来说，酒店客房成本管理涉及的部门、人员、环节较多，如不严格管理，容易出现失控，归纳起来，大致有如下几个方面。

（一）采购管理

客用品的采购是客房经营活动首要的物质基础，它直接决定着客房服务工作的质量和酒店的效益。但在采购管理这一环节中，常常出现不依据量本利的原则，不能合理、有效地确定最佳采购数量、价格、地点、时间等问题，无形中造成了成本核算的流失和浪费。如一次性用品属用量较大且有储存时限性的物品，确定其合理采购时间和数量就尤为关键。一次购量太大，既积压流动资金，又容易造成物品超期使用，属于花钱又误事的不良行为；若购量太小，虽加强了资金的流动，但这种化整为零的采购方式，在采购时所消耗的费用上，又出现了重复浪费现象，况且这些物品都具有酒店的标志，包装较为独特，在生产制作中又存在着制板问题，频繁地采购和更换厂家，仅在制板包装上，本身就是一个很大的浪费。再如，棉织品的采购，一次需购置的量比较大，特别是床上用品，是采购成品，还是采料自加工，这就存在成本计算问题。此外，进货质量（包括设备质量），如灯泡、水阀、吸尘器的使用寿命等都决定着成本的高低。由此可见，如何结合实际需要，实行优质采购，批量进货，以确保客用品成本有效控制，显得尤为重要。

（二）人力资源管理

由于客房部涉及酒店的范围较广，其员工一般占全店总数的30%以上，人工费用是客房部经营管理费用中的大项，因此，人力资源管理工作也是不容忽视的。其失控原因主要表现在：

1. 人员的劳动效率不高

由于人员素质欠佳，缺乏严格的岗位培训，加之一些布局设施的不合理、先进设备使用量不够等，劳动力的潜能不能得到很好的发掘，造成人力资源的浪费，经营成本加大。作为经营管理者应该看到，提高员工的工作效率是控制人工成本的关键。

2. 管理水平欠佳

由于缺少完善的操作步骤和明确的岗位职责，部门内出现了低效率区域，加之定员定额的不合理，不能根据需要实行满负荷工作量定员法以及劳动力调配的欠灵活性，以至于不能根据劳动力市场的变化和淡旺季业务的需要，合理进行定员、安排班次和实行弹性工作制，这也是造成人工成本增加的一个主要原因。

3. 员工流动的频率高

人员流动的频繁，导致客房部在招聘、培训、督导等方面不得不增加资金投入，客房成本费用上升。人工成本的控制难度较大，必须认真落实、规范各项经营管理制度，充分调动员工的积极性，发挥人的主观能动性，发掘人的潜能，达到降低成本的目的。

（三）物品控制

大多数酒店对一次性物品都是按照标准用量进行发放，这么做虽然满足了客人的需求，但却存在隐性成本浪费。如住店客人打开的香皂是否必须全部换掉，住客用剩的手纸、单人住客的牙刷是否都需一日一换等。另外，洁净完好的香皂盒、浴液若不回收和利用，更是一种成本的流失。总之，对一次性物品必须实行按实际用量发放，否则，就会造成物控失效，物品流失。

（四）设备设施的保养

客房部的设备不但种类多，数量大，使用频率高，而且设备的资金占用量也居酒店前列。在设备保养中，如果不坚持以预防为主的原则，不加强日常的保养和定期检修，就不能做到小坏小修，随坏随修，势必加剧设备的损坏速度，减少使用周期，增加设备更换频次，既造成大量的成本浪费，又严重影响酒店的服务质量。

另外，客房部应注意在本部门中培养兼职维修人员，通过专业知识培训，可对一些设备设施进行简单的维护、保养，也可对需要小修小补的设备，进行及时处理。这样，既提高了工作效率，又减少了维修费用的支出，还有利于延长设备设施的使用寿命。

（五）能源管理

客房部每日需消耗大量的能源，其中有些是必需的（客人的正常使用），有些则常因失控造成，如面盆、浴盆、坐便器的长流水；房间、卫生间的长明灯；空房空调和热水 24 小时都处于供应状态（可在客人到店前 4 小时做好准备）；服务员清扫卫生间时，房间内的灯没及时关闭等，在无形的能源消耗中，也随之产生了无形成本浪费。

（六）备品管理

客房的备品管理是加强成本控制的一个重要环节，每日数以千计件用品的流动、使用和保管，稍有疏忽，便会出现如交叉污染、保洁不当，运送、洗涤过程中的划伤，保存过程中出现的潮湿发霉等问题，造成经营成本的加大。报废物品可否再利用？如废弃床单改成枕套，单面破损枕套合二为一等。备品管理对成本的影响也是我们不可忽视的一个方面。

三、酒店客房成本费用控制方法

客房经营作为酒店经营的主要项目，其租金收入占整个酒店的 50%左右，因此，加强客房成本费用的控制，对降低整个酒店的费用支出具有重要的意义。

客房经营过程中发生的各项支出是通过营业费用进行核算的。客房营业费用的高低与客房出租率的高低有着直接的关系。

客房费用可以分为固定费用和变动费用两部分。固定费用总额不会随出租率的高低而变化，但从每间客房分担的固定费用来讲，则会随着出租率的提高而减少。变动费用却与此相反，变动费用总额会随着出租率的提高而增加，但每间客房的变动费用在一定条件下和一定时期内却是个常数。因此，控制客房费用的支出，降低消耗，需从两方面入手。

（一）降低单位固定费用

降低单位固定费用的途径是提高客房出租率，通过出租数量的增加以降低每间客房分摊的固定成本费用。酒店出租客房，常因客源、季节、修理等因素出现一定的空房期。客房成本中固定的费用，不管客房出租多少都是一样的。因此，在计算每间客房成本时，应该制定合理的客房出租率，将空房间的费用消耗计算进去。具体可根据酒店历年客房出租情况，核定可靠的客房出租率和相应的合理利润率两项定额，也可核定保本出租率一项定额。

客房的保本出租率是指客房的营业收入减去变动费用等于固定费用时的客房出租率，即客房的利润刚够支付固定费用，处于不赔不赚状态。其公式为

保本点客房出租数＝客房全部固定费用／（每间客房价格－每间客房变动费用）

保本点客房出租率（相对数）＝（保本点客房出租数/可供出租客房总间）×100%

客房每间日成本＝（客房使用面积×单位使用面积每天分摊固定成本）+每间每天分摊可变成本

客房单位使用面积每天分摊固定成本=全年固定成本总额/［365天×额定出租率×客房总面积］

客房每间（套）每天分摊可变成本=全年可变成本总额/（365天×额定出租率×客房间（套）总数）

（二）控制单位变动费用

控制单位变动费用主要是按照客房消耗品标准费用（消耗品定额）控制单位变动费用支出。消耗品定额是对可变费用进行控制的依据，必须按酒店的不同档次，制定消耗品的配备数量和配备规定。对一次性消耗品的配备数量，要按照客房的出租情况落实到每个岗位和个人，领班和服务员要按规定领用和分发各种消耗品，并做好登记，以便对每人所管辖的客房消耗品数进行对比和考核，对费用控制好的班组和个人要给以奖励，对费用支出超出定额标准的要寻找原因，分清责任，对由于主观因素造成的超标准支出要给以一定处罚。对于非一次性用品的消耗，要按酒店的档次和正常磨损的要求确定耗用量，尽量减少使用不当造成的损耗，加强领发料控制和安全保卫工作，减少丢失。通过对固定费用和变动费用的有效控制和管理，就能达到降低消耗、增加盈利的目的。

四、酒店餐饮成本费用控制

（一）做好成本管理的基础工作

成本管理的基础工作，是成本管理工作能否见成效的重要环节。有些酒店成本管理效果不佳，成本总是降不下来，主要是因为其成本管理的基础工作薄弱、管理方法陈旧、管理手段落后，不能适应管理工作的要求。做好成本管理的基础工作，主要从以下几方面着手。

1. 建立健全成本管理的原始记录

建立健全成本管理的原始记录是正确计算费用、成本、考核的依据。因此，原始记录必须全面、完整、准确、及时，否则成本管理的考核、分析都将失去意义。

原始记录是直接反映酒店经营活动的最初记录资料。如原料的领用记录、工时耗用记录、考勤记录、费用开支记录等。原始记录要符合经营的需要，要加强对原始凭证，尤其是电子发票、发票、支票收据的管理，加强对发票管理的合规性要求，明确发票的开具、保管、作废等流程应符合《中华人民共和国发票管理办法》的规定，以保证成本核算信息源头的真实性、合法性。做好原始记录工作，是酒店成本管理的一个重要方面。

2. 建立健全成本管理的物资收发、计量、验收和盘点制度

物资管理混乱、成本不实的重要原因，就是缺乏物资管理制度，或是物资管理制度不健全。

物资管理制度，就是对所有物资的收发都要进行计量、验收，办理必要的手续。有消耗定额的，应按消耗定额发料；没有消耗定额的，应按预算和计划的合理需要量发料，防止乱领乱用，造成积压浪费。定期对库存物资进行盘点，防止质变和呆滞积压，从而降低成本中的材料费用。

3. 建立健全钱、财、物的管理制度

根据酒店自身的实际情况，建立钱、财、物的管理制度，如成本计划、原料采购成本、消耗定额、收发料手续、费用开支标准、计量、计价等制度，从根本上扭转不讲成本、不计盈亏、采购无计划、用料无定额等无章可循的现象。

4. 采取先进的成本管理方法

管理方法落后，就不能充分发挥管理工作的作用，应创造条件积极采用一些先进的科学管理方法：①实行目标成本管理。酒店应根据其具体情况，通过调查研究，制定出先进合理的标准成本作为企业的目标成本。目标成本确定后，再逐级分解，下达到责任单位、责任者，认真落实并加强监督，定期检查目标的执行情况。目标成本管理有利于酒店之间的成本比较，发现自己管理工作的薄弱环节；也有利于酒店开展成本预测、决策、分析和比较。②逐步形成科学的成本管理体系。采用成本预测、成本决策、成本计划、成本控制、成本分析以及考核的科学系统的方法体系，使成本预测能及时、准确地为成本决策提供所需要的数据；成本决策也能为成本计划提供科学的依据，成本核算提供的资料能够更好地为成本预测、成本决策、成本控制服务。

（二）餐饮原料采购成本控制

餐饮成本控制的第一步是控制采购环节，采购环节的控制不仅是以低价格进行采购的问题，而且是从总体上以最小的投入获得最大的产出。

1. 餐饮原料采购成本控制原则

（1）最佳时间和批量原则。使用部门和库房申购原料是有时间和数量要求的。采购部门必须保证按量采购供应。

（2）合理采购价格原则。一般来讲，批量购买价格低，而批量小、用货急、拖欠款，采购价格就高，采购部门必须想方设法以最合理的价格采购原料。

（3）提高采购效率原则。要能够及时应付临时采购的需要，以确保企业的正常经营，维护企业的形象，提高企业整体效益。

2. 制定科学合理的采购程序

餐饮采购工作程序就是通过设计科学合理的采购步骤，降低采购成本，增加企业效益。采购工作程序不仅包括采购部门内部的操作程序，还包括采购部门与其他相关部门的沟通程序，既要尽量减少中间环节，又要保持各环节的紧密联系和及时沟通，以节约采购时间、节省采购费用，避免沟通不畅或不及时而导致采购原材料的损失浪费以及由于原材料供应不及时而影响企业的正常经营，直接降低企业的利润和效益。

采购程序的基本内容包括采购申请、采购审批、订货与采购、收货、采购经费的报销等。

3. 制定科学的采购标准

采购标准的基本内容一般有：编号、品名、类型；使用时间和入库时间要求；采购地点建议；质量、数量要求；最高限价及以往最低价格；填表人；使用部门。制定采购标准是一项比较复杂的工作，如果没有现成的资料和经验，既可以借鉴优秀企业的采购标准，也可以参考政府或流通部门所颁布的有关质量标准，还可以借用供应商的原料标准，编写一整套符合企业具体要求的采购标准。

4. 采购环节的控制

采购环节控制的主要目的，是以最合理的价格购入最符合餐饮部门需要的餐饮原料。

（1）采购申请单。为了有效地加强采购控制，餐饮企业必须实行集中采购制度。即厨房日常经营所需的原料，应由厨师长本人或指定专人填写“采购申请单”，提出采购申请；而厨师所需的所有仓储原料，则应由原料仓库保管员根据库存情况，并听取餐厅厨师长的建议后，填写“采购申请单”，提出采购申请。“采购申请单”一式三联。其中，送交采购部门两联，申购部门留存一联，以备复查。采购申请单如表 7.5 所示。

表 7.5　采购申请单

申购部门：　　　申请日期：　　　用料日期：　　　编号：

申请人：　　　申请部门经理：　　　采购部门经理：

原料编号	原料名称	原料规格	原料数量	建议供货商
合计				

（2）采购订单。采购部门接到采购申请后，应立即着手订货。对于鲜活原料，通常需由专人将各厨房的“采购申请单”汇总，得到批准后直接采购；对于库存原料，则要填写“采购订单”，将“采购申请单”一联附后，经逐层审批后，再实施采购。“采购订单”一式四联。其中，一联交供货商订货、一联交申购部门作为申购回复、一联交财务部门验收员以交叉核对、一联采购部门自留，如表 7.6 所示。

表 7.6　采购订单

申购部门：　　　订货人：　　　用料日期：

订货日期：　　　采购申请单编号：　　　供货商：

原料编号	原料名称	原料规格	原料数量	原料价格
合计				

（3）质量控制。为了使采购的食品原材料能够达到使用要求，保证最经济地使用各种原材料，必须对所需原材料制定明确的规格标准，制记“原材料采购规格书”并加以说明，作为申购、订购、供货和验收的依据，以预先确定的原材料质量要求统一规格，保证质量，便于供货商供货和验收，减少差错和浪费。

（4）数量控制。餐饮原材料的数量关系到采购成本、资金周转的速度和储存费用，为了降低餐饮产品的成本，必须加强餐饮原材料的数量控制。

确定应采购数量的程序如下：

①确定正常使用量。鲜活原材料具有易腐的特性，不宜库存。因而，厨房应根据需要每日或隔日申购，如果企业每两天采购一次鲜活和易变质的餐饮原料，厨师长应根据标准菜单和预测，确定每两天需要多少数量容易变质的餐饮原料。根据下列公式，可计算出每种原材料的申购数量。

某种原材料的申购数量=某菜肴的预计销售份数×该菜肴标准菜单中的原材料标准用量-厨房该原料的库存数量

②确定现有数量。每天盘存容易变质的原料，可以对某些餐饮原料进行实地盘存，对另一些餐饮原料则只需通过实地观察确定一个估计存货量。

③计算正常使用量与现有数量之差，确定应采购数量。

④根据特殊宴会、节日或其他特殊情况调整正常使用量。

通常，餐饮企业每天或隔天都需要采购一些鲜活和容易变质的原料，包括海鲜、肉类、蔬菜等。每次采购数量可根据下列公式确定：

应采购数=需用数量-现有数量+期末需存量

【例 7-5】银杏标准酒店现有库存进口沙丁鱼罐头 400 听，平均日使用量为 30 听，规定采购周期为 40 天，平均订货期 8 天，安全系数为 50%。

从上述资料可知，该种罐头在采购周期 40 天内的使用量为 30×40＝1 200（听），订货期 8 天内的使用量为 30×8＝240（听），安全存量为 240×50%＝120（听）。由此可以确定，酒店沙丁鱼罐头的最低库存量应为 360 听（订货期内 240 听 + 安全存量 120 听），最高库存量应为 1 440 听（采购周期内 1 200 听 + 订货期内 240 听）。现有库存 400 听，已接近最低库存量，为了满足供应，应提出申购，最佳订购量为 1 160 听（1 200-400+360）。

餐饮企业采购批量的确定应该精确，而且批量确定的依据要准确。餐饮企业管理人员应将批量确定工作用制度的形式固定下来，让仓库工作人员和厨房负责人定期依据企业生产情况和制度要求，确定每批采购量和两次采购之间的时间。这样，管理人员就可以从日常采购业务中解脱出来，有更多的时间考虑企业的长远发展和处理临时发生的问题，针对新情况和餐饮业发展的趋势及时开发新的经营项目，以提高餐饮企业的营业量，增加企业利润。每批采购量存在一个经济订货量确定的问题。

经济订货量，是指每次采购原料的最佳数量，即储存费用与订货费用和验收费用最低的订货批量。储存费，包括利息费用及与仓储相关的费用，如存货保险费、人工费用等；订货费用，包括电话费、差旅费、采购人员的工资、运杂费等；验收费用，包括验收人员的工资、验收工具费用、验收场地费等。企业为了降低这些成本费用，可使用经济批量公式确定最适宜的订货量，以降低与采购和存储相关的成本费用。

确定最佳采购批量需要考虑以下因素：

①菜肴销售数量。供应的菜肴数量增加，所需的餐饮原料数量也自然应增加。

②菜肴成本。菜肴成本是重点考虑的因素。如某些菜肴的成本上升会引起售价提高，造成销售量下降。在这种情况下，管理人员应研究是否需要继续采购这些原料。

如果管理人员预期某种餐饮原料将调高价格，就可能会增加购买量；如果管理人员预期某种餐饮原料的价格将下跌，就可能会减少订购量。

③仓储容量。企业的存储场地可能会限制采购数量。

④安全存储量。保持安全存储量可能要求购入比实际需要量更多一些的餐饮原料，防止发货中断、存货突降等。

⑤现有存储量。如果目前存量增加，采购数量可减少。

⑥供货单位的最低送货量。供应单位可能会规定送货的最低金额或最小重量。

⑦餐饮原料包装方式。有些供应单位不肯拆箱零售原料。因此，餐饮原料包装单位的有关制度也会影响采购数量。

（5）价格控制。在加强采购质量、数量控制的同时，采购控制环节中最关键也是最困难的问题就是实施价格的控制。采购部门应以最合理的价格，购入最符合经营需要的原材料。原材料的价格最易受市场供应、供货渠道、供货商竞争、供货季节和采购数量等因素的影响，波动较大，控制难度也较大。控制采购价格的主要手段有两个：一个是掌握市场价格行情；另一个是采购方式的选择。

餐饮经营者必须深入而全面地进行市场调查，掌握市场价格行情，以便于对原材料采购价格实行控制。

目前主要有以下几种成功的价格控制做法：

①源头采购。为了减少中间环节，以最有利的价格采购餐饮原材料。很多餐饮企业坚持与大企业、大公司或大型超市发展业务联系，加大自采力度，掌握采购的主动权。

②公开招标，择优采购。餐饮企业在供货商及公众的监督下，以规定的方式和程序，在保证质量的前提下依据价格优势，对所需的餐饮原材料进行采购。以招标方式确定供货渠道和供货商，使采购的过程和结果始终公开透明，通过公开、公正、公平的竞争，净化采购环节，杜绝采购中黑暗交易的现象。

③联合采购。越来越多的连锁餐饮企业或几个餐饮企业，采用联手采购的方式采购餐饮原材料，以量压价，有效地加强对采购价格的控制。

④实行供货商保证金制度。为了防止供货商在原材料采购过程中发生有价无货、以次充好和掺杂使假等情况的发生，有些餐饮企业在与供货商签订供货协议时，要求供货商缴纳一定金额的保证金，用来制约其供货行为。一旦发生以上情况，以供货商缴纳的保证金来补偿餐饮企业的损失。

5. 验收控制

验收工作对确保餐饮企业的产品质量具有极为重要的作用。验收工作人员不仅要有强烈的责任心，而且必须熟悉、掌握各种原料的验收标准、程序和制度。为了确保验收控制效果、保证产品质量，应该对验收人员进行培训。培训内容，包括采购标准、采购批量确定的方法、验收程序及企业有关规章制度等。通过培训，全面提高验收工作人员的素质，为堵塞漏洞、保证原料质量、降低企业成本及提高企业效益打好基础。

规定验收程序，不仅可避免因人而异的随意性，还可保证验收工作有条不紊、验收项目全面细致，提高工作效率。

验收程序通常如下：

（1）检查订单。验收工作人员根据“订货单”，验收购入的原材料，“订货单”中未订购的原材料不予受理。

（2）核对价格，验收质量和数量。验收工作人员根据供货发票检查原材料的价格，根据“订货单”和“采购规格书”验收质量和数量。为了提高工作效率，避免造成人力和财力的浪费，应按先核对价格、再验质量、最后验数量的顺序来进行原材料的验收。对验收不合格的原材料，应及时办理手续。

（三）原料存储成本的控制

酒店餐饮成本控制的主要对象就是原料。这就要在进货数量上把好第一关，规范库房业务程序，避免工作流程不畅造成的原料损失。

1. 发料的控制

发料环节控制的任务，是在保证各餐厅厨房得到及时、充分的原料供应的前提下，控制领料手续和领料数量。

（1）实行领料单制度。发料人员应做到：未经批准的不发放，有涂改或不清楚的不发放，手续不齐全的不发放，变质过期的原材料不发放。领料单的格式如表 7.7 所示。

表 7.7　领料单

领料部门：　　　　　　　　　　　　　　　　　　　　日期：

原料编号	原料名称	原料规格	原料单位	原料数量		原料单价	原料金额
				请领数	实发数		

领料人：　　　　　领料部门经理：　　　　　保管员：　　　　　记事员：

（2）原材料发放实行“先进先出法”。所谓“先进先出法”，是指先购入的原材料先发出，后购入的原材料后发出。其目的是保证餐厅厨房使用的原材料质量，避免变质、过期造成损失。

2. 存储量的确定

（1）原材料消耗定额。原材料消耗定额，是指在一定的设备技术条件下，为加工所需菜肴而消耗的原材料数量标准。制定合理的原材料消耗定额，常用方法有经验估计法、统计分析法和技术分析法三种。

经验估计法是以有关人员的经验和历史资料为依据，通过分析估计来确定原料消耗定额的方法。因为餐饮原料品种多、数量变化大、季节性强，进货质量和净料率各不相同，很难用统一的方式来测定。核定消耗定额的方法一般是以历史经验为基础，在分析餐厅接待能力、淡旺季的差别后大致确定。

（2）原料储备定额。原料储备定额，是指在一定业务技术条件下，为完成一定的生产任务，保证经营活动连续性所必需的最经济合理的原料储备数量标准。

餐饮原料的储备通常是由经常储备、保险储备和季节性储备三部分组成的。

经常储备，是指前后两批原料入库的间隔期内，为满足餐饮经营所需的原材料储备。经常储备定额计算公式：

经常储备定额=前后进货间隔天数×平均每天需要量

保险储备是为了防止交货误期、运输受阻等原因造成的产、供脱节而设立的一种后备性质的原料储备。保险储备定额计算公式：

保险储备定额=平均每天需要量×保险天数

某项原料的储备定额=经常储备定额+保险储备定额

【例 7-6】银杏标准酒店计划一季度需要 360 千克的香菇，每 3 个月进货一次，但由于购货地点较远，有运输受阻的可能，需要有 15 天的保险天数，该原料经常储备定额、保险储备定额各为多少？总储备定额为多少？

进货间隔天数=30×3=90（天）

平均每天的需要量=360÷90=4（千克）

经常储备定额=90×4=360（千克）

保险储备定额=4×15=60（千克）

香菇的总储备定额=经常储备定额 + 保险储备定额=360 + 60=420（千克）

为了克服原料受季节性因素的影响，还需要进行季节储备，即

季节储备定额=平均每天需要量×中断天数

【例 7-7】银杏标准酒店平均每天需要对虾 30 千克，需要在产虾季节储备，中断天数为 200 天，季节性储备应为多少？

季节储备=平均每天需要量×中断天数=30×200=6 000（千克）

以上三种储备定额的确定，主要考虑酒店外部供应条件，没有考虑到酒店内部储存多少应是最经济、合理的。可以利用经济批量的计算方法，考虑酒店储存费用。

第三节 酒店盈亏平衡分析

一、盈亏平衡分析概述

盈亏平衡分析是通过盈亏平衡点分析项目成本与收益的平衡关系的一种方法。各种不确定因素（如投资、成本、销售量、产品价格、项目寿命期等）的变化会影响投资方案的经济效果，当这些因素的变化达到某一临界值时，就会影响方案的取舍。盈亏平衡分析的目的就是找出这种临界值，即盈亏平衡点，判断投资方案对不确定因素变化的承受能力，为决策提供依据。

盈亏平衡点越低，说明项目盈利的可能性越大，亏损的可能性越小，因而项目有

较大的抗经营风险能力。因为盈亏平衡分析是分析产量（销量）、成本与利润的关系，所以也称之为量本利分析。

二、盈亏平衡分析的形式

盈亏平衡点的表达形式有许多种，既可以用实物产量、单位产品售价、单位产品可变成本以及年固定成本总量表示，也可以用生产能力利用率（盈亏平衡点率）等相对量表示。根据生产成本、销售收入与产量（销售量）之间是否呈线性关系，盈亏平衡分析可分为线性盈亏平衡分析和非线性盈亏平衡分析。

（一）线性盈亏平衡分析

线性盈亏平衡分析主要用于分析销售收入、生产成本与产品产量的关系。

（1）假设产量等于销售量，销售量变化，销售单价不变，销售收入与产量呈线性关系，酒店管理者不会通过降低价格增加销售量。

（2）假设正常生产年份的总成本可划分为固定成本和可变成本两部分，其中固定成本不随产量变动而变化，可变成本总额随产量变动而呈比例变化，单位产品可变成本为常数，总可变成本是产量的线性函数。

（3）假设在分析期内产品市场价格、技术装备、管理水平等均无变化。

（4）假设只生产一种产品，或当生产多种产品时，产品结构不变，且都可以换算为单一产品计算。

酒店生产销售活动不会明显地影响市场供求状况，假设其他市场条件不变，产品价格不会随酒店销售量的变化而变化，可以看作常数。销售收入与销售量呈线性关系，即

$$B = PQ$$

式中，B 为销售收入；P 为单位产品价格；Q 为产品销售量。

酒店生产成本可以分为固定成本与变动成本两部分。固定成本指在一定的生产规模限度内不随产量的变动而变动的费用，变动成本指随产品产量的变动而变动的费用。变动成本总额中的大部分与产品产量呈正比例关系，也有一部分变动成本与产品产量不呈正比例关系，这部分变动成本随产量变动的规律一般呈阶梯形曲线，通常称这部分变动成本为半变动成本。由于半变动成本通常在总成本中所占比例很小，在经济分析中一般可以近似地认为它也随产量成正比例变动。

总成本是固定成本与变动成本之和，它与产品产量的关系也可以近似地认为是线性关系，即

$$C = C_f + C_v Q$$

式中，C 为总生产成本；C_f 为固定成本；C_v 为单位产品变动成本。

在同一坐标图上表示出来，可以构成线性量本利分析图（见图 7.1）。

图中纵坐标表示销售收入与产品成本，横坐标表示产品产量，销售收入线 B 与总成本线 C 的交点称为盈亏平衡点，也就是项目盈利与亏损的临界点。在盈亏平衡点的左边，总成本大于销售收入，项目亏损；在盈亏平衡点的右边，销售收入大于总成本，项目盈利；在盈亏平衡点上，项目不亏不盈。

在销售收入及总成本都与产量呈线性关系的情况下，可以很方便地用解析方法求

出以产品产量、生产能力利用率、产品销售价格、单位产品变动成本等表示的盈亏平衡点。在盈亏平衡点，销售收入 B 等于总成本 C，设对应于盈亏平衡点的产量为 Q^*，则有

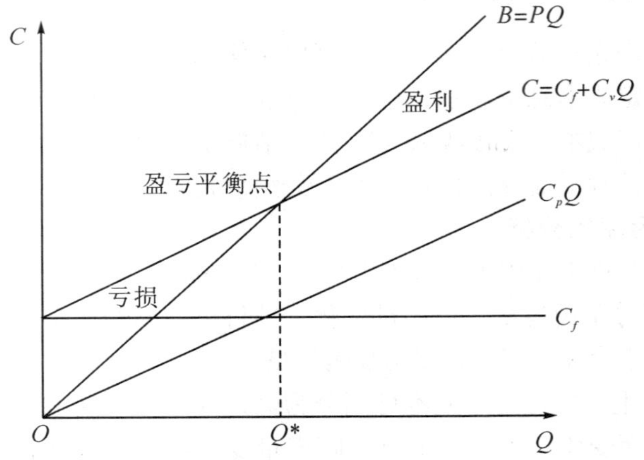

图 7.1 线性量本利分析

$$PQ^* = C_f + C_v Q^*$$

所以，盈亏平衡点产量为

$$Q^* = C_f \div (P - C_v)$$

若酒店产品可销售能力为 Q_c，则盈亏平衡生产能力利用率为

$$E^* = Q^* \div Q_c \times 100\%$$
$$= C_f \div [(P - C_v) \times Q_c] \times 100\%$$

若按酒店产品可销售能力进行生产和销售，且销售价格已定，则盈亏平衡单位产品变动成本为

$$C_v^* = P - C_f \div Q_c$$

（二）非线性盈亏平衡分析

由于产量扩大到一定水平，原材料、动力供应价格上涨等原因造成酒店生产成本并非与产量呈线性关系；由于市场容量的制约，当产量增长后，产品售价也会相应下降，价格与产量成某种函数关系，因此，销售收入与产量就呈非线性关系（见图 7.2）。

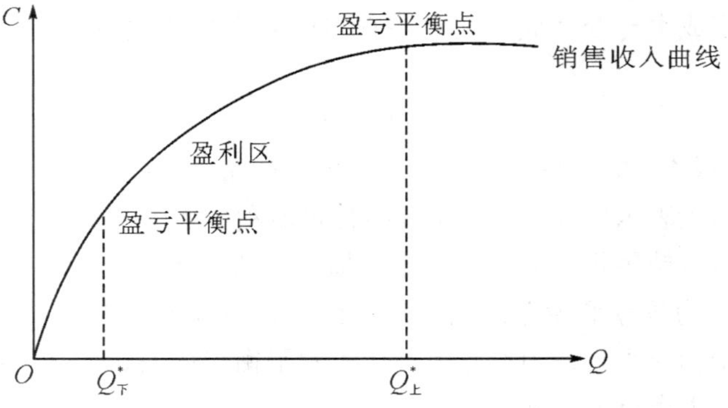

图 7.2 非线性盈亏平衡关系示意图

三、成本结构与经营风险的关系

销售量、产品价格及单位产品变动成本等不确定因素发生变动引起的酒店盈利额的波动称为酒店的经营风险。由销售量及成本变动引起的经营风险的大小，与酒店固定成本占总成本的比例有关。

固定成本占总成本的比例越大，盈亏平衡产量越高，盈亏平衡单位产品变动成本越低。高的盈亏平衡产量和低的盈亏平衡单位产品变动成本会导致酒店在面临不确定因素的变动时发生亏损的可能性增大。固定成本的存在扩大了酒店的经营风险，固定成本占总成本的比例越大，这种扩大作用越强。这种现象称为经营杠杆效应。

素质教育小故事

巧妙的节约

在一个繁忙的城市里，有一家名为“瑞雅酒店”的高档酒店。这家酒店以其优质的服务和精心设计的环境而闻名。瑞雅酒店的经理李先生一直以来都非常重视成本费用控制。他深知，酒店的可持续发展和竞争力离不开对成本的合理控制。他坚信，即使是在高档酒店的服务中，也有许多地方可以巧妙地节约成本。

为了教育员工关于成本费用控制的重要性，李先生决定开展一次特殊的教育活动。他邀请了酒店的各个部门负责人和员工代表参加这次活动。

这个活动的主题是“巧妙的节约”。李先生解释说，成本控制不仅仅是要削减开支，更要通过巧妙的方法和创新的思维来实现成本的节约。他希望员工们能在这个活动中发挥想象力和创造力，找到各个部门成本控制的潜力和机会。

每个部门负责人都带来了自己的节约创意。厨房部门的负责人提出了合理利用食材、减少浪费的方案；客房部门的负责人提出了节能环保的措施；采购部门的负责人提出了与供应商的合作方案，以获得更有竞争力的价格。

最后，李先生邀请每个员工代表分享他们在日常工作中的节约经验。有员工提到了电力使用的小窍门，有员工分享了节水的方法，还有员工提到了避免不必要的打印和用纸的习惯。

这次教育活动结束后，瑞雅酒店的员工们都深受启发。他们意识到，成本费用控制不仅是管理层的责任，更是每个员工的责任。他们明白了自己在日常工作中的影响力，通过巧妙的节约，可以为酒店创造更大的价值。

从那以后，瑞雅酒店成本费用控制的意识更加浓厚。员工们积极地提出创意和建议，精打细算，巧妙地节约每一分成本。这使得酒店在竞争激烈的市场中更具竞争力，同时也为员工们树立了节约意识和责任感的榜样。

这个故事告诉我们，在酒店成本费用控制中，巧妙的节约是至关重要的。通过思维的创新和团队的合作，每个员工都可以为酒店的成本控制做出贡献，实现酒店的可持续发展。

章节练习

第七章小测

一、单项选择题

1. 酒店收入按业务主次分，其中属于酒店主营业务收入的是（　　）。

A. 商品销售收入　　B. 客房收入

C. 洗衣收入　　D. 康乐收入

2. 下列属于酒店营业收入的是（　　）。

A. 无法查明原因的现金溢余

B. 无法支付且按规定流程批准的应付账款

C. 酒店接受捐赠产生的利得

D. 酒店为客人提供洗衣服务的所得

3.（　　）又称内扣毛利率法，是按照原材料成本和销售毛利率来计算出销售价格的方法。

A. 销售毛利率　　B. 成本毛利率

C. 成本毛利率加成率　　D. 外加毛利率

4. 银杏标准酒店中餐厅一盘“葱烤河鱼”的主料河鱼的成本为 14 元，辅料成本为 1 元，酒店确定的销售毛利率为 25%，该菜肴的销售价格为（　　）元。

A. 20　　B. 18.75

C. 17.33　　D. 16.25

5. 收银员根据账单向顾客收取消费钱款属于（　　）。

A. 物品传递线　　B. 账单传递线

C. 钱款传递线　　D. 货物传递线

6. 收银员下班后对本班账务进行汇总和核对，并编制（　　）。

A. 保证金收据　　B. 单据

C. 收银日报表　　D. 总账

7. 夜审人员利用电脑编印当日酒店收益试算表。试算表分为借方、贷方和余额三部分。其中借方反映的是（　　）。

A. 当日客人结算的款项　　B. 截至当日客人累计欠账总数

C. 客人的押金　　D. 饭店当日营业收益

8. 酒店在经营过程中发生的金融机构手续费属于（　　）。

A. 管理费用　　B. 销售费用

C. 财务费用　　D. 制造费用

9. 酒店随产品产量的变动而变动的成本是（　　）。

A. 固定成本　　B. 变动成本

C. 混合成本　　D. 不变成本

10. 在 $C=C_f+C_vQ$ 中，C 为总生产成本，C_f 为固定成本，Q 为产量，则 C_v 为（　　）。

A. 单位产品变动成本　　B. 单位边际贡献率
C. 变动成本率　　D. 边际贡献率

二、多项选择题

1. 酒店客房产品的定价的方法有（　　）。

A. 盈亏平衡法　　B. 千分之一定价法
C. 赫伯特定价法　　D. 目标利润记价法

2. 影响客房定价的因素包括（　　）。

A. 市场供求关系　　B. 竞争对手的价格
C. 酒店的地理位置　　D. 相关部门制定的价格政策

3. 酒店的杂项收入包括（　　）。

A. 客房收入　　B. 餐饮收入
C. 小酒吧收入　　D. 洗衣收入等

4. 对于当日的各收银员提交的日报表即凭单由酒店审计人员进行汇总和审计的内容包括（　　）。

A. 清点现金　　B. 整理账单
C. 稽核账单　　D. 编制收银试算表

5. 下列属于酒店管理费用的是（　　）。

A. 行政部门工资　　B. 财务部办公费
C. 总经理办公室折旧费　　D. 销售部门广告费

6. 酒店成本费用的分类包括（　　）。

A. 固定成本　　B. 变动成本
C. 混合成本　　D. 标准成本

7. 酒店的经营费用是在酒店经营管理过程中发生的，包括（　　）。

A. 办公费　　B. 差旅费
C. 折旧费　　D. 交通费

8. 酒店采购程序的基本内容包括（　　）。

A. 采购申请　　B. 采购审批
C. 订货与采购　　D. 收货、采购经费的报销

9. 制定合理的原材料消耗定额，常用方法有（　　）几种方法。

A. 经验估计法　　B. 先进先出法
C. 统计分析法　　D. 技术分析法

10. 影响投资方案的经济效果的因素包括（　　）。

A. 投资　　B. 成本
C. 销售量　　D. 产品价格

三、判断题

1. 企业收入中主营业务收入占企业收入的比重较大，对企业的经营效益产生较大的影响。酒店的客房收入和餐饮收入是其主营业务收入。 ( )

2. 酒店销售收入和营业外收入均属于收入要素。 ( )

3. 餐饮收入三条线包括物品传递线、账单传递线、钱款传递线。 ( )

4. 餐饮账单作废时，无须加盖“作废”章，直接撕掉就可以了。 ( )

5. 夜审人员利用电脑编印当日酒店收益试算表。试算表的贷方反映的是应向客人收取的账款。 ( )

6. 酒店的销售费用、管理费用和财务费用统称为期间费用。 ( )

7. 酒店销售相关人员的工资属于管理费用。 ( )

8. “采购申请单”一式三联。其中，送交采购部门一联，申购部门留存两联。 ( )

9. 经济订货量是指每次采购原料的最佳数量，即储存费用与订货费用和验收费用最低的订货批量。 ( )

10. 在盈亏平衡点的左边，总成本大于销售收入，项目亏损；在盈亏平衡点的右边，线性量本利分析图中，销售收入大于总成本，项目盈利；在盈亏平衡点上，项目不亏不盈。 ( )

四、简答题

1. 简述酒店客房产品采用的定价方法有哪些。

2. 简述酒店餐饮产品采用的定价方法有哪些。

3. 简述酒店的营业成本包括哪些。

4. 简述盈亏平衡分析。

五、计算题

1. 某酒店建筑总成本为2亿元，客房总数为500间，用千分之一定价法计算其定价。

2. 酒店中餐厅一份“清蒸鲈鱼”的主料鲈鱼的成本为20元，调料的成本为3元，酒店确定的成本毛利率为20%，按成本毛利率定价为多少元?

3. 酒店供应的“荔枝虾球”的销售毛利率为30%，该菜肴的成本毛利率为多少?

4. 某酒店在端午节推出粽子礼盒，售价50元/盒，单位变动成本20元，该礼盒固定成本60 000元，请问酒店至少要销售多少盒才不会亏本?

第八章 酒店利润分配管理

■学习目标

了解利润分配的基本原则；熟悉酒店利润分配的一般程序；掌握股利分配的一般程序；掌握股利分配的影响因素、类型、股利支付形式与程序。能制定酒店利润分配程序；会分析酒店股利政策对酒店营运、盈利能力的影响；能通过案例确认酒店的福利支付形式。

■基本要求

掌握酒店股利分配政策的选择；掌握酒店股利支付形式与程序的确定，并能根据酒店现状及特点，提出相对应的股利支付方式供选择；掌握利润分配的基本方式及流程。

第一节 酒店利润的形成及影响因素

思维导图

一、酒店利润的形成

酒店利润是指酒店在一定会计期间的经营成果，包括酒店的营业利润、利润总额和净利润。

正确认识影响酒店利润的各种因素，明确它们之间的相互关系及其对利润的影响程度，是控制酒店收入、成本、价格和利润，并用近期或长期决策来调节酒店利润和利润结构，提高经济效益的重要条件。根据《企业会计准则》的规定，酒店的利润总额由营业利润和营业外收支等项目组成。净利润为利润总额与所得税费用之差。其计算公式为

营业利润=营业收入-营业成本-税金及附加-销售费用-财务费用-管理费用-资产减值损失+公允价值变动收益+投资收益

利润总额（或亏损总额）=营业利润+营业外收入-营业外支出

净利润=利润总额-所得税费用

（1）营业收入。营业收入可以分为主营业务收入和其他业务收入两大部分。主营业务收入一般指酒店在业务经营过程中由于提供劳务和销售商品等所取得的收入，包括客房收入、餐饮收入、娱乐收入、商品销售收入、商务中心收入等。

酒店客房是一种特殊商品，可出租，不能储存。如果在规定时间内不能出租，其效用就自然消失，价值就无法收回，因此，酒店必须尽可能减少客房闲置，提高出租率，以增加客房收入；酒店各个餐厅也尽量多地销售制作出来的菜肴，提高食品销售收入，降低各种原材料耗费。

（2）营业成本。营业成本可以分为主营业务成本和其他业务成本。主营业务成本是指酒店为获取主营业务收入所发生的已售商品或已提供劳务的实际成本，包括直接材料、商品进价和其他直接费用。其中，直接材料是指餐饮部门在经营过程中耗用的原材料、调料、配料；业务经营中的燃料：车队的营业成本；洗染、修理等业务部门直接耗用的原材料、辅料等。

需要说明的是，客房部门发生的各项成本费用，包括人工费用、维修费用、低值易耗品摊销、物料用品消耗、洗涤费用等，按照规定，计入营业费用，而不是计入主营业务成本。餐饮部门除食品原材料以外的材料、燃料、机器设备和人工耗费，也计入营业费用。

（3）税金及附加。税金及附加是指酒店销售主要经营的商品、提供劳务等按规定应缴纳的税金及附加，通常包括增值税、消费税、资源税、城市维护建设税、教育费附加等。

（4）投资收益。投资收益是指酒店对外投资所取得的收益减去对外投资发生的损失。

（5）营业利润。营业利润是指酒店通过服务经营所获取的经营利润，是酒店一定期间的营业收入（主营业务收入和其他业务收入）与一定期间为获取营业收入所发生的成本、税金、费用等相抵之差。

（6）营业外收入和营业外支出。营业外收入和营业外支出是指酒店发生的与其经营活动无直接关系的各项收入和各项支出。营业外收入包括固定资产盘盈、处置固定资产净收益、非货币性交易收益、出售无形资产收益、罚款净收入等；营业外支出包括固定资产盘亏、处置固定资产净损失、出售无形资产损失、债务重组损失、计提的固定资产减值准备、罚款支出、捐赠支出、非常损失等。

二、酒店利润的影响因素

酒店利润的影响因素复杂多样，主要包括市场因素、成本因素以及运营和管理方面的因素。

（一）市场方面的利润影响因素

所有酒店作为企业容身于市场环境下，酒店市场的政府政策、供求关系、旅客流量、客源结构和客人的档次高低、消费水平、支付能力等都是影响利润的重要因素。但这些条件具体到一家酒店而又形成可以计量的因素来看，则主要包括：

（1）客房出租率。客房出租率既是市场环境和供求关系好坏的最后体现，又是影响酒店利润的重要因素。很显然，在其他条件不变的前提下，出租率越高，酒店销售收入和利润额必然越高，反之则越低。

（2）客房平均房价。平均房价是计划期内各种类型的客房按牌价出租所达到的间天客房平均收入。它也是影响酒店利润的重要因素，平均房价的高低受多种因素的影响。但在其他条件不变的条件下，平均房价越高，酒店收入和利润就会越高，反之则越低。

（3）接待人次。接待人次可以表现为客房的人夜次、餐饮经营的人餐次、康乐娱乐设施的人场次或总人次等。在一定时期和一定经营条件下，酒店各服务项目的接待人次越多，其销售收入和利润必然越高，反之则越低。

（4）人均价格或收费标准。人均价格或收费标准是根据酒店市场供求关系，由企业价格政策和价格水平来决定的。在餐饮经营中，它表现为人均消费；在客房经营中，它表现为人/天平均房租收入；在康乐经营中，它表现为每人次收费或收入。在一定时期或一定经营条件下，人均价格或收费标准越高，则实现利润越高。

（二）成本方面的利润影响因素

成本是生产或销售一定产品或劳务所产生的各种合理耗费的价值的货币表现。成本可以分为固定成本和变动成本两大类。但为了便于分析成本对利润的影响程度，我们又可以将成本方面的利润影响因素大致分为五种。

（1）原材料成本。它属于变动成本的范畴，随产品、产量或销售额的变化而变化。对于酒店而言，原材料成本主要指酒店餐食原材料消耗等。

（2）能源消耗。能源消耗包括水费、电费、燃料动力消耗等。它们是酒店客房、餐饮、康乐等各部门业务经营必不可少的费用开支，属于变动成本的范畴。

（3）人力资源成本。人力资源成本是企业劳动力价值高低的集中体现。一般是根据国家人事劳动管理的政策法规和酒店劳动分配制度，由企业事先预算而确定的。因而它也属于酒店固定成本的范畴。

（4）编外成本和奖金。编外成本是指酒店临时工、季节工、实习工、小时工等的人事成本。奖金则是酒店预算的随实现利润高低而变化的人事成本。两者都属于变动成本的范畴。

（5）固定成本。固定成本是指在一定时期和一定经营条件下，不随企业产品或销售额的变化而变化的那些成本。它分为两类：一是以资本性支出为主的约束性固定成本，如还本、付息、房屋与家具用具、机器折旧、房产税等。二是根据企业经营业务需要事先酌情做出预算安排的酌量性固定成本，如管理费用、销售费用、维修费用、大修费用等。

（三）其他因素

除了市场因素和成本因素外，还有一些因素也会对酒店的利润产生影响。

（1）酒店位置与定位：酒店的位置直接影响其客源结构和市场竞争力。位于繁华商业区、旅游景点附近的酒店通常具有更高的出租率和平均房价。酒店的定位决定了其目标客源和服务标准。高端酒店注重提供高品质的服务和设施，而经济型酒店则更注重性价比。

（2）物业租金与投入：对于租赁物业经营的酒店来说，物业租金是一项重要的固定成本。高昂的租金会吞噬酒店的利润，因此酒店需要谨慎选择物业并谈判合理的租金水平。酒店的投入包括装修、设备购置、人员培训等费用。合理的投入可以提高酒店的服务质量和市场竞争力，但过高的投入也会增加酒店的运营成本。

（3）经营效果与管理水平：酒店的经营效果直接影响其收入和利润。通过优化服务流程、提高服务质量、加强市场推广等方式，可以提高酒店的经营效果。酒店的管理水平对利润的影响不容忽视。高效的管理可以降低运营成本、提高员工的工作效率和服务质量，从而增加酒店的利润。

（4）OTA 平台与渠道能力：在线旅游平台（OTA）已成为酒店获取客源的重要渠道。然而，OTA 平台的高佣金率也会降低酒店的利润。因此，酒店需要谨慎选择 OTA 平台并谈判合理的佣金率。除了 OTA 平台外，酒店还可以通过自有渠道（如酒店官网、微信公众号平台等）获取客源。提高自有渠道的客源占比可以降低酒店对 OTA 平台的依赖程度，从而提高酒店的利润。

（5）员工离职率与满意度：员工离职率过高会增加酒店的人力成本和管理难度。因此，酒店需要关注员工的职业发展和个人需求，提高员工的满意度和忠诚度。员工满意度直接影响其工作效率和服务质量。提高员工的满意度可以激发员工的工作热情和创造力，从而提高酒店的服务质量和市场竞争力。

三、酒店利润管理的四大要素

酒店利润管理就是要通过对市场的分析预测，把适当的产品（product），以适当的价格（price），在适当的时间（time），卖给适当的客源市场（market）。产品、价格、时间和客源市场是酒店利润管理的四大要素。利润管理是否有效，取决于对这四大要素的管理是否适当。四大要素包括：

（一）产品

酒店的产品总的来说是指酒店可供出租的客房、餐饮、会议展览、康乐、商务及交通等设施及相关服务。酒店的产品通常是在某个时段提供或出租给宾客使用，宾客付钱后得到的往往是使用权而非所有权。所以，酒店产品有很强的时间性和不可储存性，少数商品除外，如礼物店卖出的货物，客人购买的食品和饮料等。一般来说，客房收入占酒店收入的70%以上，是收入和利润的主要来源，因此客房产品是酒店利润管理主要的研究对象。一家酒店通常有不同类型的房间，如标准房、豪华房、商务房、普通套房、豪华套房、总统套房等。在同类房间中，还有提供一张大床或两张双人床、面积大小、楼层高低和门窗朝向之分。这些差异既满足了不同消费层次、不同需求和不同喜好的市场的需要，也为酒店经营者利用房间的这些差异来拉开价格的距离，利用价格来促销和增加酒店收入提供了客观的条件。如果在酒店设计和建造时就能科学地确定房间的不同类型以及不同类型的房间在数量上的合理搭配比例，那么无疑为酒店利润管理打下了良好的基础。

酒店客房产品与其他消费品不同，其中最主要的一个区别就是客房的销售和消费有很强的时间性和不可存储性。众所周知，酒店的客房是按单位时间，如入住天数来收费的。住一天就收一天的租金，住半天就收半天的租金。客房能租出去，酒店才有收入；如果租不出去，客房空置，酒店就赔钱。例如，假设一家酒店仅有10间客房，客房日租价格是100元，如果当天能全部住满，酒店就获得1 000元的收入；如果客房全部空置，那么这本来可获得的1 000元就没有了。就这一天而言，这些客房产品空置就意味着浪费或损失。原因是这一天的这些房间不能存储起来，明天无法重新想办法租出去——因为时间不能存储，明天该酒店最多可出租的房间也依然是10间，而不是20间。可见时间的不可逆转性使客房空置的损失永远没法弥补。所以酒店经营管理者要提高酒店收入，就要尽量提高客房出租率，或称客房占用率（occupancy rate），避免客房空置。

此外，从财务的角度也可以看出，客房空置就意味着损失。我们都知道，通常建造酒店需要很大的投资，用于购买土地，建筑装修，以及购买家具、办公设备、电力设备、空调设备、洗衣设备及电脑系统等，这些都需要大笔资金。业主通常需要向银行贷款。所以，多数酒店有还本付息的压力。此外，不论酒店入住率高低，酒店总要拥有一批相对固定的员工，包括行政管理人员、财务人员、一线部门的经理和主管人员、维修保养和保安人员，以保证酒店的正常运作。不论生意好坏，他们的工资和福利支出是免不了的。酒店还要负担日常的清洁保养和维修费、保险费、基本的水电费、空调或暖气费等。这些费用哪怕酒店一间客房也租不出去，没有一分钱收入，只要不关门，就要负担。这些支出相对固定，不因客房出租率或业务量变化而变化，所以叫作固定成本。酒店要想维持营业，每天至少要有能抵偿固定成本的收入，否则长期贴钱，将难以为继。

酒店还有一部分成本叫作变动成本，即随业务量的变化而变化的成本。当酒店业务量增加时它们就增加；当业务量减少时它们就减少。例如，客房出租率增加，酒店就要多支付清洁工薪金和加班费。此外，水电费、毛巾和床单的洗涤费、纸巾、肥皂、洗头液等易耗品的开支等也会增加。可见，酒店的收入不仅要能抵偿固定成本，而且要能抵偿变动成本，剩下的才是利润。

总之，能否获得足够的营业收入对酒店的生存和发展至关重要。只有理解了酒店产品的特性，才能确定合理的产品结构，进而根据市场需求变动制定价格并采取适当的策略营销，以提高酒店收益。

（二）价格

酒店的收入是由平均客房出租价格和出租的客房数量来决定的。客房的出租数量通常与平均出租房价（以下简称房价）成反比。当价格升高时，需求就会减少，出租率就会降低；当价格下降，需求就会增加，出租率就会提高。所以，价格是否合适，直接关系到酒店客房产品的销售量和总体营业收入。

酒店客房的价格取决于酒店客房产品本身的价值和酒店市场的供求关系。酒店的知名度越高，客房的价值越高，市场需求量越大，酒店的客房价格就越高；酒店的知名度越低，客房本身的价值越低，市场的需求量越小，酒店的客房价格就越低。一间客房的价值可以通过一个比喻来理解。一杯矿泉水，在一般情况下只售一两元人民币，但是到了五星级酒店的酒吧里，它的价格很可能增加十倍。在沙漠里，对一个饥渴的人来说，它的价值就更高，也许值千金，甚至可以用生命来换取。所以，一个成功的酒店利润管理人员，需要懂得市场的需求变动情况，懂得从市场的角度来考虑酒店产品和服务的价值，并据此制定价格策略。

酒店的价格多种多样，以满足不同的市场需求和不同的顾客情况。传统的价格包括牌价、合同价、淡季价、旺季价、周日价、周末价、节假日价、散客价、团体价、含早餐的房价、不含早餐的房价、组合报价（含客房、餐饮以及其他服务项目）、折扣价和促销价等。

随着酒店利润管理的运用，越来越多的酒店制定并采用了含附加条件的新价格，以满足促销、加强存货的管理和控制订房进度的需要。例如，按照惯例，客人订房后最迟可在入住当天下午 6 点前取消订房，不需支付取消订房的费用。这种做法很方便客人，但是会使酒店面临一旦订房在入住当日被取消，因时间太短酒店不能把空房再出租出去的风险。为了避免这种风险，很多酒店制定了一种叫作“24 小时取消订房”的价格。这种价格通常比准许在入住当日取消订房的价格便宜 15%~20%，但要求客人至少提早 24 小时通知酒店取消订房，使酒店至少有一天时间将腾出来的空房租出去。此外，越来越多的酒店还制定有一种提前付费、不能取消、不能更改、不能退款的价格。这种价格通常比准许在入住当日取消订房的价格便宜 20%<35%，但要求客人订房时马上支付费用，一旦支付了费用，就不能取消或更改，也不能获得退款。这种价格能鼓励真正有入住需求的客人提早订房，使酒店获得一定比例的基本业务量，还便于酒店掌握到底租出多少房，还有多少空房要出租，以制定相应的销售策略，避免出现大量预订被取消、客房空置的风险。

另外，随着酒店利润管理的深入，越来越多的酒店采取浮动价格，使其价格完全建立在对供求关系的预测上，其价格根据市场供求曲线的变化而上浮或下调。在这种情况下，牌价存在的意义侧重于为浮动价格提供参照，为客人评价酒店档次和产品价值提供参考。采用浮动价格能有效帮助酒店避免出现房价过低，本来可以多收钱却少收了的情况，或房价过高，本来可以接到很多订单却没有接到的情况。因此价格的控制和管理是酒店利润管理的核心问题。

（三）时间

从前面对酒店产品的时间性和不可存储性的讨论中，可看出时间对酒店客房产品具有特别重要的意义。酒店经理在制定价格与确定销售渠道时，必须考虑时间的因素。另外，时间的重要性还体现在客房价格的时间差异上。大多数酒店的市场都有一定的季节性，例如对广州市大多数酒店来说，每年 4 月和 10 月春秋两次进出口商品交易会前后是一年中的旺季，11 月到次年 3 月的冬春期间是淡季。对于美国休斯敦市的酒店来说，一周中也有淡旺季之分。到这里旅行的客人大部分是从事商务活动的。所以酒店的出租率在星期一到星期四通常都很高，到了星期五、星期六和星期日，出租率通常减少 30%。这使得酒店在淡旺季提供不同的价格成为可能，这样的做法也容易被市场理解和接受。

此外，客人离入住前多少天订房，也影响到他们对酒店价格的接受程度。例如，提前很长时间订房的客人通常希望能得到较优惠的价格，酒店也愿意满足他们的需要。相反，对于一个当天订房、当天入住的客人来说，酒店很可能收取较高的价格，因为其房间也许是最后一个空房，此时需求大于供给，酒店可以将客房出售给愿意支付较高价格的客人。在这种情况下，客人也比较容易接受较高的价格。所以，酒店可以利用预定时间与顾客对不同价格的理解和接受的差异来定价以获得更高收入。例如，如某酒店能准确预测将来某一天市场将求大于供，它就可以不急于以低价把客房过早租出去，而是预留部分客房，等到离入住日只剩下一两个星期时高价卖出。相反，如果酒店预测将来某天市场需求不大，它就会用低价鼓励客人提早订房，提高其出租率和市场占有率。

（四）客源市场

酒店的客源市场通常都不是单一的，从大的层面划分来说有团体客和散客之分。在散客里，既有以参加商务活动为目的的公司散客，也有以旅游度假为目的的个人散客。在团体客里，既有以商务活动为目的的公司团体客，也有航空公司的空勤人员，因天气和机械原因滞留的旅客，以及从事政府活动、体育活动、教育活动、宗教活动、婚宴以及其他社会活动的团体。不同客人有不同的消费能力和行为模式，对酒店产品的类型、价值和价格也有不同的理解和需要。例如，商务散客住哪家酒店通常由商务活动的需要和公司的规定决定，费用也由公司支付，所以，他们对酒店客房价格是480元还是500元一般不太在意，对价格的变化不太敏感。但是，对度假散客来说，他们的费用由自己负担，对价格的变化较敏感。收益管理的主要任务之一就是要研究酒店客源市场的细分情况，研究不同市场的价格敏感度和需求弹性，确立酒店合理的价格体系和最佳的市场组合，以获得最大收益。

不同客源市场还有不同的订房模式（booking pattern），酒店可以研究和利用订房模式的规律，通过合理管理价格的供给来获利。例如，商务散客通常在离入住日前两周内订房，度假散客通常在入住前四周内订房。针对这种情况，酒店可以在离入住日前还有28天到14天期间推出较低的价格去吸引度假散客，以提高客房出租率。在离入住日前还有14天时升价，等待商务散客订房。这样，酒店就可争取到部分度假散客的生意，提高酒店的客房入住率和市场占有率，同时又能从商务散客那里得到较高的平均房价，从而提高酒店收入。

此外，不同客源市场还有不同的消费模式。例如，商务团体客可接受的房价通常比旅游度假团体客的高，而且他们通常会有较高的餐饮消费预算，可能会租用会议设施和使用商务中心的服务。旅游度假团体客可能会购买旅游纪念品，使用康乐设施，但在饮食方面比较节省，不太会使用会议室设施。有鉴于此，当一家以商务团体客为主的酒店将来某日仅剩下30间客房，现在有旅游度假团体客要求预订，是否租给他们呢？如果不租给他们，将来能租出去吗？如果酒店能预测到将来会有商务团体客需要这些客房，就不会急于租给旅游团体客人，因为，显然租给商务团体客更有利，酒店会得到更高房价，会有会议和餐饮方面的收入，从而能提高酒店的总体收入。

总之，收益管理的理论和实践建立在上述酒店产品的基本特性的基础上，研究将哪种客房（普通房、豪华房还是套房等），以哪种价格（浮动价、牌价、折扣价还是合同价等），在适当的时候（现在还是将来，入住前两个月、一个月、两周，还是当天等），卖给适当的客人（商务散客、商务团体客、度假散客、度假团体客、政府客还是普通散客等），以使酒店收入最大化。

第二节　酒店利润分配

一、酒店利润分配原则

酒店利润分配的对象是酒店缴纳所得税后的净利润，这些利润是企业的权益，企业有权自主分配。但分配时应当遵循以下原则：

（一）依法分配原则

利润分配必须贯彻依法分配原则，严格遵守国家的财经法规。酒店的利润分配工作必须在足额缴纳所得税后，才可以展开，且分配过程中应当遵守《企业会计制度》《公司法》及其他法规的规定。

（二）资本保全原则

酒店在分配中不能侵蚀资本。利润的分配是对经营中资本增值额的分配，不是对资本金的返还。按照这一原则，一般情况下，企业如果存在尚未弥补的亏损，应首先弥补亏损，再进行其他分配。

（三）兼顾各方利益原则

利润分配合理与否，直接影响酒店、投资者、经营者和员工等各方的经济利益。酒店不能只强调长远利益和整体利益，忽视投资者和员工的近期利益和局部利益，挫伤投资者和管理者的积极性；也不能只顾近期利益而损害酒店的长远发展。酒店应从全局出发，充分兼顾各方的利益，协调好近期利益与酒店长远发展的关系，做到统筹兼顾。

（四）投资与收益对等原则

酒店税后利润分配直接关系到投资者的经济利益，酒店在向投资者分配利润时，应一视同仁地对待所有投资者，应当体现谁投资谁收益、谁付出谁收益、收益大小与投资比例相适应的原则，以增强投资者对企业的信心与信赖。

二、酒店利润分配顺序

酒店取得的净利润，应当按照国家的有关规定和董事会的决议进行分配。可供分配的净利润包括酒店本年实现的净利润加上年初未分配利润。应根据以下顺序进行分配：

（1）支付被没收财务损失和各项税费的滞纳金、罚款。

（2）弥补酒店以前年度亏损（不包含已超过弥补以前年度亏损期限仍未补足部分）。

（3）提取盈余公积。

盈余公积是指酒店按照规定从净利润中提取的积累资金，其中包括法定盈余公积及任意盈余公积。

（4）向投资者分配利润。

【例 8-1】银杏标准酒店 2×25 年的有关资料为：①2×24 年度实现利润总额 3 000

万元，除弥补亏损外，无其他纳税调整项目，所得税税率为25%；②酒店前两年累计亏损500万元；③经董事会决定，任意盈余公积金的提取比例为10%；④支付2 000万股普通股股利，每股0.5元。

【要求】根据上述资料，对该公司利润进行分配。

解：

（1）弥补亏损，计缴所得税后的净利润为（3 000−500）×（1−25%）= 1 875（万元）

（2）提取法定盈余公积金为1 875×10% = 187.50（万元）

（3）提取任意盈余公积金为1 875×10% = 187.50（万元）

（4）可用于支付股利的利润为1 875−187.50−187.50 = 1 500（万元）

（5）实际支付普通股股利为2 000×0.5 = 1 000（万元）

（6）年末未分配利润为1 500−1 000 = 500（万元）

第三节　酒店利润分配政策

股利政策是酒店的重大决策之一，其决定了税后利润的分配：分配给股东作为投资回报以及留存作为再投资的资金来源。股利的分配是维护企业形象，增强股东信心，提高股票市价的重要措施；而留存收益是扩大再生产的主要资金来源。两者之间的关系是矛盾的，利润总额是固定的，因此分配的方式方法与多少是根据企业实际情况而定的。酒店的股利政策必须根据酒店的总体目标，选择能够提高企业价值的股利政策。既要根据市场环境，酒店的融资渠道、发展规划决定留存收益的占比，同时也要考虑股东偏好、股市影响等诸多方面决定股利的分配。

一、利润分配政策的影响因素

（一）法律因素

（1）资本保全的限制：公司不能用资本（包括股本和资本公积）发放股利。

（2）企业积累的限制：按照法律规定，公司税后利润必须先提取法定公积金。此外还鼓励公司提取任意公积金，只有当提取的法定公积金达到注册资本的50%时，才可以不再提取。

（3）净利润的限制：规定公司年度累计净利润必须为正数时才可发放股利，以前年度亏损必须足额弥补。

（4）超额累积利润的限制：许多国家规定公司不得超额累积利润，一旦公司的保留盈余超过法律认可的水平，将被加征额外税额。

（5）无力偿付的限制：基于对债权人的利益保护，如果一个公司已经无力偿付负债，或股利支付会导致公司失去偿债能力，则不能支付股利。

（二）企业因素

（1）盈余的稳定性：盈余相对稳定的公司有可能支付较高的股利，盈余不稳定的公司一般采取低股利政策。

（2）公司的流动性：公司的流动性较低时往往支付较低的股利。

（3）举债能力：具有较强的举债能力的公司有可能采取较宽松的股利政策，而举债能力弱的公司往往采取较紧的股利政策。

（4）投资机会：有良好投资机会的公司往往少发现金股利，缺乏良好投资机会的公司，倾向于支付较高的现金股利。

（5）资本成本：保留盈余（不存在筹资费用）的资本成本低于发行新股。从资本成本考虑，如果公司有扩大资金的需要，也应当采取低现金股利政策。

（6）债务需要：具有较高债务偿还需要的公司一般采取低现金股利政策。

（7）债务合同约束：如果债务合同限制现金股利支付，公司只能采取低股利政策。

（三）股东意愿

（1）稳定的收入和避税考虑：依靠股利维持生活的股东要求支付稳定的现金股利；边际税率高的股东出于避税考虑，往往反对发放较多的现金股利。

（2）防止控制权稀释考虑：为防止控制权的稀释，持有控股权的股东希望少募集权益资金，少分股利。

（四）其他因素

通货膨胀时期，公司计提的折旧不能满足重置固定资产的需要，需要动用盈余补足重置固定资产的需要，通货膨胀时期股利政策往往偏紧，反之亦成立。

二、利润分配政策的类型

（一）剩余股利政策

剩余股利政策，指酒店在有良好投资机会时，根据目标资本结构，测算出投资所需的权益资本额，先从盈余中留用，然后将剩余的盈余作为股利来分配，即净利润首先满足酒店投资的资金需求，如果有剩余，就派发股利；如果没有，则不派发股利。

剩余股利政策可以理解为一种筹资决策，即只要通过财务管理评估项目报酬超过资金成本，酒店就使用内部融资模式满足投资所需资金，如留存收益仅够满足投资需求，则没有股利可以分配。

（二）固定或持续增长的股利政策

固定或持续增长的股利政策，是指酒店将每年派发的股利额，固定在某一特定水平，或是在此基础上，维持某一固定比率，逐年稳定增长。在此政策下，无论酒店的利润如何波动，酒店都将稳定给予股东相应的股利分配，在酒店利润极大增长的年份，分配给股东的股利也并不会同步增加，而是在利润稳定一段时间后，再逐步提升股利分配额。

固定或持续增长的股利分配政策对于绝大多数股东来说是十分重要的。

优点有以下三点：

（1）固定股利政策可以向投资者传递酒店经营状况稳定的信息。

（2）有利于投资者有规律地安排股利收入和支出。

（3）固定股利政策有利于股票价格的稳定。

缺点是固定股利政策可能会给酒店造成较大的财务压力，尤其是在酒店的净利润下降或是现金紧张的情况下，酒店为了保证股利的照常支付，容易导致现金短缺，财务状况恶化。

（三）固定股利支付率政策

固定股利支付率政策，是指酒店预先确定一个固定的股利分配占税后净利润的比例，并在一个较长的时期内固定不变地按此比例发放股利。显然，该政策会因为酒店经营业绩的波动而波动，虽然股利发放的相对数不变（发放率），但是其绝对数会因为酒店税后净收益的变化而变化。因此，该政策适用于经营业绩相当稳定的酒店，它能够给股东带来一种稳定的投资回报，有助于增强投资者的信心。但是，如果酒店经营成果变化不定，则会导致股利的发放丰薄无常，容易挫伤投资者的投资热情，给投资者以巨大的风险感。

（四）低正常股利加额外股利政策

低正常股利加额外股利政策，是指酒店事先设定一个较低的正常股利额，每年除了按正常股利额向股东发放股利外，还根据特定时期酒店的经营业绩，灵活地宣布发放额外股利的政策。它适用于净收益经常波动的企业。

该政策使企业既保持一种相对稳定的常规股利，又能在企业繁荣时期给投资者以额外的资金回报，使企业能够较为平稳地渡过财务危机年份且能提升投资者信心。

【例 8-2】银杏标准酒店成立于 2×23 年 1 月 1 日，2×23 年实现的净利润为 2 000 万元，分配现金股利为 1 100 万元，提取盈余公积 900 万元（所提盈余公积均已指定用途）。2×24 年实现的净利润为 1 800 万元（不考虑计提法定盈余公积的因素）。2×25 年计划增加投资，所需资金为 1 400 万元。假定公司目标资本结构资产负债率为 30%。

【要求】

（1）在保持目标资本结构的前提下，试算 2×25 年投资方案所需的自有资金金额和需要从外部借入的资金金额。

（2）在保持目标资本结构的前提下，假定酒店执行剩余股利政策，计算 2×24 年度应分配的现金股利。

（3）在不考虑目标资本结构的前提下，假定酒店执行固定股利政策，计算 2×24 年度应分配的现金股利，可用于 2×25 年投资的留存收益和需要额外筹集的资金额。

（4）在不考虑目标资本结构的前提下，假定酒店执行固定股利支付政策，计算该酒店的股利支付率和 2×24 年度应分配的现金股利。

（5）假定酒店 2×25 年面临从外部筹资的困难，只能从内部筹资，不考虑目标资本结构，计算在此情况下 2×24 年度应分配的现金股利。

解：

（1）2×25 年投资方案所需的自有资金额＝1 400×70%＝980（万元）

2×25 年投资方案所需从外部借入的资金额＝1 400×30%＝420（万元）

（2）2×24 年度应分配的现金股利＝净利润－2×25 年投资方案所需的自有资金额＝1 800－980＝820（万元）

（3）2×24 年度应分配的现金股利＝上年分配的现金股利＝1 100（万元）

可用于 2×25 年投资的留存收益＝1 800－1 100＝700（万元）

2×25 年投资需要额外筹集的资金额＝1 400－700＝700（万元）

（4）该酒店的股利支付率＝1 100/2 000×100%＝55%

2×24 年度应分配的现金股利=55%×1 800=990（万元）

（5）因为酒店只能从内部筹资，所以 2×25 年的投资需要从 2×24 年的净利润中留存 1 400 万元，所以 2×24 年度应分配的现金股利=1 800-1 400=400（万元）

三、利润分配方案的确定

（一）选择利润分配政策

股利政策不仅会影响股东的利益，也会影响公司的正常运营以及未来的发展，因此，制定恰当的股利政策就显得尤为重要。由于各种股利政策各有利弊，因此公司在进行股利政策决策时，要综合考虑公司面临的各种具体影响因素，适当遵循利润分配的各项原则，以保证不偏离公司目标。

另外，每家公司都有自己的发展历程，就规模和盈利来讲，都会有初创阶段、快速发展阶段、稳定增长阶段、成熟阶段和衰退阶段等。在不同的发展阶段，公司所面临的财务、经营等问题都会有所不同，如初创阶段公司的获利能力、现金流入量水平、融资能力、对资金的需求等，与公司在经历高速增长阶段之后的成熟阶段相比，是完全不同的，所以公司在制定股利政策时还要与其所处的发展阶段相适应。

公司在不同成长与发展阶段所采用的股利政策如表 8.1 所示。

表 8.1　公司在不同成长与发展阶段采用的股利政策

公司发展阶段	特点	适用的股利政策
公司初创阶段	公司经营风险大，有投资需求且融资能力差	剩余股利政策
公司快速发展阶段	公司快速发展，投资需求大	低正常股利加额外股利政策
公司稳定增长阶段	公司业务稳定增长，投资需求减少，净现金流入量增加，每股净收益呈上升趋势	固定或稳定增长股利政策
公司成熟阶段	公司盈利水平稳定，公司通常已经累积了一定的留存收益和资金	固定股利支付率政策
公司衰退阶段	公司业务锐减，获利能力和现金获得能力下降	剩余股利政策

（二）确定股利支付水平

股利支付水平通常用股利支付率来衡量。股利支付率是当年发放股利与当年净利润之比，或每股股利除以每股收益。股利支付率的制定往往使公司处于两难境地。低股利支付率政策有利于公司对收益的留存，有利于扩大投资规模和未来的持续发展，但在资本市场上对投资者的吸引力会大大降低，进而影响公司未来的增资扩股；而高股利支付率政策有利于增强公司股票的吸引力，有利于公司在公开市场上筹措资金，但由于留存收益的减少，又会给企业资金周转带来影响，加重公司财务负担。

针对不同的政策影响因素可以参考本节利润分配政策影响因素内容。

（三）确定股利支付形式

按照股份有限公司对其股东支付股利的不同方式，股利可以分为不同的种类。其中，常见的有以下四类形式。

（1）现金股利，是指直接以现金向股东支付股利，它是最基本也是最常见的股利形式。公司选择支付现金股利时，除了要有足够的留存收益之外，还要有足够的现金。

（2）股票股利，是指公司以发放的股票作为股利支付给股东的股利支付形式，又可称为送红股，它是仅次于现金股利的常用的股利派发形式。发放股票股利是将公司的留存收益转化为股本，它不改变公司股东权益总额，但会改变股东权益的构成。

（3）财产股利，是指用公司有价值的财产物资作为股利向股东支付的形式，主要是以公司所拥有的其他公司的有价证券作为股利发放给股东。

（4）负债股利，是指公司通过建立一项负债的方式向股东发放股利。

我国《公司法》规定，公司可以以前两种形式发放股利。

对公司来讲，股票股利的优点主要有以下几个方面：

（1）公司发放股票股利既可以免付现金，又可以在心理上给股东以从公司取得投资回报的感觉。保留下来的现金，可用于追加投资，扩大公司经营，同时减少筹资费用。

（2）公司发放股票股利可传递公司未来发展前景良好的信息，增强投资者对公司的信心。

（3）发放股票股利可以降低市场上公司股价，对于股价偏高的公司，可以促进公司股票的交易和流通，同时日后企业将要以发行股票方式筹资，则可以降低发行价格，有利于吸引投资者，便于今后配股融通更多的资金。

素质教育小故事

以利行善，筑梦远方

“星途酒店集团”是一家深耕国内二三线城市的中端连锁酒店品牌，拥有直营及加盟门店150余家，2022—2023年受益于国内旅游市场复苏，集团年度净利润达2.1亿元。在快速发展的同时，集团管理层意识到企业发展与社会环境息息相关，开始探索通过利润再分配承担社会责任的路径。

随着ESG（环境、社会和公司治理）理念在商业领域的普及，星途酒店集团面临来自投资者、消费者和员工的多重期待。投资者希望企业展现可持续发展能力，以提升品牌长期价值；消费者更倾向选择具有社会责任感的酒店品牌；员工也期望企业能在追求利润之外，积极回馈社会。同时，集团在市场调研中发现，竞争对手已通过公益项目提升品牌美誉度，如某头部酒店集团的“绿色住宿计划”显著提高了客户忠诚度。这些因素促使星途酒店集团决心将利润的一部分转化为公益力量。

集团董事会在2023年度战略会议上提出，拟从净利润中提取5%设立专项公益基金。该提议引发了激烈讨论，部分股东担忧利润分配会影响短期收益，而管理层则强调，公益投入能增强品牌竞争力，带来长期效益。为了让决策更科学，集团成立了由战略发展部、公关部和财务部组成的专项小组，对公益方向和潜在收益进行调研。

专项小组通过行业研究、消费者问卷和社会需求分析发现，乡村旅游发展滞后但潜力巨大，且集团在二三线城市的布局与乡村旅游目的地高度重合；同时，酒店行业的能耗和碳排放问题突出，消费者对绿色酒店的需求日益增长。基于此，小组提出公益基金聚焦两大方向：一是支持乡村民宿改造与旅游人才培养，助力乡村振兴；二是开展酒店节能减排项目，推广绿色环保理念。该方案得到了董事会和多数股东的认可。

2023 年 12 月，“星途公益基金”正式成立，首笔注入资金 1 050 万元（占 2023 年净利润的 5%）。基金采用独立运作模式，设立专门的管理委员会，成员包括集团高管、外部公益专家和员工代表，确保资金使用的公开透明和高效。

基金与地方政府合作，在云南、贵州等地区选取 10 家乡村民宿，投入 300 万元进行基础设施升级和设计改造。例如，基金为一家位于贵州苗寨的民宿加装现代化卫浴设施、优化房间布局，并融入民族文化元素，改造后该民宿入住率从 30%提升至 65%。

投入 200 万元与旅游院校合作，开展乡村旅游从业人员培训课程，涵盖服务礼仪、民宿运营、网络营销等内容，累计培训乡村旅游从业者 500 余人次。

投入 150 万元开展“绿色住客计划”，鼓励消费者参与环保行动，如自带洗漱用品、减少床单更换频次，参与活动的住客可获得积分奖励。该活动开展后，试点门店的环保产品使用率提升 40%。

星途公益基金的项目直接带动了乡村民宿的经济收入，帮助当地居民增收致富；节能减排项目减少了酒店运营对环境的影响，传播了绿色环保理念，获得了社会各界的广泛赞誉。多家媒体对基金项目进行报道，提升了企业的社会形象。

从企业自身来看，参与公益项目显著提升了品牌影响力。2024 年第一季度，集团旗下门店平均入住率同比提高 8%，客户满意度上升至 92%。同时，绿色酒店改造带来的成本节约也直接转化为利润增长。

公益项目的开展增强了员工的归属感和荣誉感。集团内部调查显示，员工对企业价值观的认同度从 78% 提升至 91%，员工主动参与公益活动的积极性大幅提高。

章节练习

第八章小测

一、单项选择题

1. 关于股票股利，下列说法正确的是（　　）。

A. 股票股利会导致股东财富的增加

B. 股票股利会引起股东权益各项目的结构发生变化

C. 股票股利会导致公司资产的流出

D. 股票股利会引起负债的增加

2. 相对于其他股利政策而言，既可以维持股利的稳定性，又有利于优化资本结构的股利政策是（　　）。

A. 剩余股利政策　　B. 固定或持续增长的股利政策

C. 固定股利支付率政策　　D. 低正常股利外加额外股利政策

3. 酒店采用固定股利支付率政策时，考虑的理由通常是（　　）。

A. 稳定股票市场价格　　B. 维持目标资本结构

C. 保持较低资本成本　　D. 使股利与公司盈余紧密配合

4. 在通货膨胀时期，酒店一般采取的利润分配政策是（　　）的。

A. 很紧　　B. 很松

C. 偏紧　　D. 偏松

5. 下列关于股利分配政策的说法中，错误的是（　　）。

A. 采用剩余股利分配政策，可以保持理想的资本结构，使加权平均资本成本最低

B. 采用固定股利支付率政策，可以使股利和公司盈余紧密配合，但不利于稳定股票价格

C. 采用固定或持续增长的股利分配政策，当盈余较低时，容易导致公司资金短缺，增加公司风险

D. 采用低正常股利加额外股利政策，股利和盈余不匹配，不利于稳定股价

6. 酒店在分配利润时，必须按一定比例和基数提取法定公积金，这一要求体现的是（　　）。

A. 资本保全约束　　B. 资本累积约束

C. 偿债能力约束　　D. 超额累计利润约束

7. 下列在确定酒店利润分配政策时应考虑的因素中，属于酒店因素的是（　　）。

A. 避税　　B. 通货膨胀

C. 债务契约　　D. 投资机会

8. 剩余股利政策的理论依据是（　　）。

A. 股利无关理论　　B.“手中鸟”理论

C. 代理理论　　D. 所得税差异理论

9.（　　）要求企业在分配收益时必须按一定的比例和基数提取各种公积金。

A. 资本保全约束　　B. 资本积累约束

C. 偿债能力约束　　D. 超额累计利润约束

10. 我国上市公司不得用于支付股利的权益资本是（　　）。

A. 资本公积　　B. 任意盈余公积

C. 法定盈余公积　　D. 上年未分配利润

二、多项选择题

1. 影响公司股利政策的因素主要有（　　）。

A. 法律因素　　B. 企业因素

C. 投资者因素　　D. 其他因素

2. 影响收益分配政策的公司因素有（　　）。

A. 公司举债能力　　B. 未来投资机会

C. 资产流动情况　　D. 筹资成本

3. 股利无关论是建立在“完美且完全的资本市场”的假设条件之上的，这一假设包括（　　）。

A. 完善的竞争假设

B. 信息完备假设

C. 存在交易成本假设

D. 公司的投资决策与股利决策彼此独立

4. 采用现金股利形式的企业必须具备的两个条件是（　　）。

A. 企业要有足够的现金

B. 企业要有足够的净利润

C. 企业要有足够的留存收益

D. 企业要有足够的未指明用途的留存收益

5. 发放股票股利不会产生的影响有（　　）。

A. 引起资产流出

B. 引起股东权益内部结构变化

C. 引起股东权益总额变化

D. 引起每股利润下降

6. 股票回购的动机包括（　　）。

A. 改善企业资金结构

B. 满足认股权的行使

C. 分配超额现金

D. 清除小股东

7. 采用低正常股利加额外股利政策的理由是（　　）。

A. 有利于保持最优资本结构

B. 使公司具有较大的灵活性

C. 保持理想的资本结构，使综合成本最低

D. 使依靠股利度日的股东有比较稳定的收入，从而吸引住这部分股东

8. 公司的经营需要对股利分配常常会产生影响，下列叙述正确的是（　　）。

A. 为保持一定的资产流动性，公司不愿支付过多的现金股利

B. 保留盈余因无须筹资，故从资金成本考虑，公司保留盈余少时也要采取低股利政策

C. 成长型公司多采取高股利政策，处于收缩期的公司多采用低股利政策

D. 举债能力强的公司有能力及时筹措到所需资金，可能采取较宽松的股利政策

9. 股利相关论认为，企业的股利政策会影响股票价格和公司价值。股利相关论主要包括的理论有（　　）。

A. “手中鸟”理论

B. 信号传递理论

C. 代理理论

D. 所得税差异理论

10. 酒店利润管理中的要素包含（　　）。

A. 产品

B. 价格

C. 时间

D. 客源市场

三、判断题

1. 从股东财富最大化视角考虑，使用债务筹资进行纳税筹划必须满足净资产收益率大于债务利息率的前提条件。（　　）

2. 企业可以通过将部分产品成本计入研究开发费用的方式进行税收筹划，以降低税负。（　　）

3. 发放股票股利会因普通股股数的增加而引起每股收益的下降，可能进而引起每股市价下跌，但每位股东所持股票的市场价值总额不会因此减少。（　　）

4. 所谓剩余股利政策，就是公司在有着良好的投资机会时，公司的盈余首先应满足投资方案的需要。在满足投资方案需要后，如果还有剩余，再进行股利分配。（　　）

5. 发放股票股利后一定会使得每股收益和每股市价下降。（　　）

6. 发放股票股利不会对公司的资产总额、负债总额及所有者权益总额产生影响，但会发生资金在所有者权益项目间的再分配。（　　）

7. 公司奉行剩余股利政策的目的是保持理想的资本结构；采取固定或稳定增长的股利政策主要是为了维持股价；固定股利支付率政策将股利与公司盈余紧密地配合，以缓解股利支付压力；而低正常股利加额外股利政策使公司在股利支付中具有较大的灵活性。（　　）

8. 固定或稳定增长的股利政策的一个主要缺点是当企业盈利较少甚至亏损时，仍须支付固定数额或按固定比率增长的股利，可能导致企业财务状况恶化。（　　）

9. 根据“手中鸟”理论，公司向股东分配的股利越多，公司的市场价值越大。（　　）

10. 信号传递理论认为未来的资本利得具有很大的不确定性，并且其风险会随着时间的推移进一步增大，所以，投资者会偏好于当期的现金股利。（　　）

四、计算分析题

某公司上年实现净利润 200 万元，分配的股利为 120 万元。本年实现的净利润为 300 万元，年初未分配利润为 600 万元，年末公司讨论决定股利分配的数额。

要求：计算并回答下列互不关联的问题。

（1）预计明年需要增加投资资本 300 万元，公司的目标资本结构为权益资本占 55%，债务资本占 45%。公司采用剩余股利政策，公司本年应发放多少股利？

（2）公司采用固定或持续增长股利政策，公司本年应发放多少股利？

（3）公司采用固定股利支付率政策，公司本年应发放多少股利？

（4）公司采用低正常股利加额外股利政策，规定每股股利最低为 0.1 元，按净利润超过最低股利部分的 30%发放额外股利，该公司普通股股数为 400 万股，公司本年应发放多少股利？并简要说明采用该股利政策的优点。

第九章 酒店财务预算管理

■学习目标

通过本章的学习，明确酒店财务预算的含义和种类；明确财务预算的内容和编制方法；明确特殊预算的内容和编制方法。

■基本要求

了解酒店财务预算的含义和种类；掌握财务预算的内容和编制方法；理解特殊预算的内容和编制方法。

思维导图

第一节 酒店财务预算概述

一、酒店财务预算的含义

酒店财务预算是计划以及预期经济活动的一种数量表现，是以货币或者现金流量的形式对酒店未来某一特定时期经营活动所做的系统而详细的表述，是为了完成特定目标对所拥有的资源进行合理安排、对各项经济活动进行有效控制的工具。它是酒店在计划期内组织、协调各部门的经营活动，指导酒店财务工作，控制财务收支的总纲领，是酒店财务管理工作的重要一环。

酒店财务预算通常由营业收入预算、成本费用预算、利润预算、现金预算等构成。预算的编制一般是以公历年一年为一期，这样便于预算期间与会计年度一致，以利于预算执行结果的分析、评价和考核。

二、酒店财务预算的分类

（一）期间预算和项目预算

以一定的预算期间为对象而编制的预算称为期间预算。以特定项目的全过程为对象编制的预算称为项目预算。各经营单位一般会编制期间预算。

（二）资本预算和经营预算

为购置长期资产而编制的预算是资本预算。资本预算的预算期较长，因此要随着时间的推移不断进行调整。经营预算又分为业务预算和财务预算，前者反映业务决策的结果，包括利润表上所列的各项内容，后者反映财务决策的结果，包括现金预算及资产负债表和利润表。经营预算的期限通常为一年，为了便于日常控制，一般还要将其划分为更短的期间。

（三）短期预算和长期预算

一般而言，预算期在一年以内的预算称为短期预算，如业务预算常表现为短朞预算；预算期在一年以上的预算称为长期预算，如资本预算通常表现为长期预算。

（四）部门预算和总预算

部门预算是酒店内部各部门为完成部门任务而编制的预算。总预算是酒店各部门编制的经综合平衡而汇总的预算。

三、酒店财务预算管理机构

为了保障酒店预算目标的达成，预算管理各环节畅通高效，酒店可设置专门的组织机构，监督、执行预算管理工作。酒店设置预算管理机构时应遵循合法科学、高效有力、经济适度、全面系统、权责明确等基本原则，一般应具备酒店预算管理决策机构、酒店预算管理工作机构和酒店预算执行单位三个层次的基本架构。

（一）酒店预算管理决策机构

酒店应当设立预算管理委员会，作为专门履行预算管理职责的决策机构。预算管理委员会成员由酒店负责人及内部的相关部门负责人组成，酒店总会计师或分管会计工作的负责人应当协助酒店负责人负责酒店预算管理工作的组织领导。具体而言，预算管理委员会一般由酒店负责人（董事长或总经理）任主任，酒店总会计师（或财务总监、分管财会工作的副总经理）任副主任，其成员一般还包括各副总经理、主要职能部门（财务、战略发展、生产、销售、投资、人力资源等部门）负责人和分（子）公司负责人等。

酒店预算管理委员会的主要职责一般包括：

（1）制定酒店全面预算管理制度，包括预算管理的政策措施、办法、要求等。

（2）根据酒店战略规划和年度经营目标，拟定预算目标，并确定预算目标分解方案、预算编制方法和程序。

（3）组织编制、综合平衡预算草案。

（4）下达经批准的正式年度预算。

（5）协调解决预算编制和执行中的重大问题。

（6）审议预算调整方案，依据授权进行审批。

（7）审议预算考核和奖惩方案。

（8）对企业全面预算总的执行情况进行考核。

（9）其他全面预算管理事宜。

（二）酒店预算管理工作机构

由于酒店预算管理委员会一般为非常设机构，酒店应当在该委员会下设立预算管理工作机构，由其履行预算管理委员会的日常管理职责。预算管理工作机构一般设在酒店财会部门，其主任一般由酒店总会计师（或财务总监、分管财会工作的副总经理）兼任，工作人员除了财务部门人员外，还应有计划、人力资源、生产、销售、研发等业务部门人员参加。

酒店预算管理工作机构的主要职责一般包括：

（1）拟订酒店各项全面预算管理制度，并负责检查落实预算管理制度的执行。

（2）拟定酒店年度预算总目标分解方案及有关预算编制程序、方法的草案，报预算管理委员会审定。

（3）组织和指导各级预算单位开展预算编制工作。

（4）预审各预算单位的预算初稿，进行综合平衡，并提出修改意见和建议。

（5）汇总编制酒店全面预算草案，提交预算管理委员会审查。

（6）跟踪、监控酒店预算执行情况。

（7）定期汇总、分析各预算单位预算执行情况，并向酒店预算管理委员会提交预算执行分析报告，为委员会进一步采取行动拟订建议方案。

（8）接受各预算单位的预算调整申请，根据企业预算管理制度进行审查，集中制订酒店年度预算调整方案，报酒店预算管理委员会审议。

（9）协调解决企业预算编制和执行中的有关问题。

（10）提出预算考核和奖惩方案，报酒店预算管理委员会审议。

（11）组织开展对酒店二级预算执行单位［酒店内部各职能部门、所属分（子）公司等，下同］预算执行情况的考核，提出考核结果和奖惩建议，报酒店预算管理委员会审议。

（12）酒店预算管理委员会授权的其他工作。

（三）酒店预算执行单位

酒店预算执行单位是指根据其在酒店预算总目标实现过程中的作用和职责划分的，承担一定经济责任，并享有相应权利的酒店内部单位，包括酒店内部各职能部门、所属分（子）公司酒店等。酒店内部预算责任单位的划分应当遵循分级分层、权责利相结合、责任可控、目标一致的原则，并与酒店的组织机构设置相适应。根据权责范围，酒店内部预算责任单位可以分为投资中心、利润中心、成本中心、费用中心和收入中心。酒店预算执行单位在酒店预算管理部门（指酒店预算管理委员会及其工作机构，下同）的指导下，组织开展本部门或本酒店全面预算的编制工作，严格执行批准下达的预算。

各酒店预算执行单位的主要职责一般包括：

（1）提供编制预算的各项基础资料。

（2）负责本单位全面预算的编制和上报工作。

（3）将本单位预算指标层层分解，落实至各部门、各环节和各岗位。

（4）严格执行经批准的预算，监督检查本单位预算执行情况。

（5）及时分析、报告本单位的预算执行情况，解决预算执行中的问题。

（6）根据内外部环境变化及酒店预算管理制度，提出预算调整申请。

（7）组织实施本单位内部的预算考核和奖惩工作。

（8）配合酒店预算管理部门做好酒店总预算的综合平衡、执行监控、考核奖惩等工作。

（9）执行酒店预算管理部门下达的其他预算管理任务。

各酒店预算执行单位负责人应当对本单位预算的执行结果负责。

四、酒店财务预算的编制程序

酒店预算编制按照“由上而下、上下结合、分级编制、逐级汇总、综合平衡”的程序进行，并按照年度编制，季度、月度分解落实。凡是直接或间接占用资产和发生财务收支并能独立承担一定经济责任的部门、班组等均需编制预算。对于酒店集团而言，由各分（子）公司财务部根据集团的总体要求分别汇总编制本单位的年度预算方案，集团预算管理委员会各成员根据各自专业技术职能对本系统业务范围内的各分（子）公司预算事项进行审查，并提出审核意见。酒店预算编制应按照先业务预算、资本预算，后财务预算的流程进行。

以银杏标准酒店为例，其预算编制程序如下：

（一）经营目标确定

预算管理委员会根据酒店发展战略、历年目标实际完成情况和预算期经济形势的初步预测，在初步决策的基础上，于每年10月底前提出下一年度公司年度经营目标、年度财务指标预算目标。其中，年度财务指标预算目标包括业务销售目标、成本费用目标、利润目标和现金流量目标，并确定年度预算编制的政策。

（二）预算编制上报

酒店总经理召集各预算责任单位负责人举行预算执行委员会议，按照预算管理委员会下达的预算目标和政策，结合实际以及预算的执行条件，组织统筹各责任单位制订预算年度业务计划，并提出各单位详细的预算分解落实方案，经财务部汇总平衡编制财务预算后报总经理审议通过，再报集团预算管理委员会。

（三）审查平衡

审查平衡包括各分（子）公司在编制预算方案过程中的自行审查平衡以及集团预算管理委员会在评审各分（子）公司年度预算方案时的审查平衡。

集团预算管理委员会对各预算执行单位上报的预算方案进行审查，提出综合平衡的建议。在审查平衡过程中，集团财务部作为预算管理组织机构应当进行充分协调，对发现的问题提出初步调整的意见，并反馈给有关预算执行单位予以修正。对于不符合集团发展战略或者集团预算目标的事项，集团预算管理委员会应当责成有关预算执行单位进一步修订、调整。

（四）审议批准和下达

集团预算管理委员会在充分审查平衡的基础上，出具评审意见，提交董事会审批。

经董事会审批通过的预算方案，以正式文件下发各分（子）公司执行。集团与各分（子）公司总经理签订经营业绩责任书，以明确预算目标权责，各分（子）公司总经理与各预算责任单位签订预算责任书。

第二节　酒店财务预算编制方法

一般来说，酒店预算编制的基本方法有传统预算法、弹性预算法、零基预算法与滚动预算法。

一、传统预算法

传统预算法往往采用固定预算加增（减）量调整预算。固定预算，又称静态预算，是指以预算期某固定业务量水平为基础编制的预算；增（减）量调整预算则是在上期实际的基础上，结合预算期的可能变化，增加或减少某些金额后调整编制而成的预算。显然，传统预算法具有简便易行的优点，多数酒店均采用这种方法编制预算。但是，传统预算法存在诸多不足，其主要表现如下：

首先，由于传统预算法采用固定预算的方式，因此不能实时反映市场状况变化对预算执行的影响，按固定预算方法编制预算，会使预算变得呆板僵化，不能适应管理的需要。

其次，采用传统预算法，上下级之间往往处于对立面。上有政策，下有对策，为了应付上级，下级往往在上报预算时留有余地，高估预算，使预算的客观性、准确性越来越差。

最后，由于传统预算法的定期性特征，容易导致预算执行中的突击行为，即在临近预算期末时，将尚未消化的预算额度，无论需要与否，尽可能花光耗尽，以防上期预算被砍，同时也为下期预算留有余地，其结果则可能是资源的浪费。

二、弹性预算法

弹性预算法是在固定预算模式的基础上发展起来的一种预算编制方法，预见多种不同的业务量水平，分别计算其相应的预算额，以反映在不同业务量水平下所发生的费用和收入水平。由于弹性预算随业务量的变动而作相应调整，考虑了计划期内业务量可能发生的多种变化，故又称变动预算。

（一）弹性预算的特性

（1）弹性预算仅以某个“相关范围”为编制基础，而不是以某个单一业务水准为编制基础。

（2）弹性预算的性质是“动态”的。弹性预算的编制可适应任何业务要求，甚至在期间结束后也可使用。

（二）弹性预算的编制

1. 编制原理

编制原理是以成本分析为基础，将成本区分为固定成本和变动成本两部分，某一项目的预算数按以下公式计算：

弹性预算数 = 单位变动成本 × 业务量水平 + 固定成本预算数

2. 编制程序

（1）确定某一范围，预计在未来期间内业务活动水平将在这一相关范围内变动。

（2）选择经营活动水平的计量标准，如产量单位、直接人工小时、机器小时等。

（3）根据成本与计量标准之间的依存关系将酒店的成本分为固定成本、变动成本、混合成本三大类。

（4）按成本函数（$y=a+bx$）将混合成本分解为固定成本和变动成本。

（5）确定预算期内各业务活动水平。

（6）可利用多栏式的表格分别编制对应不同经营活动水平的预算。

预算控制的关键在于能频繁地向管理人员提供反馈信息，使他们能有效地将组织的计划付诸实施并进行控制。理论上说，弹性预算的适应性更强，所有预算都可采用弹性预算法，但在实际工作中，弹性预算法多用于成本、费用、利润预算的编制，其工作量也较大。

弹性预算法的主要优点是可以反映一定范围内各业务量水平下的预算，为实际结果与预算的比较提供一个动态的基础，从而能更好地履行其在控制依据和评价标准两方面的职能。

三、零基预算法

零基预算法是以零为基础编制预算的方法，即一切从零开始，对所有业务都重新进行详尽的审查、分析、考核，从而据以编制预算。

（一）零基预算法的编制原理

在编制预算时，对任何一种费用项目开支不应以现有费用项目开支为依据，而是一切以零为起点，从根本上考虑每一项费用是否有开支的必要以及支出数额的大小，经过反复认真的平衡后再行确定。

零基预算法采用的是一种较典型的上下结合式预算编制方式，充分体现了群策群力的精神，便于预算的贯彻实施。这种方法能促使人们充分发挥积极性、创造性，将有限的资源运用到最需要的地方，从而提高全部资源的使用效率。

（二）零基预算法的具体步骤

（1）各部门根据酒店在计划期内的战略目标和本部门分担的具体任务，逐项提出需要列支费用的理由及其数额。

（2）对提出的每一项进行成本与效益的分析，将其耗费与所得进行对比分析并做出评价，对各项费用开支方案在权衡得失的基础上按轻重缓急排列。

（3）结合计划期内可运用的资源和可分配资金，确定预算项目及其数额。

尽管零基预算法优点明显，但其不足之处是工作量较大，且对各费用项目的成本效益率的计算缺乏依据，比较粗略。零基预算法的方案评价和资源分配具有较大的主观性，容易引起部门之间的矛盾，容易使人们注重短期利益而忽视酒店的长期利益，容易使业绩差的经理人对零基预算法产生抵触心理。因此，酒店一般是每隔几年进行一次零基预算，间隔的年份只作一些调整。

四、滚动预算法

滚动预算法，又称连续预算法或永续预算法，是指将预算期始终保持在一个固定期间，连续进行预算编制的方法。滚动预算法的预算期通常以 1 年为固定长度，每过去 1 个月或 1 个季度，便补充 1 个月或 1 个季度，永续向前滚动。

滚动预算法的优点在于遵循生产经营活动的变动规律，保证了预算的连续性和完整性。长计划、短安排的具体做法，使预算能实时反映实际经营状况，从而增强了预算的指导作用。当然，采用滚动预算法编制预算，也会增加预算的工作量。

酒店应不断完善预算编制方法，改原有年度固定预算为滚动预算，可根据需要按月或按季度滚动预算。按月滚动预算是指预算执行一个月后，即根据前一个月的经营成果分析比较产生差异的原因，结合执行中发生的新情况及时地调整以后的预算，对剩余的 11 个月的预算加以修订，并自动后续 1 个月，重新编制一年的预算，用连续不断的预算形式规划未来的经营活动。按季滚动预算，其方法与按月滚动预算类似。

第三节　酒店财务预算编制实务

酒店编制预算的期间因预算种类的不同而有所区别。编制日常业务预算和财务预算通常以一年为限。这样，可使预算年度与会计年度相一致，便于分析、评价和考核预算执行的结果。日常工作中，还可以将年度预算分解成季度预算和月度预算。

一、酒店营业收入预算的编制

营业收入预算是整个预算的编制起点，其他预算都以营业收入预算为基础。

营业收入预算必须以营业收入预测为基础。营业收入预测是指根据以往的营业收入数据及使用系统内部内置或用户自定义的营业收入预测模型，获得的对未来营业收入情况的预测。营业收入预测可以直接生成同类型的营业收入计划，并据以编制营业收入预算，其主要内容为主营业务收入预算。

营业收入预算根据年度目标利润所规定的业务量和劳务单价编制。酒店营业收入是指创收部门的营业收入，主要由前厅收入、客房收入、餐饮收入、商品收入、康乐收入等构成，所以其预算一般主要有前厅收入预算、客房收入预算、餐饮收入预算、商品收入预算、康乐收入预算和其他收入预算（洗衣、出租汽车）等。

（一）客房营业收入预算的编制

客房营业收入是指酒店客房的租金收入。一般按以下方法进行：

（1）根据历年来有关客房经营的统计、会计资料，分析市场供求关系的变化，结合本酒店的实际情况，预测确定预算期内的客房平均出租率或出租房间天数。

（2）计算预算期内客房的总接待能力，计算公式为

$$可供出租客房总间天数 = 客房数 \times 预算期天数$$

（3）根据本酒店的客房结构和价格趋势，预测预算期的平均房价。这样就可以测得预算年度客房营业收入。

年客房营业收入 = 可供出租客房总间天数 × 预计客房平均出租率 × 预计平均房价

此外，可以根据若干年每月客房营业收入或出租间天数，计算出各月季节指数：

$$某月季节指数=\frac{某月客房营业收入}{全年客房营业收入}\times 100\%$$

$$=\frac{某月客房出租间天数}{全年客房出租间天数}\times 100\%$$

客房营业收入由客房数量、出租率和平均房价三个因素决定。在客房数量一定、平均房价不变的情况下，客房出租率越高，客房收入也越高。当房价发生变动时，客房收入也会发生变动。但整体来说，出租率是影响酒店营业收入的重要因素。客房营业收入可按下列公式计算：

客房营业收入 = Σ(某种类型客房平均单价 × 某种类型客房可供出租的套数 × 预算期内某种类型客房平均出租率 × 预算期内天数)

（二）餐饮营业收入预算的编制

餐饮营业收入预算要结合客房出租量、客人数量及消费水平、三餐各餐厅上座率、预算期天数等编制。

根据餐厅使用情况编制餐厅收入预算。步骤如下：

（1）预测平均消费水平。酒店各餐厅和餐次人数的人均消费水平不同，因此预测人均消费水平时，应根据历史资料和价格指数变动情况，按餐厅分餐次分别预测各餐厅的人均消费水平，而后预测收入。

（2）计算餐位平均上座率。酒店依据前几年餐饮部销售实绩和各月的销售水平来计算平均上座率。各餐厅的上座率不相同。

（3）预测预算期内的就餐人次。它是根据以往的历史资料和餐厅接待能力、市场发展趋势、酒店准备采取的营销措施等因素，分餐厅、按餐次分别预测各餐厅的就餐人数。

（4）计算餐厅就餐人次。计算餐厅就餐人次是为了反映餐饮部接待能力，它要依据不同餐厅的座位数和上座率来确定，计算公式为

餐厅就餐人次 = 餐厅座位数 × 上座率 × 预算期营业天数

（5）计算餐饮部主营业务收入。餐饮部营业收入计算公式为

餐饮部营业收入 = Σ(餐厅人均消费额 × 餐厅的餐位数 × 餐厅餐位上座率 × 预算期营业天数)

（三）商品部营业收入预算的编制

商品销售收入预算通常也按照年度编制，再按季度分月计算。商品部营业收入的计算较为简单，计算公式如下：

商品部营业收入预算 = Σ(某类商品预计销售价 × 商品预计销售数量)

（四）康乐中心营业收入预算的编制

康乐中心收入预算通常也按照年度编制，再按季度分月计算。

（五）其他业务收入预算的编制

酒店其他业务收入包括出租汽车收入、洗衣收入、商务收入等。目前我国酒店出租汽车采用包车制方式，规定了每种车型每月的包价，计算公式为

出租汽车营业收入预算 = Σ(某车型每月包价 × 该车型车辆数 × 12 个月)

其他业务收入如洗衣收入、商务收入等，既可根据住店客人的比例计算，也可以按历史水平递增或递减的方法计算。

二、酒店成本及费用预算

（一）客房部营业成本预算

按照成本习性划分，客房营业成本可以分为固定成本和变动成本两大类。固定成本的增减与客房的入住率无直接关系，在一定时期内保持不变。变动成本是随着客房使用频率的增加而增加的成本。客房入住率越高，费用总额就越大，消耗性用品使用得就越多，日常维修费用、针织品消耗、物料用品消耗、洗涤费、水电费等开支会急剧增加。对于这些费用的预算可以采用如下方法进行（以物料用品消耗为例）：

物料用品成本预算 = Σ(客房数量 × 出租率 × 某类消耗品每间客房配备量 × 某类消耗品平均单价 × 预算期天数)

（二）餐饮成本预算

餐饮成本预算是在编制餐饮营业收入预算的基础上进行的。编制餐饮成本预算有两种方法，第一种方法是根据营业收入和历史资料、酒店等级、市场供求关系等确定餐饮部的毛利率，据以计算餐饮成本。其计算公式为

预算期餐饮成本 = Σ[某餐厅预算餐饮营业收入 ×（1 − 某餐厅餐饮毛利率）]

第二种方法是采用标准成本法计算，对购进的食品原材料进行加工测试，计算得出加工后的实际净料成本，编制成本计算表来确定每种食品主料、配料和调料的标准成本，再追加一定的附加成本，最后确定餐饮制品的标准成本。计算公式为

预算期餐饮成本 = Σ(某餐厅预算餐饮营业收入 × 标准成本率)

（三）康乐部营业成本预算

康乐部营业成本的预算一般是在营业收入的基础上，按照每一项目的标准成本率计算即可。

（四）商品部商品销售成本预算

商品部商品销售成本是指已售商品的进价成本。商品销售成本预算通常也按照年度编制，再按季度分月计算。此处只按照预计销售数量计算即可。

商品部营业成本的计算较为简单，计算公式如下：

商品成本预算金额 = Σ[预算期某类商品销售额 ×（1 − 该类商品进销差价率）]

$$\text{商品进销差价率} = \frac{\text{期初库存存货进销差价} + \text{本期购入存货进销差价}}{\text{期初库存存货售价} + \text{本期购入存货售价}} \times 100\%$$

商品销售成本预算以一个月份数字为例。

（五）管理费用和财务费用预算

管理费用和财务费用是期间费用。管理费用指酒店为组织和管理经营活动而发生的费用以及由酒店统一负担的费用。财务费用指酒店为筹集经营所需资金等而发生的费用。期间费用不直接计入经营成本，只区分变动费用和固定费用两部分，一般情况下，固定费用平均分配计入各季度，变动费用以员工工资比例、工作时间等标准计算分配。为简化计算，本例假定变动费用也平均分配计入各季度。

将以上各部门的成本费用预算及管理费用和财务费用预算加以汇总，即酒店成本费用预算。

三、酒店现金预算

现金预算是根据其他各种预算资料编制的，反映酒店在预算期间现金收支详细情况的预算。现金预算通常包括现金收入、现金支出、现金余绌和资金融通四部分。

（一）现金收入

现金收入由计划期初现金余额及预计可能发生的现金收入组成，如现销收入、收回应收款项、应收票据到期兑现和票据贴现等方面收入的现金。

（二）现金支出

现金支出指预算期内预计发生的现金支出，根据各项营业支出预算，酒店可以估计为营业需要而购置的固定资产及食品原料和饮料、燃料、物料用品、周转材料、一般性消耗和商品等的支出预计数编制。除存货外，还包括需支付员工薪酬和福利、营业费用和管理费用、税金及附加等。

（三）现金余绌

现金余绌是将酒店计划期内的现金收支进行对比，用以检查酒店的资金运用状况。若收大于支，则现金多余，除了可用于偿还银行借款外，还可购买用于短期投资的有价证券；若收小于支，则现金不足，需设法筹资。

有了现金预算的收入量和支出量，就可以分别计算出每月的净现金流入量和净现金流出量，再加期初余额，即可算出现金的多余或不足。

（四）资金融通

资金融通反映预算期内因资金不足而向银行借款或发放短期商业票据以筹集资金，以及还本付息的情况。

如果现金余额出现赤字，说明现金不足，则应向银行借款来弥补或采用其他办法筹集资金，如推迟购置固定资产或迟缓支付采购材料的欠款等，但主要还应靠增收节支来解决。

现金预算的编制周期可长可短，但酒店通常都要编制年度分季、季度分月预算。

四、酒店预计财务报表的编制

酒店经营活动方面的预算编制完成后，就可以确定未来预算期内的经营成果和预算期终了时酒店的财务状况，以便与既定目标相对照，随时检查酒店的经营状况。

（一）预计利润表

预计利润表是以货币为计量单位，用来综合反映酒店在预算期内全部经营活动最终成果的预算表，是控制酒店经营活动和财务收支情况的主要依据。

该表在汇总营业收入、营业成本、营业费用及管理费用等预算的基础上加以编制。编制利润预算的目的在于测算酒店在预算期内可能实现的利润总额。确定利润预算的基本方法主要有直接计算法和因素测算法两种。

1. 直接计算法

直接计算法是根据预算期各项目的营业收入、营业成本、费用和税金等指标分别

计算各项营业利润，然后再予以汇总的一种方法。其计算公式为

酒店预算期营业利润 = Σ(某营业项目预算收入 - 某营业项目预算成本费用 - 某营业项目预算税金 - 酒店预算管理费用、营业费用、财务费用)

2. 因素测算法

因素测算法是指以上年利润（基期利润）为基础，通过分析决定预算利润变动的因素对预算利润的影响，来综合测算预算期利润的一种方法。测算利润指标一般分两步进行。

（1）确定基期利润。由于酒店一般在上一年度的第 4 季度编制下一年度的预算，因此，利润指标的计算往往使用以下公式：

基期营业利润 = 基期第 1 至 3 季度实际营业利润 + 第 4 季度预计营业利润

（2）测定各项因素变化对利润的影响，包括接待量变化增减利润、价格变化增减利润、成本变化增减利润、税率变化增减利润和税种变化增减利润等。

【例 9-1】银杏标准酒店编制的 2×25 年度利润预算表（以客房部为例）如表 9.1 所示。其中，“上年实际”栏中的数据取自该酒店 2×24 年的利润表。“本年预算”栏中的数据由营业收入预算、营业成本预算、营业费用预算、管理费用预算、财务费用预算和所得税费用预算等取得。

表 9.1　银杏标准酒店 2×25 年预计利润表　　单位：元

项目	上年实际	本年预算
营业收入	2 440 780	2 184 000
减：营业成本	810 225	787 575
贡献毛益总额	1 630 555	1 396 425
减：期间成本		
客房固定成本	250 000	250 000
管理费用	184 370	184 370
期间成本合计	434 370	434 370
税前净利	1 196 185	962 063
减：所得税费用	120 000	120 000
税后净利	1 076 185	842 055

通过编制预计的利润表，可以了解酒店的预期盈利水平。如果预算利润与最初编制方针中的目标利润有较大的不一致，就需要调整部门预算，设法达成目标，或者经董事会或经理会议讨论通过后修改目标利润。

（二）预计资产负债表

预计资产负债表是以货币形式反映酒店在预算期末财务状况的总括性预算。编制本表的目的是对预算期末酒店的财务状况进行预测，看其是否符合酒店发展的要求。编制预计资产负债表的基础是预计的上期资产负债表，并将其作为本期预计资产负债表的期初数加以反映，然后再根据上述各项预算中与酒店财务状况有关的数据资料，

经计算填列为各项目的期末数。

【例 9-2】银杏标准酒店编制的 2×25 年度预计资产负债表（以客房部为例），如表 9.2 所示。其中，“上年实际”栏中的数据取自该酒店 2×24 年 12 月 31 号的资产负债表。“本年预算”栏中的数据通过营业预算、投资预算、筹资预算和利润预算等取得。

表 9.2 银杏标准酒店预计资产负债表

2×25 年 12 月 31 号 单位：元

资产	上年实际	本年预算	负债和权益	上年实际	本年预算
货币资金	5 000 000	758 240	流动负债		
			短期借款	10 000 000	11 500 000
交易性金融资产	0	0	应付账款	800 000	800 000
应收账款	400 000	76 820	应付职工薪酬	3 000 000	2 000 000
其他应收款	1 600 000	1 600 000	其他应付款	4 200 000	2 200 000
存货	45 000 000	45 462 070	应交税费	3 000 000	240 000
流动资产合计	52 000 000	47 897 130	流动负债合计	21 000 000	16 740 000
长期投资		5 120 000	长期借款	15 000 000	18 638 890
固定资产原值	40 000 000	40 400 000	股东权益		
减：固定资产折旧	2 000 000	2 120 000	股本	42 000 000	42 000 000
			留存收益	12 000 000	13 918 240
固定资产净值	38 000 000	38 280 000	股东权益合计	54 000 000	55 918 240
资产总额	90 000 000	91 297 130	权益总额	90 000 000	91 297 130

编制预计资产负债表的目的在于判断预算期财务状况的稳定性和流动性。如通过预计资产负债表的分析发现某些财务比率不佳，必要时就可修改有关预算，以改善财务状况。

酒店财务预算并不是一经制定就固定不变的，财务预算编制是建立在一系列假设和估计的基础上的，因此预算具有一定的局限性。在推行预算的过程中如果出现较大的差异，就应对财务预算做适当的修正，以提高财务预算在酒店经营管理中的作用。

第四节 酒店财务预算编制的风险与控制

酒店财务预算，以酒店的战略目标为导向，对未来一定期间内的经营活动和相应的结果进行全面的预测和筹划。但在编制过程中仍然存在一定的风险。针对编制环节的各风险点，酒店应采取有效的措施予以控制。

一、酒店财务预算编制风险

酒店财务预算编制是企业实施全面酒店财务预算管理的起点。酒店财务预算编制环节的主要风险有：

（1）酒店财务预算编制以财务部门为主，业务部门参与度较低，可能导致预算编制不合理，预算管理责、权、利不匹配；预算编制范围和项目不全面，各个预算之间缺乏整合，可能导致全面预算难以形成。

（2）酒店财务预算编制所依据的相关信息不足，可能导致预算目标与战略规划、经营计划、市场环境、企业实际等相脱离；预算编制基础数据不足，可能导致酒店财务预算编制准确率降低。

（3）酒店财务预算编制程序不规范，横向、纵向信息沟通不畅，可能导致预算目标缺乏准确性、合理性和可行性。

（4）酒店财务预算编制方法选择不当，或强调采用单一的方法，可能导致预算目标缺乏科学性和可行性。

（5）酒店财务预算目标及指标体系设计不完整、不合理、不科学，可能导致预算管理在实现发展战略和经营目标促进绩效考评等方面的功能难以有效发挥。

（6）编制酒店财务预算的时间太早或太晚，都可能导致预算准确度不高，或影响酒店财务预算的执行。

二、主要控制措施

针对酒店财务预算编制环节存在的各风险点，酒店应采取有效措施予以控制。

（一）全面性控制

一是明确企业各个部门、单位的预算编制责任，使酒店各个部门、单位的业务活动全部纳入酒店财务预算管理；二是将酒店经营、投资、财务等各项经济活动的各个方面、各个环节都纳入预算编制范围，形成由经营预算、投资预算、筹资预算、财务预算等一系列预算组成的相互衔接和钩稽的综合酒店财务预算体系。

（二）编制依据和基础控制

一是制订明确的战略规划，并依据战略规划制订年度经营目标和计划，作为制定酒店财务预算目标的首要依据，确保酒店财务预算编制真正成为战略规划和年度经营计划的年度具体行动方案；二是深入开展酒店外部环境的调研和预测，包括对预算期内客户需求、同行业发展等市场环境的调研，以及宏观经济政策等社会环境的调研，确保酒店财务预算编制以市场预测为依据，与市场、社会环境相适应；三是深入分析酒店上一期间的预算执行情况，充分预计预算期内酒店资源状况、生产能力、技术水平等自身环境的变化，确保酒店财务预算编制符合酒店生产经营活动的客观实际；四是重视和加强酒店财务预算编制基础管理工作，包括历史资料记录定额制定与管理、标准化工作、会计核算等，确保酒店财务预算编制以可靠、翔实、完整的基础数据为依据。

（三）编制程序控制

酒店应当按照上下结合、分级编制、逐级汇总的程序，编制年度全面酒店财务预算。其基本步骤及其控制为：一是建立系统的指标分解体系，并在与各预算责任中心进行充分沟通的基础上分解下达初步预算目标；二是各预算责任中心按照下达的酒店财务预算目标和酒店财务预算政策，结合自身特点以及预测的执行条件，认真测算并提出本责任中心的预算草案，逐级汇总上报预算管理工作机构；三是预算管理工作机构进行充分协调、沟通，审查平衡预算草案；四是酒店财务预算管理委员会应当对预算管理工作机构在综合平衡基础上提交的酒店财务预算方案进行研究论证，从酒店发展全局角度提出进一步调整、修改的建议，形成酒店年度全面预算草案，提交董事会；五是董事会审核全面酒店财务预算草案，确保全面酒店财务预算与企业发展战略、年度生产经营计划相协调。

（四）编制方法控制

酒店应当遵循经济活动规律，充分考虑符合酒店自身经济业务特点、基础数据管理水平、生产经营周期和管理需要的原则，选择或综合运用固定预算、弹性预算、滚动预算等方法编制酒店财务预算。

（五）目标及指标体系设计控制

一是酒店应按照“财务指标为主体、非财务指标为补充”的原则设计酒店财务预算指标体系；二是将酒店的战略规划、经营目标体现在预算指标体系中；三是将酒店产、供、销、投融资等各项活动的各个环节、各个方面的内容都纳入酒店财务预算指标体系；四是将酒店财务预算指标体系与绩效评价指标体系协调一致；五是根据各责任中心在工作性质、权责范围、业务活动特点等方面的不同，设计不同的或各有侧重的酒店财务预算指标体系。

（六）编制时间控制

酒店可以根据自身规模大小、组织结构和产品结构的复杂性、对酒店财务预算编制工具的熟练程度、全面预算开展的深度和广度等因素，确定合适的全面预算编制时间，并应当在预算年度开始前完成全面预算草案的编制工作。

素质教育小故事

诚信的财务之道

在一个繁忙的都市中，有一家名为“和谐酒店”的家庭经营酒店。和谐酒店以其舒适的环境和温暖的服务而受到了许多顾客的喜爱。这家酒店的经营者是一对夫妇——李先生和王女士，他们一直坚持以诚信为本的经营理念。

一年的年末将至，李先生和王女士决定召开一次员工大会，与员工们共同制定下一年的财务预算计划。他们相信，只有通过团队的努力和诚实的财务管理，酒店才能够长期稳定发展。

在会议上，李先生和王女士分享了酒店过去一年的成绩和挑战，强调了财务预算管理对于酒店的重要性。他们解释说，财务预算计划不仅是为了控制成本和提高效益，更是为了确保酒店的可持续发展和与员工的共同利益。

为了在制定财务预算计划时遵循道德原则，李先生和王女士提出了一些准则，包括诚实、透明、公正和责任。他们强调每个员工都是酒店的一份子，每个人都有责任为酒店的财务健康贡献力量。

员工们被李先生和王女士的言辞打动，他们深刻理解了财务预算管理与道德的紧密关系。大家积极参与讨论，提出自己的意见和建议，希望通过团队的力量制定出一份符合道德原则的财务预算计划。

在讨论和协商之后，和谐酒店的管理团队和员工们共同制订了一份诚信的财务预算计划。这个计划注重了成本控制、资源优化和效益提升，同时也充分考虑了员工的福利和发展。

在接下来的一年里，和谐酒店的财务预算管理取得了显著的效果。酒店的利润稳步增长，员工的工作环境和福利得到了改善，顾客的满意度也得到了提升。

这个故事告诉我们，诚信是财务预算管理的核心价值观。通过诚实、透明、公正和负责任的财务管理，酒店可以建立起良好的声誉和信誉，赢得员工和顾客的信任与支持。只有以道德为基础的财务预算管理，酒店才能够实现长期稳定的发展和共同的成功。

章节练习

第九章小测

一、单项选择题

1. 以下哪项不是酒店预算编制的方法（　　）。

A. 调整预算法　　B. 弹性预算法

C. 零基预算法　　D. 滚动预算法

2. 某酒店客房部每年的固定成本 1 450 000 元，每间客房每天的平均房价 240 元，每间客房的变动成本为 80 元，本年计划销售 15 300 间客房，该酒店当年预计实现的利润为（　　）元。

A. 1 000 000　　B. 1 200 000

C. 998 000　　D. 1 250 000

3. 专门反映酒店未来一定预算期内财务状况 、经营成果和现金收支的一系列预算是指（　　）。

A. 全面预算　　B. 经营预算

C. 财务预算　　D. 资本预算

4. 编制酒店成本费用预算时，不考虑以往会计期间所发生的费用项目、数额的预算方法是（　　）。

A. 固定预算　　B. 弹性预算

C. 滚动预算　　D. 零基预算

5. 下列各项中，可能会使预算期间与会计期间相分离的预算方法是（　　）。

A. 增量预算法　　B. 弹性预算法

C. 滚动预算法　　D. 零基预算法

6. 从内容上看，下列各项中，不属于酒店财务预算的是（　　）。

A. 投资预算　　B. 现金预算

C. 预计资产负债表　　D. 预计利润表

7. 在基期成本费用水平基础上，结合预算期业务量及有关影响因素，通过调整有关原有成本费用项目而编制的预算是（　　）。

A. 固定预算　　B. 弹性预算

C. 增量预算　　D. 零基预算

8. 按照规定，酒店财务预算编制完成后经审议批准，应以（　　）形式下达执行。

A. 通知　　B. 告示

C. 通告　　D. 正式文件

9. 酒店预算管理的非常设机构是（　　）。

A. 预算管理委员会　　B. 预算管理工作机构

C. 预算执行单位　　D. 其他预算机构

10. 下列各项中，综合性较强的预算是（　　）。

A. 销售预算　　B. 材料采购预算

C. 现金预算　　D. 资本支出预算

二、多项选择题

1. 在下列各项中，属于经营预算的有（　　）。

A. 销售预算　　B. 现金预算

C. 生产预算　　D. 销售费用预算

2. 运用公式“$y=a+bx$”编制弹性预算，字母 x 所代表的业务量可能有（　　）。

A. 生产量　　B. 销售量

C. 库存量　　D. 材料消耗量

3. 营业收入的预算主要内容有（　　）。

A. 销售数量　　B. 销售单价

C. 销售收入　　D. 销售费用

4. 下列关于酒店预算管理的说法中，不正确的有（　　）。

A. 酒店实施预算管理的基础环境包括战略目标、业务计划、组织架构、内部管理制度、信息系统等

B. 酒店在构建预算管理体制、设置预算管理机构时，应遵循合法科学、高效有力、经济适度、全面系统、权责明确等基本原则

C. 酒店应当设立预算管理委员会，作为专门履行预算管理职责的决策机构

D. 预算管理委员会一般为常设机构

5. 酒店财务预算是对未来活动的细致、周密安排，是未来经营活动的依据，其最主要的特征是（　　）。

A. 数量化　　B. 可执行性

C. 一致性　　D. 系统性

6. 下列关于酒店财务预算的说法，正确的是（　　）。

A. 预算可以作为业绩考核的标准

B. 预算的编制必须建立在预测和决策的基础之上

C. 预算具有规划、控制和引导酒店经营活动的功能

D. 目标是预算的具体化

7. 在下列各项预算中，属于财务预算内容的有（　　）。

A. 销售预算　　B. 生产预算

C. 现金预算　　D. 预计利润表

8. 酒店预算按照预算编制时间不同划分为（　　）和（　　）。

A. 长期预算　　B. 短期预算

C. 临时预算　　D. 特殊预算

9. 下列关于全面预算管理的说法中，正确的有（　　）。

A. 全面预算管理应该覆盖整个酒店

B. 全面预算管理涉及生产经营的所有活动

C. 全面预算管理不局限于事前控制和事后控制，也不局限于财务部门

D. 全面预算管理是一种管理制度和控制方略

10. 以下各项中属于利润预算内容的有（　　）。

A. 每股收益的预算　　B. 营业利润的预算

C. 利润总额的预算　　D. 税后利润的预算

三、判断题

1. 酒店财务预算管理应围绕酒店的战略目标和业务计划有序开展。（　　）

2. 酒店财务预算的控制目标应在可实现的基础上略有拔高。（　　）

3. 酒店财务预算是对经营管理的刚性约束，不得调整。（　　）

4. 酒店财务预算管理与经营过程、绩效考评等无关。（　　）

5. 滚动预算要根据上期预算和实际情况修订调整，因此编制工作量大。（　　）

6. 酒店财务预算中成本预算和利润预算不宜采用弹性预算编制。（　　）

7. 酒店财务预算编制是酒店实施全面预算管理的起点，不会面临风险。（　　）

8. 营业收入预算是全面预算体系的起点，是其他预算编制的基础。（　　）

9. 现金预算由现金收入、现金支出、现金余绌、资金融通四个部分组成。（　　）

10. 酒店预算编制按照“由上而下、上下结合、分级编制、逐级汇总、综合平衡”的程序进行预算的编制。（　　）

四、计算题

1. 银杏标准酒店预算年度计划新增留存收益为150万元，目标股利分配额为600万元，适用的所得税税率为25%，则目标利润总额是多少？

2. 银杏标准酒店某产品预计单位售价12万元，单位变动成本8万元，固定成本总额120万元，适用的企业所得税税率为25%。要实现750万元的净利润，银杏标准酒店完成的销售量至少应为多少？

五、综合题

银杏标准酒店现着手编制2×25年6月份的现金收支计划。预计2×25年6月月初现金余额为8 000元；月初应收账款4 000元，预计月内可收回80%；本月销货50 000元，预计月内收款比例为50%；本月采购材料8 000元，预计月内付款70%；月初应付账款余额5 000元需在月内全部付清；月内以现金支付工资8 400元；本月制造费用等间接费用付现16 000元；其他经营性现金支出900元；购买设备支付现金10 000元。企业现金不足时，可向银行借款，借款利率为10%，银行要求借款金额为1 000元的倍数，且补偿性余额比率为10%，现金多余时可购买有价证券。要求月末现金余额不低于5 000元。

要求：

1. 计算经营现金收入。

2. 计算经营现金支出。

3. 计算现金余绌。

4. 确定是否需要向银行借款？如果需要向银行借款，请计算借款的金额以及借款的实际利率。

第十章

酒店财务分析

■学习目标

通过本章的学习，掌握对酒店进行财务分析的基本思路和方法。熟悉对于酒店各种能力的评价指标，同时了解综合评价常用方法的评价思路及其局限性。

■基本要求

通过本章学习，了解财务分析的目的及意义；掌握财务评价的方法；了解四大财务报表分析的目的；掌握四大财务报表的结构内容；掌握四大财务报表分析的内容要点；能够熟练计算各类财务指标并使用计算结果对酒店相应能力进行简单评价；了解杜邦分析体系的构成，熟练掌握杜邦体系的三个核心指标。

第一节　酒店财务分析概述

思维导图

酒店财务分析是运用财务报表数据以及其他经营管理类报表中的有关数据对酒店过去已经发生的经营成果和财务状况，以及未来的发展前景所做的综合评价。通过这种分析评价，可以为酒店的财务决策、计划和控制提供服务，并调整经营实体的行为和活动，以实现酒店经营管理的目标。

一、财务分析的目的及意义

财务分析的目的是评价过去的经营业绩、衡量现在的财务状况、预测未来的发展趋势。

酒店的投资者、债权人、政府、酒店经营管理者、酒店内部员工出于不同利益考虑，对财务分析提出了不同的需求。

（1）酒店所有者作为投资人，关心资本的保值和增值情况，因此较为重视酒店的获利能力指标。

（2）酒店债权人因不能参与酒店剩余收益分配，首先关注的是投资的安全性，因此更重视酒店偿债能力指标。

（3）酒店经营管理者关心的是企业经营业绩及未来发展趋势，以获得成就感及相应的高额报酬，所以必须对酒店经营理财的各个方面，包括运营能力、偿债能力、获利能力及发展能力的全部信息予以详尽的了解和掌握。

（4）政府关心的是企业经营状况对社会稳定与经济发展的影响，以及企业能否及时、足额地缴纳税款。

（5）酒店员工关心的是收入水平、工作稳定性及社会保障程度，因此更加重视对酒店经营业绩情况的了解。

（6）酒店供应商要通过分析酒店的发展能力，确定企业是否可作为长期合作伙伴，并分析企业信用水平，确定可允许拖欠货款的时间。

（7）雇员和工会需要分析企业财务，评价企业的盈利状况与雇员收入、保险和福利等方面的关系是否相适应。

（8）中介机构也会参与其中。如注册会计师通过财务报表分析可以确定审计重点，咨询人员根据客户需求为各类报表使用者提供专业的咨询服务。

尽管不同的利益主体进行财务分析有着各自的目的，但从总体来看，通过财务分析：有利于判断酒店的偿债能力、营运能力、盈利能力和发展能力，同时了解酒店的经营状况；有利于评价资本结构的合理性和现金流量的管理水平高低；有利于评价和考核酒店的经营业绩，揭示财务活动中存在的问题；有利于酒店挖掘潜力，寻求提高经营管理水平和经济效益的途径；有利于评价酒店未来的发展趋势。

二、财务分析的依据

财务分析的起点就是财务报表，这里的财务报表包括对内财务报表和对外财务报表。

（一）对内财务报表

对内财务报表包括收入明细表、成本费用明细表、税金明细表、往来客户结算明细表以及酒店各部门利润表等。有些酒店需要结合业务列报表，如销售统计表、客源分析表等对经营业绩进行评价。

（二）对外财务报表

对外报表是依据《中华人民共和国会计法》《企业会计准则》和《企业会计制度》的规定要求编制的必须对外公布的报表，主要包括资产负债表、利润表、现金流量表和所有者权益变动表。

1. 资产负债表

资产负债表是反映企业在某一特定日期全部资产、负债和所有者权益情况的报表。通过资产负债表，可以全面了解企业资产、负债和所有者权益的组成情况，用来分析企业的偿债能力和获利能力、资金周转能力。

2. 利润表

利润表是反映企业一定时期内利润或亏损形成情况的报表。我们通过利润表可以从总体上了解企业收入、成本和利润（或亏损）的组成情况以及利润分配情况。它是了解企业经营业绩尤其是获利水平的主要报表。

3. 现金流量表

现金流量表反映企业一定时期（年）现金及现金等价物流入和流出信息的会计报表。现金流量表主要提供酒店现金流量方面的信息，如经营活动产生的现金净流量、投资活动产生的现金净流量和筹资活动产生的现金净流量，使报表使用者了解和评价企业获取现金和现金等价物的能力，并据以预测企业未来的现金流量。

4. 所有者权益变动表

所有者权益变动表又称股东权益变动表，是指反映构成所有者权益的各组成部分当中的增减变动情况的报表。所有者权益变动表应当全面反映一定时期所有者权益变动的情况。所有者权益变动表解释在某一特定时间内股东权益如何因为企业经营的盈亏及现金股利的发放而发生的变化。它是说明管理阶层是否公平对待股东的重要的信息。

除了上述的财务报表以外，进行财务报表分析所需要的资料还包括日常核算资料（凭证、账簿）等、营销计划、生产计划等方面的资料、同行业其他企业发布的财务报告、专门机构出具的研究报告、本酒店进行的调研报告等，如营销竞争对手分析报告、顾客满意度报告、员工满意度分析报告等。

三、财务评价的方法

财务评价的方法一般有定量分析和定性分析两种。定量分析法是指分析者根据经济活动的内在联系，采用一定的数学方法，对所收集的数据资料进行加工、计算，对企业财务状况和经营成果进行分析的一种方法，如比率分析就是定量分析的表现形式。定性分析法是指分析者运用所掌握的情况和资料，凭借经验和观察，对企业的财务状况和经营成果进行分析的一种方法。在实际工作中，酒店财务分析是两者相结合，使出具的财务分析报告更有可靠性。

酒店采用的财务评价方法有比较分析法、比率分析法、趋势分析法等。

（一）比较分析法

比较分析法是对两个或两个以上有关的可比数据进行对比，揭示差异和矛盾的分析方法。比较分析是财务分析的基本方法。

1. 按比较对象分类

按比较对象分类，比较分析法分为纵向分析法、横向分析法、差异分析法三种。

（1）纵向分析。纵向分析是指与本企业历史相比，即不同时期指标相比，如与上年数相比，或与历史时期最好数相比。

（2）横向比较。横向比较是指与同类企业相比，即与同行业平均数或竞争对手相比。

（3）差异分析。差异分析是指与预算数相比，即将实际数与预算数比较。

2. 按比较内容分类

按比较内容分类，比较分析法分为比较会计要素的总量、比较结构百分比和比较财务比率三种。

（1）比较会计要素的总量。总量是指报表项目的总金额，如总资产、净资产、净利润等。总量比较主要用于时间序列分析，如研究利润的逐年变化趋势，看增长潜力，有时也用于同行业比较，看企业在市场上的相对竞争地位。

（2）比较结构百分比，即以财务报表中某一项目为基础，统计其他项目所占该项目的比重。如分析利润表时，以营业收入为基数，分析其他各项目所占营业收入的比重，通过百分比分析可以发现有显著问题的项目，及时分析原因。

（3）比较财务比率。将不同时期的财务比率进行比较，以反映发展变化的情况，如比较上年与本年的资产负债率。

运用比较分析法时，指标的可比性是非常关键的，即选定的比较指标的口径必须相同，包括指标内容、计算方法、评价标准、时间单位、产生指标的不同企业的经营规模和业务范围等方面的一致性。

（二）比率分析法

比率分析法是通过计算各种比率指标确定经济活动变动程度的分析方法。比率是相对数，采用这种方法，能够把某些条件下的不可比指标变为可比指标，以利于分析。

比率指标可以有不同的类型，主要有构成比率、效率比率和相关比率。

1. 构成比率

构成比率又称为结构比率，是某项财务指标的各组成部分数值占总体数值的百分比，反映部分与总体的关系，计算公式为

$$构成比率 = \frac{某个组成部分数额}{总体数额} \times 100\%$$

例如，能源费用占总营业收入的比例，客房营收占总营收的比例等，同时可以分析营收、费用等项目的变化与整个经营情况变化的相互关系；又比如酒店资产中的流动资产、固定资产和无形资产占资产总额的百分比，酒店负债中的流动负债与长期负债占负债总额的百分比，利用构成比率可以分析总体中某个部分的构成和安排是否合理，以便协调各项财务活动。

2. 效率比率

效率比率是某项财务活动中投入与收益的比例，反映投入与产出的关系。利用效率比率指标可以进行得失比较，分析经营成果，评价经济效益。比如，将利润总额项目与销售成本、销售收入、资金等项目加以对比，既可以计算出成本利润率、销售利润率以及资本金利润率指标，也可以从不同角度观察比较酒店获利能力的高低以及增减变化情况。

3. 相关比率

相关比率是以某个项目和与其有关但又不同的项目加以对比所得的比率，反映有关经济活动的相互关系。利用相关比率，可以分析与酒店有联系的相关业务安排是否合理，以保障运营活动得以顺利进行。比如，将流动资产与流动负债加以对比，计算出流动比率，据以判断酒店的短期偿债能力。

比率分析法的优点是计算简便，计算结果也较容易判断，但在具体运用中要注意以下几点：

（1）项目的相关性。在相关比率中，两个对比指标要有内在联系，才能评价有关经济活动之间是否协调均衡，安排是否合理。计算比率的子项和母项必须具有相关性，把不相关的项目进行对比是没有意义的。

（2）对比口径的一致性。计算比率的子项和母项必须在计算时间、范围等方面保持口径一致。

（3）衡量标准的科学性。运用比率分析，需要选用一定的标准与之对比，以便对酒店的财务状况做出评价。通常而言，科学合理的对比标准有：预定目标，如预算指标、设计指标、定额指标、理论指标等；历史标准，如上期实际、上年同期实际、历史水平以及有典型意义时期的实际水平等；行业标准，如主管部门或行业颁布的技术标准、国内外同类酒店的先进水平等。

（三）趋势分析法

趋势分析法是比较分析法的延伸，是将两期或连续数期财务报告中的相同指标进行对比，确定增减变动的方向、幅度，以说明酒店财务状况和经营成果变动趋势的一种方法。采用这种方法，可以分析引起变化的主要原因、变动性质，并预测酒店未来的发展前景。

趋势分析法的具体运用主要有以下三种方式：重要财务指标的比较、会计报表的比较、会计报表项目构成的比较。

1. 重要财务指标的比较

重要财务指标的比较是将不同时期财务报表中的相同指标或比率进行比较，直接观察增减变动情况及变动幅度，分析发展趋势，预测发展前景。对于不同时期财务指标的比较，可以有两种方法：

（1）定基动态比率。它是以某一时期的数额为固定的基数额而计算出来的动态比率，计算公式为

$$\text{定基动态比率}=\frac{\text{分析期数额}}{\text{固定基期数额}}\times 100\%$$

（2）环比动态比率。它是以每一分析期的前期数额为基期数额而计算出来的动态比率，计算公式为

$$\text{环比动态比率}=\frac{\text{分析期数额}}{\text{前期数额}}\times 100\%$$

2. 会计报表的比较

会计报表比较是将连续数期的会计报表并列起来，比较相同指标额增减变动金额和幅度，据以判断酒店财务状况和经营成果发展变化的一种方法。会计报表的比较，具体包括资产负债表比较、利润表比较、现金流量表比较等。

3. 会计报表项目构成的比较

会计报表项目构成的比较是在会计报表比较的基础上发展而来的。它是将会计报表中某个总体指标为100%，再计算其他各组成项目总体指标的百分比，从而来比较各个项目百分比的增减变化，以此来判断有关财务活动的变化趋势。这种方法既可用于

同一酒店不同时期的财务状况的纵向比较，也可用于同一时期不同酒店之间的横向比较，有利于分析酒店的耗费水平和盈利水平。例如，酒店之间常用来进行比较的利润率（GOP）、能耗率、人工成本率等指标。

采用趋势分析法时，酒店应注意：①用于进行对比的各个时期的指标，在计算口径上必须保持一致；②剔除偶发性项目的影响，所采用的分析数据应能反映正常的经营情况；③应用例外原则，对某项有显著变动的指标做重点分析，分析产生的原因，以便采取对策及时查漏补缺。

第二节　酒店财务报表主要分析内容

一、资产负债表分析

（一）资产负债表分析的目的

资产负债表分析的目的，在于了解酒店会计对酒店财务状况的反映程度，以及所提供会计信息的质量，据此对酒店资产和权益的变动情况以及酒店财务状况做出恰当的评价，具体来说就是：

1. 通过分析资产负债表，揭示资产负债表及相关项目的内涵

从根本上讲，资产负债表上的数据是酒店经营活动的直接结果，但这种结果是通过酒店管理人员依据某种会计政策，按照某种具体会计处理方法进行会计处理后编制出来的。因此，酒店采用何种会计政策，使用何种会计处理方法，必然会对资产负债表上的数据产生影响。例如，某一经营期间耗用的材料一定时，采用不同存货计价方法进行会计处理，期末资产负债表上的存货金额就会有很大差异。如果不能通过分析弄清资产负债表及相关项目的内涵，就会把由酒店会计处理产生的差异看作生产经营活动导致的结果，从而得出错误的分析结论。

2. 通过分析资产负债表，了解酒店财务状况的变动情况

在酒店经营过程中，酒店资产规模和各项资产会不断发生变动，与之相适应的是资金来源也会发生相应的变动，资产负债表只是静态地反映出变动后的结果。酒店的资产、负债及股东权益在经过一段时期的经营后，发生了什么样的变化，这种变动对酒店未来经营会产生什么影响，只有通过对资产负债表进行分析才能知道，在此基础上，再对酒店财务状况的变动情况做出合理的解释和评价。

3. 通过分析资产负债表，评价酒店会计对酒店经营状况的反映程度

资产负债表是否充分反映了酒店的经营状况，其真实性如何，资产负债表本身不能说明这个问题。酒店管理者出于某种需要，既可能客观地、全面地通过资产负债表反映酒店的经营状况，也可能隐瞒酒店经营中的某些重大事项。根据一份不能充分真实反映酒店经营状况的资产负债表，是不能对酒店财务状况的变动及其原因做出合理解释的。虽然这种评价具有相当大的难度，特别是对那些不了解酒店真实经营状况的外部分析者来说，其难度更大，但却是资产负债表分析的重要目标之一。

4. 通过分析资产负债表，评价酒店的会计政策

酒店的会计核算必须在酒店会计准则指导下进行，但酒店会计在会计政策选择和会计处理方法选择上也有相当的灵活性，如存货计价方法、折旧政策等。不同的会计政策和会计处理方法，体现在资产负债表上的结果往往不同，某种会计处理的背后，总是代表着酒店的会计政策和会计目的。酒店所选择的会计政策和会计处理方法是否合适，酒店是否利用会计政策选择达到某种会计目的，深入分析资产负债表及相关项目的不正常变动，了解酒店会计政策选择的动机，可以揭示出酒店的倾向，评价酒店的会计政策，消除会计报表外部使用者对酒店会计信息的疑惑。

5. 通过分析资产负债表，修正资产负债表的数据

资产负债表是进行财务分析的重要基础资料，即使酒店不是出于某种目的进行调整，资产负债表数据的变化也不完全是酒店经营影响的结果。会计政策变更、会计估计及变更等酒店经营以外的因素对资产负债表数据也有相当大的影响，通过分析资产负债表，要揭示出资产负债表数据所体现的财务状况与真实财务状况的差异；通过差异调整，修正资产负债表数据，尽可能消除会计信息失真，为进一步利用资产负债表进行财务分析奠定资料基础，以保证财务分析结论的可靠性。

（二）资产负债表的总体结构

资产负债表是反映酒店在某一特定日期财务状况的财务会计报表。它是根据资产、负债和所有权益之间的相互关系，按照一定的分类标准和一定的顺序，把酒店在一定日期的资产、负债、所有者权益各项目予以适当排列并对日常工作中形成的大量数据进行高度浓缩整理后编制而成的。它表明酒店在某一特定日期所拥有或可控制的、预期能为酒店带来利益的经济资源、所承担的现有义务和所有者对净资产的要求权。

资产负债表的作用主要有以下方面：反映酒店资产的构成及其状况，分析酒店在某一特定日期所拥有的经济资源及其分布情况；反映酒店某一特定日期的负债总额及其结构，分析酒店目前与未来需要支付的债务数额；反映酒店所有者权益的情况，了解酒店现有的投资者在酒店资产总额中所占的份额。

资产负债表的结构形式，目前国际上通行的主要有报告式和账户式两种。

1. 报告式资产负债表

报告式资产负债表又称竖式资产负债表，编制依据是“资产 = 负债+所有者权益”的会计平衡公式，自上而下列示各类项目，即先列示资产类项目数额，后列示扣减的负债类项目数额，最后再列示所有者权益项目及其余额。

2. 账户式资产负债表

账户式资产负债表又称平衡式资产负债表，编制依据是“资产 = 负债+所有者权益”的会计平衡公式。

账户式资产负债表分左右两方，左方为资产项目，大体按资产的流动性大小排列，流动性大的资产如“货币资金”“交易性金融资产”等排在前面，流动性小的资产如“长期股权投资”“固定资产”等排在后面。右方为负债及所有者权益项目，一般按要求清偿时间的先后顺序排列，“短期借款”“应付票据”“应付账款”等需要在一年以内或者长于一年的一个正常营业周期内偿还的流动负债排在前面，“长期借款”等在一年以上才需偿还的非流动负债排在中间，在酒店清算之前不需要偿还的所有者权益项

目排在后面。

账户式资产负债表中的资产各项目的合计等于负债和所有者权益各项目的合计，即资产负债表左方和右方平衡。因此，账户式资产负债表，可以反映资产、负债、所有者权益之间的内在联系，即“资产=负债+所有者权益”，格式见表10.1。

表10.1　资产负债表

编制酒店：　　　　　　　　　　年　月　日　　　　　　　　　单位：元

项目	栏次	年初数	期末数	项目	栏次	年初数	期末数
流动资产：	1			流动负债：	1		
货币资金	2			应付账款	2		
交易性金融资产	3			预收账款	3		
以公允价值计量且其变动计入当期损益的金融资产	4			应付职工薪酬	4		
应收账款	5			应交税费	5		
预付账款	6			一年内到期的非流动负债	6		
其他应收款	7			流动负债合计	7		
存货	8						
一年内到期的非流动资产	9			非流动负债：	8		
其他流动资产	10			长期借款	9		
流动资产合计	11			递延所得税负债	10		
				其他非流动负债	11		
非流动资产：	12			非流动负债合计	12		
长期应收款	13			负债合计	13		
长期股权投资	14						
其他权益工具投资	15			所有者权益：	14		
其他非流动金融资产	16			股本	15		
固定资产	17			资本公积	16		
在建工程	18			其他综合收益	17		
无形资产	19			盈余公积	18		
长期待摊费用	20			未分配利润	19		

表10.1（续）

项目	栏次	年初数	期末数	项目	栏次	年初数	期末数
递延所得税资产	21			股东权益合计	20		
非流动资产合计	22						
资产总计	23			负债及所有权益总计	21		

（三）资产负债表分析的内容

资产负债表分析主要包括以下内容：

1. 资产负债表水平分析

（1）资产负债表水平分析，就是指通过对酒店各项资产、负债和股东权益进行对比分析，揭示酒店筹资与投资过程的差异，从而分析与揭示酒店生产经营活动、经营管理水平、会计政策及会计估计变更对筹资与投资的影响。

（2）资产负债表水平分析的目的之一就是从总体上概括了解资产、权益的变动情况，揭示出资产、负债和股东权益变动的差异，分析其差异产生的原因。资产负债表水平分析的依据是资产负债表，通过采用水平分析法，将资产负债表的实际数与选定的标准进行比较，编制出资产负债表水平分析表，在此基础上进行分析评价。

资产负债表水平分析要根据分析的目的来选择比较的标准（基期），当分析的目的在于揭示资产负债表实际变动情况，分析产生实际差异的原因时，其比较的标准应选择资产负债表的上年实际数。当分析的目的在于揭示资产负债表预算或计划执行情况，分析影响资产负债表预算或计划执行情况的原因时，其比较的标准应选择资产负债表的预算数或计划数。

资产负债表水平分析除了要计算某项目的变动额和变动率外，还应计算出该项目变动对总资产或权益总额的影响程度，以便确定影响总资产或权益总额的重点项目，为进一步分析指明方向。某项目变动对总资产或权益总额的影响程度可按下式计算：

某项目变动对总资产（权益总额）的影响（%）= 基期总资产（权益总额）/基期总资产（权益总额）×100%

2. 资产负债表垂直分析

（1）资产负债表垂直分析，就是指通过将资产负债表中各项目与总资产或权益总额进行对比，分析酒店的资产构成、负债构成和股东权益构成，揭示酒店资产结构和资本结构的合理程度，探索酒店资产结构优化、资本结构优化的思路。

（2）资产负债表结构反映了资产负债表各项目的相互关系及各项目所占的比重。资产负债表垂直分析是通过计算资产负债表中各项目占总资产或权益总额的比重，分析评价酒店资产结构和权益结构的变动情况及合理程度，具体来讲就是：①分析评价酒店资产结构的变动情况及变动的合理性；②分析评价酒店资本结构的变动情况及变动的合理性。

资产负债表垂直分析可以从静态角度和动态角度两方面进行。从静态角度分析就是以本期资产负债表为分析对象，分析评价其实际构成情况。从动态角度分析就是将资产负债表的本期实际构成与选定的标准进行对比分析，对比的标准可以是上期实际数、预算数和同行业的平均数或可比酒店的实际数，对比标准的选择视分析目的而定。

3. 资产负债表趋势分析

资产负债表趋势分析，就是指通过对较长时期酒店总资产及主要资产项目、负债及主要负债项目、股东权益及主要股东权益项目变化趋势的分析，揭示筹资活动和投资活动的状况、规律及特征，推断酒店发展的前景。

4. 资产负债表项目分析

（1）资产负债表项目分析就是指在资产负债表全面分析的基础上，对资产负债表中资产、负债和股东权益的主要项目进行深入分析，包括会计政策、会计估计等变动对相关项目影响的分析。

（2）对资产负债表的项目进行分析，并不是指对资产负债表中的所有项目都进行分析，而是在水平分析和垂直分析的基础上，选择那些变动幅度大，在资产负债表结构中所占比重也比较大的项目进行分析，挖掘其变化的深层原因。资产负债表中每个项目的数据都不是单独形成的，分析过程中，我们通常需要结合资产负债表的其他项目甚至是利润表或现金流量表的相关项目来进行。对重点项目的分析，能帮助报表使用者充分挖掘分析项目中“潜伏”的酒店信息。下面我们选择资产负债表中的部分重要项目进行阐述。

①货币资金。在所有资产项目中，货币资金的变现速度是最快的，可以直接用于酒店的支付，所以货币资金的偿债能力也是最强的，能够直接进行债务的偿还。酒店的货币资金应当保持一个怎样的规模才算合理？那我们就要结合酒店的具体情况，从以下四个方面着手分析：第一，行业特点。不同行业的酒店，即使资产规模相当，所需持有的货币资金数量也大为不同。第二，酒店规模和业务量。一般情况下，酒店规模越大，业务量越多，所需持有的货币资金量就越多，反之就越少。第三，酒店的筹资能力。如果酒店的信用度较高，与银行等金融机构保持有良好的关系和沟通，筹资渠道丰富畅通，就没有必要保有大量的货币资金，从而影响酒店的盈利能力。第四，货币的运筹能力。如果酒店经营者对资金的运筹能力较强，则可保持较低的货币资金持有量，提高货币资金的运用效率。

②应收账款。应收账款的管理是酒店资产管理中的重点和难点。一方面，应收账款迎合了客户对现金的要求权，会带来酒店销量的增长和业绩的增加；另一方面，应收账款也会导致酒店收账成本的增加以及坏账风险的增大。因此，如何看待应收账款，作为酒店管理者应该要把握好其中的尺度，在保持销量增长的同时，应当注意保证应收账款的规模和占比都在可控范围，防止酒店应收账款管理失控，影响酒店的盈利和现金流。对酒店应收账款的管理情况可结合应收账款周转率或应收账款周转天数进行分析。

在对酒店应收账款分析时应注意，首先要分析应收账款的账龄结构，对于账龄期比较长的应收账款，应该组织人员积极进行沟通和追缴，尽量预防坏账的发生；其次需要注意分析债务规模前五名酒店的债务状况与偿还能力，关注债务的集中程度，预防出现“一棵树上吊死”的现象，增加经营风险；另外，在对应收账款进行管理和分析时，还需要关注酒店对债权的回收能力，若酒店对债权的回收能力较弱，可考虑通过专门的收账公司进行催讨，如当真遇上了“老赖”，必要时也可诉诸法律。

③存货。由于存货本身占用资金量大以及流动性差等特点，存货项目虽然是酒店的流动资产，但都是实物资产，所以不宜过多。酒店存货过多即意味着酒店的存货可能滞销或者积压，资金不能迅速回笼，影响酒店正常经营，长期维持此种情况，酒店经营会出现问题，必须考虑转产或停产。因此，存货增加一般来说不是好消息，但小幅变动属于正常波动，影响不大。

④固定资产。固定资产代表酒店的生产能力，一般来说，酒店固定资产的占比越大，酒店的营运能力就越强。但是，固定资产的增加也带来了折旧费用、管理费用的负担，会对酒店的盈利能力产生一定的影响。因此，经营者需对固定资产的投资做出合理的选择，固定资产的利用效率越高，酒店的效益才能越好。对固定资产使用效率的判断，我们通常可以采用固定资产周转率或固定资产周转天数这两个财务指标进行分析。

⑤短期借款。在酒店流动资金不足的情况下，酒店可以向金融机构举借一定数量的短期借款，以保证酒店生产经营资金的需要。短期借款带给酒店的影响：一是期限短，要求在一年内偿还，偿债压力较大；二是短期借款利率一般情况下会比长期借款的利率低，利息负担较轻。当然，合理的举债对每个酒店的经营都是必需的，但应当要进行科学的安排和统筹，长期借款和短期借款的比例与时间要得当，避免出现借款的归还期限过于集中，影响酒店正常现金流量的需要，造成经营压力。酒店借款的规模应当根据酒店本身的偿债能力进行合理的评估来确定。

⑥长期借款。在酒店进行长期举债经营时应注意分析以下三点：第一，避免把长期借款充当短期资金来使用，这样会使资金成本得不偿失。第二，在资产报酬率高于负债利率的前提下，适当增加长期借款可以增加酒店的盈利能力，提高酒店的投资报酬率；同时，负债具有一定减税的作用，可在一定程度上提高酒店的获利能力。第三，在酒店资产报酬率下降甚至低于负债利率的情况下，举借长期借款将增加酒店还本付息的负担，如果酒店盈利情况不理想，还有可能会导致亏损，从而加大酒店的财务风险。

二、利润表分析

（一）利润表分析的目的

利润，通常是指酒店在一定会计期间的收入减去费用后的净额以及直接计入当期损益的利得和损失等，也称为酒店一定时期内的财务成果或经营成果，具体包括营业利润、利润总额和净利润等。在商品经济条件下，酒店追求的根本目标是酒店价值最大化或股东权益最大化。而无论是酒店价值最大化，还是股东权益最大化，其基础都是酒店利润，利润已成为现代酒店经营与发展的直接目标。酒店生产经营过程中的各项工作，最终都聚焦在所创造利润的多少这一结果上。

利润分析的目的具体表现在以下三个方面：

第一，通过利润分析可正确评价酒店各方面的经营业绩。由于利润受酒店生产经营过程中各环节、各步骤的影响，因此，通过对不同环节进行利润分析，可准确评价各环节的业绩。如通过产品销售利润分析，不仅可以说明产品销售利润受哪些因素影响以及各因素的影响程度，还可以说明造成影响的是主观因素还是客观因素，是有利影响还是不利影响等，这满足了准确评价各部门和环节业绩的要求。

第二，利润分析可及时、准确地发现酒店经营管理中存在的问题。正因为利润分析不仅能评价业绩，还能发现问题，所以借助利润分析，酒店在各环节存在的问题或缺陷都会一目了然，为酒店进一步改进经营管理工作指明了可行的方向。这有利于酒店放宽眼界，全面改善经营管理，从而促使利润持续增长。

第三，利润分析为投资者、债权者进行投资与信贷决策提供可靠信息。这是利润分析的一项重要作用。前面提及，由于酒店经营权自主化及管理体制的改变，人们愈发关心酒店的利润。酒店经营者关心利润，投资者、债权者也是如此，他们通过对利润做出分析，预测酒店的经营潜力及发展前景，进一步做出切合实际的投资与信贷决策。另外，国家宏观管理者研究酒店对国家的贡献时也会用到利润分析这一重要手段。

（二）利润表的总体结构

利润表(损益表)是反映酒店在一定会计期间经营成果的报表。例如，反映 1 月 1 日至 12 月 31 日经营成果的利润表，由于它反映的是某一期间的情况，所以，又称为动态报表。

利润表可以反映酒店在一定会计期间的收入、费用、利润（或亏损）的数额及构成情况，帮助财务报表使用者全面了解酒店的经营成果，分析酒店的获利能力及盈利增长趋势，从而为酒店做出经济决策提供依据。

利润表的格式主要有单步式和多步式两种。

单步式利润表是将所有收入和所有费用、损失分别加总，然后两者相抵，计算出当期净利润。在这种格式下，利润表分为三个部分：①营业收入和收益，包括主营业务收入、其他业务收入、投资收益等；②费用和损失，包括主营业务成本、营业费用、税金及附加、其他业务支出、营业外支出、所得税费用等；③根据前面两部分内容，计算出本期净利润。这种编制方法便于投资者理解。

多步式利润表是将收支的内容作多项分类，通过多步计算，得出本期净利润。多步式利润表便于投资者对酒店的生产经营情况进行分析，并且可以与其他酒店进行比较，还有利于预测酒店今后的盈利趋势。目前，我国酒店的利润表采用多步式结构，具体格式见表 10.2。

表 10.2　利润表

编制酒店：　　　　　　　　　　　年　月　　　　　　　　　　　单位：元

项目	栏次	本月数	本年累计数
一、营业收入	1		
减：营业成本	2		
税金及附加	3		
销售费用	4		
管理费用	5		

表10.2(续)

项目	栏次	本月数	本年累计数
财务费用	6		
其中：利息费用	7		
利息收入	8		
加：其他收益	9		
投资收益	10		
其中：对联营企业和合营企业的投资收益	11		
公允价值变动收益（损失）	12		
信用减值利得（损失）	13		
资产减值利得（损失）	14		
资产处置收益	15		
二、营业利润	16		
加：营业外收入	17		
减：营业外支出	18		
三、利润总额	19		
减：所得税费用	20		
四、净利润	21		
（一）按持续经营性分类	22		
1. 持续经营净利润	23		
2. 终止经营净利润	24		
（二）按所有权归属分类	25		
1. 归属于母公司所有者的净利润	26		
2. 少数股东损益	27		
五、其他综合收益的税后净额	28		
六、综合收益总额	29		
七、每股收益	30		

（三）利润表分析的内容

在明确利润分析目的之后，进一步进行利润分析时，应凭借利润表及相关信息展开。利润表分析主要由以下内容构成：

1. 利润表综合分析

对利润表进行综合分析，主要是对利润表主表各项利润额的增减变动、利润结构变动情况进行分析。

（1）利润额增减变动分析。借助水平分析法，结合利润形成过程中相关的影响因素，反映利润额的变动情况，评价酒店在利润形成过程中的各方面管理业绩并揭露存在的问题。

（2）利润结构变动分析。利润结构变动分析，主要是在对利润表进行垂直分析的基础上，通过各项利润及成本费用相对于收入的占比，反映酒店各环节的利润构成、利润率及成本费用水平。

（3）营业利润分析。这一分析，可反映酒店营业利润金额的增减变动，揭示影响营业利润的主要因素。

2. 利润表分部分析

利润表分部分析主要由分部报告分析和产品营业利润变动情况分析两部分构成。

（1）分部报告分析。通过对分部报告进行分析，展示酒店各经营分部的经营状况和成果，有助于改善酒店内部组织结构、满足管理要求、优化产业结构、加强内部报告制度，也为分部进行战略调整指明方向。

（2）产品营业利润变动情况分析。在进行这项分析前，首先要明确影响产品销售利润的因素，分析过程采用因素分析方法，并通过实际的案例分析进一步揭示各因素变动对产品营业利润的影响，从而分清生产经营中的绩效与不足。

3. 利润表分项分析

利润表分项分析主要是结合利润表有关附注所提供的详细信息，对酒店利润表中重要项目的变动情况进行分析说明，深入揭示利润形成的主观及客观原因。一般来讲，营业利润应是酒店利润形成的主要渠道。要想深入了解酒店营业状况的好坏，还须深入地分析构成营业利润的每个项目，具体包括酒店收入分析、成本费用分析、资产减值损失分析、投资收益分析、净利润分析等。

（1）收入项目分析。收入是指酒店在销售商品、提供劳务及让渡资产使用权等日常活动中所形成经济利益的总流入，包括主营业务收入、其他业务收入、补贴收入，不包括为第三方或客户代收的款项。对收入项目进行分析应从以下几方面着手：

第一，分析酒店营业收入的品种构成。在多品种经营的条件下，酒店不同产品的营业收入构成对信息使用者有很重要的意义：占总收入比重大的产品是酒店过去业绩的主要增长点。

第二，分析酒店营业收入的地区构成。占总收入比重大的地区是酒店过去业绩的主要地区增长点，不同地区消费者对不同商品具有不同的偏好，不同地区的市场潜力在很大程度上制约着酒店的未来发展。

第三，分析主营业务收入所占的比例。只有酒店主营业务收入突出，占酒店收入总额的绝大部分，才能保证酒店的经营方向。它是酒店实现利润的主要来源，也是决定酒店获利能力的最主要因素。我国规定股份公司的主营业务收益应达到总收益的70%，否则应引起关注。

（2）费用项目分析。费用是指酒店在一定期间从持续的、主要或中心业务中，因生产交付商品，提供劳务或其他活动，所产生的资产流出或其他消耗，或负债的发生。期间费用即酒店主要经营活动中必定要发生，但与主营业务收入的取得并不存在明显的直接因果关系，主要包括销售费用、财务费用和管理费用。

第一，酒店营业成本水平的高低既有酒店不可控的因素（如受市场因素的影响而引起的价格波动），也有酒店可以控制的因素（如酒店可以选择供货渠道、采购批量来控制成本水平），还有酒店通过成本会计系统的会计核算对酒店制造成本的处理。因此，对营业成本降低和提高的评价应结合多种因素进行。

第二，从销售费用的构成上看，有的与酒店业务活动规模有关（如运输费、销售佣金、展览费等），有的与酒店从事销售活动人员的待遇有关，也有的与酒店的未来发展、开拓市场、扩大酒店品牌的知名度有关，在酒店业务发展的条件下，酒店销售费用不一定需要降低。片面追求在一定时期的费用降低，有可能对酒店的长期发展不利。其中销售费用中的广告费用一般是作为期间费用处理的，有些酒店基于业绩反映的考虑，往往把广告费用列为待摊费用或进行长期待摊费用核算，这实际上是把期间费用予以资本化。

第三，经营期间发生的利息支出构成了酒店财务费用的主体，其大小主要取决于三个因素：贷款规模、贷款利息率和贷款期限。从总体上说，如果因贷款规模导致利润表财务费用的下降，酒店会因此而改善盈利能力。但我们对此也要警惕，酒店可能因贷款规模的降低而限制了发展。由于酒店利率水平主要受酒店外在环境的影响，我们不应对酒店因贷款利率的宏观下调而导致的财务费用降低给予过高的评价。

第四，通过主营业务成本、销售费用、管理费用、财务费用与主营业务收入相比较，我们可以了解酒店销售部门、管理部门的工作效率以及酒店融资业务的合理性。具体又分两种形式：一是主营业务收入以高于成本的速度增长，从而主营业务利润大量增加，表明公司主营业务呈上升趋势，产品市场需求大。二是主营业务收入与成本成比例增长，导致利润增长，说明公司主营业务处于某种稳定成熟的状态，利润有一定保障。

（3）资产减值损失项目分析。资产减值损失分析包括资产减值损失的构成分析以及资产减值损失变动原因分析。

（4）投资收益项目分析。投资收益分析包括投资收益的构成分析以及投资收益变动原因分析。

（5）净利润项目分析。净利润是公司的净利，在其他条件不变的情况下，净利润越多，酒店盈利能力就越强，成就也就越显著。从表面上看，它受收入和成本的影响，但实际上，它还反映公司产品产量及质量、品种结构、市场营销等方面的工作质量，因而，在一定程度上反映了公司的经营管理水平。

此外，还可以根据酒店利润表的资料，对一些重要项目进行深入分析，如对公允价值变动收益与营业外收支的变动情况进行分析等。

三、现金流量表分析

（一）现金流量表分析的目的

现金流量表反映了酒店在一定时期内创造的现金数额，揭示了在一定时期内现金流动的状况，通过现金流量表分析，可以达到以下目的：

1. 从动态上了解酒店现金变动情况和变动原因

资产负债表中货币资金项目反映了酒店一定时期现金变动的结果，是静态上的现金存量，酒店从哪里取得现金，又将现金用于哪些方面，只有通过现金流量表的分析，才能从动态上说明现金的变动情况，并揭示现金变动的原因。

2. 判断酒店获取现金的能力

酒店获取现金的能力是价值评估的基础，恰当地预测经营活动现金流量是采用净现值法进行股票定价的前提。通过对现金流量表进行现金流量分析，能够对酒店获取现金的能力做出判断。

3. 评价酒店盈利的质量

利润是按权责发生制计算的，用于反映当期的财务成果，利润不代表真正实现的收益，账面上的利润满足不了酒店的资金需要，因此，盈利酒店仍然有可能发生财务危机，高质量盈利必须有相应的现金流入作保证，这就是为什么人们更重视现金流量的原因之一。

（二）现金流量表总体结构

现金流量表是反映酒店在一定会计期间现金和现金等价物流入和流出的报表。现金流量是指一定会计期间内酒店现金和现金等价物的流入和流出。酒店从银行提取现金、用现金购买短期到期的国库券等现金和现金等价物之间的转换不属于现金流量。现金是指酒店库存现金以及可以随时用于支付的存款，包括库存现金、银行存款和其他货币资金（如外埠存款、银行汇票存款、银行本票存款等）等。不能随时用于支付的存款不属于现金。

现金等价物是指酒店持有的期限短、流动性强、易于转换为已知金额现金、价值变动风险很小的投资。期限短，一般是指从购买日起三个月内到期。现金等价物通常包括三个月内到期的债券投资等。权益性投资变现的金额通常不确定，因而不属于现金等价物。酒店应当根据具体情况，确定现金等价物的范围，一经确定不得随意变更。

酒店的现金流量可分为以下三大类：

（1）经营活动产生的现金流量。经营活动是指酒店投资活动和筹资活动以外的所有交易事项。经营活动产生的现金流量主要包括销售商品或提供劳务、购买商品、接受劳务、支付工资和交纳税款等流入和流出的现金和现金等价物。

（2）投资活动产生的现金流量。投资活动是指酒店长期资产的购建和不包括在现金等价物范围内的投资及其处置活动。投资活动产生的现金流量主要包括购建固定资产、处置子公司及其他营业单位等流入和流出的现金和现金等价物。

（3）筹资活动产生的现金流量。筹资活动是指导致酒店资本及负债规模或构成发生变化的活动。筹资活动产生的现金流量主要包括吸收投资、发行股票、分配利润、发行债券、偿还债务等流入和流出的现金和现金等价物。偿还应付账款、应付票据等应付款项属于经营活动，不属于筹资活动。

我国酒店现金流量表采用报告式结构，分类反映经营活动产生的现金流量、投资活动产生的现金流量和筹资活动产生的现金流量，最后汇总反映酒店某一期间现金及现金等价物的净增加额。表 10.3 为我国酒店现金流量表的格式。

表 10.3　现金流量表

编制酒店：　　　　　　　　　　年　月　　　　　　　　　　单位：元

项目	本期金额	上期金额
一、运营活动产生的现金流量：		
销售商品、提供劳务收到的现金		
收到的税费返还		
收到其他与经营活动有关的现金		
经营活动现金流入小计		
购买商品、接受劳务支付的现金		
支付给职工以及为职工支付的现金		
支付的各项税费		
支付其他与经营活动有关的现金		
经营活动现金流出小计		
经营活动产生的现金流量净额		
二、投资活动产生的现金流量：		
收回投资收到的现金		
取得投资收益收到的现金		
处置固定资产、无形资产和其他长期资产收回的现金净额		
处置子公司及其他营业单位收到的现金净额		
收到其他与投资活动有关的现金		
投资活动现金流入小计		
购建固定资产、无形资产和其他长期资产支付的现金		
投资支付的现金		
取得子公司及其他营业单位支付的现金净额		
支付其他与投资活动有关的现金		
接受活动现金流出小计		
投资活动产生的现金流量净额		
三、筹资活动产生的现金流量：		
吸收投资收到的现金		
取得借款收到的现金		
收到其他与筹资活动有关的现金		
筹资活动现金流入小计		
偿还债务支付的现金		
分配股利、利润或偿付利息支付的现金		
支付其他与筹资活动有关的现金		

表10.3(续)

项目	本期金额	上期金额
筹资活动现金流出小计		
筹资活动产生的现金流量净额		
四、汇率变动对现金及现金等价物的影响		
五、现金及现金等价物净增加数		
加：期初现金及现金等价物余额		
六、期末现金及现金等价物余额		

（三）现金流量表分析的内容

1. 现金流量表变动情况分析

现金流量表变动情况分析主要包括现金流量表一般分析、现金流量表水平分析、现金流量表结构分析。

2. 现金流量表主要项目分析

现金流量表主要项目分析主要包括经营活动现金流量项目分析、投资活动现金流量项目分析、筹资活动现金流量项目分析和汇率变动对现金的影响分析。

（1）经营活动产生的现金流量的分析要点。

第一，如果经营活动现金流量小于零，意味着酒店通过正常的商品购、产、销所带来的现金流入量不足以支付因上述经营活动而引起的货币流出。酒店正常经营活动所需的现金支付还需通过以下方式解决：一是消耗现存的货币积累；二是挤占本来可以用于投资的现金，推迟投资活动；三是进行额外贷款融资；四是拖延债务支付或加大经营活动负债。一般来说，酒店在生命周期的初始阶段经营活动现金流量往往表现为“入不敷出”状态。

第二，如果经营活动现金流量等于零，酒店经营活动现金流量处于“收支平衡”状态。酒店正常经营活动不需要额外补充流动资金，酒店经营活动也不能为酒店的投资活动以及融资活动贡献现金。从长期来看，经营活动现金流量等于零，不可能维持酒店经营活动的货币“简单再生产”。

第三，如果经营活动现金流量大于零，说明在补偿当期的非现金消耗性成本后仍有剩余。此时意味着，酒店通过正常的商品购、产、销所带来的现金流入量不但能够支付因经营活动而引起的货币流出、补偿全部当期的非现金消耗性成本，而且还有余力为投资活动提供现金支持，表明酒店所生产的产品适销对路、市场占有率高、销售回款能力较强，同时酒店的付现成本费用控制在较适宜的水平上。

（2）投资活动产生的现金流量的分析要点。

第一，如果投资活动现金流量小于零，酒店投资活动现金流量处于“入不敷出”状态。投资所需资金的缺口，可以通过以下方式解决：一是消耗现存的货币积累；二是挤占本来可以用于经营活动的现金；三是利用经营活动积累的现金补充；四是额外贷款融资；五是拖延债务支付或加大投资活动负债。必须指出的是，投资活动的现金流出，有的需要由未来的经营活动的现金流入量来补偿。如酒店固定资产的购建支出，将由未来使用有关固定资产会计期间的经营现金流量来补偿。因此，如果投资活动现金流量小于零，我们不能简单地做出否定评价。我们重点应考虑的是酒店的投资活动是否符合酒店的长期规划和短期计划，是否反映了酒店经营活动的发展和酒店扩张的内在需要。

第二，如果投资活动现金流量大于等于零，此时意味着投资活动方面的现金流入量大于流出量。这种情况的发生，或者是酒店在本会计期间的投资回收活动的规模大于投资支出的规模，或者是酒店在经营活动与筹资活动方面急需资金而不得不处理手中的长期资产以求变现等原因所引起。因此，必须对投资活动的现金流量原因进行具体分析。

第三，如果处置固定资产、无形资产和其他长期资产所收回的现金净额大或在整个现金流入中所占比重大，说明公司正处于转产时期，或者未来的生产能力将受到严重影响，已经陷入深度的债务危机之中；如果购建固定资产、无形资产和其他长期资产所支付的现金金额大或在整个现金流出中所占的比重大，说明公司未来的现金流入看好，今天的投资会获得明天的收益。

（3）筹资活动产生的现金流量的分析要点。

第一，如果筹资活动现金流量大于零，表明酒店通过银行及资本市场的筹资能力较强，但应密切关注资金的使用效果，防止未来无法支付到期的负债本息而陷入债务危机。此时关键要看酒店的筹资是否已纳入酒店的发展规划，是酒店管理层以扩大投资和经营活动为目标的主动筹资行为还是酒店因投资活动和经营活动的现金流出失控而不得已的筹资行为。

第二，如果筹资活动现金流量小于零，这种情况的出现，或者是由于酒店在本会计期间集中发生偿还债务、支付筹资费用、分配股利或利润、偿付利息、融资租赁等业务，或者是因为酒店经营活动和投资活动在现金流量方面运转较好、有能力完成上述各项支付。但是，筹资活动现金流量小于零也可能是酒店在投资和酒店扩张方面没有更多作为的一种表现。

第三，如果利润表和现金流量表补充资料的财务费用同时出现负数，表明公司存在过多的存款，即现金富余，如果是酒店找不到新的投资方向，则为一个严重的问题。值得注意的是，由于股利的支付一般来说是不可避免的，所以酒店内部产生的现金流量净额实际上为：经营活动的现金流量净额减去现金股利支出后的余额，通常被称为“内生现金流量”。投资活动的现金流量加上内生现金流量，若为负数即所谓酒店的“财务赤字”。财务赤字要靠外部筹资来弥补，除非上年有大量的库存货币资金，否则，酒店有可能陷入财务困境。

3. 现金流量与利润综合分析

现金流量与利润综合分析主要包括经营活动现金流量与利润关系分析、现金流量表附表水平分析、现金流量表附表主要项目分析和经营活动净现金流量阶段性分析。

四、所有者权益变动表分析

（一）所有者权益变动表分析的目的

所有者权益变动表分析，是通过所有者权益的来源及变动情况，了解会计期间内影响所有者权益增减变动的具体原因，判断构成所有者权益各个项目变动的合法性与合理性，为报表使用者提供较为真实的所有者权益总额及其变动信息。

所有者权益变动表分析的目的如下：

第一，通过所有者权益变动表的分析，可以清晰体现会计期间构成所有者权益各个项目的变动规模与结构，了解其变动趋势，反映公司净资产的实力，提供资本保值增值的重要信息。

第二，通过所有者权益变动表的分析，可以进一步从全面收益角度报告更全面、更有用的财务业绩信息，以满足报表外部和内部使用者进行投资、信贷、监管及其他经济决策的需要。

第三，通过所有者权益变动表的分析，可以反映会计政策变更的合理性以及会计差错更正的幅度，具体报告会计政策变更和会计差错更正对所有者权益的影响数额。

第四，通过所有者权益变动表的分析，可以反映股权分置、股东分配政策、再筹资方案等财务政策对所有者权益的影响。

（二）所有者权益变动表总体结构

所有者权益变动表是反映酒店在某一特定日期股东权益增减变动情况的报表。所有者权益变动表能全面反映一定时期所有者权益变动的情况，不仅包括所有者权益总量的增减变动，还包括所有者权益增减变动的重要结构性信息，特别是要反映直接计入所有者权益的利得和损失，便于会计信息使用者深入分析酒店股东权益的增减变化情况，并进而对酒店的资本保值增值情况做出正确判断，从而提供对决策有用的信息。

在所有者权益变动表中，酒店应当单独列示下列项目：①净利润；②直接计入所有者权益的利得和损失项目及其总额；③会计政策变更和差错更正的累积影响金额；④所有者投入资本和向所有者分配利润等；⑤提取的盈余公积；⑥实收资本、资本公积、盈余公积、未分配利润的期初和期末数额及调节情况。其中，反映“直接计入所有者权益的利得和损失”的项目即为其他综合收益项目。

所有者权益变动表以矩阵的形式列示：一方面，列示导致所有者权益变动的交易或事项，即所有者权益变动的来源，对一定时期所有者权益的变动情况进行全面反映；另一方面，按照所有者权益各组成部分（实收资本、资本公积、盈余公积、未分配利润和库存股）列示交易或事项对所有者权益各部分的影响。表 10.4 为所有者权益变动表。

表 10.4　所有者权益变动表

编制酒店：　　　　　　　　　　年度　　　　　　　　　　单位：元

项目	本年金额												上年金额											
	实收资本（或股本）	其他权益工具			资本公积	减：库存股	其他综合收益	专项储备	盈余公积	未分配利润	所有者权益合计		实收资本（或股本）	其他权益工具			资本公积	减：库存股	其他综合收益	专项储备	盈余公积	未分配利润	所有者权益合计	
		优先股	永续债	其他										优先股	永续债	其他								
一、上年年末余额																								
加：会计政策变更																								
前期差错更正																								
其他																								
二、本年年初余额																								
三、本年增减变动金额（减少以“-”号填列）																								
（一）综合收益总额																								
（二）所有者投入和减少资本																								
1. 所有者投入的普通股																								
2. 其他权益工具持有者投入资本																								
3. 股份支付计入所有者权益的金额																								
4. 其他																								
（三）利润分配																								
1. 提取盈余公积																								
2. 对所有者（或股东）的分配																								
3. 其他																								
（四）所有者权益内部结转																								
1. 资本公积转增资本（或股本）																								
2. 盈余公积转增资本（或股本）																								
3. 盈余公积弥补亏损																								
4. 设定受益计划变动额结转留存收益																								
5. 其他																								
四、本年年末余额																								

（三）所有者权益变动表的分析内容

所有者权益变动表的分析，包括如下内容：

1. 所有者权益变动表的规模分析

所有者权益变动表的规模分析，是将所有者权益变动表的整体数据变动与各个项目的数据变动进行对比，揭示公司当期所有者权益规模与各个组成要素变动的关系，解释公司净资产的变动原因，从而进行相关分析与决策的过程。

所有者权益变动表的规模分析思路，是通过所有者权益的来源及其变动情况，了解会计期间影响所有者权益增减变动的具体原因，判断构成所有者权益各个项目变动的合法性与合理性，为报表使用者提供较为真实的所有者权益总额及其变动信息。对于所有者权益变动表所包含的财务状况质量信息，主要应关注："输血性"变化和"盈利性"变化；所有者权益内部项目互相结转的财务效应；公司股权结构的变化与方向性含义；会计核算因素的影响；公司股利分配方式所包含的财务状况质量信息，等等。

2. 所有者权益变动表的构成分析

所有者权益变动表的构成分析，是对所有者权益各个子项目变动占所有者权益变动的比重予以计算，并进行分析评价，揭示公司当期所有者权益各个子项目的比重及其变动情况，解释公司净资产构成的变动原因，从而进行相关决策的过程。

（1）所有者权益变动表的水平分析。所有者权益变动表的水平分析是将所有者权益各个项目的本期数与基准进行对比（可以是上期数等），揭示酒店当期所有者权益各个项目的水平及其变动情况，解释酒店净资产的变动原因，借以进行相关决策的过程。

（2）所有者权益变动表的垂直分析。所有者权益变动表的垂直分析，是将所有者权益各个项目变动占所有者权益变动总额的比重予以计算，并进行分析评价。

3. 所有者权益变动表的主要项目分析

所有者权益变动表主要项目的分析，是将组成所有者权益的主要项目进行具体剖析对比，分析其变动成因、合理合法性、有无人为操控的迹象等事项的过程。

所有者权益变动表的主要项目，可以从以下公式具体理解：

本期所有者或权益变动额=净利润+其他综合收益税后净额+会计政策变更和前期差错更正的累积影响+所有者或股东投入资本-向所有股东分配的利润

股利决策和筹资行为对所有者权益影响的分析略。

第三节　酒店财务分析指标及其计算

一、酒店财务分析的条件

酒店财务分析要有充足的资料，资料是分析的依据，正确的资料是进行正确分析的最基本前提。这些资料主要反映在酒店的各类财务报表上；最基础的财务报表便是资产负债表（见表 10.5）和利润表（见表 10.6）。为了更好地进行分析，本章第二节已经对这两个报表进行了基本讲解。

进行财务分析除了依据以上介绍的基本财务报表外，还要通过健全统一的制度，收集和整理一些日常经营活动中的数据，包括历年的历史数据、现实数据和同行业的一些数据等。为了保证报表数据的准确性、可比性，必须有健全的会计制度和方法，前后各期要有统一的会计标准和会计处理方法，一般不允许有变动，如有必要变动，须予以说明，以便在做分析时对有关资料进行必要的调整，使分析的结果更符合实际。

表 10.5　银杏标准酒店资产负债表（简表）

2×25 年 12 月 31 日　　　　单位：万元

资产	年初	年末	负债及所有者权益	年初	年末
货币资金	459 854	47 075	短期借款	455 000	565 000
应收票据		1 600	应付票据		
应收账款	54 888	64 662	应付账款	327 509	914 359
预付账款	48 307	143 717	预收账款	98 428	97 500
其他应收款	72 341	67 031	应交税费	77 084	97 500
应收利息			应付利息	9 597	4 704
存货	643 323	799 661	其他应付款		
一年内到期的非流动资产			一年内到期的非流动负债	330 410	339 560
其他流动资产	3 300	5 733	其他流动负债		
流动资产合计	1 282 013	1 109 479	流动负债合计	1 298 028	2 000 340
固定资产	2 187 137	3 076 760	长期借款	1 397 490	1 642 930
在建工程	167 385	145 688	长期应付款		
无形资产	199 826	411 340	其他非流动负债		
长期待摊费用	370 294	456 434	非流动负债合计	1 397 490	1 642 930
其他非流动资产			负债合计	2 695 518	3 643 270
非流动资产合计	2 924 642	4 090 222	实收资本（股本）	718 926	718 926
			资本公积	196 572	116 701
			盈余公积	34 129	34 387
			未分配利润	561 510	686 417
			所有者权益合计	1 511 137	1 556 431
资产（股东权益）总计	4 206 655	5 199 701	负债、所有者权益总计	4 206 655	5 199 701

表 10.6　银杏标准酒店利润表（简表）

2×25 年 12 月　　　　　　　　单位：万元

项目	行数	本月数	本年累计数
一、营业收入	1	150 803.22	1 645 126
减：营业成本	2	60 768.22	662 925
税金及附加	3	8 483.38	92 546
销售费用	4	3 089.26	33 701
财务费用	5	1 023.73	111 688
管理费用	6	56 836.82	620 038
资产减值损失	7	900.62	9 825
加：投资收益	8		369
二、营业利润	9	19 701.19	114 771
加：营业外收入	10	5 658.13	61 725
减：营业外支出	11	176.64	1 927
三、利润总额	12	25 182.68	174 569
减：所得税费用	13	4 845.25	58 143
四、净利润	14	20 337.43	116 426

二、酒店财务比率分析

比率分析法是财务分析的重要方法，它确立的一些经济指标在经济生活中得到了广泛应用。财务报表中有大量的数据，可以计算出很多有意义的财务比率，这些比率涉及酒店经营管理的各方面。

（一）反映变现能力的比率

变现能力是酒店产生现金的能力，往往取决于流动资产在短期内转变成现金的能力，由于到期流动负债会减少现金，因此考察变现能力时应扣除流动负债。反映酒店变现能力的财务比率通常有流动比率、速动比率和保守速动比率。

1. 流动比率

流动比率是某一时点上流动资产与流动负债之比，它反映酒店的短期偿债能力。流动比率的计算公式为

$$流动比率=流动资产\div流动负债$$

一般情况下，酒店的流动比率越高，短期还款能力越强；流动比率越低，无法偿还到期债务的可能性越大。经验数据表明生产型企业合理的最低流动比率是 2，酒店是 1.5；酒店要求的流动比率低于生产型企业，主要是由于酒店的存货周转率高，库存量较低，此外影响流动比率的主要因素还有营业周期、流动资产中的应收账款数额等。

【例 10-1】有关数据见表 10.5 和表 10.6，计算银杏标准酒店 2×25 年和 2×24 年的流动比率。

解：

2×25 年流动比率＝1 109 479÷2 000 340≈0.55

2×24 年流动比率＝1 282 013÷1 298 028≈0.99

2. 速动比率

酒店流动资产的内部结构也影响其变现能力。所以人们（尤其是短期债权人）希望获得能比流动比率进一步地反映酒店短期偿债能力的财务比率，速动比率能满足这一要求。速动比率是流动资产中的易变现资产（又称速动资产）与流动负债的比值，其计算公式如下：

速动比率=（流动资产-存货）÷流动负债

计算速动比率时要将存货从流动资产中剔除，主要原因是：

（1）流动资产中存货的变现速度最慢。

（2）由于某种原因，部分存货可能已过时，毁损还未做报废处理。

（3）部分存货已抵押给债权人。

（4）存货估价上存在成本与合理市价相差悬殊的问题，而且债权人不希望酒店用变卖存货的办法还债。

为避免种种误解，从流动资产总额中扣除存货计算所得的速动比率更可信。通常情况下，酒店的速动比率为 1 被认为是较正常的。影响速动比率可信度的主要因素是应收账款的变现能力，因为账面上的应收账款不一定都能变成现金。

【例 10-2】有关数据见表 10.5 和表 10.6，计算银杏标准酒店 2×25 年和 2×24 年的速动比率。

解：

2×25 年速动比率=（1 109 479 － 779 661）÷2 000 340≈0.16

2×24 年速动比率=（1 282 013 － 643 323）÷1 298 028≈0.49

3. 保守速动比率

保守速动比率，又称超速动比率，能够比速动比率更进一步地反映酒店的短期偿债能力。保守速动比率是将速动资产中的等一些与当期现金流量无关的项目扣除后的易变现流动资产与流动负债之比，计算公式为

保守速动比率=（货币资金+短期投资+应收账款净额）÷流动负债

【例 10-3】有关数据见表 10.5 和表 10.6，计算银杏标准酒店 2×25 年和 2×24 年的保守速动比率。

解：

2×25 年保守速动比率=（47 075+64 662）÷2 000 340≈0.06

2×24 年保守速动比率=（459 854+54 888）÷1 298 028≈0.40

4. 影响变现能力的其他因素

变现能力财务比率是根据财务报表数据计算得来的，还有一些表外信息也会影响酒店的变现能力，包括增加酒店变现能力因素和减少变现能力因素两方面。前者主要有可以运用的银行贷款指标、近期内将变现的长期资产和良好的偿债声誉；后者则主要是酒店的或有负债。

（二）反映长期偿债能力的比率

酒店的长期偿债能力影响其长期资金的筹措，对酒店发展有重大影响。观察酒店的长期偿债能力主要从两方面进行：一是资本结构，二是盈利能力。反映长期偿债能力的财务比率有资产负债率、产权比率和已获利息倍数等。

1. 资产负债率

资产负债率的计算公式为

资产负债率=（负债总额÷资产总额）×100%

资产负债率可以衡量酒店利用债权人提供资金进行经营活动的能力，反映了酒店全部资产中有多少是通过借债而得到的，所以又叫举债经营比率。

对于债权人来说，资产负债率越低越好，因为债权人最关心的是能否按期收回本息。酒店的资产负债率越高，则债权人承担的风险越大，到期收回本息的可能性就越小。对于所有者来说，当全部资本利润率高于借款利息率时资产负债率越高越好；反之，则希望资产负债率越低越好。只有当全部资本利润率大于借款利息率时，股东财富才会增大，否则股东财富将被债权人吞噬一部分。对于经营者来说，资产负债率过高，经营风险很大；资产负债率太低，无法获得财务杠杆利益，酒店显得缺乏活力。所以，经营者在进行借入资本决策时，必须充分估计预期的利润和风险的大小，在两者之间权衡利害得失，做出正确决策。

【例 10-4】有关数据见表 10.5 和表 10.6，计算银杏标准酒店 2×25 年和 2×24 年的资产负债比率。

解：

2×25 年资产负债比率=3 643 270÷5 199 701×100%≈70.07%

2×24 年资产负债比率=2 695 518÷4 206 655×100%≈64.08%

2. 产权比率

产权比率是负债总额与所有者权益总额之比，也叫债务股权比率，其计算公式为

产权比率=负债总额÷所有者权益总额×100%

产权比率反映酒店债权人提供的资本与所有者提供的资本之间的比例关系。一般来说，所有者提供的资金大于债权人提供的资金比较好，但也不能绝对化。产权比率过高的酒店风险高，要求的报酬也较高；产权比率低的酒店风险低，要求的报酬也低。产权比率也反映债权人资金受所有者权益的保障程度。

【例 10-5】有关数据见表 10.5 和表 10.6，计算银杏标准酒店 2×25 年和 2×24 年的产权比率。

解：

2×25 年产权比率=3 643 270÷1 556 431×100%≈234.08%

2×24 年产权比率=2 695 518÷1 511 137×100%≈178.38%

3. 已获利息倍数

已获利息倍数是息税前盈余与利息费用之比，可以从偿付债务利息能力角度测试酒店的长期偿债能力，其计算公式如下：

已获利息倍数=息税前盈余÷利息费用

或

已获利息倍数 =（利息费用+所得税费用+净利润）÷利息费用

公式中的息税前盈余是指利润表中未扣除所得税费用和利息费用的利润，可以用“净利润+所得税费用+利息费用”来计算。公式中的利息费用不仅包括当期费用利息，也包括资本化利息。目前我国利润表未单列“利息费用”，而是将利息费用包含于“财务费用”之中，外部报表使用者通常用“财务费用”取代“利息费用”来估算。

已获利息倍数着重反映酒店偿还利息的能力，若没有足够的息税前利润，利息支付就会发生困难，债权人、所有者和经营者都认为已获利息倍数越大越好。

【例 10-6】有关数据见表 10.5 和表 10.6，计算银杏标准酒店 2×25 年的已获利息倍数。

解：

2×25 年已获利息倍数 =（116 426+58 143+111 688）÷111 688≈2.56

以上三个指标是通过资产负债表、利润表有关项目计算的反映酒店长期偿债能力的比率。此外，担保责任、或有项目、经营租赁也会影响酒店的长期偿债能力，分析时应尽可能地了解这些表外事项，以便全面评价酒店的长期偿债能力。

（三）资产管理比率

资产管理比率，又称运营效率比率，是用来衡量酒店在资产管理方面的效率的财务比率，主要包括应收账款周转率、存货周转率、营业周期、总资产周转率、客房出租率、餐椅利用率和翻台率等指标。

1. 应收账款周转率

应收账款在酒店流动资产中占有重要地位。应收账款周转率是年度内应收账款转为现金的平均次数，它表明应收账款流动的速度。用时间表示的周转速度是应收账款周转天数，其计算公式为

应收账款周转率 = 营业收入÷平均应收账款占用额

应收账款周转天数 = 365÷应收账款周转率

一般情况下，应收账款周转天数越短，说明应收账款的回收速度越快，被他人占用的资金越少，但平均收款期如果太短，也说明酒店可能奉行较紧的信用政策，因此削减了一定的营业额，降低了酒店利润。

【例 10-7】有关数据见表 10.5 和表 10.6，计算银杏标准酒店 2×25 年的应收账款周转率和应收账款周转天数。

解：

2×25 年应收账款周转率 = 1 645 126÷［（54 888+64 662）÷2］≈27.52

2×25 年应收账款周转天数 = 365÷27.52≈13.26（天）

2. 存货周转率

存货周转率是衡量和评价酒店购入存货、投入生产、销售收回等各环节管理状况的综合性指标，是酒店在一定时期内的销售成本与存货平均余额的比率。用时间表示的存货周转率是存货周转天数。它们的计算公式分别为

存货周转率 = 营业成本÷平均存货

平均存货 =（期初存货+期末存货）÷2

存货周转天数=365÷存货周转率

式中的营业成本数据来自利润表，存货数据来自资产负债表。但在酒店会计核算中，并非所有存货的消耗成本都计入利润表中的营业项目，因此不能只根据利润表中的营业成本与资产负债表中的期初期末存货的库存水平计算整个酒店的存货周转率，应分部门按照相应的成本与存货资料计算本部门的存货周转率及周转天数，以考察其存货的管理状况。

存货周转率越高，存货的周转速度越快，存货占用水平越低，流动性越强，存货管理的效率越高；存货的周转速度越慢，则存货变现能力越差。但经营管理者不可因此片面追求过高的存货周转率，因为过高的存货周转率可能是存货水平太低或库存经常中断的结果，这将给酒店带来停工待料的损失。

【例 10-8】有关数据见表 10.5 和表 10.6，计算银杏标准酒店 2×25 年的存货周转率和存货周转天数。

解：

2×25 年存货周转率=662 926÷［（643 323+779 661）÷2］≈0.93

2×25 年存货周转天数=365÷0.93≈392.47（天）

3. 营业周期

营业周期是指从取得存货开始到销售存货并收回现金为止的那段时间，营业周期的长短取决于存货周转天数和应收账款周转天数。营业周期的计算公式如下：

营业周期=存货周转天数+应收账款周转天数

营业周期反映期末存货需要经过多长时间才能转变为现金，营业周期短，说明资金周转速度快；营业周期长，说明资金周转速度慢。具体分析时，只有结合酒店业特点，与酒店业平均数及历史水平相比较，才能较为公正、客观地做出评价。

【例 10-9】有关数据见表 10.5 和表 10.6，计算银杏标准酒店 2×25 年的营业周期。

解：

2×25 年的营业周期=392.47 + 13.26=405.73（天）

4. 总资产周转率

总资产周转率是营业收入与平均总资产占用额之比。该指标用以衡量酒店一定时间内总资产周转速度。总资产周转率的计算公式为

总资产周转率=营业收入÷平均总资产占用额

平均总资产占用额=（期初资产总额+期末资产总额）÷2

总资产周转率表明酒店资产总额的周转速度，周转越快，资产在总体上的利用效率越高。

【例 10-10】有关数据见表 10.5 和表 10.6，计算银杏标准酒店 2×25 年的总资产周转率。

解：

2×25 年的总资产周转率=1 645 126÷［（4 206 655+5 199 701）÷2］≈0.35

5. 客房出租率

客房出租率是已出租客房与可供出租客房之比，它用来衡量酒店住宿设施的使用情况，说明酒店的营运能力。其计算公式为

客房出租率=（计算期实际出租客房间天数÷计算期实有客房数×计算期日历天数）×100%

6. 餐椅利用率和翻台率

餐椅利用率和翻台率是反映酒店餐厅经营成果和资产利用效率的两个比率。

餐椅利用率是实际就餐人次数与可供用餐人次数之比，其计算公式为：餐椅利用率=［计算期实际就餐人次数÷（餐椅数量×每日供餐次数×计算期日历天数）］×100%

餐椅利用率越高，表明餐厅经营成果和资产使用状况越好。

在实际工作中，当宾客用餐结束后，必须把用过的台布翻过来或撤下去，以便接待多轮宾客。为了更好地体现餐椅利用率，应计算翻台率，即实际翻台次数与台位总数之比。餐厅翻台率越高，餐椅利用率越高。翻台率的计算公式为

翻台率=翻台次数÷台位总数×100%

（四）反映盈利能力的比率

酒店经营的核心目的是盈利，盈利能力即酒店赚取利润的能力。不论是投资人、债权人，还是经营管理者，都极为重视和关心酒店的盈利能力。对于投资人来说，分得的利润是从酒店盈利中支付的，股份制酒店盈利还能使其股票价格上升，使股东获得股利收益；对于债权人来说，盈利能力是偿债能力的重要保障；对于经营管理者来说，盈利水平是考核其管理业绩的重要指标。酒店没有利润，就不可能吸引投资者追加投资，或从债权人那里获得资金，甚至会终止经营。

1. 营业净利率

营业净利率是净利润与营业收入净额的比率，计算公式为

营业净利率=净利润÷营业收入净额×100%

营业净利率体现了营业收入的收益水平，这一指标越高，说明酒店盈利能力越强。影响营业净利率的因素很多，如销售收入水平、成本水平、期间费用水平及税负程度等。

【例 10-11】有关数据见表 10.5 和表 10.6，计算银杏标准酒店 2×25 年的营业净利率。

解：

2×25 年的营业净利率=116 426÷1 645 126×100%≈7.08%

2. 成本费用净利率

成本费用净利率是酒店净利润与成本费用总额的比率，计算公式为

成本费用净利率=净利润÷成本费用总额×100%

其中，成本费用总额包括利润表中的营业成本、税金及附加、销售费用、管理费用、财务费用、资产减值损失等项目，反映酒店生产经营过程中的投入产出水平。

一般来说，成本费用水平低，则酒店盈利水平高；成本费用水平高，则酒店盈利水平低。

【例 10-12】有关数据见表 10.5 和表 10.6，计算银杏标准酒店 2×25 年的成本费用净利率。

解：

2×25 年的成本费用净利率＝116 426÷（662 926+92 546+33 701+620 038+111 688+9 825）×100%≈7.61%

3. 资产净利率

资产净利率，又称投资报酬率，是酒店净利润与平均总资产占用额的比率，计算公式为

资产净利率＝净利润÷平均总资产占用额×100%

利润来自资产的运用，资产净利率反映酒店投资人的全部资金的盈利能力，是财务管理的重要指标。该指标越高，说明资产的利用效率越高。影响资产净利率高低的因素有单价、单位成本、接待数量、资金占用水平等。

【例 10-13】有关数据见表 10.5 和表 10.6，计算银杏标准酒店 2×25 年的资产净利率。

解：

2×25 年的资产净利率＝116 426÷［（4 206 655+5 199 701）÷2］×100%≈2.48%

4. 所有者权益报酬率

所有者权益报酬率，又称自有资金报酬率、净资产收益率、股东权益报酬率或权益资本报酬率，是酒店净利润与平均所有者权益占用额的比率。计算公式为

所有者权益报酬率＝（净利润÷平均所有者权益占用额）×100%

平均所有者权益占用额＝（期初所有者权益+期末所有者权益）÷2

所有者权益报酬率反映股东财富增长速度，是酒店投资者极为关注的一项指标。

【例 10-12】有关数据见表 10.5 和表 10.6，计算银杏标准酒店 2×25 年的所有者权益报酬率。

解：

2×25 年的所有者权益报酬率

＝116 426÷［（1 511 137 + 1 556 431）÷2］×100%≈7.59%

5. 资本保值增值率

资本保值增值率是期末所有者权益总额与期初所有者权益总额之比，计算公式如下：

资本保值增值率＝期末所有者权益总额÷期初所有者权益总额

上式中的期末所有者权益中不包括当期所有者追加投入的注册资本。

一般来说，资本保值增值率小于 1 时，说明酒店所有者资本发生减值，对所有者不利；资本保值增值率等于 1 时，说明酒店的所有者资本没有减少也没有增加，只是做到了保值；若资本保值增值率大于 1，则说明所有者资本实现了增值，是投资者所希望的结果。

【例 10-14】有关数据见表 10.5 和表 10.6，计算银杏标准酒店 2×25 年的资本保值增值率。

解：

2×25 年的资本保值增值率＝1 556 431÷1 511 137≈1.03

6. 客房租金收入率

客房租金收入是反映客房经营成果绝对水平的指标。而客房租金收入率是反映客房经营成果相对水平的指标。其计算公式为

客房租金收入率=（计算期客房租金实际收入÷计算期应收客房租金收入）×100%

计算期应收客房租金收入=Σ（某类客房数量×某类客房日租金×报告期天数）

如果客房租金收入率超过100%，则表示酒店客房不仅出租率高，而且现金折扣少，甚至没有折扣，或出于退房时间原因，使一天房租收入超出一天应收取的标准。如果客房租金收入率小于100%，则说明客房出租率低，或是客房出租率不低但折扣太多，致使收入降低。

（五）营业比率

营业比率是酒店最基本的财务指标，其水平高低直接决定酒店利润的大小。所以对酒店营业收入状况进行分析是酒店财务分析的重要内容。这方面的财务比率主要包括：

1. 销售的混合构成

绝大多数酒店同时经营多种业务，使得营业收入总额由各种业务收入共同组成。分析各种业务收入占酒店总收入的比重，可以发现酒店的利润源，并据此进行资源优化配置，提高酒店资源的利用效率。

某种业务收入占总收入的比重=（该种业务收入总额÷各种业务收入总额）×100%

2. 平均房价

价格是影响收入的重要因素，平均房价反映酒店客房产品平均价格水平，计算公式为

平均房价=各种客房实际租金收入÷（计划期天数×酒店可出租房间数）

3. 食客平均消费额

酒店餐饮收入受食客平均消费水平影响，衡量食客平均消费水平的食客平均消费额可依下式计算：

食客平均消费额=餐饮营业收入÷就餐人次数

4. 食品成本率

食品成本率是食品成本总额占餐饮收入总额的比重，计算公式为

食品成本率=（食品成本总额÷餐饮收入总额）×100%

食品成本是餐饮成本的重要组成部分，食品成本率的高低直接影响餐饮产品的价格。

（六）市场价值比率

市场价值比率是反映上市公司财务状况、股票价格和盈利能力的重要指标。上市公司是股票经过批准已公开挂牌上市交易的股份有限公司。上市公司公开披露的财务信息很多，主要包括：招股说明书、上市公告、定期报告和临时报告。这些报告信息大部分是财务性质的或与财务有关的，投资人要想在众多的上市公司中做出正确的选择，就必须充分利用市场价值比率。市场价值比率主要包括每股收益、市盈率、每股股利、股利支付率、每股净资产、市净率等。

1. 每股收益

每股收益是本年净利润与年末普通股份总数的比值。计算公式为

每股收益=净利润÷年末普通股份总数

每股收益反映普通股的收益状况，如果公司发行了优先股，计算时要扣除优先股股数及优先股股利。公式中“年末普通股份总数”主要针对本年普通股股份数未发生变化的情况，如果年度内普通股股份数发生了增减变化，则分母应调整为“加权平均发行在外普通股股数”。

加权平均发行在外普通股股数=Σ［（发行在外普通股股数×发行在外月份数）÷12］

2. 市盈率

市盈率是指普通股每股市价与普通股每股收益的比值，计算公式为

市盈率=每股市价÷每股收益

市盈率反映投资人对每元净利所愿支付的价格。市盈率越高，表明市场对公司的未来越有信心，在市价确定的情况下，每股收益越高，市盈率越低，投资风险越小。我国新股上市定价时，要求市盈率不超过20倍。

3. 每股股利

每股股利是股利总额与年末普通股份总数之比。计算公式为

每股股利=股利总额÷年末普通股份总数

上式中股利体现公司的股利分配政策及盈利能力，分析时应结合其他比率，与历史数据相比较，才能衡量出股票的投资价值。

4. 股利支付率

股利支付率是指净收益中股利所占的比重，计算公式为

股利支付率=（每股股利÷每股收益）×100%

5. 每股净资产

每股净资产，又称每股账面价值或每股权益，是年末净资产与年末普通股份总数的比值。计算公式为

每股净资产=年末净资产÷年末普通股份总数

每股净资产反映每一普通股所隐含的账面净资产，从理论上提供了股票的最低价值。如果公司的股票价格低于每股净资产，而每股净资产又接近变现价值，则说明公司已无存在价值。

6. 市净率

市净率是每股股价与每股净资产之比，反映市场对上市公司资产质量的评价，其计算公式如下：

市净率=每股股价÷每股净资产

市净率可以用于投资分析，当每股市价高于每股净资产时，表示市场对公司资产的质量看好，认为公司有发展潜力，反之则不看好公司资产的质量，认为公司没有发展前途。

（七）反映酒店对国家和社会所作贡献的财务比率

反映酒店对国家和社会所作贡献的财务比率主要有社会贡献率和社会积累率。

1. 社会贡献率

社会贡献率是酒店对社会所作贡献总额与平均总资产占用额之比，计算公式为

社会贡献率=社会贡献总额÷平均总资产占用额

式中的社会贡献总额包括工资等劳动报酬、劳保退休统筹及其他社会福利支出、利息支出、各种应交税费和应付利润。

社会贡献率越高，表明酒店的经济效益和社会效益越好。

2. 社会积累率

社会积累率是上缴国家财政总额与社会贡献总额之比，计算公式为

社会积累率=上缴国家财政总额÷社会贡献总额

式中的上交国家财政总额，包括应交增值税、应交所得税、应交消费税和应交税金及附加等应上交国家财政的各种税款。

社会积累率越高，说明酒店为国家财政所做的贡献越大。

（八）比率分析的总结

由于财务报表本身具有局限性，据此计算的财务比率也有某些局限性，因此使用财务比率时，要注意以下问题：

1. 计算财务比率所使用的财务数据不一定反映真实情况

财务报表是按会计准则编制的，它们合乎规范，但不一定反映该酒店的客观实际。例如：

（1）报表数据未按通货膨胀率或物价水平调整。

（2）非流动资产的余额是按历史成本减折旧或摊销计算的，不代表现行成本或变现价值。

（3）有许多项目，如科研开发和广告支出，从理论上看是资本性支出，但发生时已列作了当期费用。

（4）有些项目是估计的，如无形资产摊销和开办费摊销，这种估计未必正确。

（5）发生了非常或偶然的事项，如资产盘盈或坏账损失，可能歪曲本期的净收益，使之不反映盈利的正常水平。

2. 不同酒店可能选择不同的会计程序，使它们的财务比率失去可比性

（1）存货成本和销货成本的计价，可以使用先进先出法、后进先出法、加权平均法、个别计价法等方法中的一种。

（2）折旧的提取可以使用直线法或各种加速折旧法。

（3）对外投资的收益，可以使用成本法或权益法。

（4）所得税费用的确认，可以使用应付税款法或所得税影响法。

由于以上因素，人们只能在限定的意义上使用财务比率，不可将其绝对化。

第四节　酒店财务综合评价方法

一、综合分析与业绩评价的目的

财务分析从盈利能力、营运能力和偿债能力角度对企业的经营活动、投资活动和筹资活动状况进行了深入、细致的分析，以判明企业的财务状况和经营业绩，这对于企业投资者、债权人、经营者、政府及其他利益相关者了解企业的财务状况和经营业绩是十分有益的。但前述财务分析通常是从某一特定角度，就企业某一方面的经营活动做分析，这种分析不足以全面评价企业的总体财务状况和经营业绩，很难对企业总体财务状况和经营业绩的关联性得出综合结论。为弥补财务分析的这一不足，有必要在财务能力单项分析的基础上，将有关指标按其内在联系结合起来进行综合分析。

业绩评价是指在综合分析的基础上，运用业绩评价方法对企业财务状况和经营成果所得的综合结论。业绩评价以财务分析为前提，财务分析以业绩评价为结论，财务分析离开业绩评价就没有太大的意义了。在前述财务分析中，都曾在分析的基础上做出了相应的评价，但那只是就单项财务能力所做的分析及评价，其结论具有片面性，只有在综合分析的基础上进行业绩评价，才能从整体上全面、系统地评价企业的财务状况及经营成果。

综合分析与业绩评价的目的在于：

（1）通过综合分析评价明确企业经营活动、投资活动和筹资活动的相互关系，找出企业发展的瓶颈所在。

（2）通过综合分析评价企业财务状况与经营业绩，明确企业的经营水平、位置及发展方向。

（3）通过综合分析评价为企业利益相关者进行投资决策提供参考。

（4）通过综合分析评价为完善企业财务管理和经营管理提供依据。

二、综合分析与业绩评价的内容

根据上述综合分析与业绩评价的意义和目的，综合分析与业绩评价至少应包括以下两方面内容：

（一）财务目标与财务环节相互关联综合分析评价

企业的财务目标是资本增值最大化。资本增值的核心在于资本收益能力的提高，而资本收益能力受到企业各方面各环节财务状况的影响。本部分分析正是要以净资产收益率为核心，通过对净资产收益率的分解，找出企业经营各环节对其的影响以及影响程度，从而综合评价企业各环节及各方面的经营业绩。杜邦分析体系是进行这一分析的最基本方法。

（二）企业经营业绩综合分析评价

虽然财务目标与财务环节的联系分析可以解决单项指标分析或单方面分析给评价带来的困难。但由于没能采用某种计量手段给相互关联指标以综合评价，因此，往往难以准确得出公司经营业绩改善与否的定量结论。企业经营业绩综合分析评价正是从解决这一问题出发，利用业绩评价的不同方法对企业经营业绩进行量化分析，最后得出企业经营业绩评价的唯一结论。

三、财务综合评价方法介绍

（一）杜邦财务分析体系

杜邦财务分析体系亦称杜邦财务分析法，是指根据各主要财务比率指标之间的内在联系，建立财务分析指标体系，综合分析企业财务状况的方法。由于该指标体系是由美国杜邦公司最先采用的，故称为杜邦财务分析体系。杜邦财务分析体系的特点是将若干反映企业盈利状况、财务状况和营运状况的比率按其内在联系有机地结合起来，形成一个完整的指标体系，并最终通过净资产收益率（或资本收益率）这一核心指标来综合反映。

在杜邦财务分析体系中，包含了几种主要的指标关系，可以分为两大层次。

第一层次包括：

1. 净资产收益率=总资产净利率×业主权益乘数

即 $$\frac{净利润}{净资产}\times 100\% = (\frac{净利润}{总资产}\times 100\%)\times \frac{总资产}{净资产}$$

2. 总资产净利率=销售净利率×总资产周转率

即 $$\frac{净利润}{总资产}\times 100\% = (\frac{净利润}{营业收入}\times 100\%)\times \frac{营业收入}{总资产}$$

以上关系表明，影响净资产收益率最为重要的因素有三个（销售净利率、总资产周转率、业主权益乘数），即

净资产收益率=销售净利率×总资产周转率×业主权益乘数

第二层次包括：

1. 销售净利率的分解

$$销售净利率 = \frac{净利润}{营业收入}\times 100\% = \frac{总收入 - 总成本费用}{营业收入}\times 100\%$$

2. 总资产周转率的分解

$$总资产周转率 = \frac{营业收入}{总资产} = \frac{营业收入}{流动资产 + 非流动资产}$$

以上关系可以用图 10.1 更清楚地反映出来。

杜邦财务分析体系为进行企业综合分析提供了极具价值的财务信息。

第一，净资产收益率是综合性最强的财务指标，是企业综合财务分析的核心。这一指标反映了投资者的投入资本获利能力的强弱，能体现出企业经营的目标。从企业财务活动和经营活动的相互关系上看，净资产收益率的变动取决于企业资本经营、资产经营和商品经营。所以净资产收益率是企业财务活动效率和经营活动效率的综合体现。

第二，总资产周转率是反映企业营运能力最重要的指标，是企业资产经营的结果，是实现净资产收益率最大化的基础。企业总资产由流动资产和非流动资产组成，流动

资产体现企业的偿债能力和变现能力。非流动资产则体现企业的经营规模、发展潜力和盈利能力。各类资产的收益性又有较大区别，如现金、应收账款几乎没有收益。所以，资产结构是否合理、营运效率的高低是企业资产经营的核心，并最终影响到企业的经营业绩。

第三，销售净利率是反映企业商品经营盈利能力最重要的指标，是企业商品经营的结果，是实现净资产收益率最大化的保证。企业从事商品经营，目的在于获利，其途径只有两条：一是扩大营业收入，二是降低成本费用。

第四，业主权益乘数既是反映企业资本结构的指标，也是反映企业偿债能力的指标，更是企业资本经营及筹资活动的结果，它能对提高净资产收益率起到杠杆作用。适度开展负债经营，合理安排企业资本结构，可以提高净资产收益率。

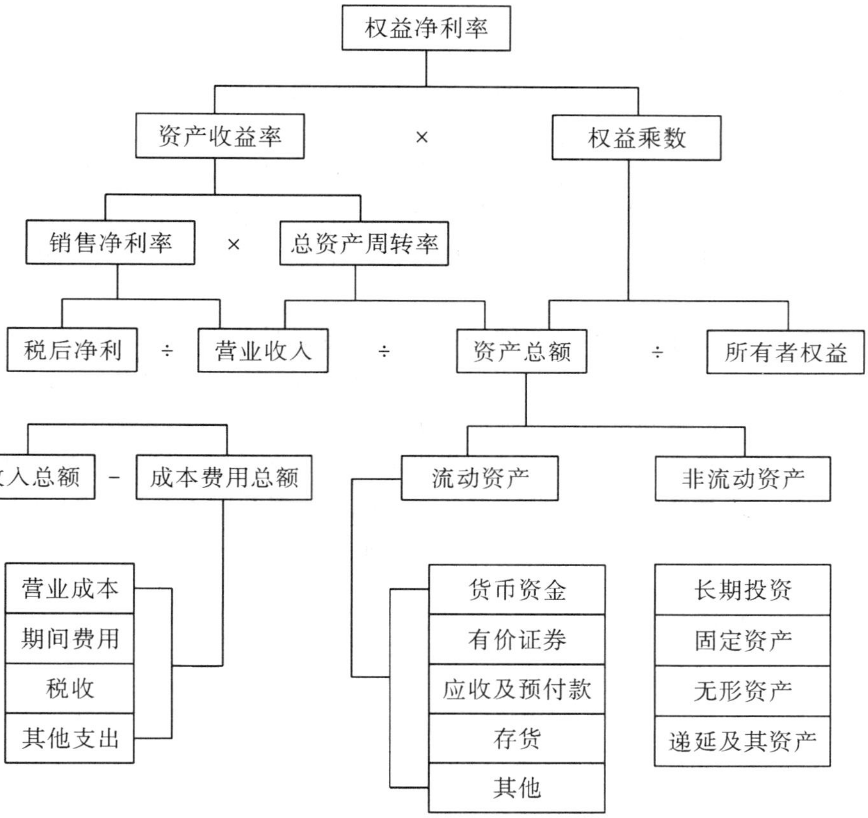

图 10.1　杜邦分析

【思政课堂】

2019 年，中船工业与中船重工合并成立中国船舶集团有限公司。本次合并带来了许多亮点：“加快推进我国海军战略转型，全力支撑海军装备体系建设，承担航母等的研制和生产”“生产出我国第一艘国产航母”“中国船舶工业焊接技术取得重大突破，国产航母建造周期缩短近一半”“‘蛟龙’深海潜水器创造世界最深下潜纪录”“首艘自主研制的极地科考破冰船‘雪龙2’号顺利交付使用，我国极地科考得到进一步保障”等。中国已经成为全球第一造船大国，造船数量世界领先，海军建设快速发展。两强企业合并会产生更强的竞争力和更好的创新能力，在世界上造成重大影响。两强企业为什么合并？可以通过杜邦财务分析系统角度看出端倪。

强强联合不仅可以优势互补，合并后公司的净资产收益率、总资产周转率和业主权益乘数三大主要指标均得到提升。另外，从风险管控角度看，强强联合增强了公司抵御外在风险的能力。首先，为国家的发展、科技的进步感到骄傲、自豪。其次，在中国众多企业繁荣经营的当今，越来越多企业开始“反哺”社会，把履行社会责任作为企业发展战略不可或缺的一部分。最后，学生个人要树立正确的世界观、价值观和人生观，要明确社会责任，勇于担当，把自我行为与国家社会的发展联系起来，实现自己的价值。

（二）沃尔比重评分法

在进行财务分析时，人们遇到的一个主要困难就是计算出财务比率之后，无法判断它是偏高还是偏低。为了弥补这种缺陷，沃尔提出了信用能力指数的概念，把流动比率、产权比率、固定资产比率、存货周转率、应收账款周转率、固定资产周转率、自有资金周转率七项财务比率用线性关系结合起来，并分别给定其在总评价中占的比重，然后确定标准比率，并与实际比率相比较，评出每项指标的得分，最后求出总评分，以此评价酒店的信用水平。

原始的沃尔比重评分法有两个缺陷：一是未能证明为什么要选择这七个指标，而不是更多或更少，或者选择别的财务比率，也未能证明每个指标所占比重的合理性；二是当某一个指标严重异常时，会对总评分产生不合逻辑的重大影响。

现代社会已有很大变化，沃尔最初提出的七项指标已难以完全适用当前酒店评价的需要，目前在选择指标时，偿债能力、运营能力、盈利能力及发展能力指标均应当选取，除此之外，还应适当选取一些非财务指标作为参考。

素质教育小故事

公正的衡量

在一个小城镇中，有一家名为“明德酒店集团”的知名酒店企业。该集团一直以诚信和公正的经营理念而闻名。

集团的财务部门负责人李经理是一位正直而富有道德感的人。他相信，在财务分析和决策中，公正和道德价值是不可或缺的。

有一天，明德酒店集团收到了一份匿名举报信，指称某个酒店分店存在财务不端的行为。信中提到，该分店在财务报表中隐瞒了一些重要的信息，以掩盖其真实的财务状况。

李经理对这个举报深感震惊，他决定立即展开一次全面的财务综合分析，以查明事实真相。

经过一段时间的调查和数据收集，李经理发现了一些异常的财务数据。该酒店确实存在一些不当行为，某个分店的财务报表中隐藏了一些重要的财务信息。

面对这个发现，李经理面临着一个严峻的道德抉择。他知道，如果不揭露真相，这个分店可能会继续以虚假的财务信息误导集团和投资者，从而对整个企业的声誉和发展产生负面影响。然而，揭露真相可能会导致该分店的员工失去工作，也会对该分店的业绩造成不可逆转的影响。

李经理经过深思熟虑后，决定以公正和道德为准绳，揭露真相并采取适当的措施。

他与集团高层进行了详细的汇报，呈现了财务分析的结果和发现的问题。集团高层高度重视这个问题，立即成立了一个内部调查小组，对涉事分店的财务管理进行全面审查。

经过严肃认真的调查和审查，集团高层做出了公正而明智的决定。他们关闭了涉事分店，并采取了相应的法律措施。同时，他们对财务报表的监控和审查机制进行了加强，以确保整个集团的财务透明度和道德准则得到遵守。

这个故事告诉我们，道德和公正是财务综合分析的基石。李经理的勇敢举动展示了对真相的追求和对道德价值的坚守，维护了企业的声誉和利益。通过这个故事，人们深刻认识到，在财务综合分析中，不论面对何种困难，始终坚持道德和公正的原则是保障企业可持续发展的关键。

章节练习

第十章小测

一、单项选择题

1. 以下项目属于经营性资产项目的是（　　）。

A. 货币资金　　B. 应收账款

C. 应收票据　　D. 其他应收款

2. 正常情况下，在资产负债表上，期末值不应过高的是（　　）。

A. 应收账款　　B. 其他应收款

C. 存货　　D. 货币资金

3. 从投资或资产的角度对资产负债表进行分析评价时，分析的内容不包括（　　）。

A. 分析总资产规模的变动状况以及各类、各项资产的变动状况，揭示资产变动的主要方面

B. 发现变动幅度较大或对总资产变动影响较大的重点类别和重点项目

C. 要注意分析资产变动的合理性与效率性

D. 注意分析会计估计变更的影响

4. 下列各项中，不属于利润表分项变动情况分析内容的是（　　）。

A. 投资收益　　B. 成本费用

C. 资产减值损失　　D. 营业利润

5. 下列各项中，属于反映企业所有者最终取得的财务成果的指标的是（　　）。

A. 营业收入　　B. 营业利润

C. 利润总额　　D. 净利润

6. 下列财务活动中不属于企业筹资活动的是（　　）。

A. 发行债券　　B. 分配股利

C. 吸收权益性投资　　D. 购建固定资产

7. 现金流量表中的现金不包括（　　）。

A. 存在银行的外埠存款　　B. 银行汇票存款

C. 期限为 3 个月的国债　　D. 长期债券投资

8. 下列财务比率中反映企业短期偿债能力的是（　　）。

A. 现金流量比率　　B. 资产负债率

C. 偿债保障比率　　D. 利息保障倍数

9. 下列经济业务中会使企业的速动比率提高的是（　　）。

A. 销售产成品　　B. 收回应收账款

C. 购买短期债券　　D. 用固定资产对外进行长期投资

10. 下列经济业务中会影响企业资产负债率的是（　　）。

A. 以固定资产的账面价值对外进行长期投资

B. 收回应收账款

C. 接受投资者以固定资产进行的投资

D. 用现金购买股票

11. 银杏标准酒店 2×25 年主营业务收入金额为 36 000 万元，流动资产平均余额为 4 000 万元，固定资产平均余额为 8 000 万元。假定没有其他资产，则该酒店 2×25 年的总资产周转率为（　　）次。

A. 3.0　　B. 3.4

C. 2.9　　D. 3.2

12. 企业的应收账款周转率高，说明（　　）。

A. 企业的信用政策比较宽松　　B. 企业的盈利能力较强

C. 企业的应收账款周转速度较快　　D. 企业的坏账损失较多

13. 银杏标准酒店年末财务报告上部分数据为：流动负债 60 万元，流动比率 2，速动比率 1.2，销售成本 100 万元，年初存货 52 万元，则本年度存货周转次数为（　　）次。

A. 1.65　　B. 2

C. 2.3　　D. 1.45

14. 在其他条件不变的情况下，下列经济业务中可能导致资产报酬率下降的是（　　）。

A. 用银行存款支付一笔销售费用　　B. 用银行存款购入一台设备

C. 将可转换债券转换为普通股　　D. 用银行存款归还银行借款

15. 银杏标准酒店上年的销售净利率为5.5%，总资产周转率为2.5次；本年销售净利率为4.5%。总资产周转率为2.4次。若两年的资产负债率相同，则本年的净资产收益率与上年相比的变化趋势为（　　）。

A. 不变　　B. 下降

C. 上升　　D. 难以确定

二、多项选择题

1. 资产利用效率提高，形成资金节约，包括的绝对节约是指（　　）。

A. 产值、收入、利润、经营活动现金净流量持平，资产减少

B. 增产、增收、增利或增加经营活动现金净流量的同时，资产增加，且资产增加幅度大于增产、增收、增利或增加经营活动现金净流量的幅度

C. 减产、减收、减利或减少经营活动现金净流量的同时，资产增加

D. 增产、增收、增利或增加经营活动现金净流量的同时，资产减少

2. 进行负债结构分析时必须考虑的因素有（　　）。

A. 负债规模　　B. 负债成本

C. 债务偿还期限　　D. 财务风险

3. 资本公积有其特定来源，主要包括（　　）。

A. 盈余公积转入　　B. 资本溢价

C. 接收捐赠　　D. 从税后利润中提取

4. 下列各项中，属于营业成本分析内容的有（　　）。

A. 营业成本构成分析　　B. 全部营业成本完成情况分析

C. 营业外支出分析　　D. 资产减值损失分析

5. 下列各项中，属于利润表综合分析内容的有（　　）。

A. 收入分析　　B. 成本费用分析

C. 利润额增减变动分析　　D. 利润结构变动分析

6. 现金流量表结构分析包括（　　）。

A. 现金流入结构分析和现金流出结构分析

B. 经营活动现金流量结构分析

C. 投资活动现金流量结构分析

D. 筹资活动现金流量结构分析

7. 酒店对外报表主要包括（　　）。

A. 现金流量表　　B. 利润表

C. 成本费用明细表　　D. 资产负债表

8. 比较分析法按比较对象不同可分为（　　）。

A. 纵向分析　　B. 比较结构百分比

C. 横向分析　　D. 比较财务比率

9. 杜邦分析系统主要反映的财务比率关系有（　　）。

A. 股东权益报酬率与资产报酬率及权益乘数之间的关系

B. 资产报酬率与销售净利率及总资产周转率之间的关系

C. 销售净利率与净利润及销售收入之间的关系

D. 总资产周转率与销售收入及资产总额之间的关系

10. 下列关于市净率的说法正确的有（　　）。

A. 市净率反映了公司市场价值与盈利能力之间的关系

B. 市净率反映了公司市场价值与账面价值之间的关系

C. 如果公司股票的市净率小于1，说明该公司股价低于每股净资产

D. 公司的发展前景越好，风险越小，其股票的市净率也会越低

三、判断题

1. 资产负债表结构分析通常采用水平分析法。（　　）

2. 资产负债表垂直分析是指通过计算资产负债表中各项目占总资产或权益总额的比重，分析评价企业资产结构和权益结构变动的合理程度。（　　）

3. 借助结构变动分析，再结合利润形成过程中相关的影响因素，反映利润额的变动情况，评价企业在利润形成过程中的各方面管理业绩并揭露存在的问题。（　　）

4. 成本总额的增加不一定意味着利润的下降和企业管理水平的下降。（　　）

5. 利息支出将对筹资活动现金流量和投资活动现金流量产生影响。（　　）

6. 经营活动现金流量净额大于零，说明其当期销售商品所获得的收入全部收回现金。（　　）

7. 投资者进行财务分析主要是为了了解企业的发展趋势。（　　）

8. 财务分析主要是以企业的财务报告为基础，日常核算资料只作为财务分析的一种补充资料。（　　）

9. 如果企业负债资金的利息率低于其资产报酬率，则提高资产负债率可以增加所有者权益报酬率。（　　）

10. 企业应收账款周转率越大，说明发生坏账损失的可能性越大。（　　）

11. 在企业资本结构一定的情况下，提高资产报酬率可以使得股东权益报酬率增大。（　　）

12. 成本费用净利率越高，说明企业为获得利润所付出的成本费用越多，则企业的盈利能力越差。（　　）

13. 市盈率越高的股票，其投资的风险也越大。（　　）

14. 我们通过杜邦分析系统可以分析企业的资产结构是否合理。（　　）

15. 权益乘数的高低取决于企业的资本结构，资产负债率越高，权益乘数越高，财务风险越大。（　　）

四、计算题

1. 银杏标准酒店2×25年销售收入为20万元，毛利率为40%，赊销比例为80%，销售净利率为16%，存货周转率为5次，期初存货余额为2万元，期初应收账款余额为4.8万元。期末应收账款余额为1.6万元，速动比率为1.6，流动比率为2，流动资产占资产总额的28%，该酒店期初资产总额为30万元。该酒店期末无待摊费用和待处理流动资产损失。

要求：

计算下列财务比率：（1）应收账款周转率；（2）总资产周转率；（3）资产净利率。

2. 银杏标准酒店本年利润分配及年末股东权益的有关资料如表10.7所示。

表10.7　利润分配与股东权益　　单位：万元

项目	金额	项目	金额
净利润	2 100	股本（每股面值1元）	3 000
加：年初未分配利润	400	资本公积	2 200
可供分配利润	2 500	盈余公积	1 200
减：提取法定盈余公积	500	未分配利润	600
可供股东分配的利润	2 000		
减：提取任意盈余公积金	200		
已分配普通股股利	1 200		
未分配利润	600	股东权益合计	7 000

该酒店当前股票市场价格为10.50元/股，流通在外的普通股股数为3 000万股。

要求：（1）计算普通股每股利润；

（2）计算该酒店股票当前的市盈率、每股股利、股利支付率；

（3）计算每股净资产。

3. 某酒店有关财务信息如下：

（1）速动比率为2；（2）长期负债是短期投资的4倍；（3）应收账款为400万元，是速动资产的50%，流动资产的25%，并与固定资产价值相等；（4）所有者权益总额等于营运资本，实收资本是未分配利润的2倍。

要求：根据以上信息，完成下列资产负债表（简表）（见表10.8）的填写。

表10.8　资产负债表（简表）　　单位：万元

资产	金额	负债及所有者权益	金额
货币资金		应付账款	
短期投资		长期负债	
应收账款		实收资本	
存货		未分配利润	
固定资产			
合计		合计	

答案解析

第一章　酒店财务管理综述

各章小测答案解析

一、单项选择题

1~5　BCBAA　6~10　DDBBC

二、多项选择题

1~5　ABC　ABCD　ABCD　BCD　ABCD　6~10　ACD　ABC　ABD　BCD　ABCD

三、判断题

1~5　√√×√√　6~10　√××√√

四、思考题

1. 酒店资金的循环过程其实质是资金从被占用到以货币形态被重新回收的循环过程。首先通过资金筹集，取得货币形态的资金（如现金、银行存款等）；其次，通过资金投放和使用，货币形态的资金转化为实物形态的资金：其中，房屋建筑物、车辆等固定资产形成固定资金，原材料、物料用品等流动资产形成储备资金。通过日常的业务运营、对客服务和销售商品，一方面消耗实物，另一方面取得货币资金和应收账款。应收账款的资金形态为结算资金；通过账款结算，收回应收账款，结算资金又转换为货币资金。收回的货币资金，又进行重新分配，一部分用于补偿业务运营消耗，如支付工资、保险费、维修费等；另一部分资金用于缴纳税费，支付投资者报酬、分配股利等，剩余的资金参与企业下一阶段经营，如此循环往复，使酒店资金在经营中不断得到增加。

2. 区别：会计是指以货币为计量单位，对一定单位的过去已经发生的经济业务事项进行确认、计量、记录和报告，并通过所提供的会计资料，做出预测、参与决策、实行监督，实现最优经济效益。会计是用历史的观点、用会计语言把过去发生的经济业务真实、完整地记录下来，并最终形成资产负债表、利润表和现金流量表；财务管理则是根据会计所提供的信息以及其他有关的信息，进行面向未来的筹资决策、投资决策、运营管理和利润分配决策。

联系：会计是财务管理的基础，财务管理也离不开会计。

3. 财务管理组织机构的设置应考虑酒店规模、行业特点、业务类型等因素。财务管理机构内部的分工要明确，职权要到位，责任要清楚，要有利于提高财务管理效率。

4. 酒店的财务活动表现为酒店再生产过程中周而复始、循环往复的资金运动。酒店资金运动从经济内容上观察，可划分为投资活动、筹资活动和股利分配活动等环节，因此，酒店财务管理的基本内容包括酒店投资决策、筹资决策、股利分配决策等。

5. 财务人员应具备的素质：

（1）敬业爱岗，即应当热爱本职工作，努力钻研业务，使自己的知识和技能达到所从事工作的要求。

（2）熟悉法规，即应当熟悉财经法律、法规和国家统一会计制度，并结合会计工作进行广泛宣传。

（3）依法办事，即应当按照会计法律、法规、规章规定的程序和要求进行会计工作，保证所提供的会计信息合法、真实、准确、及时、完整。

（4）客观公正，即办理会计事务应当实事求是、客观公正。

（5）搞好服务，即应当熟悉本单位的生产经营和业务管理情况，运用掌握的会计信息和会计方法，为改善单位内部管理、提高经济效益服务。

（6）保守秘密，即应当保守本单位的商业秘密，除法律规定和单位领导人同意外，不能私自向外界提供或者泄露单位的会计信息。

第二章　酒店财务管理基础

一、单选题

1~5　ABADD　6~10　BABBB

二、多选题

1~5　ABDE　BD　ABD　ABCE　BE　6~10　ABCDE　BC　AC　BD　ABD

三、判断题

1~5　×√×√　6~10　√×××√　11~15　√×√√×

四、名词解释

1. 时间价值：时间价值是扣除风险报酬和通货膨胀贴水后的真实报酬率。

2. 复利：复利是指对本金计算利息，对利息也要再计算利息，即通常所说的“利滚利”。

3. 年金：年金指一定时期内每期相等金额的收付款项。

4. 递延年金：递延年金指在期初若干期没有收付款项，后面若干期有等额的系列收付款项的年金。

5. 市场风险：股票风险中不能够通过构建投资组合被消除的部分称作市场风险。

6. 非系统风险：非系统风险是指发生在个别企业的由特有事件造成或投资者发生

损失的可能性。

7. 资产组合：资产组合是由两个或两个以上资产所构成的集合。

五、计算题

1. $I=P\times(F/P, i, n)-P$

$=100\ 000\times[(F/P, 10\%, 3)-1]$

$=100\ 000\times 0.331$

$=33\ 100$（元）

2. $P=F\times(P/F, i, n)$

$=10\ 000\times(P/F, 3\%, 5)$

$=10\ 000\times 0.862\ 6$

$=8\ 626$（元）

3. 由 $F=A\times\frac{(1+i)^{n}-1}{i}=A\times(F/A, i, n)$ 可知，

$2\ 000=A\times(F/A, 6\%, 3)$，得出 $A=\frac{2\ 000}{(F/A, 6\%, 3)}=\frac{2\ 000}{3.183\ 6}\approx 628.22$（万元）

4. 由 $P=A\times\frac{1-(1+i)^{-n}}{i}=A\times(P/A, i, n)$ 可知，

$40\ 000=A\times(P/A, 10\%, 5)$，得出 $A=\frac{40\ 000}{(P/A, 10\%, 5)}=\frac{40\ 000}{3.790\ 8}\approx 10\ 551.86$（元）

5. 由 $F=A[(F/A, i, n+1)-1]$ 可知，

$F=100\ 000\times[(F/A, 5\%, 8+1)-1]$

$=100\ 000\times(11.026\ 6-1)$

$=1\ 002\ 660$（元）

6. 由 $P=A[(P/A, i, n-1)+1]$ 可知，

$P=12\ 000\times[(P/A, 5\%, 10-1)+1]$

$=12\ 000\times(7.107\ 8+1)$

$=97\ 293.60$（元）

因此，租赁设备资金 97 293.60 元小于自行购买 100 000 元，该酒店应该选择租赁设备。

7. （1）$P=30\times[(P/A, 8\%, 9)+1)]$

$=30\times 7.246\ 9$

≈ 217.41（万元）

（2）$P=40\times[(P/A, 8\%, 9)+1]\times(P/F, 8\%, 4)$

$=40\times 7.246\ 9\times 0.735$

≈ 213.06（万元）

该公司应选择第二种方案。

8. （1）算出 A 项目、B 项目的期望报酬率：

$E_A=0.2\times 2\ 000+0.5\times 1\ 000+0.3\times 500=1\ 050$

$E_B=0.2\times 3\ 500+0.5\times 1\ 000+0.3\times(-500)=1\ 050$

(2) 算出 A 项目、B 项目的标准差：

$\sqrt{(2\,000-1\,050)^2\times 0.2+(1\,000-1\,050)^2\times 0.5+(500-1\,050)^2\times 0.3}$

$\sigma_A \approx 522.02$

$\sqrt{(3\,500-1\,050)^2\times 0.2+(1\,000-1\,050)^2\times 0.5+(-500-1\,050)^2\times 0.3}$

$\sigma_B \approx 1\,386.54$

因为 A、B 两个项目的期望报酬率相同，所以，只需要比较两种方案的标准差即可。经计算得出，方案 B 的风险大于方案 A 的风险，应该选择方案 A。

9. $\beta=1.5\times 50\%+1.0\times 20\%+0.5\times 30\%=1.1$

10. $P=A\left[(P/A, i, n-1)+1\right]$

$=200\,000\times\left[(P/A, 6\%, 10-1)+1\right]$

$=200\,000\times(6.807\,1+1)$

$=1\,561\,400$（元）

因为融资租赁的价格小于市场价，所以应该选择融资租赁取得该设备。

第三章　酒店筹资管理

一、单项选择题

1~5　DCACD　6~10　CDBAB

二、多项选择题

1~5　ABC ABCD　AB　BC　CD　6~10　ABD　AD ABCD AB BC

三、判断题

1~5　√××√×　6~10　√√√×√

四、计算题

1. 放弃现金折扣的实际年利率 $=\dfrac{\text{DR}}{1-\text{DR}}\times\dfrac{365}{N-\text{DP}}\times 100\%$

$=\dfrac{2\%}{1-2\%}\times\dfrac{365}{90-10}\times 100\%$

$=9.31\%$

2. 综合资本成本率 $K_w=8\%\times\dfrac{600}{3\,000}+12\%\times\dfrac{2\,100}{3\,000}+9\%\times\dfrac{300}{3\,000}=10.9\%$

3. 债券资本成本率 $K_b=\dfrac{I_b(1-T)}{B(1-F_b)}\times 100\%$

$=\dfrac{5\,000\,000\times 6\%\times(1-25\%)}{5\,000\,000}\times 100\%$

$=4.5\%$

4. 财务杠杆系数 $\text{DFL}=\dfrac{\text{EBIT}}{\text{EBIT}-I}=\dfrac{2\,500\,000}{2\,500\,000-200\,000}\approx 1.09$

5. (1) 酒店目前资金结构为：长期借款 40%，普通股 60%。

长期借款成本＝10%×（1−33%）＝6.7%

普通股成本＝2×（1+5%）/20+5%＝15.5%

加权平均资本成本＝6.7%×40%+15.5%×60%＝11.98%

（2）新借款成本＝12×（1−33%）＝8.04%

增加借款筹资方案的加权平均资本成本：

67%×800/2 100+15.5%×1 200/200+8.04%×100/2 100＝11.79%

新普通股成本＝2×（1+5%）÷25+5%＝13.4%

增发普通股筹资方案的加权平均资本成本：

7%×800÷2 100+13.4%×（1 200+00）÷2 100＝10.85%

该酒店应选择发行普通股方案筹资，其最优资金结构是长期借款约占 38%，普通股占 62%。

五、思考题

1. 酒店筹建宴会厅，可通过银行信贷资金、酒店自有资金、其他企业资金、金融机构（非银行）资金、居民个人资金等筹资渠道获取资金。可选择的筹资方式有银行借款、吸收直接投资、运用留存收益等。

2. 不同筹资方式下的资金成本各不相同，通常负债性筹资的资金成本低于权益性筹资的资金成本。

3. 方案一为负债性筹资，方案二为权益性筹资。二者来源不同，负债性资金来自债权人，权益性资金来自股东。二者的资金成本不同，负债性筹资的资金成本低于权益性筹资的资金成本。

第四章　酒店投资管理

一、单项选择题

1～5　DADCC　6～10　BDCBA

二、多项选择题

1～5　ADE　AD　ACD　ABD　DE　6～10　BCDE　ACD　ABD　ABCD　AC

三、判断题

1～5　×√√×√　6～10　√√√×√

四、计算题

1. ①NCF_0＝−50 000（元）

NCF_{1-5}＝100 000×（1−25%）−（60 000−10 000）×（1−25%）+10 000×25%＝40 000（元）或 NCF_{1-5}＝（100 000−60 000）×（1−25%）+10 000＝40 000（元）

②NPV_A＝40 000×（P/A，12%，5）−50 000＝94 192（元）

NPV_B＝69 600×（P/A，12%，5）−100 000＝150 894.08（元）

由于 NPV_B>NPV_A，应选择 B 方案。

2. 由插值法可知：（630−0）/（630+110）＝（11%−X）/（11%−12%）

解得：X＝11.85%

3. ①计算税后现金流量如下：

时间	第 0 年	第 1 年	第 2 年	第 3 年	第 3 年
税前现金流量	-6 000	2 000	3 000	5 000	600
折旧增加		1 800	1 800	1 800	
利润增加		200	1 200	3 200	
税后利润增加		120	720	1 920	
税后现金流量	-6 000	1 920	2 520	3 720	600

②计算净现值：

净现值＝1 920×（P/F，10%，1）+2 520×（P/F，10%，2）+（3 720+600）×（P/F，10%，3）-6 000

＝1 920×0.909+2 520×0.826+（3 720+600）×0.751-6 000

＝1 745.28+2 081.52+3 244.32-6 000

＝1 071.12

③由于净值大于0，应该接受项目。

4. 分配的股利＝200-200×$\frac{5}{8}$＝75（万元）

每年固定资产折旧＝（160-10）/5＝30（万元）

NCF_1＝20+30＝50（万元）

NCF_{2-4}＝20+30＝50（万元）

NCF_5＝20+30+10＝60（万元）

5. ①继续使用旧设备的各年现金净流量：

NCF_0＝-60 000（元）

NCF_{1-4}＝200 000-164 000＝36 000（元）

NCF_5＝36 000+10 000＝46 000（元）

②采用新设备的各年现金净流量：

NCF_0＝-300 000（元）

NCF_{1-4}＝（200 000+60 000）-（164 000-24 000）＝120 000（元）

NCF_5＝120 000+30 000＝150 000（元）

③更新方案的各年差量现金净流量：

ΔNCF_0＝-300 000-（-60 000）＝-240 000（元）

ΔNCF_{1-4}＝120 000-36 000＝84 000（元）

ΔNCF_5＝150 000-46 000＝104 000（元）

第五章　酒店固定资产管理

一、单项选择题

1～5　ACCBA　6～10　BDCDB

二、多项选择题

1~5 ABC AB AB ABC ABCD 6~10 ABC ABC BC和AD BC AD

三、判断题

1~5 ×√×√√ 6~10 √×√××

四、计算题

1. 年折旧率=（1-4%）÷5×100%=19.2%

年折旧额=600 000×19.2%=115 200（元）

2. 单件折旧额=680 000×（1-3%）÷2 000 000=0.329 8（元/件）

月折旧额=34 000×0.329 8=11 213.2（元）

3. 年折旧率=2÷5=40%

第一年应提的折旧额=600 000×40%=240 000（元）

第二年应提的折旧额=（600 000-240 000）×40%=144 000（元）

第三年应提的折旧额=（600 000-240 000-144 000）×40%=86 400（元）

从第四年起改按年限平均法（直线法）计提折旧：

第四年应提的折旧额=第五年应提的折旧额=（600 000-240 000-144 000-86 400-600 000×5%）÷2=49 800（元）

4. （7 400 000-200 000）×5÷15÷2+［（7 400 000-200 000）×4/15÷2］

=2 160 000（元）

5. 年数总和=（5+4+3+2+1）=15

折旧计算表

单位：元

年份	应计提折旧总额	年折旧率	年折旧额	累计折旧
1	60 000-3 000=57 000	5/15	19 000	19 000
2	57 000	4/15	15 200	34 200
3	57 000	3/15	11 400	45 600
4	57 000	2/15	7 600	53 200
5	57 000	1/15	3 800	57 000

第六章　酒店营运资金管理

一、单项选择题

1~5 CCAAA 6~10 BBDAB 11~12 CA

二、多项选择题

1~5 AD ABCD BCD ABC ABC 6~10 ACD ABD ABD ABCD BC

三、判断题

1~5 ×√√×× 6~10 √××√×

11~15 ×√××× 6~20 ××√×√

四、计算分析题

1.（1）经济订货批量

$=\sqrt{(2\times5\ 000\times108\ 000\div30)}=6\ 000$（千克）

相关存货总成本

$=\sqrt{2\times5\ 000\times108\ 000\times30}=180\ 000$（元）

（2）经济订货批量

$=\sqrt{(2\times6\ 050\times108\ 000\div30)\times400\div(400-300)}$

$=13\ 200$（千克）

相关存货总成本

$=\sqrt{2\times6\ 050\times108\ 000\times30\times(1-300\div400)}$

$=99\ 000$（元）

（3）从 T 企业购买材料的相关存货总成本为 99 000 元小于从 S 企业购买材料的相关存货总成本 180 000 元，所以丙公司应该选择 T 企业作为供应商。

2.（1）A 材料的经济订货批量 $=\sqrt{2\times250\ 000\times500\div10}=5\ 000$（件）

全年订货次数 $=250\ 000\div5\ 000=50$（次）

（2）采购 A 材料的年存货相关总成本 $=\sqrt{2\times250\ 000\times500\times10}=50\ 000$（元）

（3）A 材料每日平均需用量 $=250\ 000\div250=1\ 000$（件）

再订货点 $=1\ 000\times4=4\ 000$（件）

3.（1）收益增加 $=(79\ 200-72\ 000)\times(5-4)=7\ 200$（元）

（2）原信用政策下应收账款占用资金应计利息 $=360\ 000\div360\times30\times4\div5\times10\%=2\ 400$（元）

（3）新信用政策下：

平均收现期 $=10\times20\%+20\times30\%+30\times50\%=23$（天）

应收账款占用资金应计利息 $=396\ 000\div360\times23\times4\div5\times10\%=2\ 024$（元）

（4）改变信用政策后应收账款占用资金应计利息增加额 $=2\ 024-2\ 400=-376$（元）

（5）改变信用政策后存货占用资金应计利息增加额 $=(11\ 000-10\ 000)\times4\times10\%=400$（元）

（6）改变信用政策后收账费用增加额 $=2\ 850-3\ 000=-150$（元）

（7）改变信用政策后坏账损失增加额 $=5\ 400-6\ 000=-600$（元）

（8）改变信用政策后现金折扣成本增加额 $=396\ 000\times20\%\times2\%+396\ 000\times30\%\times1\%=2\ 772$（元）

（9）改变信用政策后税前损益的增加额 $=7\ 200-(-376)-400-(-150)-(-600)-2\ 772=5\ 154$（元）

（10）由于改变信用政策后增加了企业的税前损益，因此，企业应该采用新信用政策。

第七章 酒店收入管理与成本控制

一、单项选择题

1~5 BDAAC 6~10 CDCBA

二、多选题

1~5 BCD ABCD CD ABCD ABC 6~10 ABC ABD ABCD ACD ABCD

三、判断题

1~5 √×√×× 6~10 √××√√

四、简答题

1. 酒店客房产品常用的定价方法有随行就市定价法、千分之一定价法、赫伯特定价法、目标利润定价法、需求差异定价法等。这些定价方法主要是根据竞争需求、成本、收入、利润的不同进行定价的。

2. 因为在餐饮产品的销售过程中，其耗费的原材料成本可以分摊到每个菜品中，但是对于其他费用如水电费、物料消耗费、工资及福利费用等难以进行分摊，因此在计算餐饮产品价格时，通常把原材料成本作为产品成本要素，而把经营费用、税费、利润合并在一起形成“毛利”，以毛利率来计算餐饮产品价格，具体包括成本毛利率和销售毛利率。

3. 食品成本、饮料成本、商品进价成本、洗衣成本及其他成本。

4. 盈亏平衡分析是通过盈亏平衡点分析项目成本与收益的平衡关系的一种方法。各种不确定因素（如投资、成本、销售量、产品价格、项目寿命期等）的变化会影响投资方案的经济效果，当这些因素的变化达到某一临界值时，就会影响方案的取舍。

五、计算题

1. 平均房价=200 000 000÷（500×1 000）= 400（元）

2. （20+3）×（1+20%）= 27.6（元）

3. 30%÷（1−30%）×100%＝42. 85%

4. 60 000÷（50−20）= 2 000（盒）

第八章 酒店利润分配管理

一、单项选择题

1~5 BDACD 6~10 ADBBA

二、多项选择题

1~5 ABCD ABCD ABD AD ACD 6~10 AB ABC ABD BC ABCD

三、判断题

1~5 ××√×× 6~10 √√√√×

四、计算分析题

（1）预计明年投资所需的权益资金＝200×60%＝120（万元），本年发放的股利＝250－120＝130（元）

理由；公司采用剩余股利政策的根本理由是为了保持理想资本结构，使加权平均资本成本最低。

（2）本年发放的股利＝上年发放的股利＝120（万元）

理由：优缺点采用固定股利政策，有利于树立公司良好形象，增强投资者对公司的信心，稳定股票价格；有利于投资者安排股利收入和支出。该股利政策的缺点在于股利的支付与盈余相脱节。当盈余较低时仍要支付固定的股利；这可能导致资金短缺，财务状况恶化；同时不能像剩余股利政策那样保持较低的资本成本。

（3）固定股利支付率＝120÷200×100%＝60%

本年发放的股利＝250×60%＝150（万元）

优缺点：采用固定股利支付率政策，能使股利与公司盈余紧密地配合，以体现多盈多分、少盈少分、无盈不分的原则，才算真正公平地对待了每一位股东。但是，在这种股利政策下，各年的股利变动较大，极易造成公司不稳定的感觉，对于稳定股票价格不利。

（4）正常股利额＝400×0. 1＝40（万元）

额外股利额＝（250－40）×30%＝63（万元）

本年发放的股利＝40+63＝103（万元）

优点：使公司具有较大的灵活性，并在一定程度上有利于稳定股价；使那些依靠股利度日的股东每年至少可以得到虽然较低但比较稳定的股利收入，从而吸引住这部分股东。

第九章　酒店财务预算管理

一、单项选择题

1～5　ACADC　6～10　ABDAC

二、多项选择题

1～5　ACD　ABD　ABC　CD　AB　6～10　ABC　CD　AB　ABCD　ABCD

三、判断题

1～5　√×××√　6～10　××√√√

四、计算题

1. 目标利润总额＝（150+600）÷（1－25%）＝1 000（万元）。

2. ［销量×（单价－单位变动成本）－固定成本］×（1－所得税税率）＝净利润，所以，［销量×（12－8）－120］×（1－25%）＝750，解得：销量＝280。

五、综合题

1. 经营现金收入＝4 000×80%+50 000×50%＝28 200（元）

2. 经营现金支出＝8 000×70%+5 000+8 400+16 000+900＝35 900（元）

3. 现金余缺＝8 000+ 28 200－（35 900+10 000）＝－9 700（元）
4. 由于现金余缺小于0，故需要向银行借款。
设借款数额为 X，则有：
X（1－10%）＝5 000+9 700＝14 700，解之得 X≈16 333. 33（元）
考虑到借款金额为1 000元的倍数，故应向银行借款的金额为17 000元。
借款的实际利率＝10%/（1－10%）＝11. 11%

第十章　酒店财务分析

一、单项选择题

1～5　CBDDD　6～10　DDAAC　11～15　ACBAB

二、多项选择题

1～5　AD　ABCD　BC　AB　CD　6～10　ABCD　ABD　BD　ABCD　BC

三、判断题

1～5　×√×√×　6～10　××√√×　11～15　√×√√√

四、计算题

1.（1）计算应收账款周转率
赊销收入净额＝20×80%＝16（万元）
应收账款评价余额＝（4. 8+1. 6）÷2＝3. 2（万元）
应收账款周转率＝16÷3. 2＝5（次）
（2）计算总资产周转率
①计算期末存货余额
存货周转率＝销货成本÷存货平均余额
＝销货成本 ÷［（期初存货余额+期末存货余额）÷2］
期末存货余额＝2×20×（1－40%）÷5－2＝2. 8（万元）
②计算期末流动资产总额和期末资产总额
速动比率＝（流动资产－ 存货）÷流动负债
流动比率＝流动资产÷流动负债
可得以下两个方程：
1. 6＝（流动资产－ 2. 8）÷流动负债
2＝流动资产÷流动负债
解出上述方程，可得流动资产＝14（万元）；流动负债＝7（万元）
因此，期末资产总额为：14÷28%＝50（万元）
③计算总资产周转率
总资产周转率＝20÷［（30+50）÷2］＝0. 5（次）
（3）计算资产净利率
①计算净利润。
净利润＝20×16%＝3. 2（万元）

②计算资产净利率。

资产净利率=3.2÷［（30+50）÷2］×100%=8%

2.（1）每股利润=2 100÷3 000=0.7（元）

（2）市盈率=10.5÷0.7=15

每股股利=1 200 ÷3 000=0.4（元）

股利支付率=0.4÷ 0.7×100%=57.14%

（3）每股净资产=7 000÷3 000≈2.33（元）

3.

资产负债表（简表） 单位：万元

资产	金额	负债及所有者权益	金额
货币资金 短期投资 应收账款 存货 固定资产	300 100 400 800 400	应付账款 长期负债 实收资本 未分配利润	400 400 800 400
合计	2 000	合计	2 000

附表一　复利终值系数表

期数	1%	2%	3%	4%	5%	6%	7%	8%	9%	10%	11%	12%	13%	14%	15%	16%	17%	18%	19%	20%	25%	30%
1	1.01	1.02	1.03	1.04	1.05	1.06	1.07	1.08	1.09	1.1	1.11	1.12	1.13	1.14	1.15	1.16	1.17	1.18	1.19	1.2	1.25	1.3
2	1.020 1	1.040 4	1.060 9	1.081 6	1.102 5	1.123 6	1.144 9	1.166 4	1.188 1	1.21	1.232 1	1.254 4	1.276 9	1.299 6	1.322 5	1.345 6	1.368 9	1.392 4	1.416 1	1.44	1.562 5	1.69
3	1.030 3	1.061 2	1.092 7	1.124 9	1.157 6	1.191	1.225	1.259 7	1.295	1.331	1.367 6	1.404 9	1.442 9	1.481 5	1.520 9	1.560 9	1.601 6	1.643	1.685 2	1.728	1.953 1	2.197
4	1.040 6	1.082 4	1.125 5	1.169 9	1.215 5	1.262 5	1.310 8	1.360 5	1.411 6	1.464 1	1.518 1	1.573 5	1.630 5	1.689	1.749	1.810 6	1.873 9	1.938 8	2.005 3	2.073 6	2.441 4	2.856 1
5	1.051	1.104 1	1.159 3	1.216 7	1.276 3	1.338 2	1.402 6	1.469 3	1.538 6	1.610 5	1.685 1	1.762 3	1.842 4	1.925 4	2.011 4	2.100 3	2.192 4	2.287 8	2.386 4	2.488 3	3.051 8	3.712 9
6	1.061 5	1.126 2	1.194 1	1.265 3	1.340 1	1.418 5	1.500 7	1.586 9	1.677 1	1.771 6	1.870 4	1.973 8	2.082	2.195	2.313 1	2.436 4	2.565 2	2.699 6	2.839 8	2.986	3.814 7	4.826 8
7	1.072 1	1.148 7	1.229 9	1.315 9	1.407 1	1.503 6	1.605 8	1.713 8	1.828	1.948 7	2.076 2	2.210 7	2.352 6	2.502 3	2.66	2.826 2	3.001 2	3.185 5	3.379 3	3.583 2	4.768 4	6.274 9
8	1.082 9	1.171 7	1.266 8	1.368 6	1.477 5	1.593 8	1.718 2	1.850 9	1.992 6	2.143 6	2.304 5	2.476	2.658 4	2.852 6	3.059	3.278 4	3.511 5	3.758 9	4.021 4	4.299 8	5.960 5	8.157 3
9	1.093 7	1.195 1	1.304 8	1.423 3	1.551 3	1.689 5	1.838 5	1.999	2.171 9	2.357 9	2.558	2.773 1	3.004	3.251 9	3.517 9	3.803	4.108 4	4.435 5	4.785 4	5.159 8	7.450 6	10.604 5
10	1.104 6	1.219	1.343 9	1.480 2	1.628 9	1.790 8	1.967 2	2.158 9	2.367 4	2.593 7	2.839 4	3.105 8	3.394 6	3.707 2	4.045 6	4.411 4	4.806 8	5.233 8	5.694 7	6.191 7	9.313 2	13.785 8
11	1.115 7	1.243 4	1.384 2	1.539 5	1.710 3	1.898 3	2.104 9	2.331 6	2.580 4	2.853 1	3.151 8	3.478 6	3.835 9	4.226 2	4.652 4	5.117 3	5.624	6.175 9	6.776 7	7.430 1	11.641 5	17.921 6
12	1.126 8	1.268 2	1.425 8	1.601	1.795 9	2.012 2	2.252 2	2.518 2	2.812 7	3.138 4	3.498 5	3.896	4.334 5	4.817 9	5.350 3	5.936	6.580 1	7.287 6	8.064 2	8.916 1	14.551 9	23.298 1
13	1.138 1	1.293 6	1.468 5	1.665 1	1.885 6	2.132 9	2.409 8	2.719 6	3.065 8	3.452 3	3.883 3	4.363 5	4.898	5.492 4	6.152 8	6.885 8	7.698 7	8.599 4	9.596 4	10.699 3	18.189 9	30.287 5
14	1.149 5	1.319 5	1.512 6	1.731 7	1.979 9	2.260 9	2.578 5	2.937 2	3.341 7	3.797 5	4.310 4	4.887 1	5.534 8	6.261 3	7.075 7	7.987 5	9.007 5	10.147 2	11.419 8	12.839 2	22.737 4	39.373 8
15	1.161	1.345 9	1.558	1.800 9	2.078 9	2.396 6	2.759	3.172 2	3.642 5	4.177 2	4.784 6	5.473 6	6.254 3	7.137 9	8.137 1	9.265 5	10.538 7	11.973 7	13.589 5	15.407	28.421 7	51.185 9
16	1.172 6	1.372 8	1.604 7	1.873	2.182 9	2.540 4	2.952 2	3.425 9	3.970 3	4.595	5.310 9	6.130 4	7.067 3	8.137 2	9.357 6	10.748	12.330 3	14.129	16.171 5	18.488 4	35.527 1	66.541 7
17	1.184 3	1.400 2	1.652 8	1.947 9	2.292	2.692 8	3.158 8	3.7	4.327 6	5.054 5	5.895 1	6.866	7.986 1	9.276 5	10.761 3	12.467 7	14.426 5	16.672 2	19.244 1	22.186 1	44.408 9	86.504 2
18	1.196 1	1.428 2	1.702 4	2.025 8	2.406 6	2.854 3	3.379 9	3.996	4.717 1	5.559 9	6.543 6	7.69	9.024 3	10.575 2	12.375 5	14.462 5	16.879	19.673 3	22.900 5	26.623 3	55.511 2	112.455
19	1.208 1	1.456 8	1.753 5	2.106 8	2.527	3.025 6	3.616 5	4.315 7	5.141 7	6.115 9	7.263 3	8.612 8	10.197 4	12.055 7	14.231 8	16.776 5	19.748 4	23.214 4	27.251 6	31.948	69.388 9	146.192
20	1.220 2	1.485 9	1.806 1	2.191 1	2.653 3	3.207 1	3.869 7	4.661	5.604 4	6.727 5	8.062 3	9.646 3	11.523 1	13.743 5	16.366 5	19.460 8	23.105 6	27.393	32.429 4	38.337 6	86.736 2	190.05
21	1.232 4	1.515 7	1.860 3	2.278 8	2.786	3.399 6	4.140 6	5.033 8	6.108 8	7.400 2	8.949 2	10.803 8	13.021 1	15.667 6	18.821 5	22.574 5	27.033 6	32.323 8	38.591	46.005 1	108.42	247.065
22	1.244 7	1.546	1.916 1	2.369 9	2.925 3	3.603 5	4.430 4	5.436 5	6.658 6	8.140 3	9.933 6	12.100 3	14.713 8	17.861	21.644 7	26.186 4	31.629 3	38.142 1	45.923 3	55.206 1	135.525	321.184
23	1.257 2	1.576 9	1.973 6	2.464 7	3.071 5	3.819 7	4.740 5	5.871 5	7.257 9	8.954 3	11.026 3	13.552 3	16.626 6	20.361 6	24.891 5	30.376 2	37.006 2	45.007 6	54.648 7	66.247 4	169.407	417.539
24	1.269 7	1.608 4	2.032 8	2.563 3	3.225 1	4.048 9	5.072 4	6.341 2	7.911 1	9.849 7	12.239 2	15.178 6	18.788 1	23.212 2	28.625 2	35.236 4	43.297 3	53.109	65.032	79.496 8	211.758	542.801
25	1.282 4	1.640 6	2.093 8	2.665 8	3.386 4	4.291 9	5.427 4	6.848 5	8.623 1	10.834 7	13.585 5	17.000 1	21.230 5	26.461 9	32.919	40.874 2	50.657 8	62.668 6	77.388 1	95.396 2	264.698	705.641
30	1.347 8	1.811 4	2.427 3	3.243 4	4.321 9	5.743 5	7.612 3	10.062 7	13.267 7	17.449 4	22.892 3	29.959 9	39.115 9	50.950 2	66.211 8	85.849 9	111.065	143.371	184.675	237.376	807.794	2 620

附表二　复利现值系数表

期数	1%	2%	3%	4%	5%	6%	7%	8%	9%	10%	11%	12%	13%	14%	15%	16%	17%	18%	19%	20%	25%	30%
1	0.990 1	0.980 4	0.970 9	0.961 5	0.952 4	0.943 4	0.934 6	0.925 9	0.917 4	0.909 1	0.900 9	0.892 9	0.885	0.877 2	0.869 6	0.862 1	0.854 7	0.847 5	0.840 3	0.833 3	0.8	0.769 2
2	0.980 3	0.961 2	0.942 6	0.924 6	0.907	0.89	0.873 4	0.857 3	0.841 7	0.826 4	0.811 6	0.797 2	0.783 1	0.769 5	0.756 1	0.743 2	0.730 5	0.718 2	0.706 2	0.694 4	0.64	0.591 7
3	0.970 6	0.942 3	0.915 1	0.889	0.863 8	0.839 6	0.816 3	0.793 8	0.772 2	0.751 3	0.731 2	0.711 8	0.693 1	0.675	0.657 5	0.640 7	0.624 4	0.608 6	0.593 4	0.578 7	0.512	0.455 2
4	0.961	0.923 8	0.888 5	0.854 8	0.822 7	0.792 1	0.762 9	0.735	0.708 4	0.683	0.658 7	0.635 5	0.613 3	0.592 1	0.571 8	0.552 3	0.533 7	0.515 8	0.498 7	0.482 3	0.409 6	0.350 1
5	0.951 5	0.905 7	0.862 6	0.821 9	0.783 5	0.747 3	0.713	0.680 6	0.649 9	0.620 9	0.593 5	0.567 4	0.542 8	0.519 4	0.497 2	0.476 1	0.456 1	0.437 1	0.419	0.401 9	0.327 7	0.269 3
6	0.942	0.888	0.837 5	0.790 3	0.746 2	0.705	0.666 3	0.630 2	0.596 3	0.564 5	0.534 6	0.506 6	0.480 3	0.455 6	0.432 3	0.410 4	0.389 8	0.370 4	0.352 1	0.334 9	0.262 1	0.207 2
7	0.932 7	0.870 6	0.813 1	0.759 9	0.710 7	0.665 1	0.622 7	0.583 5	0.547	0.513 2	0.481 7	0.452 3	0.425 1	0.399 6	0.375 9	0.353 8	0.333 2	0.313 9	0.295 9	0.279 1	0.209 7	0.159 4
8	0.923 5	0.853 5	0.789 4	0.730 7	0.676 8	0.627 4	0.582	0.540 3	0.501 9	0.466 5	0.433 9	0.403 9	0.376 2	0.350 6	0.326 9	0.305	0.284 8	0.266	0.248 7	0.232 6	0.167 8	0.122 6
9	0.914 3	0.836 8	0.766 4	0.702 6	0.644 6	0.591 9	0.543 9	0.500 2	0.460 4	0.424 1	0.390 9	0.360 6	0.332 9	0.307 5	0.284 3	0.263	0.243 4	0.225 5	0.209	0.193 8	0.134 2	0.094 3
10	0.905 3	0.820 3	0.744 1	0.675 6	0.613 9	0.558 4	0.508 3	0.463 2	0.422 4	0.385 5	0.352 2	0.322	0.294 6	0.269 7	0.247 2	0.226 7	0.208	0.191 1	0.175 6	0.161 5	0.107 4	0.072 5
11	0.896 3	0.804 3	0.722 4	0.649 6	0.584 7	0.526 8	0.475 1	0.428 9	0.387 5	0.350 5	0.317 3	0.287 5	0.260 7	0.236 6	0.214 9	0.195 4	0.177 8	0.161 9	0.147 6	0.134 6	0.085 9	0.055 8
12	0.887 4	0.788 5	0.701 4	0.624 6	0.556 8	0.497	0.444	0.397 1	0.355 5	0.318 6	0.285 8	0.256 7	0.230 7	0.207 6	0.186 9	0.168 5	0.152	0.137 2	0.124	0.112 2	0.068 7	0.042 9
13	0.878 7	0.773	0.681	0.600 6	0.530 3	0.468 8	0.415	0.367 7	0.326 2	0.289 7	0.257 5	0.229 2	0.204 2	0.182 1	0.162 5	0.145 2	0.129 9	0.116 3	0.104 2	0.093 5	0.055	0.033
14	0.87	0.757 9	0.661 1	0.577 5	0.505 1	0.442 3	0.387 8	0.340 5	0.299 2	0.263 3	0.232	0.204 6	0.180 7	0.159 7	0.141 3	0.125 2	0.111	0.098 5	0.087 6	0.077 9	0.044	0.025 4
15	0.861 3	0.743	0.641 9	0.555 3	0.481	0.417 3	0.362 4	0.315 2	0.274 5	0.239 4	0.209	0.182 7	0.159 9	0.140 1	0.122 9	0.107 9	0.094 9	0.083 5	0.073 6	0.064 9	0.035 2	0.019 5
16	0.852 8	0.728 4	0.623 2	0.533 9	0.458 1	0.393 6	0.338 7	0.291 9	0.251 9	0.217 6	0.188 3	0.163 1	0.141 5	0.122 9	0.106 9	0.093	0.081 1	0.070 8	0.061 8	0.054 1	0.028 1	0.015
17	0.844 4	0.714 2	0.605	0.513 4	0.436 3	0.371 4	0.316 6	0.270 3	0.231 1	0.197 8	0.169 6	0.145 6	0.125 2	0.107 8	0.092 9	0.080 2	0.069 3	0.06	0.052	0.045 1	0.022 5	0.011 6
18	0.836	0.700 2	0.587 4	0.493 6	0.415 5	0.350 3	0.295 9	0.250 2	0.212	0.179 9	0.152 8	0.13	0.110 8	0.094 6	0.080 8	0.069 1	0.059 2	0.050 8	0.043 7	0.037 6	0.018	0.008 9
19	0.827 7	0.686 4	0.570 3	0.474 6	0.395 7	0.330 5	0.276 5	0.231 7	0.194 5	0.163 5	0.137 7	0.116 1	0.098 1	0.082 9	0.070 3	0.059 6	0.050 6	0.043 1	0.036 7	0.031 3	0.014 4	0.006 8
20	0.819 5	0.673	0.553 7	0.456 4	0.376 9	0.311 8	0.258 4	0.214 5	0.178 4	0.148 6	0.124	0.103 7	0.086 8	0.072 8	0.061 1	0.051 4	0.043 3	0.036 5	0.030 8	0.026 1	0.011 5	0.005 3
21	0.811 4	0.659 8	0.537 5	0.438 8	0.358 9	0.294 2	0.241 5	0.198 7	0.163 7	0.135 1	0.111 7	0.092 6	0.076 8	0.063 8	0.053 1	0.044 3	0.037	0.030 9	0.025 9	0.021 7	0.009 2	0.004
22	0.803 4	0.646 8	0.521 9	0.422	0.341 8	0.277 5	0.225 7	0.183 9	0.150 2	0.122 8	0.100 7	0.082 6	0.068	0.056	0.046 2	0.038 2	0.031 6	0.026 2	0.021 8	0.018 1	0.007 4	0.003 1
23	0.795 4	0.634 2	0.506 7	0.405 7	0.325 6	0.261 8	0.210 9	0.170 3	0.137 8	0.111 7	0.090 7	0.073 8	0.060 1	0.049 1	0.040 2	0.032 9	0.027	0.022 2	0.018 3	0.015 1	0.005 9	0.002 4
24	0.787 6	0.621 7	0.491 9	0.390 1	0.310 1	0.247	0.197 1	0.157 7	0.126 4	0.101 5	0.081 7	0.065 9	0.053 2	0.043 1	0.034 9	0.028 4	0.023 1	0.018 8	0.015 4	0.012 6	0.004 7	0.001 8
25	0.779 8	0.609 5	0.477 6	0.375 1	0.295 3	0.233	0.184 2	0.146	0.116	0.092 3	0.073 6	0.058 8	0.047 1	0.037 8	0.030 4	0.024 5	0.019 7	0.016	0.012 9	0.010 5	0.003 8	0.001 4
30	0.741 9	0.552 1	0.412	0.308 3	0.231 4	0.174 1	0.131 4	0.099 4	0.075 4	0.057 3	0.043 7	0.033 4	0.025 6	0.019 6	0.015 1	0.011 6	0.009	0.007	0.005 4	0.004 2	0.001 2	0.000 6

附表三　年金终值系数表

期数	1%	2%	3%	4%	5%	6%	7%	8%	9%	10%	11%	12%	13%	14%	15%	16%	17%	18%	19%	20%	25%	30%
1	1.000 0	1.000 0	1.000 0	1.000 0	1.000 0	1.000 0	1.000 0	1.000 0	1.000 0	1.000 0	1.000 0	1.000 0	1.000 0	1.000 0	1.000 0	1.000 0	1.000 0	1.000 0	1.000 0	1.000 0	1.000 0	1.000 0
2	2.010 0	2.020 0	2.030 0	2.040 0	2.050 0	2.060 0	2.070 0	2.080 0	2.090 0	2.100 0	2.110 0	2.120 0	2.130 0	2.140 0	2.150 0	2.160 0	2.170 0	2.180 0	2.190 0	2.200 0	2.250 0	2.300 0
3	3.030 1	3.060 4	3.090 9	3.121 6	3.152 5	3.183 6	3.214 9	3.246 4	3.278 1	3.310 0	3.342 1	3.374 4	3.406 9	3.439 6	3.472 5	3.505 6	3.538 9	3.572 4	3.606 1	3.640 0	3.812 5	3.990 0
4	4.060 4	4.121 6	4.183 6	4.246 5	4.310 1	4.374 6	4.439 9	4.506 1	4.573 1	4.641 0	4.709 7	4.779 3	4.849 8	4.921 1	4.993 4	5.066 5	5.140 5	5.215 4	5.291 3	5.368 0	5.765 6	6.187 0
5	5.101 0	5.204 0	5.309 1	5.416 3	5.525 6	5.637 1	5.750 7	5.866 6	5.984 7	6.105 1	6.227 8	6.352 8	6.480 3	6.610 1	6.742 4	6.877 1	7.014 4	7.154 2	7.296 6	7.441 6	8.207 0	9.043 1
6	6.152 0	6.308 1	6.468 4	6.633 0	6.801 9	6.975 3	7.153 3	7.335 9	7.523 3	7.715 6	7.912 9	8.115 2	8.322 7	8.535 5	8.753 7	8.977 5	9.206 8	9.442 0	9.683 0	9.929 9	11.258 8	12.756 0
7	7.213 5	7.434 3	7.662 5	7.898 3	8.142 0	8.393 8	8.654 0	8.922 8	9.200 4	9.487 2	9.783 3	10.089 0	10.404 7	10.730 5	11.066 8	11.413 9	11.772 0	12.141 5	12.522 7	12.915 9	15.073 5	17.582 8
8	8.285 7	8.583 0	8.892 3	9.214 2	9.549 1	9.897 5	10.259 8	10.636 6	11.028 5	11.435 9	11.859 4	12.299 7	12.757 3	13.232 8	13.726 8	14.240 1	14.773 3	15.327 0	15.902 0	16.499 1	19.841 9	23.857 7
9	9.368 5	9.754 6	10.159 1	10.582 8	11.026 6	11.491 3	11.978 0	12.487 6	13.021 0	13.579 5	14.164 0	14.775 7	15.415 7	16.085 3	16.785 8	17.518 5	18.284 7	19.085 9	19.923 4	20.798 9	25.802 3	32.015 0
10	10.462 2	10.949 7	11.463 9	12.006 1	12.577 9	13.180 8	13.816 4	14.486 6	15.192 9	15.937 4	16.722 0	17.548 7	18.419 7	19.337 3	20.303 7	21.321 5	22.393 1	23.521 3	24.708 9	25.958 7	33.252 9	42.619 5
11	11.566 8	12.168 7	12.807 8	13.486 4	14.206 8	14.971 6	15.783 6	16.645 5	17.560 3	18.531 2	19.561 4	20.654 6	21.814 3	23.044 5	24.349 3	25.732 9	27.199 9	28.755 1	30.403 5	32.150 4	42.566 1	56.405 3
12	12.682 5	13.412 1	14.192 0	15.025 8	15.917 1	16.869 9	17.888 5	18.977 1	20.140 7	21.384 3	22.713 2	24.133 1	25.650 2	27.270 7	29.001 7	30.850 2	32.823 9	34.931 1	37.180 2	39.580 5	54.207 7	74.327 0
13	13.809 3	14.680 3	15.617 8	16.626 8	17.713 0	18.882 1	20.140 6	21.495 3	22.953 4	24.522 7	26.211 6	28.029 1	29.984 7	32.088 7	34.351 9	36.786 2	39.404 0	42.218 7	45.244 5	48.496 6	68.759 6	97.625 0
14	14.947 4	15.973 9	17.086 3	18.291 9	19.598 6	21.015 1	22.550 5	24.214 9	26.019 2	27.975 0	30.094 9	32.392 6	34.882 7	37.581 1	40.504 7	43.672 0	47.102 7	50.818 0	54.840 9	59.195 9	86.949 5	127.912 5
15	16.096 9	17.293 4	18.598 9	20.023 6	21.578 6	23.276 0	25.129 0	27.152 1	29.360 9	31.772 5	34.405 4	37.279 7	40.417 5	43.842 4	47.580 4	51.659 5	56.110 1	60.965 3	66.260 7	72.035 1	109.686 8	167.286 3
16	17.257 9	18.639 3	20.156 9	21.824 5	23.657 5	25.672 5	27.888 1	30.324 3	33.003 4	35.949 7	39.189 9	42.753 3	46.671 7	50.980 4	55.717 5	60.925 0	66.648 8	72.939 0	79.850 2	87.442 1	138.108 5	218.472 2
17	18.430 4	20.012 1	21.761 6	23.697 5	25.840 4	28.212 9	30.840 2	33.750 2	36.973 7	40.544 7	44.500 8	48.883 7	53.739 1	59.117 6	65.075 1	71.673 0	78.979 2	87.068 0	96.021 8	105.930 6	173.635 7	285.013 9
18	19.614 7	21.412 3	23.414 4	25.645 4	28.132 4	30.905 7	33.999 0	37.450 2	41.301 3	45.599 2	50.395 9	55.749 7	61.725 1	68.394 1	75.836 4	84.140 7	93.405 6	103.740 3	115.265 9	128.116 7	218.044 6	371.518 0
19	20.810 9	22.840 6	25.116 9	27.671 2	30.539 0	33.760 0	37.379 0	41.446 3	46.018 5	51.159 1	56.939 5	63.439 7	70.749 4	78.969 2	88.211 8	98.603 2	110.284 6	123.413 5	138.166 4	154.740 0	273.555 8	483.973 4
20	22.019 0	24.297 4	26.870 4	29.778 1	33.066 0	36.785 6	40.995 5	45.762 0	51.160 1	57.275 0	64.202 8	72.052 4	80.946 8	91.024 9	102.443 6	115.379 7	130.032 9	146.628 0	165.418 0	186.688 0	342.944 7	630.165 5
21	23.239 2	25.783 3	28.676 5	31.969 2	35.719 3	39.992 7	44.865 2	50.422 9	56.764 5	64.002 5	72.265 1	81.698 7	92.469 9	104.768 4	118.810 1	134.840 5	153.138 5	174.021 0	197.847 4	225.025 6	429.680 9	820.215 1
22	24.471 6	27.299 0	30.536 8	34.248 0	38.505 2	43.392 3	49.005 7	55.456 8	62.873 3	71.402 7	81.214 3	92.502 6	105.491 0	120.436 0	137.631 6	157.415 0	180.172 1	206.344 8	236.438 5	271.030 7	538.101 1	1 067.279 6
23	25.716 3	28.845 0	32.452 9	36.617 9	41.430 5	46.995 8	53.436 1	60.893 3	69.531 9	79.543 0	91.147 9	104.602 9	120.204 8	138.297 0	159.276 4	183.601 4	211.801 3	244.486 8	282.361 8	326.236 9	673.626 4	1 388.463 5
24	26.973 5	30.421 9	34.426 5	39.082 6	44.502 0	50.815 6	58.176 7	66.764 8	76.789 8	88.497 3	102.174 2	118.155 2	136.831 5	158.658 6	184.167 8	213.977 6	248.807 6	289.494 5	337.010 5	392.484 2	843.032 9	1 806.002 6
25	28.243 2	32.030 3	36.459 3	41.645 9	47.727 1	54.864 5	63.249 0	73.105 9	84.700 9	98.347 1	114.413 3	133.333 9	155.619 6	181.870 8	212.793 0	249.214 0	292.104 9	342.603 5	402.042 5	471.981 1	1 054.791 2	2 348.803 3
30	34.784 9	40.568 1	47.575 4	56.084 9	66.438 8	79.058 2	94.460 8	113.283 2	136.307 5	164.494 0	199.020 9	241.332 7	293.199 2	356.786 8	434.745 1	530.311 7	647.439 1	790.948 0	966.712 2	1 181.881 5	3 227.174 3	8 729.985 5

附表四　年金现值系数表

期数	1%	2%	3%	4%	5%	6%	7%	8%	9%	10%	11%	12%	13%	14%	15%	16%	17%	18%	19%	20%	25%	30%
1	0.990 1	0.980 4	0.970 9	0.961 5	0.952 4	0.943 4	0.934 6	0.925 9	0.917 4	0.909 1	0.900 9	0.892 9	0.885 0	0.877 2	0.869 6	0.862 1	0.854 7	0.847 5	0.840 3	0.833 3	0.800 0	0.769 2
2	1.970 4	1.941 6	1.913 5	1.886 1	1.859 4	1.833 4	1.808 0	1.783 3	1.759 1	1.735 5	1.712 5	1.690 1	1.668 1	1.646 7	1.625 7	1.605 2	1.585 2	1.565 6	1.546 5	1.527 8	1.440 0	1.360 9
3	2.941 0	2.883 9	2.828 6	2.775 1	2.723 2	2.673 0	2.624 3	2.577 1	2.531 3	2.486 9	2.443 7	2.401 8	2.361 2	2.321 6	2.283 2	2.245 9	2.209 6	2.174 3	2.139 9	2.106 5	1.952 0	1.816 1
4	3.902 0	3.807 7	3.717 1	3.629 9	3.546 0	3.465 1	3.387 2	3.312 1	3.239 7	3.169 9	3.102 4	3.037 3	2.974 5	2.913 7	2.855 0	2.798 2	2.743 2	2.690 1	2.638 6	2.588 7	2.361 6	2.166 2
5	4.853 4	4.713 5	4.579 7	4.451 8	4.329 5	4.212 4	4.100 2	3.992 7	3.889 7	3.790 8	3.695 9	3.604 8	3.517 2	3.433 1	3.352 2	3.274 3	3.199 3	3.127 2	3.057 6	2.990 6	2.689 3	2.435 6
6	5.795 5	5.601 4	5.417 2	5.242 1	5.075 7	4.917 3	4.766 5	4.622 9	4.485 9	4.355 3	4.230 5	4.111 4	3.997 5	3.888 7	3.784 5	3.684 7	3.589 2	3.497 6	3.409 8	3.325 5	2.951 4	2.642 7
7	6.728 2	6.472 0	6.230 3	6.002 1	5.786 4	5.582 4	5.389 3	5.206 4	5.033 0	4.868 4	4.712 2	4.563 8	4.422 6	4.288 3	4.160 4	4.038 6	3.922 4	3.811 5	3.705 7	3.604 6	3.161 1	2.802 1
8	7.651 7	7.325 5	7.019 7	6.732 7	6.463 2	6.209 8	5.971 3	5.746 6	5.534 8	5.334 9	5.146 1	4.967 6	4.798 8	4.638 9	4.487 3	4.343 6	4.207 2	4.077 6	3.954 4	3.837 2	3.328 9	2.924 7
9	8.566 0	8.162 2	7.786 1	7.435 3	7.107 8	6.801 7	6.515 2	6.246 9	5.995 2	5.759 0	5.537 0	5.328 2	5.131 7	4.946 4	4.771 6	4.606 5	4.450 6	4.303 0	4.163 3	4.031 0	3.463 1	3.019 0
10	9.471 3	8.982 6	8.530 2	8.110 9	7.721 7	7.360 1	7.023 6	6.710 1	6.417 7	6.144 6	5.889 2	5.650 2	5.426 2	5.216 1	5.018 8	4.833 2	4.658 6	4.494 1	4.338 9	4.192 5	3.570 5	3.091 5
11	10.367 6	9.786 8	9.252 6	8.760 5	8.306 4	7.886 9	7.498 7	7.139 0	6.805 2	6.495 1	6.206 5	5.937 7	5.686 9	5.452 7	5.233 7	5.028 6	4.836 4	4.656 0	4.486 5	4.327 1	3.656 4	3.147 3
12	11.255 1	10.575 3	9.954 0	9.385 1	8.863 3	8.383 8	7.942 7	7.536 1	7.160 7	6.813 7	6.492 4	6.194 4	5.917 6	5.660 3	5.420 6	5.197 1	4.988 4	4.793 2	4.610 5	4.439 2	3.725 1	3.190 3
13	12.133 7	11.348 4	10.635 0	9.985 6	9.393 6	8.852 7	8.357 7	7.903 8	7.486 9	7.103 4	6.749 9	6.423 5	6.121 8	5.842 4	5.583 1	5.342 3	5.118 3	4.909 5	4.714 7	4.532 7	3.780 1	3.223 3
14	13.003 7	12.106 2	11.296 1	10.563 1	9.898 6	9.295 0	8.745 5	8.244 2	7.786 2	7.366 7	6.981 9	6.628 2	6.302 5	6.002 1	5.724 5	5.467 5	5.229 3	5.008 1	4.802 3	4.610 6	3.824 1	3.248 7
15	13.865 1	12.849 3	11.937 9	11.118 4	10.379 7	9.712 2	9.107 9	8.559 5	8.060 7	7.606 1	7.190 9	6.810 9	6.462 4	6.142 2	5.847 4	5.575 5	5.324 2	5.091 6	4.875 9	4.675 5	3.859 3	3.268 2
16	14.717 9	13.577 7	12.561 1	11.652 3	10.837 8	10.105 9	9.446 6	8.851 4	8.312 6	7.823 7	7.379 2	6.974 0	6.603 9	6.265 1	5.954 2	5.668 5	5.405 3	5.162 4	4.937 7	4.729 6	3.887 4	3.283 2
17	15.562 3	14.291 9	13.166 1	12.165 7	11.274 1	10.477 3	9.763 2	9.121 6	8.543 6	8.021 6	7.548 8	7.119 6	6.729 1	6.372 9	6.047 2	5.748 7	5.474 6	5.222 3	4.989 7	4.774 6	3.909 9	3.294 8
18	16.398 3	14.992 0	13.753 5	12.659 3	11.689 6	10.827 6	10.059 1	9.371 9	8.755 6	8.201 4	7.701 6	7.249 7	6.839 9	6.467 4	6.128 0	5.817 8	5.533 9	5.273 2	5.033 3	4.812 2	3.927 9	3.303 7
19	17.226 0	15.678 5	14.323 8	13.133 9	12.085 3	11.158 1	10.335 6	9.603 6	8.950 1	8.364 9	7.839 3	7.365 8	6.938 0	6.550 4	6.198 2	5.877 5	5.584 5	5.316 2	5.070 0	4.843 5	3.942 4	3.310 5
20	18.045 6	16.351 4	14.877 5	13.590 3	12.462 2	11.469 9	10.594 0	9.818 1	9.128 5	8.513 6	7.963 3	7.469 4	7.024 8	6.623 1	6.259 3	5.928 8	5.627 8	5.352 7	5.100 9	4.869 6	3.953 9	3.315 8
21	18.857 0	17.011 2	15.415 0	14.029 2	12.821 2	11.764 1	10.835 5	10.016 8	9.292 2	8.648 7	8.075 1	7.562 0	7.101 6	6.687 0	6.312 5	5.973 1	5.664 8	5.383 7	5.126 8	4.891 3	3.963 1	3.319 8
22	19.660 4	17.658 0	15.936 9	14.451 1	13.163 0	12.041 6	11.061 2	10.200 7	9.442 4	8.771 5	8.175 7	7.644 6	7.169 5	6.742 9	6.358 7	6.011 3	5.696 4	5.409 9	5.148 6	4.909 4	3.970 5	3.323 0
23	20.455 8	18.292 2	16.443 6	14.856 8	13.488 6	12.303 4	11.272 2	10.371 1	9.580 2	8.883 2	8.266 4	7.718 4	7.229 7	6.792 1	6.398 8	6.044 2	5.723 4	5.432 1	5.166 8	4.924 5	3.976 4	3.325 4
24	21.243 4	18.913 9	16.935 5	15.247 0	13.798 6	12.550 4	11.469 3	10.528 8	9.706 6	8.984 7	8.348 1	7.784 3	7.282 9	6.835 1	6.433 8	6.072 6	5.746 5	5.450 9	5.182 2	4.937 1	3.981 1	3.327 2
25	22.023 2	19.523 5	17.413 1	15.622 1	14.093 9	12.783 4	11.653 6	10.674 8	9.822 6	9.077 0	8.421 7	7.843 1	7.330 0	6.872 9	6.464 1	6.097 1	5.766 2	5.466 9	5.195 1	4.947 6	3.984 9	3.328 6
30	25.807 7	22.396 5	19.600 4	17.292 0	15.372 5	13.764 8	12.409 0	11.257 8	10.273 7	9.426 9	8.693 8	8.055 2	7.495 7	7.002 7	6.566 0	6.177 2	5.829 4	5.516 8	5.234 7	4.978 9	3.995 0	3.332 1